写作是为了活着。

——史铁生

中国当代作家评传丛书

史铁生评传

叶立文 著

河南文艺出版社
·郑州·

图书在版编目(CIP)数据

史铁生评传/叶立文著. —郑州:河南文艺出版社,2018.10

(中国当代作家评传丛书)

ISBN 978-7-5559-0661-2

Ⅰ.①史… Ⅱ.①叶… Ⅲ.①史铁生(1951—2010)-评传 Ⅳ.①K825.6

中国版本图书馆 CIP 数据核字(2018)第 056257 号

史铁生评传

Shǐ Tiěshēng píngzhuàn

出版发行 河南文艺出版社
本社地址 郑州市鑫苑路 18 号 11 栋
邮政编码 450011
售书热线 0371-65379196
承印单位 河南瑞之光印刷股份有限公司
经销单位 新华书店
开　　本 700 毫米×1000 毫米 1/16
印　　张 31.25
字　　数 371 000
版　　次 2018 年 10 月第 1 版
印　　次 2018 年 10 月第 1 次印刷
定　　价 46.00 元

版权所有 盗版必究
图书如有印装错误,请寄回印厂调换。

印厂地址 河南省武陟县产业集聚区东区(詹店镇)泰安路
邮政编码 454950 电话 0391-2527860

序一

於可训

我有个不成形的看法,认为作品评论是文学评论的基本功,作家研究是文学研究的基本功,但要练这样的基本功,也不容易。除了态度和方法之外,还有一个对象的选择问题。你的评论和研究对象选择得不恰当,不论你态度多么端正,方法多么得当,都很难练出真正的硬功夫。这倒不是唯名是论,一定要选名家名作做你的评论和研究对象,而是说你选择的评论和研究对象,如果与你的潜质不相适应,你的能力就很难真正发挥出来,也就很难写出真正好的评论和研究文章。马克思有一句话——"对象如何对他说来成为他的对象,这取决于对象的性质以及与之相适应的本质力量的性质",可以拿来做证。现代文学评论和文学研究者往往喜欢像朱光潜先生说的那样,"自居'法官'地位",对作家作品进行居高临下的评判,中国古代似乎更重视与作家作品的相交相知,即通过文学评论和文学研究交友和寻找知音。这样,就更需要寻找合适的对象。孟子有一段很有名的话讲"知人论世",大家都很熟悉:"颂其诗,读其书,不知其人可乎?是以论其世也。"后人把它作为社会历史批评的思想萌芽。但孟子讲这句话的前提和目的,却常常被人忽略了。这个前提和目的,就是交友,也就是寻找知音，所以这段话后面还有很关键的一句："是尚友也。"刘勰在《文心雕龙》中专辟一章《知音》，也是讲这个问题。"知音其难哉，音实难知，知实难逢，逢其知音，千载其一乎。"可见与作家交朋友，成为作品的知音，对一个文学评论家和文学研究者来说，是何等重要。

叶立文教授的新著《史铁生评传》，就是这样的一部尚其友者、求其知音的作品。史铁生是一位当代作家，虽然已经去世，但毕竟生活在当代，要讲"知其人""论其世"，自然比朱熹说的"予生千载后，尚友千载前"要容易得多。当然，这容易只是说对作家的生平、创作及生活环境的了解，要进一步深入作家的内心和精神世界，却是一件很不容易的事情。而深入的作家研究，恰恰不能满足于胪列其生平事迹和创作过程，泛泛地进行阐释和评论，而是要通过作家的生平和创作研究，像前人所说的那样，进一步"得其人之道""得其人之心"。我认为这是作家研究的最高境界，也是作家评传写作应该为之奋斗的目标。立文的这部专著，在这方面下了很大的功夫，是一部深悟传主之道、深得传主之心的作品。

在我的印象中，史铁生是当代作家的一个特例。这个特例，不是因为他有身体残疾，而是因为他把这种身体残疾的局限，变成了一种创造的自由。这种自由不是阅历的增广，生活范围的扩大，而是精神生活空间的无限开放。在这个无限开放的精神空间中，史铁生用他的作品究天人之际，通死生之变，同时也在这个过程中展开个体的生命体验，他的作品因而既通达大道，又确证存在。也因此，他对天地万物、芸芸众生，皆存悲悯怜爱之心。在我看来，这就是史铁生其人其作的"道"和"心"。古谓"人心惟危""道心惟微"，要得这样的"人心"和"道心"，何其难哉。

立文的研究本着了解之同情的态度，推己及人，以道明道，将心比心，用体悟的方法而不是用逻辑的方法，从三条平行的线索对传主的内心和精神世界展开深入的探寻。这三条线索不是断断续续的草蛇灰线，而是完完整整的历史链条：一条是传主的生活史，一条是传主的创作史，一条是传主的疾病史。生活史是主线，疾病史附着其上，创作史则由生活史和疾病史生发出来，三条线索齐头并进，又相互缠绕，共同书写传主丰富而痛苦的生命历程。作为一部作家评传，对这三条线索做历史的梳理，处处可见作者实证的功夫，对传主的生活、创作和疾病所做的解读，又处处可见体贴的用心。读这部评传，如听幽人论道，朋友谈心，在在涉理，语语关情。传主与作者虽天人两隔，但既深悟其道，又深得其心，仍可与论知音。立文的这部评传，也因此而臻于善美之境。

是为序。

於可训

2017 年 10 月 14 日写于珞珈山临街楼

序二

晓　苏

叶立文老师是我的老师。这话说起来有点绕,但我实在想不出更好的表达方式。其实我也不想这么绕,可我不这么绕却绕不过去,因此只好这么绕了。叶老师的确是我的老师,虽然他小我十几岁。不过,这没啥好奇怪的,弟子不必小于师,师不必长于弟子。叶老师大器早成,三十多岁就当了教授,很快又升为博士生导师。我却醒事晚,年过半百才想到读个博士。我到武汉大学师从樊星先生读博的时候,叶老师给我上过课,讲的是先锋小说的叙事话语。所以我说,叶立文老师是我的老师。

我绕了半天的舌,其实想说的是,作为学生,我丝毫没想到叶老师会让我为他的新著写序。有一天晚上,我有幸与叶老师一起,被吴道毅教授邀到一个名叫九龙的地方小聚。席间,叶老师仿佛不经意地问我,你喜欢史铁生的小说吗?我说,喜欢,尤其喜欢《我的丁一之旅》。叶老师马上双眼一亮说,太好了,我的《史铁生评传》即将出版,你帮我写个序吧。一开始,我还以为叶老师跟我开玩笑,并没在意,依然津津有味地挥筷吃菜。哪想到,他原来是认真的!看着叶老师一脸的正经,我一下子傻了眼,筷子也挥不动了,菜更是吃不下去了。当时,我曾想到过婉拒,但我没好意思开口。

我想,老师既然布置了任务,学生怎么能抗命呢？于是我只好硬着头皮答应下来。那晚回到家中,我心里老想着为老师写序的事,既感到受宠若惊,又感到压力山大,更感到匪夷所思。总之,我的心情十分复杂,忐忑不安,七上八下,哭笑不得,直到半夜三更都没能入睡。后来我想,叶老师思想现代,观念先锋,性格另类,说话办事一向特立独行,从来都不按常规出牌的。这么一想,我才勉强释然。

叶老师对史铁生的研究为时已久,并且硕果累累,这是我早已知道的。我没想到的是,他居然会花这么大的气力,下这么大的功夫,费这么大的心思,来为已经故去的史铁生写一部长达三十万言的评传。这让我不得不再次联想到叶老师的与众不同,包括他的思想、他的观念、他的性格。在中国当代文坛,史铁生的文学成就虽然有口皆碑,但他毕竟过早地离开了我们。如果从功利出发,叶老师完全可以选择一位有权有势的文学大腕,通过为其树碑立传而换取个人利益。事实上,有不少聪明的学者就是这么干的。倘若不愿意趋炎附势,叶老师还可以从人情出发,选择一位与自己私交密切的当红作家作为传主,就像叶开先生写《莫言评传》、洪治纲先生写《余华评传》、孔见先生写《韩少功评传》。然而,叶老师却超凡脱俗,既不看重名利,也不看重人情,只看重自己的艺术良心和学术良知,从而情有独钟地选择了他心目中最优秀的当代作家史铁生。

在通读《史铁生评传》这部书稿之前,我一直没太弄明白,叶老师为何如此喜欢史铁生。学界同行大都知道,叶老师学术研究的主要方向,是中国当代先锋小说。他以思潮史研究的架构切入先锋小说的创作实践与理论批评,对先锋小说的启蒙叙事和文体转变进行了全方位的探讨。从文学流派的角度来看,史铁生的创作显然也应该归于先锋小说之列。但是,在余华、苏童、格非、洪峰、马原和孙甘露这些如雷贯耳的先锋小说家当中,史铁生的名字显然不如他们响亮。既然如此,叶老师为什么不从上述作家中选取一位写评作传呢?直到把《史铁生评传》整部书稿读完,我才终于找到问题的答案。原来,叶老师对先锋的理解有自己的标准。在叶老师看来,文学的先锋性主要不在于形式的先锋,而是在于精神的先锋。在形式的探索上,史铁生虽说比不上余华他们,但在精神的发掘上却遥遥领先。因此在叶老师眼里,史铁生才是中国当代最具先锋性的作家。

当然,叶老师选择史铁生作为自己的传主,肯定还有着更为深层的原因。我想,这可能与他本人的人生观、价值观和审美观密切相连。在我看来,一个人的精神世界,主要是由其"三观"构成的。而我发现,叶老师在"三观"上和史铁生存在着许多相似性。我感觉到,在精神世界里,叶老师和史铁生是彼此相通的。他们拥有相同的人生追求、相同的价值取向、相同的审美趣味,属于精神知己。比如对待名利,他们都很淡泊,都很超脱;对待生活,他们都很率真,都很诚恳;对待事业,他们都很虔诚,都很执着。更重要的是,他们的精神里都蕴藏着一种难能可贵的先锋性。在《史铁生评传》中,叶老师写有这样一段话:"史铁生在面对人生百态和宇宙万物时习惯于穷极一切,由此形成的思辨风格和哲学气质,自然也深刻影响了他的文学创作。"其中提到的思辨风格和哲学气质,无疑正是先锋精神的两个主要特征。我觉得,叶老师这段话虽然是在写史铁生,实际上也是在写他自己。如果说思辨风格和哲学气质一直渗透于史铁生的文学创作的话,那么则可以说,叶老师的学术研究也始终体现着思辨风格和哲学气质。正是由于叶老师在精神上和史铁生有着相同的先锋性,所以才有了这样一部热烈、妖娆、丰满、沉郁、可靠的《史铁生评传》。

关于《史铁生评传》这部著作，我在上面已经连用五个词语表达了我的阅读惊喜。五个形容词排在一起，看上去好像是在溢美，其实并非如此。说老实话，这都是我在阅读过程中的真实感受，属于肺腑之言。遗憾的是，我觉得上面用到的这几个词，还过于简单、表面、粗略，尚不能足以传达出这部著作的独特价值。保守一点说，我读过的中外作家评传不下二十部，但是，像《史铁生评传》这样独特的文本，我还是第一次遇到。在我以前读过的作家评传中，往往会碰到两种情形。一种情形是，以评为主，以传为辅，评起来长篇大论，探幽发微，传起来却三言两语，甚至语焉不详，最后弄成了一本作品欣赏；另一种情形是，以传为主，以评为辅，传起来一波三折、柳暗花明，评起来却浅尝辄止，或者虚晃一枪，结果弄成了一本作家生平。很显然，这两种写法都是失衡的，都难以写出理想的作家评传。能够将评和传有机结合起来的文本，此前虽然也有，但少而又少。正是从这个角度来看，《史铁生评传》显示出了其独特的价值。在这部评传中，作者不仅把评和传有机地结合起来了，而且结合得水乳交融、如胶似漆、严丝合缝，堪称完美。一方面，作者对史铁生的人生经历进行了翔实而生动的描述，包括家庭婚姻、衣食住行、喜怒哀乐、生老病死，同时将他的人生经历和他的文学创作挂起钩来，进而去审视、梳理、发现文学创作与人生经历之间的复杂关系；另一方面，作者又对史铁生的代表作品进行了全面而深入的评论，涉及故事情节、环境背景、人物形象、思想内涵，同时密切联系他的生活积累和生命体验，进而去反观、寻找、打捞人生经历对文学创作的深刻影响。这样一来，史铁生的人生经历和文学创作便构成了作家的一体两面。与此同时，关于人生经历的描述和关于文学创作的评论也随之构成一种互动，二者相互呼应，相互照耀，相互印证，从而使作家评传中的评和传不再是两张皮,而成了一个评中有传、传中有评、评传互涉的整体。

上面说到的评和传的完美结合,也可以看成是《史铁生评传》对作家评传这一文体的重要贡献。说到文体,我陡然来劲,不禁想多说几句。从文体的角度来讲,作家评传显然是一种特殊的文体。它既属于学术论著,又属于文学传记,具有明显的双栖性特点。换句话说,这种双栖性文体要求很高,既要求有学术性,又要求有文学性,十分难于驾驭,弄得不好便不伦不类,甚至非驴非马。然而,《史铁生评传》却做得非常成功,由于作者有着深厚的学术造诣和良好的文学修养,使得这部评传的学术性和文学性都得到了充分彰显。不仅如此,《史铁生评传》还对作家评传这一文体的结构进行了大胆的探索。我发现,这部评传采用的是三维结构,一是历史之维,二是文学之维,三是哲学之维。从历史的维度来看,作者运用可靠而丰富的史料,具体而客观地再现了史铁生坎坷而辉煌的一生,包括他的生命史、疾病史、爱情史、创作史、友谊史乃至旅行史。从文学的维度来看,作者通过复述故事、分析人物、欣赏意象、发掘主题,几乎把史铁生所有的代表性作品都展示出来了,比如《我的遥远的清平湾》《我与地坛》《命若琴弦》《务虚笔记》《我的丁一之旅》。从哲学的维度来看,因为作者和传主都有着思辨风格和哲学气质,所以无论是描述史铁生的经历还是评论史铁生的作品,作者最终都会上升到哲理的层面,既有对人类前世来生的冥想,又有对宇宙万物奥秘的沉思。由于有了这样的三个维度,《史铁生评传》便同时具有了历史的真诚与厚重、文学的诗情与画意、哲学的深邃与高远。它们三维一体,形成一种重奏、一种合唱、一种交响,从而极大地丰富了文本的意蕴含量,拓宽了文本的价值空间,进而有效地增强了文本的弹性和张力。

叶立文老师是我的老师。然而，作为学生，我也不能一味地对老师说好话、唱赞歌。我的意思是说，《史铁生评传》虽然写得很好，但也存在着某些不尽如人意的地方。比如，我因为业余写点小说，所以每当读作家评传的时候，总是希望能从中看到作家的一些写作经验，尤其是构思技巧和叙述策略。可惜的是，我在《史铁生评传》中获得的写作经验却不是太多。事实上，史铁生在文学创作中积累了许多独特的经验，对于后来的写作者来说，无疑是一笔宝贵财富。我想，也许是叶老师对那些技术性问题不感兴趣吧，因而就忽略了。当然，这也只是我出于私心而说出我的一点遗憾，说白了就是吹毛求疵，或者叫鸡蛋里面挑骨头。不恭之处，还望叶老师多多原谅。

好了，由于水平有限，这个所谓的序就写到这里吧。

2017 年 8 月 10 日于武汉南湖之滨

目　录

第一章

一、初到史铁生

(一)

在《务虚笔记》中，史铁生曾经这样描述过自己的降生：“我生于1951年1月4日。这是一个传说，不过是一个传说。是我从奶奶那儿，从父亲和母亲那儿，听来的一个传说。”“1951年1月4日对我来说是一片空白，是零，是完全的虚无，是我从虚无中醒来听到的一个传说，对于我甚至就像一个谣言。”①其实，史铁生的这般感受，又何尝不是我们每一个人共有的生活经验。当我们出生之后，就会不断地被人告知，这个世界在“我”出生之前就已存在，在“我”死后也必将“存在

① 史铁生:《务虚笔记》第5页,人民文学出版社,2007年。

很久”——这似乎是一件无须证明的事实，但就像史铁生所说，这类常识只不过是在“还有我的时候我被要求接受的一种猜想”①。因为对史铁生而言，凡“我”所未体验到的生命过程，皆属一种道听途说的生命消息，其真实性尚待后来的“我”凭借记忆与印象去加以检验。有鉴于此，可以说史铁生写下的那些关于自己生日的文字，都属于他对自己存在原初性问题的一种追问与审视。

从人的本性来说，意欲了解自己出生时的诸般情状，实际上是人追求自我认识这一生命本能的自然呈现。如果将史铁生对出生的疑虑推而广之，我们就会发现自己被要求接受的猜想又何止这些。从宇宙洪荒伊始，到天地万物的兴衰更替、斗转星移、桑田沧海、世易时移，哪一样不在“我”这一认知主体的经验之外？设若不先弄清楚“我是谁”的问题，那岂不就是等于说“我”所观察、经历、体验以及思想到的这个世界，不论其多么浩瀚无垠和纷繁芜杂，都并非全然可靠？而只凭被动地接受猜想，那岂不是等于放弃了“我”降临人世之后的生命意义？因为正如史铁生在《命若琴弦》里所寓言的那样，人即便不明白生命的目的与意义何在，但首先要去“活”出意义。而“我活”的起点，除却那些琐碎的日常用度和平凡的人生理想，第一要务不就是首先得明白“我是谁”吗？看来只有追问和审视这一问题，史铁生才能去验证那些他被动接受了的猜想，以及在日后的精神生活中还要不断涌现出来的新的猜想。由是观之，史铁生对自己出生这件事的疑惑，其实关涉的是他如何面对自我，乃至如何面对世界的一个基本态度。尤为重要的是，正是因为有了这样的一种怀疑精神，才会导致史铁生在面对人生百态和宇宙万

---

① 史铁生:《务虚笔记》第6页,人民文学出版社,2007年。

物时习惯于穷极一切，由此形成的思辨风格和哲学气质，自然也深刻影响了他的文学创作。

在讲述自己的出生时，凭借着亲人的回忆，史铁生猜想了自己降临人世的诸般情状。 可以说是奶奶、父母这些亲人带来的生命的消息，唤醒了史铁生最初的生命记忆。 从这个角度说，亲人对史铁生的影响，并不止于给他带来了鲜活的生命，而且还为他认识自我预设了一个观察视角——“我”首先是从亲人的讲述中去理解自己，进而理解整个世界的。 史铁生后来与奶奶、父母之间的深厚感情，不得不说是因为他们实在是自己初入人世的引路人。 尤其是他们的讲述，令史铁生无法感受到的出生事件，成为他生命困惑的一个原初性体验。 如果没有这些讲述，那么史铁生就会以 1955 年这个自己开始记事的年份为生日，从而也就不会对 1951 年这个普遍意义上的生日有所怀疑。 就此而言，亲人的讲述，反倒激发了日后史铁生寻找自己生命开端的热情。 从这个角度来看，家人对于史铁生出生经过的叙述，实际上成为史铁生自我认识的起点。 这意味着当史铁生在精神的殿堂内汲汲营营，追问人生与世界的无数奥秘时，那些奇崛瑰丽的思想图景，即便是达到了精骛八极与心游万仞的辽阔境地，也依然难以摆脱“我是谁”这一根本性的生命疑虑。 如果把史铁生全部的思辨与猜想、诘问和反思，都比作一只遨游天际的风筝的话，那么不论它飘荡到何处，其生命之绳，都会牢牢维系在史铁生对自我由来的冥想之中。

多年以后，当史铁生回想起自己的初到人间时，我们才知道，他屡屡将“我”和史铁生分离的思想方式，竟与他童年时对生命消息的这种将信将疑有关——因为“我”感觉自己并未经验到自己的出生，所以即使是接受了那些猜想，这个叫史铁生的婴儿还是没有成为“我”，或者说“我”还没有来到史铁生。因此当母亲说史铁生刚刚出生的时候是“一层黑皮包着骨头”时，他便忍不住要问：“这一切都是真的吗？”①

（二）

1951年1月4日4点20分，史铁生出生在离家不远的北京市道济医院。这是一家有着哥特式建筑风格的教会医院，后更名为北京市第六医院。命运真是奇妙，史铁生后来亲近基督，不知是否与生于教会医院有关。医院拱门高耸，青砖墙上枝藤蔓延，默默地见证着时间的流逝。院子里则有几棵歪歪扭扭的老槐树，三层的小楼里天光昏暗，木制的楼梯踩上去总会发出沉闷的响声。史铁生出生的时候天降大雪，“一天一宿罕见的大雪，路都埋了，奶奶抱着为我准备的铺盖蹚着雪走到医院，走到产房的窗檐下，在那儿站了半宿，天快亮时才听见我轻轻地来了”②。可是，按照史铁生的理解，这真的是“我”来了吗？那个皮包骨头的黑瘦婴儿当然是史铁生，但“我”到底有没有来？倘若“我”来了，那“我”为何要靠亲人的叙述，凭借猜想才能确定自己降临了人世？倘若“我”没来，那么这个咿咿呀呀瘦骨嶙峋的小小史铁生又是谁呢？从史铁生的思想方式来看，“我”与史铁生之间，自然是有着行魂和肉身之别的。就像他在长篇小说《我的丁一之旅》中所描述的那样，“我”这个永恒的行魂，辗转千回，徜徉于数不尽的人形之器中，在经历

① 史铁生：《轻轻地走与轻轻地来》，《记忆与印象》第5页，北京出版社，2004年。
② 史铁生：《轻轻地走与轻轻地来》，《记忆与印象》第5页，北京出版社，2004年。

了无数纷繁杂沓的生命之旅后，终于要栖居于史铁生之处了。但“我”无法料到的是，这一回的史铁生之旅，竟会是如此的尘嚣危惧与歧路频频！

相比于日后人生旅途的波谲云诡，史铁生的幼年生活十分普通。但他的家族故事却极为繁杂曲折，其中的很多人和事，都在史铁生后来的创作中留下了似有若无的生命印痕。他的父亲名叫史耀琛，曾就读于辅仁大学附中和天津水产学校，后考入北京农业大学林学系，毕业后分配到林业部工作，继而被下放到了小兴安岭林区，1958 年转到良乡公社。“文革”时随林学院到云南，从云南回来后被迫改行，分配到了北京的鼓楼眼镜厂工作。史耀琛平日里本就寡言少语，尤其是在妻子病故之后，更是因家庭的重担而变得愈发沉默。但他的坚忍不拔，却在性格上深刻地影响了自己的儿子——史铁生后来在面对苦难时所表现出来的坚强达观，庶几可被视为家族性格的一种遗传。至于史铁生的母亲，则因为姥爷的成分问题而没上成大学。生史铁生的时候，父亲大学尚未毕业，母亲为了生计，就去学了会计。不过母亲的天赋却在写作方面，念书时作文时常得到老师的表扬。史铁生的写作天赋，或许正与母亲的遗传有关。毫无疑问，母亲显然是对史铁生影响最为深远的一个人，因为母亲不只赋予了他生命，并且还在他后来陷入人生的苦难时，用自己深沉温婉的母爱，再次给予了他生命。

相比于父母的平凡，史铁生祖辈的人生故事就丰富得多了。譬如史铁生的姥爷做过国民党涿县党部书记长，20 世纪 50 年代“镇反”时被枪毙。虽然成分不好，但他却以热心公益而出名。抗战胜利后，姥爷回乡自筹资金，办了幼儿园和夜校。为普及教育，他还挨家挨户地去请人来上课。很多年过去了，依然还有人记得他的贡献，譬如老家的县志里，就有几篇对姥爷的颂扬文字，记载了他的抗日功劳和教育成就。至于姥姥，史铁生的记忆就不多了，只知道她不识字，脚比奶奶的还要小，平时一直住在涿州老家，偶尔会来北京。令史铁生印象深刻的是，姥姥一来便盘腿坐在床上，成天忙着纳鞋底、上鞋帮，此外还要缝棉衣和棉被。手里一边忙着，嘴上也不得闲，总是絮絮叨叨地给史铁生讲一些妖魔鬼怪的故事。史铁生后来相信生命轮回，以及某些超自然的事物，虽未必是受到了姥姥这番天方夜谭的影响，但常听鬼神之说，势必会在他年幼的心灵里埋下种子。待到史铁生后来历经人生苦难之时，鬼神世界所蕴藉的精神价值，竟也在无意间成了一个安置他苦难心魂的精神家园。

不过对于年幼的史铁生来说，家里最令他感到亲近的人恐怕就是奶奶了。和很多孩子一样，史铁生也是由奶奶抚养长大的。奶奶的娘家原本只是个做小买卖的，开一个卖棉花、弹棉花的小店，但史铁生的爷爷却是个大地主，鼎盛时是全县的首富，县里几乎一半的土地都姓史。奶奶生了六个孩子，一女五男，活下来的只有三个儿子。爷爷很年轻就因病去世了，奶奶年轻守寡，处境甚是艰难。但没读过书的她，却咬牙让三个儿子都上了大学。到了史铁生一辈，总共有三女四男，史铁生排行第四，男孩里排第三。奶奶除了因躲避阶级斗争，回到老家生活了一段时间以外，很多时候基本上都和史铁生住在一起。

奶奶带着史铁生的父亲和两个弟兄共三家十一口人，合住在北京北小街草厂胡同39号的一座老四合院里。房东李大叔是史铁生父亲最要好的同学，住房宽敞，就邀史家同住，而且不收房租。史家住的是一排四间房，堂屋是一大家人做饭吃饭的地方，也是客厅，右边第二间住着史铁生一家三口。那时史铁生的妹妹史岚尚未出生。至于“铁生”这个名字的由来，史铁生曾在《病隙碎笔》中解释道：“我的第一位堂兄出生时，有位粗通阴阳的亲戚算得这一年五行缺铁，所以史家这一辈男性的名中都跟着有了一个‘铁’字。堂兄弟们现在都活得健康，唯我七病八歪终于还是缺铁，每日口服针注，勉强保持住铁的入耗平衡。好在‘铁’之后父母为我选择了‘生’字，当初一定也未经意，现在看看倒像是我屡病不死的保佑。”①

对于史铁生来说，奶奶无疑是他最早的启蒙老师。但这种启蒙，并非简单的识字读书，而是对他生命意识的开启。在《奶奶的星星》中，史铁生如是记录了和奶奶在一起生活的情景：“世界给我的第一个记忆是，我躺在奶奶的怀里，拼命地哭，打着挺儿，也不知道是为什么，哭得好伤心。窗外的山墙上剥落了一块灰皮，形状像一个难看的老头儿。奶奶搂着我，拍着我，‘噢、噢’地哼着。我倒觉得委屈起来。‘你听！’奶奶忽然说，‘你快听，听见了吗？’我愣愣地听，不哭了。我听见了一种美妙的声音，飘飘的、缓缓的……是鸽哨儿？是秋风？是落叶划过屋檐？或者，只是奶奶在轻轻地哼唱。直到现在，我还是说不清楚。‘噢噢，睡觉吧，猴子来了我打它……’那是奶奶的催眠曲。屋顶上有一片晃动的光影，是盆里的水反射出来的。光影也那么飘飘的、缓缓的，变成和平的梦境。我在奶奶的怀里安稳地睡熟。”②

这是“我”初到史铁生时的景象。相比起史铁生对出生事件的疑

---

① 史铁生:《病隙碎笔》第 58 页，陕西师范大学出版社，2002 年。

② 史铁生:《奶奶的星星》，《作家》1984 年第 3 期。

惑，他和奶奶之间的亲情，却是能够被这个孩子真切感知的。虽然史铁生这个小小的人形之器，还只能懵懵懂懂地张望着世界，但那舒缓悠扬的美妙声音、摇曳不定的氤氲光影，却全系于奶奶的轻声哼唱。催眠曲的轻柔静谧，暗暗幻化了时空的印象，史铁生也在奶奶的呵护下，于半梦半醒中初次感受到了世界的存在。可以说正是由于奶奶无微不至的殷切关爱，才催生了史铁生最初的童年记忆。而这也是那颗永恒行魂在史铁生之所慢慢苏醒的时刻。从心理学上说，由于史铁生从小就在奶奶身边成长，因此奶奶的声音、气息和形象，自会成为勾连史铁生和这个世界的重要纽带。他的第一次记忆，以及后来史铁生所说的真正的生日的降临，莫不与奶奶的陪伴息息相关。从这个角度看，奶奶实在是史铁生初入人间的引路人，她不仅让年幼的史铁生初次感知到了这个世界，而且更以女性的温柔情怀，唤醒了他那颗不远万里跋涉而来的永恒行魂。自此以后，“我”才可谓真正来到了史铁生。

（三）

“生命的开端最是玄妙，完全的无中生有。好没影儿的忽然你就进入了一种情况，一种情况引出另一种情况，顺理成章天衣无缝，一来二去便连接出一个现实世界。”这是史铁生记事的开端，一切都好像是印象的拼凑，“无缘无故——人是被抛到这个世界上来的”①。站在家里的炕上，小小的史铁生透过窗台，从玻璃的这一侧打量着那一侧的景象。这就是他最初感知到的世界的形象。有那么一点简单，但对史铁生来说

① 史铁生:《轻轻地走与轻轻地来》,《记忆与印象》第 4 页,北京出版社,2004 年。

印象却甚为深刻。透过窗玻璃，首先映入眼帘的是近处一排绿油油的榆树，远处则是两棵大大的枣树。直到蹒跚学步的史铁生摇摇晃晃地走出屋门，走进院子，“一个真实的世界才开始提供凭证”。这是一幅多么温暖的画面啊，太阳下被晒得热烘烘的花草，散发着清香的气味。砖石尘土，一切都随着阳光在风中飘舞。“青砖铺成的十字甬道连接起四面房屋，把院子隔成四块均等的土地。”①土地里种植的西番莲开着硕大的花朵，蜜蜂嗡嗡地忙着采蜜，还有枣树下婆娑的树影、细碎的枣花……无数夺人耳目的驳杂景象，都在史铁生步入院子里的那一刻扑面而来。世界就在这里，无须猜想，无须证明。那些云卷云舒、万籁俱寂的斑斓画面，如同放电影一般，“好没影儿”地就将史铁生带入了这个奇妙的世界。仔细听听，还有一些缥缈的声音在回荡，“那声音清朗，欢欣，悠悠扬扬不紧不慢，仿佛是生命固有的召唤，执意要你去注意他，去寻找他、看望他，甚或去投奔他”②。年幼的史铁生自然分辨不出那到底是什么声音，也许是琴声，也许是晚祷的钟声。实际上，在离史铁生家不远的南馆就有一座东正教的教堂，教堂的钟声也因此常常回荡在年幼的史铁生的耳边。通过这些声音，史铁生直觉般地感受到了生命的召唤。当他后来缠绵于病榻之上，无力行走之时，恰恰是对这召唤的本能回应，才支撑着他日复一日、年复一年地生活了下去。

从家里到四合院，再到后来随着奶奶走出院子四处玩耍，史铁生的世界正在一点一滴地打开。对他来说，记事的标记是斯大林之死：“有一天父亲把一个黑色镜框挂在墙上，奶奶抱着我走近看，说：斯大林死

---

① 史铁生:《轻轻地走与轻轻地来》,《记忆与印象》第5页,北京出版社,2004年。

② 史铁生:《轻轻地走与轻轻地来》,《记忆与印象》第5页,北京出版社,2004年。

了。镜框中是一个陌生的老头儿，突出的特点是胡子都集中在上唇。在奶奶的涿州口音中，‘斯’读三声。我心想，既然如此还有什么好说，这个‘大林’当然是死的呀。我不断重复奶奶的话，把‘斯’读成三声，觉得有趣，觉得别人竟然都没有发现这一点可真是奇怪。”①那是1953年，史铁生刚刚两岁。

和那个年代里的大多数孩子一样，史铁生的童年生活，虽然简单却是兴味盎然。他很早就显示出了绘画的天赋，在几个堂兄弟中，每每写生作画，史铁生都是画得最像的那个人。天下雨时，他最喜欢叠纸小船，放在水沟里看着它慢慢漂远，小小的心灵也就充满了对远方的想象。此外，听评书《三国演义》，和堂兄弟一起玩战争游戏，也是幼年史铁生喜欢的事情。当奶奶腰痛了，他会和堂兄一起轮流给她踩背……回想起来，这些普通琐碎但又充满温情的童年经验，看上去就好像是命运对于史铁生的一种提前馈赠似的。因为自打上幼儿园开始，这种无忧无虑的生活就开始慢慢消失，直至疾病这样沉重的苦难扑面而来。从这个角度看，史铁生在五岁之前的生活，真有那么一点透支好运的意味。

以上种种，都来自史铁生成年之后的记叙。而他以写作的方式回顾自己的生命历程，其实远不止怀人纪事这般简单。毫无疑问，在史铁生的自叙中，首先萦绕着的就是他对于家人的无尽怀念：不论是《奶奶的星星》里的奶奶，还是《我与地坛》中的母亲，史铁生都凭借着他的记忆与印象，在尘嚣稍息的写作之夜里，试图隔着阴阳两界，去追寻那些世上最疼爱他的人可能带来的消息。史铁生以写作之名所展开的心魂的夜行，自然也遥遥指向了亲人们所在的灵魂居所。在他的生死观中，奶

① 史铁生:《消逝的钟声》,《记忆与印象》第8页,北京出版社,2004年。

奶和母亲虽然肉身已腐，但她们永恒的行魂，难道不是一直在守望着自己举步维艰的人生旅程的吗？ 史铁生的文字之所以能如此地动人心魂，恰因其熔铸了爱愿与祈盼的诉说，就这样不偏不倚地击中了我们灵魂的最深处。

与此同时，史铁生对于自己童年生活的追叙，也暗含着他寻找生命开端的意图。 在史铁生看来，生命的开始必得有灵魂的存在，只有“我”这颗敏感的灵魂来到了史铁生处，那个叫史铁生的人形之器，才终于不再情思沉荒、爱欲凋敝，而真正的生命也从此起程。 这也是为什么史铁生对 1951 年 1 月 4 日这个普遍意义上的生日有所保留的缘故，因为这一天只是人形之器的诞生，真正的生命，实际上发端于 1955 年：“1955 年的某一天，我记得那天日历上的字是绿色的，时间，对我来说就始于那个周末。 在此之前，1951 年是一片空白，1955 年那个周末之后它才传来。 渐渐有了意义，才存在。”对时间的感知，无疑是“我”这颗行魂来到了史铁生处的真正标志。“但 1955 年那个周末之后，却不是 1955 年的一个星期天，而是 1951 年冬天的某个凌晨——传说我在那时出生，我想象那个凌晨，于是 1951 年的那个凌晨抹杀了 1955 年的一个星期天。 那个凌晨，奶奶说，天下着大雪。 但在我，那天却下着 1956 年的雪，我不得不用 1956 年的雪去理解 1951 年的雪，从而 1951 年的冬天有了形象，不再是空白。 然后，1958 年，这年我上了学，这一年我开始理解了一点儿太阳、月亮和星星的关系，知道我们居住的地方叫作地球。 而此前的比如 1957 年呢，很可能是 1964 年才走进了我的印象，那时我才听说 1957 年曾有过一场反右派斗争，因而 1957 年下着 1964 年的雨。 再之后有了公元前，我听着历史课从而设想人类远古的情景，人类从远古走到今天还要从今天走去未来，因而远古之中又混含着对2000年的幻想，我站在今天设想过去又幻想未来，过去和未来在今天随意交叉，因而过去和未来都刮着现在的风。”①

由此可见，时间对于人的存在状况，委实是有着一种强大的魅惑功能的。在这样的一种时间体验下，人存在的当下性这一生命感觉，深深地掌控了自己的过去与未来——时间也因此具有了一种制约人存在状况的权力属性。更为重要的是，如果说史铁生是以对时间的感知为生命的起始的话，那么他穷其一生所进行的心魂漫游，就无不与时间这个看不见摸不着的抽象事物息息相关——他对生命意义的叩询，其实就是对人之有限性的勘察与确认，而对死亡的审视与超越，则是出于对无限之在的渴慕和追寻——两者都暗含了人对时间权力的反抗意识：前者可以在时间的线性流向中，体味生命层次的丰饶多变；后者更是试图超越时间的残酷束缚，让生命本身走向自在无碍的永恒境地。年幼的史铁生，当然还无法理解时间所蕴含的这种权力属性，但那些源自生命开端的时间记忆，却为他后来的哲思冥想提供了一个以反抗时间的权力为标志的思想起点。

① 史铁生:《务虚笔记》第6页,人民文学出版社,2007年。

二、成长的烦恼

(一)

在史铁生的童年生活中，上幼儿园算得上是一件人生大事。但相较于他生活世界的逐渐拓展，幼儿园带给史铁生的一个深刻记忆，却是令他初次领略到了人世的复杂。甚至可以这样说，在史铁生幼小的心灵中，幼儿园不仅不是一个让他无忧无虑玩耍的尘世天堂，反而以呈现差别的方式，向他展示了人与人之间无法抹平的心灵的隔膜。也正是从这里开始，史铁生的精神成长才开始进入了一个新的阶段。如果说此前的史铁生，还处在一种懵懂含混的生存状态的话，那么幼儿园生活，就让他原本浑然朴拙的精神世界开始出现了某些细微的裂痕。对于孩子来说，虽然成长的标志之一即是混沌内心的逐渐澄明，但这种混沌却是人存在的一种本真状态。因为此时那颗敏感的心灵才刚刚来到史铁生，除了好奇地打量和张望这个世界外，哪还有欲望和念想去做些尚未明白的事情。更遑论困扰了他一辈子的灵与肉的冲突。史铁生内心这片尚未绽开的原始风景，尽管荒野朴拙、情思未明，但又何尝不是人存在的原初景象？先别说史铁生后来念兹在兹的残疾与爱情远未到来，即便那些人与人之间的天差地别，他都还没机会有所领教呢。从这个角度看，“我”初到史铁生之时，虽然有些愚顽胡闹，但只是一个没开窍的小小孩童，灵魂与肉身看起来也是相安无事。不过成长就必得付出代价，而这一代价便是史铁生逐步发现了人与人之间的差别，随之而来的孤独和自卑感，终于引领他步入了自己真正的人生。

在进幼儿园之前，史铁生曾一直被教堂的钟声所吸引。那些冥冥中缥缈而来的声音，既是生命的神秘召唤，也是唤醒史铁生理性意识的重要媒介。循着钟声，年幼的史铁生在奶奶的陪伴下走进了教堂。教堂里办有幼儿园，史铁生的堂哥就在这里上学，奶奶的本意大概也是想给史铁生报名吧。教堂周围有寂静的树林、蜿蜒的碎石小路、满地的落叶，当然还有蹦蹦跳跳在觅食的麻雀和灰喜鹊。史铁生生平第一次看见了教堂，“细密如烟的树枝后面，夕阳染红了它的尖顶”①。进入教堂内，幼儿园的孩子们正在唱歌。在悠扬的琴声和歌声中，史铁生仿佛中了魔一般，“有个懵懂的东西第一次被惊动了——那也许就是灵魂吧”②。直到钟声再次响起，史铁生方才恍然大悟，原来一直吸引着他的神秘声音，就是教堂晚祷的钟声。也许教堂内外的斑斓景象和美妙声音，实在与史铁生所居住的四合院大不相同，因此给他带来的生命体验也就分外新奇。在这样的一种体验下，那颗尽管已来到史铁生，但还处在一种懵懂状态的灵魂便开始渐渐苏醒。

虽然史铁生很喜欢教堂的这所幼儿园，但不知什么缘故，他并未报上名，大概是因为20世纪50年代的政治环境，已不允许这样的场所过多存在了吧。不久之后，教堂便连同幼儿园一道被拆除了。年幼的史铁生当然不明白其中的缘由，他只知道自己心心念念的教堂钟声，要等

① 史铁生:《消逝的钟声》,《记忆与印象》第9页,北京出版社,2004年。
② 史铁生:《消逝的钟声》,《记忆与印象》第10页,北京出版社,2004年。

到四十年以后，才会在遥远的斯德哥尔摩得以再度聆听。当他和妻子沉浸在悠扬的钟声里的时候，史铁生才幡然醒悟，“原来人的故乡，并不止于一块特定的土地，而是一种辽阔无比的心情，不受时间和空间的限制，这心情一经唤起，就是你已经回到了故乡”①。从这个角度看，钟声对于史铁生而言，实在是有着特殊的象征意味：它就像是一曲蕴藏了生命密码的天籁之音，不仅贯穿了史铁生的童年与中年，而且还跨越了从北京到斯德哥尔摩的千山万水，并因此成为一个超越了时间权力的无限之在。透过钟声，史铁生连接起了自己的童年与中年、异域和故乡。而那份聆听钟声时不变的情怀，也仿佛在凝滞时间的同时，让史铁生超越了有限之在的无情束缚，进而在精神层面获得了永生。这当然是“我”这颗行魂对于史铁生这座人形之器的提醒——人何必畏死忧生？因为永在就在悠扬钟声的信念象征里，就在精神之维的心魂夜行中。史铁生后来“昼信基督夜信佛”的玄思冥想，显然和他这样的一种童年经验有着莫大关联。

(二)

虽然没在教堂那里报上名，但史铁生终于还是在五岁的时候进了一家规模不大的幼儿园。院子里有四间北屋，其中一间是房东的住所，南屋已经弃置不用了，只有东、西两面是教室。“教室里除去一块黑板连桌椅也没有，孩子们每天来时都要自带小板凳。”②二三十个孩子坐在教室

① 史铁生：《消逝的钟声》，《记忆与印象》第11页，北京出版社，2004年。

② 史铁生：《我的幼儿园》，《记忆与印象》第14页，北京出版社，2004年。

里，上课就是听老师讲故事，下课则是玩骑马打仗的游戏。可别小瞧孩子们玩的游戏，虽然参与者都是些小毛孩，打仗大多时候也只是虚张声势，但游戏的规则，包括对败军之将的惩罚等，却显然是来自成人世界里的丛林法则。比如胜者为王败者为寇，打赢的一方得意扬扬自不用说，还要想出各种名目去放大这种快乐，于是就有了新的游戏形式——惩罚叛徒。“叛徒一旦被捉回，就由两个人押着，倒背双手‘游街示众’，一路被人揪头发、拧耳朵。”①更可怕的是，人性中总有那么一些阴暗的东西，即便纯真如儿童，也越来越享受在惩罚叛徒时所感受到的权力意志了，其兴味甚至超越了打仗本身。“可谁是惩罚者呢？此时便涌现出一两个头领，由他们说了算，他们说谁是叛徒谁就是叛徒，谁是叛徒谁当然就要受到惩罚。”②于是，差别也就此显现了出来。因为每一个孩子为了免遭惩罚，都要想方设法地去讨好头领，“阿谀，谄媚，唯比成年人来得直率”③。人与人之间，开始出现了三六九等的阶层划分。其中既有高高在上的头领，也有被打倒在地的叛徒，然而更多的人，却都在这种游戏中释放出了人性的恶。“可怕的日子就像增长着的年龄一样，必然来临。”④史铁生当然也避免不了沦落为叛徒的命运。那是一种怎样的生命体验啊。孤独、自卑、无望，以及深深的被遗弃感，都让年幼的史铁生害怕不已。他开始装病，想尽办法不去幼儿园。即便是到了成年之后，史铁生看到那些哭喊着不愿去幼儿园的孩子时，心里仍在发抖，“设想他们的幼儿园里也有那样可怕的游戏，晌晴白日也觉

① 史铁生:《我的幼儿园》,《记忆与印象》第15页,北京出版社,2004年。

② 史铁生:《我的幼儿园》,《记忆与印象》第15页,北京出版社,2004年。

③ 史铁生:《我的幼儿园》,《记忆与印象》第15页,北京出版社,2004年。

④ 史铁生:《我的幼儿园》,《记忆与印象》第15页,北京出版社,2004年。

有鬼魅徘徊”[①]。这种深入骨髓的恐惧与忧心，显然和史铁生初见人性有关。他没有想到的是，在那一大群孩子中，自己有一天也会成为“别人”。

其实，差别本身并不可怕，因为人一旦降临尘世就会产生各种差别，不论是性别、外貌或思想等，也只有这些参差不齐才能反映出生命的丰富与玄奥。但可怕之处在于，差别有时却来自人为的制造，比如帮派，比如阶级，等等。如此一来，差别就意味着人用区别这一行为去制造差异。这意思是说，只要有了“区别”的行为，那些原本不存在的差异，也会无中生有，凭空变得与众不同了起来。至于这种不同会受到何种待遇，想必史铁生已从孩子们惩罚叛徒的游戏中见微知著了。而区别人群、划分等级的方式，其实质显然反映了某些人对权力的渴求。毫无疑问，此乃人性中最为隐秘和最为疯狂的欲望使然。欲望导致人对权力的追求，进而以区别差异的行为去争得话语权，自此便结党营私、打击异己，天下乱象亦于焉而起。由是观之，欲望本能推动权力追求，权力追求制造各种差别，由此衍生出来的社会不公与伦理歧视，终会滋生出在那个年代里令人闻风丧胆的群众运动与阶级斗争。就此而言，史铁生对差别的感受和思考，不仅引发了他后来审视生命个体的存在之思，而且也能折射出他关注现实的一种家国情怀。

（三）

1958年，史铁生七岁，开始上小学。他就读的学校是王大人胡同小

① 史铁生：《我的幼儿园》，《记忆与印象》第15页，北京出版社，2004年。

学，位于北京市东城区。也是在这一年，史铁生经历了生平第一次搬家。搬家的原因是几条街道联合起来成立了人民公社，而公社机关又看中了史铁生家以及相邻的几个院子，于是史铁生家便和同院的李大叔家一起搬到了观音寺胡同。这是一座小四合院，房子比原来差了很多。史铁生家住的四间变成了两间，房子也不再属于以前的房东李家，而属于房管局了。史铁生的妹妹史岚就出生在这里。

新家所在地有一棵老海棠树，枝繁叶茂，其中两条粗壮的枝丫形似躺椅，史铁生常常爬上去玩得不亦乐乎。他一会儿看小人书，一会儿又用弹弓向四处射击，“甚至在那儿写作业，书包挂在房檐上”，有时“奶奶会把盛好的饭菜举过头顶”，史铁生“就两腿攀紧树枝，一个海底捞月把碗筷接上来”①。困倦时也在树上睡，四周花香蜂鸣，春风徐来，真如世外桃源一般优游自在。到了春天的时候，老海棠树常常会落下雪白的花瓣雨，奶奶则坐在树下一边糊纸袋一边唠叨：“就不说下来帮帮我？你那小手儿糊得多快！”②懒惰的小子装作没听见，在树上胡乱地唱着歌。夏天时，奶奶坐在老海棠树下的浓荫里，一针一线地在床单或被罩上补花，史铁生也会帮忙，比如草草地洗一通菜，奶奶就生气：“你们上班上学，就是这么糊弄？”③好在干活虽然偷懒，不过史铁生在学校里可是特别优秀，不仅语文与美术成绩最为突出，而且还当上了大队长。

附近的观音寺早已年久失修，不光庙门没有了，就连正殿里仅存的几尊泥像也是油彩斑驳，两旁的护法天神赤手空拳，丢弃在地的兵器就

① 史铁生:《老海棠树》,《记忆与印象》第101页,北京出版社,2004年。
② 史铁生:《老海棠树》,《记忆与印象》第102页,北京出版社,2004年。
③ 史铁生:《老海棠树》,《记忆与印象》第102页,北京出版社,2004年。

成了史铁生和小伙伴们打仗时用的玩具。在很长的一段时间里，这座庙都是史铁生玩耍的乐园，他和同伴们要么看书看画，要么就互相抄写作业，捉蚂蚱、逮蜻蜓、弹球儿、扇三角，童年的光阴便这样慢慢流逝。直到有一天，庙被改造成了有色金属加工厂，史铁生在这里的快乐时光也就戛然而止了。

王大人胡同小学位于柏林寺内，里面有很多老柏树。风乍起时，树叶婆娑的声响就会传遍校园。小学生们琅琅的读书声，也总是随着老柏树的声音时而飞扬、时而沉落。每当上课或下课时，校园里都会响起清脆悦耳的铃声。让史铁生记忆深刻的，正是那位摇铃的老头儿。他以前是庙里的和尚，庙改成学校后，老头儿也还俗做了学校的看门人。摇铃自然是他的日常工作。但就是这么一个普通的老头儿，却在多年以后，依然以那些飘忽悠扬的铃声为印记，深深留驻在了史铁生的梦中。对于史铁生而言，老头儿的摇铃声之所以让人怀念，应该远不止是因为它代表了自己的童年时光。更为重要的是，这沉入梦里的铃声，其实和他出生时所听到的教堂钟声一样，都像是生命对于自己的神秘召唤。如果没有这些声响，就好比人在漫漫的生命长河中，旅程失去了航标，迷路的心魂还怎能回望自己的前世今生，还怎能寻觅远方的灯塔？其实，以某些生活具象为坐标去审视自己的生命历程，几乎是每个人都会有的记忆方式。因为过去对我们而言，仅仅是一个抽象的时间概念，唯有那些埋藏于时光之下的生活具象，才会勾连起我们时常要被湮灭的生命记忆。那么何为具象呢？具象常常在人们的言说之外，是生活分泌出来的隐秘信息。它不以先验的理念和准则规划我们的存在，而是通过在不同生活场景中的反复出现，潜移默化、润物无声地吸引着我们去抚今追昔，这当然是生命在庸碌琐碎的日常表象下，向我们每一个人发出的命运的召唤。它通过这些具象，以某些特殊的时刻为契机，指引着我们停下脚步，在检视生命记忆的过程中变得若有所思。

当然，并不是所有人都能领悟生命给予我们的这些启示的，可这事对于史铁生来说却实在过于简单，因为他后来的生活，本身不就是以思想的方式去展开的吗？因此史铁生对于教堂钟声和学校铃声这些生活具象的倾心，实则反映了他一种以具象触发哲思的运思方式。这一点对于理解史铁生的精神世界至关重要，因为这一方式，最终能够证明史铁生那些玄奥堂皇的彼岸之思，始终都来自喧嚣扰攘的此岸世界。有人会说，后来信奉宗教的史铁生，要灭“我执”，去掉人之欲念，但了解他思想方式的人必定清楚，史铁生怎么可能会离开充满了烟火气的现实世界呢？因为不论他的思想如何高深邈远，这种以具象触发哲思的运思方式，都注定了会让他永远地脚踏实地。

1959 年，史铁生读小学二年级，学校里来了位 B 老师。和大部分老师相比，这位总穿着一身褪色军装的男老师格外引人注目。他不仅教史铁生他们美术、书法和历史，而且后来还当了总辅导员。在他的带动下，大队日开始过得正规起来：“出旗，奏乐，队旗绕场一周，然后各中队报告人数，唱队歌，宣誓，各项仪式一丝不苟。队旗飘飘，队鼓咚咚，孩子们感到了从未有过的庄严。B 老师再举起拳头，语气昂扬：‘准备着，为共产主义事业而奋斗！’孩子们齐声应道：‘时刻准备着！’那一刻蓝天白云，大伙儿更是体会了神圣与骄傲。”①作为宣传委员的史铁生，也在学校里找到了用武之地。他充分发挥自己的美术天赋，在制

① 史铁生：《B 老师》，《记忆与印象》第 117—118 页，北京出版社，2004 年。

作黑板报方面可谓是兢兢业业，比如摘抄《雷锋日记》，记录好人好事，再趁着礼拜日休息时，将这些内容都抄写在两块黑板上。闲暇时，B 老师也会带领同学们在校园里种花，日子过得“特别饱满、色彩斑斓”①。更有意思的是，新年时 B 老师还扮成了圣诞老人，他穿一件借来的老皮袄，用棉花贴成胡子，穿一双红色的女式雨靴。在给孩子们送圣诞礼物时，这位打扮滑稽的圣诞老公公大声说：“我给你们送来了共产主义的宏伟蓝图！”②从这句台词中，分明可见 B 老师的单纯幼稚。“共产主义蓝图怎么是圣诞老人送来的呢？又岂可从天而降？”③据说到“文革”时，这台词就成了 B 老师的一条罪状！不过在史铁生的心目中，B 老师始终是一个“没有缺点”的人，不论他后来经历如何坎坷，但作为少年时代的一个偶像，B 老师始终留在了史铁生的生命记忆中。

此外，还有一个小女孩，同样和 B 老师一样，长久地被安放在了史铁生的童年记忆中。这个女孩儿与史铁生同岁，虽然算不上漂亮，但是总能吸引小小史铁生的目光。曾有一回是在“六一”儿童节的庆祝会上，女孩儿朗诵了一首关于穷苦的黑人小孩的诗，声音一起，会场的喧闹声便戛然而止，只剩下她那清纯、稚气，甚至是略带哽咽的声音在空气中飘浮，灯光照射下，史铁生远远就看见了她眼角的泪光……从那以后，史铁生就总想去接近她，但朦胧的情愫和强烈的自卑又让他望而止步。同样，还有一个小男孩，史铁生曾去过他的家，房子里的陈设以及主人，都高雅得似乎不食人间烟火，但礼貌的举止下，却隐含着一种淡淡的优越感。史铁生当然会感到不自在，那种感觉虽然和面对小女孩时

---

① 史铁生:《B 老师》,《记忆与印象》第 118 页,北京出版社,2004 年。
② 史铁生:《B 老师》,《记忆与印象》第 119 页,北京出版社,2004 年。
③ 史铁生:《B 老师》,《记忆与印象》第 119 页,北京出版社,2004 年。

的心态有着本质的不同，但两者都让他有些自卑。 由此引发的人性感触和自我认识，后来也都成了《务虚笔记》里的创作素材。

(四)

人的记忆总是五味杂陈，有美好就有伤痛。 对于史铁生来说，幼儿园那个曾经的噩梦并未远去。 正是在上小学的时候，史铁生遇到了那个让他心生恐惧的孩子。 这个孩子长得瘦瘦小小，脸上还有一道皱纹，却有一股奇怪的力量。 只要他不和谁做朋友，谁就要被孤立。 至于谁是和他第一好、第二好等，也会引起孩子们的快慰或嫉妒之情。 这个可怕的孩子天赋异禀，能够准确地区分众多小伙伴之间的强弱差别，然后再依据这些差别划定等级、区分座次。 他就像是一座桥梁，通过他，世界的危险越来越多地展现在了史铁生面前。 而史铁生心中那份挥之不去的孤独和恐惧也被再度唤醒，并从此如影随形、绵延不绝。

曾有一次，这个孩子把黏糊糊的松脂抹在了史铁生的头发上，而史铁生也不知深浅地进行了反抗:“他本来长得瘦小，我一拳就把他打得坐倒在地上，但是他并不立刻起来还击，他就坐在那儿不露声色地盯着我。(我现在想，他是本能地在判断着我到底是强还是弱。)现在我想，我很可能放过了一个可以让他‘第一跟我好’的机会，因为我害怕了，这样他不仅不必‘第一跟我好’，而且选定我作为他显示才能的对象了。 那个可怕的孩子，让我至今都感到神秘、恐怖和不解。 我本来准备好了也挨他一拳，但是完全出乎我意料，他站起来，挨近我，轻轻地但是坚决地对我说‘你等着瞧吧’，然后他就走开了，立刻走到所有的孩子中间去说说笑笑了，极具分寸地搂一搂这个的头，攀一攀那个的肩，对所有的孩子都表示着加倍的友好，仿佛所有的孩子都站在他一边，都与他亲密无间。他就这样走到孩子们中间去并占据了中心位置，轻而易举就把我置于孤立了。孤立感犹如阴云四合一般在我周围聚拢，等我反应过来，那孤立的处境已经不是一个普通的孩子能够摆脱的了。现在我说起这件事还感到一阵透心的阴冷。他走到孩子们中间去了，我便走不进去了，我只好一个人玩。”①被孤立的处境虽非首次，但史铁生依然难以忍受这份孤独。为了讨好这个孩子，他缠着奶奶买了一个足球，也只有一起踢球的时候，这个孩子才会对史铁生流露出难得的真诚。不过好景不长，待足球破裂，史铁生的内心又重新布满了阴霾。

其实，史铁生口中的这个孩子，从某种程度上来说已经长大成人：他不仅工于心计、精于计算，而且还能用自己天生的号召力，刻意制造出令人忧心的种种差别。如果说幼儿园孩子们惩罚叛徒的游戏，更多是出于人性当中的一种权力本能的话，那么这个孩子的冷静和谋略，就完全是成年人才有的权力手段了。前者只是人性恶的自然显露，而后者则反映了人在理性成熟后是如何追逐与滥用权力的。他的深谋远虑与步步为营，以及善于动用一切手段和资源去达成目标的方式，都表明这个孩子已经对成人世界中的权力游戏驾轻就熟了。人性的蜕变难道就非得如此？从无心之失到有心作恶，所谓的成长，莫非就一定是要蒙蔽初心、耽溺于成人世界里的权力游戏而无处遁逃？事实上，关于人性问题的这些思考，史铁生直到中学时代在亲身经历了红卫兵运动之后，才有了他自己的答案。

---

① 史铁生:《务虚笔记》第81—82页,人民文学出版社,2007年。

（五）

在小学二年级的时候，史铁生还经历了家里的巨大变化。他的奶奶出身不好，为了躲避政治运动的风头，一度被迫从北京回到了河北涿州的老家。1959年夏天到来的时候，奶奶晚上总是要去史铁生小学所在的那座庙里开会。起初史铁生很是兴奋，因为趁着奶奶开会的时候，他就可以在学校里痛痛快快地玩耍一番。要知道好玩的东西全在前院，双杠、爬杆、沙坑等，白天总是被高年级的同学占领，只有晚上，史铁生和他的伙伴们才有机会去玩。尤其是打闹之余，循着夜虫的叫声一路找去，顽皮地在蛐蛐洞里撒泡尿，再看着小小的蛐蛐们四散逃跑，可真是一件开心无比的事情。

想起奶奶的时候，史铁生便跑到后院，趴在教室的窗台上张望，才发现教室里坐满了人。奶奶在最后一排，规规矩矩、认认真真地在听台上的人讲话。仔细一听，台上的人竟然在说："你们过去都是地主，对，你们这些人曾经残酷地压迫和剥削劳动人民，在劳动人民的血汗和白骨上建筑起你们往日的天堂，过着寄生虫一样的生活……"①可想而知，史铁生在听到这些话后会是一种怎样的反应。因为在他的印象中，万恶的地主就是大灰狼、老妖婆、黄世仁和周扒皮这些做尽坏事的邪恶形象。更讽刺的是，不是别人，而是奶奶以她爱憎分明的态度，在讲述无数善与恶的斗争故事时，将这些印象深深地印在了史铁生的脑海中。可是，慈祥宽厚的奶奶竟然是地主婆。当那些故事成为现实时，它就像

① 史铁生:《务虚笔记》第91页,人民文学出版社,2007年。

一个巨大的黑洞，“把我的老祖母连同她和蔼亲切的声音一起旋卷进去，然后从那巨大的黑洞深处传出一个不容分说的回声：你的老祖母她是地主，她就是善与恶中那恶的一端，她就是万恶的地主阶级中的一员”①。

这对于才上小学二年级的史铁生来说，无疑是一种双重打击：一方面，他不得不忍受和奶奶初次分离的难言痛楚；另一方面，他又必须去接受奶奶竟然是地主婆的残酷事实。理智与情感的剧烈冲突，就这样撕咬着史铁生柔弱的内心。比起沦为“叛徒”和遭遇孤立这些事，恐怕奶奶的阶级成分问题更让史铁生感到痛苦。毕竟奶奶是他最亲近的人，无论如何，他都无法将奶奶和黄世仁、周扒皮这样的地主形象联系在一起。可惜这就是冰冷的事实，就连史铁生自己原来也是地主的后代。

如果说史铁生此前的自卑感是因为曾经被同学孤立，还可以被时间治愈的话，那么作为地主的后代，他从此以后就再也不能和那些根正苗红的同学平起平坐了。这种差别给史铁生带来的自卑感，直到他进入清华附中后依然存在。苦闷到了极致，甚至会让史铁生产生一种无地彷徨的痛苦。比如在红卫兵运动中，像史铁生这样的地主后代，只能属于“你们”——一个既不同于作为红卫兵群体的“我们”，也不同于作为敌人阵营的“他们”，充其量也就是镶嵌在宏大历史周遭几片似有若无的花边，毫不起眼以至于会被人默默遗忘。这对于一直是优秀学生的史铁生而言，显然是一种巨大的痛苦。从某种角度看，史铁生在中学时代因为出身不好而被划归为“你们”以后，为了改变自己的不利处境，他也曾主动参与了红卫兵的一些抄家造反活动，虽未真正作恶，却以恶之名，试图用回归到“我们”之中的方式，去满足自己内心深处的身份认

① 史铁生:《务虚笔记》第90页,人民文学出版社,2007年。

同。虽然他的努力最终都付诸东流，并借此更深刻地理解了差别问题，但小学时代奶奶被定性为地主婆的这件事，却不得不说开启了史铁生日后在社会生活中的自我认同之旅，并且也为他在各种运动中提炼而出的存在之思提供了某些现实动力。心理学上说一个人的童年经验，往往会决定他的一生，至少在史铁生处，此言可谓不虚。

从另一个角度来看，这一事件甚至对史铁生的文学创作也产生了某些影响。在阶级决定论盛行的年代，出身问题可不是件小事。虽然“文化大革命”尚未到来，但以人的阶级出身为据，判断其政治立场、价值取向，乃至道德水准，却已成为社会的一个普遍共识。决定论本是关于事物具有因果联系性、规律性、必然性的学说，但在20世纪的五六十年代，决定论又常常异化成了一种阶级决定论。出身论就是阶级决定论的具体表现形式。它只承认必然性，否认偶然性；只承认客观规律性，否认人的主观能动性。所谓“老子英雄儿好汉，老子王八儿混蛋”便是对这一论断的形象写照。可想而知的是，由于出身完全不能凭自己做主，因此出身于成分不好家庭的史铁生，也就不得不背负起这一阶级所属的原罪感了。尽管当时年仅八岁的史铁生，还完全无法理解这种阶级差别，但奶奶地主婆身份给他带来的羞耻感和罪恶感，却真真切切地嵌入了他的生命世界。后来在清华附中，不论他学习成绩多么优秀，多么受到老师和同学们的喜爱，一待运动到来后，史铁生才发现自己永远都只不过是一个局外人和边缘者。

这也解释了为什么史铁生在踏上文坛之后，并不完全以社会现实为书写对象，盖因其始终居于社会运动边缘的存在状况，决定了史铁生与80年代的其他作家大不相同。就在大多数人继承“五四”启蒙传统，通过感时忧国的历史批判和民族想象展示其浓郁魅人的家国情怀之时，史铁生却始终偏安一隅，不论是对青春岁月的温情怀念（《我的遥远的清平湾》），还是对日常生活的悠然记叙（《午餐半小时》），抑或是对生之由来与死之所往的冷静谛视（《命若琴弦》），他都将理解生死和认识自我看成了文学创作的思想要义。在他笔下，那些关乎民族命运的宏大叙事似乎从来都付之阙如，作家苦思冥想的，从根本上说只有“我是谁”“我如何活出意义来”这样的一些终极性问题。个中原因，或多或少都与史铁生童年时的这种阶级原罪感有关。一旦他习惯了边缘化的存在地位，反倒令其文学创作不再随波逐流，且看他那些纳须弥于芥子的终极之问，不论是疾病与爱情，还是欲望和写作，哪一样不是“病隙碎笔”式的推己及人？而史铁生从自我心流所散布出去的万千消息，又哪一样不与我们的生命困惑息息相关？由是观之，史铁生童年时的这些遭遇，无疑对他后来的文学创作产生了重要影响。

（六）

1958年，中国社会进入了“大跃进”的历史时期。在全民狂热的非理性运动中，国家的各项生产资料都受到了严重破坏。屋漏偏逢连夜雨，从1959年开始，水灾、旱情便如洪水猛兽一般肆虐于神州大地之上，其结果不仅导致了农业歉收、饥荒四起，而且还直接造成了三年困难时期。粮食产量逐年下降，国民经济趋于崩溃。

对于这段时光，史铁生直接的感受是“老也吃不上炖肉了”①，不仅

① 史铁生:《九层大楼》,《记忆与印象》第59页,北京出版社,2004年。

肉，鱼、油都没有了，就连粮食也越来越少，“所有的衣食用物都要凭票供应”了。史铁生开始尝到了饥饿的滋味：“饿就是肚子里总在叫，而脑子里不断涌现出好吃的东西。饿就是晚上早早地睡觉，把所有好吃的东西都带到梦里去。”①有时候天还没亮，史铁生就跟着奶奶去商场门口，看能不能碰运气买到一些不要票的东西吃；又或者到肉铺门口排队，凭票换点儿肥肉或大油。要是换来的只是瘦肉加猪皮，周围所有的人都会用目光表示怜悯，要是换回来的是大油，情况可就大不相同了，人们会艳羡地盯着你手中的大油——吃饭几乎成为那个年代里人们最关心的一件事了。史铁生一家人由于生活在北京，家境虽不富裕，但仅凭父母的工资，生活至少还能勉强维持下去。相比起来，很多人的生活就显得异常艰辛。史铁生亲眼见过两兄弟，大夏天的穿着棉袄，在太阳底下数黄豆。原来他们已经很多天都没有饭吃了，好不容易得到一把黄豆，便准备分好了吃。还有就是史铁生的一位同学，由于家里不会计划，粮食根本不够吃，因此上课时只能趴在桌上，一站起来就倒了下去。这样的事情见多了之后，史铁生也感受到了时局的艰难。

幸运的是，史铁生的奶奶很会过日子，她精打细算，每次煮饭时都会计算好，就这样一点一点地积存起了一些粮食。与此同时，她还买了两只小鸡。史铁生可想不到养小鸡是为了能吃上鸡蛋，他喜欢把小鸡放在晾衣绳上，使劲摇绳子，小鸡就会一惊一乍地叫，瞅个机会飞下地，一副惊魂未定的样子。不过，虽然史铁生基本上还能吃到八成饱，可母亲和奶奶却都饿得浮肿了起来，身上一按一个坑，久久不能复原。

虽然现实状况令人忧虑，但这并不妨碍史铁生展望未来。在他幼小

① 史铁生：《九层大楼》，《记忆与印象》第59页，北京出版社，2004年。

的心灵里，始终相信美好的共产主义社会终将到来。因为老师教的和课本里描绘的，全都是明天会更好的乐观主义情绪。从心理学上说，如若现实过于匮乏，那么人们就必定会以憧憬未来的方式去加以弥补，此乃人之常情。更巧的是，现实世界也给史铁生的乌托邦想象提供了一个有力佐证，那就是一座红色九层大楼的崛起。

1958年12月10日，中共八届六中全会通过《关于人民公社若干问题的决议》，提出人民公社在城市中应当继续搞下去，于是决定在北京几个城区各盖一座公社大楼作为试点，再向全市推广。1959年，当东城区的北官厅大楼拔地而起的时候，史铁生还是个二年级的小学生。这座位于北京城东北角的大楼“像一片朝霞轰然升起在天边，矗立在四周黑压压望不到边的矮房之中，明朗，灿烂，神采飞扬”①。楼房的形象自然充满了隐喻意味，因为在它尚未建成之前，老师就向史铁生和他的同学们灌输了楼房所代表的大同社会的辉煌景观：楼里电灯电话、煤气暖气和电梯等先进设施一应俱全，有食堂、电影院、图书馆、浴室、医疗站和小卖部等。总之能想到的大楼差不多都能提供给居民，完全是一幅按需分配的共产主义景象：“从现在起，那样的大楼就会一座接一座不停地盖起来，而且更高、更大、更加雄伟壮丽。对我们这些幸运的人来说，那样的生活已经不远了，那样的日子就在眼前……”②毫无疑问，年幼的史铁生还压根无法从价值理想、社会制度等层面去理解共产主义社会，对他来说，物质的丰富、自由的生活便是共产主义的全部内涵。作为一个文化隐喻，这座九层大楼所承载的显然不只是史铁生对于未来社

---

① 史铁生:《九层大楼》,《记忆与印象》第56页,北京出版社,2004年。

② 史铁生:《九层大楼》,《记忆与印象》第57页,北京出版社,2004年。

会的童真梦想，它更是一种抽象理想的具象化存在。将大楼等同于共产主义，这个看似幼稚的想法，实际上却深刻反映了史铁生对于信念、理想，乃至梦境在内的所有乌托邦话语的基本看法，那就是一切不以人的基本生存为前提的乌托邦想象，永远都像这座九层大楼一样，是不着边际、臆想而成的空中楼阁。因为史铁生从来没有进过那座大楼，而且，那样的大楼只建了一座即告结束，里面是不是老师所描绘的景象都已无从考证。

更为反讽的是，大楼建成后不久，三年困难时期就已宣告到来。1960 年 11 月，第九次全国计划会议召开，会议报告批评了城市建设中出现的规模过大、占地过多、求新过急、标准过高的问题。从这个角度看，史铁生关于大楼的记忆，虽然未必包含着讽喻现实的批判动机，但对大楼的那番美妙憧憬，却委实不得不引人浮想联翩：史铁生后来在《务虚笔记》里所描绘的那座神秘楼房，以及楼内各色人物的生命际遇，等等，是不是多多少少都包含着一点他的历史批判意识？而史铁生这位耽溺于人类精神世界里的心魂漫游者，之所以念念不忘于世人的现实苦难，难道不就是从大楼与三年困难时期之间所构成的反讽关系中，看到了“理想”的虚幻和现实的无情？史铁生后来在创作中对于理想问题的冷静谛视，不能不说与他的这一经验有关。

三、恰同学少年

（一）

1964年的秋天，史铁生考上了清华大学附属中学，这一年他十三岁。在就读清华附中的前一年，史铁生的妹妹史岚出生。兄妹俩相差十二岁多，等到史岚稍大一点的时候，因为母亲忙不过来，上初中的史铁生就会去幼儿园帮忙接妹妹。有时候兄妹俩一起去看电影，路上也经常是史铁生一手拿着折叠椅，一手抱着妹妹走。年幼的史岚看不懂电影，往往是看了一半就闹着回家，史铁生也为此错过了很多影片。大概是由于年龄相差比较大的缘故吧，史岚从记事起就觉得哥哥是个大人了。事实上，十多岁的史铁生自从考上清华附中之后，思想就已经开始慢慢成熟。除了德智体方面的均衡发展，更重要的是史铁生还在清华附中交到了很多朋友，其中既有日后共赴陕北插队的伙伴，也有在思想上影响了史铁生价值观的一些时代先行者。后来史铁生生病回京，若无清华附中的同学和陕北下乡时的插友们鼎力相助，恐怕难有勇气坚持活下去。而史铁生性格中的重情重义，以及甘愿为朋友赴汤蹈火的行事作风，也都与他这一时期的人际交往有关。即便史铁生后来在文学创作中兢兢业业，耽溺于存在问题的极地之思而无法自拔之时，仍可窥见他那份恰同学少年时的风发意气。可以说若无友人，史铁生断难在艰苦的现实人生中扶轮问路——正是他的朋友与家人，帮助史铁生在无望之途中，生生走出了一条属于自己的人生道路。就此而言，清华附中的三年光阴，对史铁生的一生都产生了极为深远的影响。

清华附中是清华大学主管的子弟学校，前身为成志中学，历史可追溯到1915年。在漫长的办学历史中，清华附中凭借着先进的教学理念和优秀的师资力量，培育了无数的社会栋梁。其知名校友数量之巨、影响之大，比起北京的任何一所著名中学都不遑多让。譬如从这里走出来的两弹元勋邓稼先、诺贝尔物理学奖得主杨振宁、当代著名作家张承志和史铁生等，皆属各自领域里的风流人物。1960年，清华附中设立高中，清华大学也抽调了万邦儒、吴裕良、顾涵芬等一批青年骨干组成了新的校领导班子，“这就使由清华大学校长蒋南翔倡导的，旨在迅速培养一流人才的从小中大学‘一条龙’‘三级跳’的十年规划得以迅速实施”①。从1964年开始，清华附中开始实施预科选拔制度，即通过选拔优秀学生建立预科班，教材由大学编写，主课全由清华大学讲师任教。选拔进入预科就相当于一只脚踏入了清华大学，因此清华附中预科实际上就是清华大学预科。凭借着清华大学的良好声誉，清华附中的教育质量也十分过硬。与此同时，崇尚体育也是清华附中的一大特色。在这里死读书、读死书都会受到同学的蔑视，而体育能手则备受崇拜。据说学校当时有条雷打不动的规定：“下午4点，把学生赶出教室。操场上各个运动队按部就班地训练，最体弱的眼镜们也要完成距离从北京到河内的‘抗美援越’冬季长跑。当时就提出了‘体育以田径为纲，田径以

① 闫崇阳：《“文革”前夕的清华附中》，《北京青年报》，2010年05月19日。

速度为纲’的口号。”[①]预科选拔对人才的发现，体育崇尚对人意志的砥砺，都让清华附中的莘莘学子获益良多。

1960年，清华附中为建立高中部，在清华大学北墙外建起了新的楼房，校舍也搬到了大学校门外。六层的教学主楼高大宏伟，门庭前是一个标准的运动场，既可以开展田径运动，也能踢全场足球。学生宿舍则位于主楼正门的左前方，宿舍楼两侧也有篮球场和排球场。[②] 时任校长万邦儒锐意改革，不仅大力实践德智体全面发展的教学理念，而且对于学校的未来也有着具体规划。在每年新生入学时，开学典礼便设在清华大学大礼堂内。而万邦儒的演讲也是高瞻远瞩、不拘一格，附中校友回忆他“滔滔不绝地一气讲三个小时，展示在新生面前的是一幅生动跳跃的改革蓝图：从1960年开办高中用三年时间到1963年，第一批毕业生的水平就要达到北京市一流程度；再三年到1966年，以预科毕业生的成绩让本校成为全国名牌学校；再三年，到1969年，以学生参与的奥林匹克科目竞赛成绩让本校跻身世界名校行列”[③]。在学校师生的共同努力下，清华附中声名鹊起，不论报考人数还是招生分数，都可以和北京最著名的四中分庭抗礼了。

这时的附中校长万邦儒可谓是志得意满，眼看着自己当年定下的三级跳蓝图已初具规模，本拟再展宏图，不料接下来便爆发了“文革”浩劫。最具讽刺意味的是，正是清华附中的预科精英们，在“文革”中发起了红卫兵运动，并导致了高考的取消，万邦儒校长的宏伟蓝图也就此

---

① 闫崇阳:《“文革”前夕的清华附中》,《北京青年报》,2010年05月19日。

② 参见孙立哲:《想念史铁生》,《生命——民间记忆史铁生》第4页,中国对外翻译出版有限公司,2012年。

③ 闫崇阳:《“文革”前夕的清华附中》,《北京青年报》,2010年05月19日。

夭折。从某种程度上看，他所提倡的精英教育，对于推动红卫兵组织的成立关联甚大。这位锐意改革的教育家，尽管凭借着超前的教育理念让清华附中得到了快速发展，但过度强调竞争意识的精英教育，也势必会在学生的人格培养方面留下缺憾。试看那些天纵英才的红卫兵创立者，哪一位不是雄心壮志、豪气干云？虽年少青涩却常以救世主自居，极度膨胀的主体意识、英雄情结，以及快意恩仇般的江湖做派，又哪一样不是与自我心灵的过度硬化有关？在精英教育严苛的竞争环境下，人性的善良与柔软、温情与宽容，似乎常常被视为弱者的标签。就此而言，万邦儒校长的教育理念虽以正面价值为主导，但结果却如此出人意料，则不能不说是一个值得反思的话题。“文革”后，他在校长任上依然不断地寻求着突破，但脱离了清华大学直接领导的清华附中，也只能与真正意义上的教育改革渐行渐远了。史铁生说他是一个生不逢时的教育家，大概也是在慨叹万校长命运多舛的同时，洞见了他在教育理念与历史实践之间所具有的某种思想悖论吧。

（二）

作为王大人胡同小学的尖子生，史铁生小学毕业后可选择的中学有很多，但独独选了离家甚远的清华附中。清华园离北京市中心的前门或西单牌楼有几十里路。20 世纪五六十年代交通不便，进一趟城需要先走土路到郊区汽车站，等差不多半个多小时才能坐上一趟公共汽车，到了北太平庄或平安里车站还得换车，总之无论如何折腾，也得两个多小时才能到城里。史铁生家住城里北新桥附近，公共交通十分便利，可以选择的中学名校也有很多，但报考清华附中，恐怕还是与家族里的那份清华情结有关。史铁生的大伯史耀增，1951年正是毕业于清华大学的化工系，全家还为此专门庆祝过。父亲史耀琛虽报考清华未中，后来读的也是北京农业大学林学系，但他对于清华的向往显然也影响了史铁生。再加上史铁生母亲工作的单位北京林学院，只与清华大学隔着一条马路，因此史铁生选择清华附中就不足为奇了。

1964年8月29日，是清华附中新生注册的日子。校园内人声鼎沸，热闹非凡。“欢迎新同学”的横幅迎风飘扬，高音喇叭则不停地播放着进行曲。此时的史铁生，内心必定是汹涌澎湃，压根无法平静下来。因为相比于之前的小学生活，进入初中可算得上是他生命中的一次成人礼了。按史铁生对生日的理解，新生报到的这一天，又何尝不是他另一个生日的到来？至少对“我”这个栖居于史铁生之处的永恒行魂而言，即将面对的这个新世界，可不会只有孩童之间无伤大雅的游戏了，有的只是波澜壮阔的红卫兵运动和如火如荼的校园生活。直至后来，当史铁生在他的写作之夜里凝神默想之时，这些往事对于他精神成长的推动价值才会逐渐显现。譬如对动荡历史的反思、对诡谲人性的透视等，举凡涉及人存在命题的一些思想渊源，皆始于史铁生的这段住校生活。如果说后来的史铁生是以一个思想者的形象出现在中国文坛的话，那么他的中学生活和插队经历，就是他观察现实世界时所依恃的一个极其重要的思想宝库。原因就在于，若不是先行到生活里去摸爬滚打一番，史铁生后来怎能在逼仄的轮椅上放飞自己思想的翅膀？现实经历显然是其精神活动的主要来源。较之那些无须体验生活，仅凭智性活动就能抵达人存在深渊的思想家而言，史铁生更像是一个传统意义上的思想者，他思想的原点，皆与“我”这一行魂的感受和体验有关。也许正因为如此，史铁生的精神思辨才不致显得虚无缥缈，在他的精神世界里，永远都能寻觅到广阔现实的依稀踪影。要而言之，自进入清华附中以后，世界就越来越以开阔的姿态容纳着史铁生的到来，而“我”这颗永恒的行魂，也势必会随着生活的激流，在青春洋溢的史铁生处日益觉醒了。

清华附中初中组一共两百人左右，分成四个班。史铁生在64-3班，学校同学背景各异，除了清华子弟，甚至还有著名右派的孩子。比如和史铁生同班的孙立凡，就是50年代中国粮食部部长章乃器的公子。章乃器这位近现代史上著名的爱国民主人士，是30年代救国会的重要成员。1936年11月，国民党政府在上海将章乃器、沈钧儒、邹韬奋、李公朴、史良、沙千里和王造时七人逮捕，爆发了震惊中外的“七君子事件”，激起了国内外各救国团体的激烈反应。但历史无情、造化弄人，这位当年叱咤风云的七君子成员却在1957年被打成了右派，境遇之惨，就连他的儿子也只能改姓孙。此外，还有许多党政军高级干部的孩子也在清华附中就读。每逢节假日，就有首长秘书专车接送。他们的家庭背景特殊，因而对于政治也极度敏感。1966年创建全国第一支红卫兵时，这些红色子弟就是其中的重要成员。据史铁生的终生挚友孙立哲回忆，“与红卫兵交往，参加政治运动，给史铁生留下了一份深刻的体验。这是史铁生观察道德冲突、理解人性本质，以及后来思考政治哲学的起点”①。其实，史铁生从红卫兵运动中又何止是看到了人性的本质与道德的两难？他对政治哲学的思考，正是因为有了这样一种切己的生命体

① 孙立哲:《想念史铁生》,《生命——民间记忆史铁生》第7页,中国对外翻译出版有限公司,2012年。

验，才会最终将之归结成了一种人本的困境。换言之，在史铁生后来的精神思辨中，所有的政治、历史哲学话题，包括很多社会学问题，都可在人的存在困境中找到答案。

当然，刚进入清华附中的史铁生，既无耐心也无兴趣去考虑这些日后困扰着他的思想问题。血气方刚、年少力强的他，此时不挥霍一下火热的青春却又更待何时？而体育因其速度、力量和技巧之美，毫无疑问地成了史铁生挥洒青春汗水、宣泄生命激情的绝佳方式。由于史铁生本来就喜欢体育，再加上清华附中良好的体育氛围，因此他一入校便可谓如鱼得水：乒乓球、羽毛球、篮球、排球几乎样样上手，尤其是田径和足球，更是史铁生最喜欢的体育项目。每逢清华附中开校运动会时，史铁生和同学们都竭尽所能、全情投入。这是年轻人盛大的节日，田径场上群雄逐鹿，场边则是此起彼伏的加油助威声。运动员中，有体格魁梧的铅球高手——63-1 班的郑光召，他就是后来的著名作家郑义，不仅有《枫》和《老井》等名作传世，更因作品被改编成同名电影而蜚声文坛。史铁生代表初 64-3 班比赛 80 米跨栏："他跑步姿势奇特，外八字脚带着上身打晃，两个胳膊肘横着向外摆。跨栏决赛枪响了，史铁生和王志平跑在前面，不分伯仲。史铁生的跑姿有点像螃蟹。那意思是说，你们都离着远点儿，我来了，一股子横劲儿。每跨一个栏，头左右一摆。跨过最后一个横栏时已经领先，脑袋向前一挺，冲刺，齐活，第一名！"[①]这种近乎蛮横的跑步姿势，似乎反映了史铁生在少年老成、沉稳踏实之外的另一幅形象。后来的读者大多"以貌取人"，以为能写出

---

① 孙立哲:《想念史铁生》,《生命——民间记忆史铁生》第 16 页,中国对外翻译出版有限公司,2012 年。

《我的遥远的清平湾》和《我与地坛》这等冲淡平和之作的人，必定文如其人，以为此史乃一位老实本分、温柔敦厚之人。殊不知人性格的立体和复杂，远不能用简单的一两个形容词加以描绘。年轻的史铁生落拓不羁、潇洒自如，同样有着初生牛犊不怕虎的横劲儿。相比于从清华附中走出来的另一位名作家张承志，史铁生自不会像他那般壮怀激烈和睥睨世人，但隐忍与坚韧的性格却更具力量。一个简单的事实是，如若没有这股横劲儿，史铁生怎能忍受数十年的病痛折磨？难道仅凭信念与理想就可以吓退病魔？唯因众生不能感同身受，因此才难以理解史铁生那强大到近乎令人难以置信的坚毅。

与此同时，对体育的痴迷，还暗含着史铁生对于自由的向往。从体育的本质来看，强身健体、砥砺意志自是体育精神的应有之义，但在这些人皆可见的事实之外，体育还代表了人类超越有限之在的壮志雄心。譬如足球，它是人在双手解放之后更深的自由渴求。且看那些足球运动员，将小小皮球灵巧地玩弄于两脚之间，或停或带、或传或射，岂不是象征着人类双脚的解放？这是人类不甘现状、试图超越现实束缚的本能要求，也反映了人类不甘有限、追求无限的生命诉求。由此也不难理解，为何足球始终是人类社会的第一运动，盖因它以身体的自由为媒介，传递了人类追求自我解放的集体无意识。而史铁生对于足球的喜爱尤具意味，当他双腿残疾之后，仍难忘记足球带给他的无限快乐，这可不就是说明那颗永恒的行魂，尽管栖居于近乎荒废的史铁生之所，却依然不改初衷，寻寻觅觅着有限生命的无限自由。

除了热衷于体育运动，史铁生也参加了无线电小组。他最大的收获并不是学习了什么无线电知识，而是结交到了终生挚友孙立哲。据孙立哲回忆，他们之间的相识是由另一位同学莫京介绍的。史铁生因为成绩好，在当时已经颇有一些名气了，所以当孙立哲得知史铁生也喜欢无线电时，就很有几分意外。偏偏两人交流时，史铁生关于无线电的专业知识竟然一点也不比别人差，孙立哲也因此对史铁生刮目相看。他忍不住想，天下怎么会有这种多面手？不仅会朗诵、会作文，而且还这么懂无线电！

因为结交到了孙立哲，所以史铁生也很快和清华园的一些子弟熟络了起来，在他们的带领下，史铁生常和三五知己，结伴游玩于校园内外。看良辰美景、慨青春岁月，于优游自若中挥霍时光，实乃生平一大快事。孙立哲曾撰文记叙当时情景："铁生喜欢边走边吹口哨，歌曲随性而来，音和调都准，功夫一绝。"①

有一次，当连续盘踞了北京数日的沙尘暴渐渐散去之后，史铁生与孙立哲、莫京、胡小明、史青、曹博等数位好友，相约骑自行车春游颐和园、顺访喇嘛庙。途中嬉笑打闹好不快活。不料曹博的自行车在关键时刻掉链子，一行数人只好暂停下来。史铁生就是在这时第一次见到了喇嘛庙，虽然他从小就对庙有着无比深刻的记忆，但这个外形方正、山门椭圆、布满红色漆皮的喇嘛庙还是引起了史铁生的注意。他"神情异样，在庙前走来走去，左右察看，像是寻找什么遗物。最后，他眯缝着眼睛说，这个庙长得太奇怪了，我怎么看怎么像是孙猴子变出来的！你看窗子像不像孙悟空的眼睛？只是后面还缺一根猴儿尾巴变的旗杆呀"②。同伴无

① 孙立哲:《想念史铁生》,《生命——民间记忆史铁生》第21页,中国对外翻译出版有限公司,2012年。

② 孙立哲:《想念史铁生》,《生命——民间记忆史铁生》第27页,中国对外翻译出版有限公司,2012年。

不惊异于史铁生的想象力。在一篇文章中，史铁生曾说过“灵感就是心魂的接续”①，这岂不就是说喇嘛庙的形象早就存在于史铁生的前世记忆里了吗？否则他怎会初见此庙，就会冒出如此稀奇古怪的念头？史铁生一直认为灵魂不死、心识不灭，大概作为人形之器的史铁生，即便是在挥洒青春的狂放不羁中，也能隐约感受到内心那颗永恒的行魂吧。在将喇嘛庙比附为孙猴儿的自由联想中，岂不就是“我”这一心魂对前世的接续？他人游玩时精神愉悦，独独史铁生若有所思、神游物外，要不是“我”常常跑出来敲打一番史铁生，他又怎会如此地年少多思？就此而言，史铁生确比同龄人更为成熟，因为他的内心较之别人，似乎已不再青涩懵懂，看来“我”在史铁生处觉醒之日已为时不远矣。

1965年左右，清华大礼堂不知是放映外国电影还是上演芭蕾舞，吸引了无数人前往，史铁生也在其中。抢购入场票时，史铁生和一群小男生不守规矩，起哄往前挤。排在前面的人有位叫陈冲，在被挤上护栏时忍不住怒气冲天，开始大声呵斥。史铁生见是一位年龄比他大、块儿头比他足的人站在高处冲他吹胡子瞪眼，不由得倒吸了一口凉气，吓得扭头就跑。此后机缘巧合，两人成了好朋友，陈冲每每忆及此事，都要笑说一番自己对史铁生的印象。在他眼里，史铁生长着“黑瘦的脸，高大的鼻子，一小撇小胡子，含蓄而迷糊的眼，狡猾的微笑，起哄咋呼而又胆虚”②。后来二人曾同游华山，史铁生亦作诗纪念了这份友情。

好起哄咋呼的史铁生，偶尔也会恶作剧一番。曾有一次在电影开演

---

① 史铁生:《回忆与随想:我在史铁生》,《昼信基督夜信佛》第41页,北京十月文艺出版社,2012年。

② 陈冲:《青春小子》,《生命——民间记忆史铁生》第81页,中国对外翻译出版有限公司,2012年。

之前，史铁生突发奇想，坏笑着怂恿孙立哲模仿残疾教授万家煌，谓之“万教授端碗”也。原来这位万教授有神经痉挛症，每每去食堂打饭时，端碗走路都是一副瘸子的模样。孙立哲也是个毫不含糊的主，即便放电影的礼堂里坐满了人，他也能奓起胆子，“右手像鹰爪一样，端着一只虚拟的碗”，在众目睽睽之下“弓着身子，一探一探的脚步越发抽搐得夸张，台下有的孩子情不自禁鼓起了掌”。几个恶作剧的朋友乐不可支，史铁生也借此大损孙立哲，称其：“可真敢不要脸啊！”①以这等恶作剧观之，真可谓最喜此史无赖，觍脸笑诬同学！

（三）

毫无疑问，即便在英才荟萃的清华附中，史铁生的学习能力也显得分外突出。虽然他打小就比较自卑，总觉得自己不如别人，认为自己智商中等，想象力上等，记忆力下等，等等，但自谦之余，史铁生在学习上却很是用心。比如学习语文，史铁生不光是熟读课本，而且也非常喜爱读一些课外书。那时的他十三四岁，某一天午睡醒来后，颇有些空虚无聊之感，于是就在家里不多的藏书中随意抽取了一本《牛虻》来读，不承想这一读就仿佛进入了另一个世界，从午后到天黑，再到半夜，史铁生深深地痴迷其中而无法自拔。从此之后，读小说也就成了史铁生的习惯与爱好。博览群书自会摸索着开始写作，再加上他本来就天分很高，到了初中时更是百尺竿头再进一步。某次史铁生在课堂上朗读自己

---

① 孙立哲：《想念史铁生》，《生命——民间记忆史铁生》第23页，中国对外翻译出版有限公司，2012年。

的作文，声情并茂，令全班同学都深受感动。他的语文老师叫董玉英，是64-4班的班主任，曾在别班称赞史铁生，以至其写作之名也不胫而走。这位董老师毕业于师范大学，丈夫王玉田既是音乐老师，也是史铁生所在的64-3班的班主任。夫妻二人都很善待史铁生。董玉英老师患有小儿麻痹症，行动很是不便。王玉田老师则有先天性心脏病，只能慢走，医生断言他活不过三十岁，但王老师却不肯向命运低头。因为死亡的如影随形，所以他总是珍惜生活中的分分秒秒。这种生活态度其实也影响到了史铁生。虽然此时残疾距离史铁生还很遥远，但和两位老师的交往，却让史铁生第一次近距离地接触到了残疾和死亡问题。

譬如王老师，他不就是一种"为死而在"的生活方式吗？因为心脏疾病，死亡对他而言已经变成了一件随时可能会降临的大事。他在死亡的阴影下求活，无异于"先行到死中去"。而以对死亡的警醒去看待生，自然也就比健全人更为珍惜和理解生命。且看他对音乐的热爱，即使只是一位中学里的音乐老师，王玉田也竭尽全力地组织了民乐队、交响乐队、话剧队、歌唱队和舞蹈队，自编自导大型歌舞剧，工作之繁杂较之专业的音乐家也毫不逊色。他寄情于音乐的生活姿态，与史铁生后来试图凭借写作去超越生死的存在方式，岂不是有着异曲同工之处吗？更重要的是，从王玉田老师身上，史铁生还初次领略到了人在死亡阴影面前的抉择，原来除了自怨自艾和听天由命之外，竟然还有一条依靠自我去"活"出意义来的道路。这是一种艺术化的生存方式，它不以物质的满足为目标，而是以精神的力量去超越现实。在一种依靠自我所创造出来的艺术化的乌托邦世界中去遗忘死亡，并借此活出生命的价值。以艺术对抗死亡的这种"我活"之途，不就是史铁生终生所从事的伟大事业吗？ 如此看来，虽然史铁生在当时还远未意识到老师生活方式的存在意义，但朝夕相处时所产生的价值认同，却会潜移默化地影响到史铁生。 后来在一篇纪念文章中，史铁生如是写道：“我最终从事文学创作，肯定与我的班主任是个艺术家分不开，与他的夫人我的语文老师分不开。 在我双腿瘫痪后，我常常想起我的老师是怎样对待疾病的。”① 师者，传道授业解惑者也。 王董两位老师在知识的传授以外，也让少年史铁生感受到了生命的力量，这无疑影响了他后来直面死亡、善待生命的人生态度。

初一结束时，史铁生已成了全年级公认的德智体全面发展的好学生。 但以当时通行的教育标准衡量，史铁生却显然不够“听话”。 在他身上，始终可见独立之精神与自由之意志。 譬如在 1965 年秋，他便干了一件离经叛道的事来。 据好友孙立哲回忆说，此事“发生在 64-3 班语文课堂上，险些升级酿成大事，误了前程”。 起因是写一篇议论文，史铁生洋洋洒洒完成之后，老师给了他八十多分和不错的评语。 或许是对老师的某些观点不以为然，又或是不满老师给的评语，史铁生在老师讲课之时，竟然一反常态，出语嘲讽道：“难道你要把今日之课堂变成昔日秀才之朝吗？”②可想而知，这般忤逆之举在老师和同学看来，是何等的狂妄自大！ 其时语文已改由王漱瑱老师任教。 王老师的丈夫系清华大学无线电系教授，1957 年被打为右派。 因为有过这段经历，加上王老师本身就很喜欢史铁生，所以才最终设法平息了此事。 但史铁生言论之大胆，于此可见一斑。 直至四十多年之后同学相聚，大家仍津津乐道于

① 史铁生：《纪念我的老师王玉田》，《当代学生》，2010 年第 18 期。

② 孙立哲：《想念史铁生》，《生命——民间记忆史铁生》第 19 页，中国对外翻译出版有限公司，2012 年。

这件事。彼时王老师拿着史铁生送的小说集，忍不住骄傲地说：“你看你，还真成了今日之秀才啦！”①

不过在清华附中的这三年，学习知识仅仅是史铁生校园生活的一部分而已。60年代特殊的政治氛围，可能对他造成的影响更为明显。虽然之前发生在神州大地上的反右派斗争、“大跃进”、庐山会议，以及三年困难时期和中苏论战等国家大事，距离史铁生的生活还看似遥远，但贯穿其中的阶级斗争观念，却无情地撕扯着史铁生稚嫩的内心。原因自然是由于史铁生奶奶的阶级成分问题。早在上小学时，史铁生就被迫接受了奶奶是位地主婆的残酷事实，但那时他的害怕、不解和羞耻，还仅仅是一种情感纠葛。至中学阶段这种影响就上升到了阶级立场的高度。史铁生此时耳濡目染的，净是些狠斗灵魂的政治话语，它要人无视亲情伦理与人性善恶，要人从政治上与敌人划清界限。这种教育方式，可以说是以政治伦理取代生活伦理的结果。尽管亲亲爱仁、诗书礼义等儒家的伦理观念，早已被踢出了历史的宏大舞台，但基于血缘关系之上的生活伦理，却始终维系着中国人的社会秩序。不过这一状况在60年代就已发生了改变——凡是属于敌对阶级阵营的，不管你是亲人还是故友，都必须严厉谴责，发展至“文革”时期，更是屡屡上演至亲相残的人伦惨剧。

在史铁生的理性意识中，由于他和所有人一样都在接受着类似的政治教育，因此自然也会对阶级敌人产生仇恨之情。而奶奶这个与他朝夕相伴、慈祥和蔼的至亲之人，如今竟然也成了需要史铁生去憎恨的对

① 孙立哲：《想念史铁生》，《生命——民间记忆史铁生》第21页，中国对外翻译出版有限公司，2012年。

象，可他如何能做到？ 由是史铁生自会陷入理性与情感的两难之中。更痛苦的是，他这种内心的分裂与挣扎，出于政治风险的考虑又不足为外人道，因此其无地彷徨的挣扎，料必会逐渐吞噬一个少年纯净的精神世界。 直至1978年，史铁生才将内心的这些秘密告诉了孙立哲。 从性格上来说，史铁生的沉默寡言和本分厚道，固然是来自他的家族遗传，但内心这种无以言表的痛苦，却也造成了他性格中沉稳内敛的一面。 他深知以自己的阶级成分，若能在变幻莫测的时局中求得安稳，便已是一种福分了。 至“文革”爆发，史铁生终于体会到自己身为“别人”时的那份孤独了。

四、“严肃的结尾”

(一)

1966年“文化大革命”爆发时，史铁生刚刚十五岁。 这本应是一个恣意青春、飞扬生命的美好年华，但已经升上了初二的史铁生，却不得不在时代的巨变中被迫长大。 虽然这一过程也掺杂着史铁生“积极上进”、力求融入革命队伍的主观愿望，但在声势浩大的红卫兵运动面前，史铁生却更多地感受到了世界的残酷：“世界好像变了个样子。 每个人的童年都有一个严肃的结尾，大约都是突然面对了一个严酷的事实，再不能睡一宿觉就把它忘掉，事后你发现，童年不复存在了。”[①]那么，史铁生这一童年时代的“严肃的结尾”究竟如何发生？

1966年5月，清华附中的十几名学生在圆明园的草丛中创立了红卫兵组织。这一名称就来自清华附中学生张承志的笔名“红卫士”，意为“红色卫兵”。6月1日，《人民日报》发表了“文化大革命”宣言后，其他中学学生所贴的大字报就纷纷署上了“红卫兵”之名。由于领导认为青年学生是推动“文革”全面发展的重要力量，故而清华附中的红卫兵得信，被支持起来“造反”。自此之后，红卫兵运动便如星火燎原一般席卷全国，神州大地也“天翻地覆慨而慷”了。

站在史铁生及其附中同学的立场来看，红卫兵组织初创之时，其实未必如后来实施打砸抢等破坏行为时那般恐怖。这大概是由于创立者大多和史铁生相熟的缘故吧，至少从心理上来说，史铁生还是愿意参与到红卫兵所代表的政治运动中去的，因为这既是时代对于青年的要求，也是凸显自身政治觉悟、实现“文革”伟大目标的历史契机。史铁生后来回忆说：“我是职员出身，所以我就站在保校领导这边了。我画了张漫画，一个人，一个耳朵大一个耳朵小，偏听偏信。是贴给外校来支援红卫兵的人来看的。韩家鳌（清华附中支部书记兼副校长）把我叫到一边去，特别地鼓励了一番。”[②]然而，历史的车轮滚滚向前，史铁生这般温暾水的革命行为显然已不见容于这个“伟大”的时代了。那些和史铁生年龄相仿的红卫兵，在破“四旧”等运动中表现极端，其行恶之无知无畏，令人唏嘘。

---

① 史铁生：《奶奶的星星》，《作家》，1984年第3期。

② 闫阳生：《透析生命》，《生命——民间记忆史铁生》第71页，中国对外翻译出版有限公司，2012年。

红卫兵运动的一个重要目标是破“四旧”，即破除“旧思想、旧文化、旧风俗、旧习惯”。这项政治运动从一开始就以暴力的形式出现，红卫兵身上的青春荷尔蒙得到了尽情宣泄，革命也因此变成了一种暴力游戏。甚至可以这样说，在大部分时候，红卫兵都借着崇高的政治理想，将原本冠冕堂皇的革命举动蜕变成了单纯追求破坏快感的暴力行为。他们其实就是史铁生笔下那个令人恐惧的孩子，只不过随着年龄的增加，他们索性将成人世界中钩心斗角、合纵连横的权力游戏，直接玩成了以单纯暴力排斥异己的政治运动。如果说史铁生记忆中的那个孩子，尽管在玩耍中已表现出了人性的阴暗，但他至少还遵守着虽不正义却相对公平的一些规则的话，那么红卫兵这群热血少年，就开始毫无道德底线地公然行恶了。他们打着革命的旗号恣意妄为，无情地践踏着残存的社会公义。比如在破“四旧”过程中，由北京刮起的打人抄家风也迅速在全国蔓延。抄家的对象起初只是所谓的“牛鬼蛇神”，后来则逐步遍及社会各界。红卫兵高呼“造反有理”的口号，造“牛鬼蛇神”的反，揪斗“走资派”，暴虐之风不仅扰乱了地方党委的正常工作，而且也造成了群众之间的派别斗争。

处在这样的一场政治风暴中，史铁生并未如同龄人那般被革命冲昏了头脑。虽然此时的他还谈不上对“文革”及其红卫兵运动有着较为清醒的理性认识，但出于朴实厚道的天性，再加上之前有过对奶奶经历的认识，史铁生至少在行动上还显得十分谨慎。他主观上自然要求进步，也以漫画的形式表明了自己的政治立场。但发生在他身边的种种血腥和暴力事件，却让史铁生不禁对革命的意义与价值产生了怀疑。

清华附中的红卫兵首先揪出来的黑帮分子，就是万邦儒校长。在批斗现场，史铁生和他的同学们目睹了万校长惨遭凌辱的不堪场景："万校长颧骨鼓出来，两颊陷进去，满脸黑胡楂子，和韩家鳌副校长面对面站着，衣衫褴褛。革命者一声怒吼：韩家鳌！抽反党分子万邦儒嘴巴，给我狠狠地抽！韩校长稍一犹豫，脸上重重地挨了一拳。韩校长无奈，一巴掌打到万校长脸上，清脆的一声响。子弹射中子弹，良心刺中良心！亲情与人性已经一文不值。打得太轻，是不是同情反党分子，划不清界限？！同学们的厉声质问掷地有声。椅子摔在地上变成木棍，木棍打在身上，发出沉闷的扑哧声。"万校长年幼的儿子，在母亲的带领下用幼稚的童音高喊"打倒万邦儒！"①，此外，附中的青年老师刘树生因为不堪毒打而自杀，清华大学党委副书记艾知生被儿子用皮带抽打，等等，都只不过是无数人间惨剧的小小缩影。相比之下，给史铁生留下印象最深的可能是郑光召等同学挨打的场面了。

1966年8月，清华附中的每个班里几乎都发现了"黑五类"子女，也就是"地、富、反、坏、右"（地主、富农、反革命分子、坏分子、右派分子）的子女。此时尚处"文革"初期，"血统论"观念正大行其道。这些天生就流淌着"反革命污血"的"黑五类"子女，自然也如他们的父辈一样在劫难逃。26日的上午，他们开始遭受了各个班级"红五类"的集体殴打。史铁生和好友孙立哲，一个出身职员，一个出身高知，比起"黑五类"子女也不见得好到哪里去。两人只能心怀忐忑，随着人流聚集在操场上，接受"红五类"的革命教育。

接受批判的人当中，有一位高三学生郑光召，他曾是附中优秀学生

---

① 孙立哲：《想念史铁生》，《生命——民间记忆史铁生》第36页，中国对外翻译出版有限公司，2012年。

的代表，不仅功课好，体育和写作也是出类拔萃，堪称是包括史铁生在内的一大批低年级同学的人生偶像。 然而，革命的目标之一就是要打破偶像崇拜。 可怜的郑光召因为是“黑五类”子女，不幸沦为了红卫兵的批判对象。 在进入操场之前，他已经被连续殴打了数小时，破裂的衣衫和鲜红的血迹，并不能获取那些革命小将的丝毫垂怜。 到了操场上，三个身穿黄军装的女生，用武装带金属扣的一面，狠命抡向了郑光召的身体：“只见郑光召身体猛地抽动了一下，随着一声撕心裂肺的号叫，跪着的身体翻向侧面，周身饱满的肌肉痉挛大抖，面孔像是滚油里的煎鸡蛋，暴起皱褶，眼珠凸出一汪血丝。”“显然，郑光召扭动身体的样子和狼嚎般的叫音，使打人的女生产生巨大快感，她们互相交换眼神，上下嘴唇拧出怪笑，扬长而去。”①史铁生目睹了这一切，后来曾多次向友人提及这个场景，以为法西斯不是德国人的专利，如果没有爱和法律，每个人都可能变成法西斯。

对史铁生来说，郑光召挨打的场景犹如梦魇，不仅仅是因为那些触目惊心的血腥暴力，而且也多多少少和打人者是女性有关。 须知史铁生自幼就在母亲和奶奶的呵护下长大，对于女性的温婉贤良，自然是有着切身的情感体验。 此时虽已长大成人，但他恐怕怎么也料不到女性竟然也有如此戾气十足的一面。 他认为每个人都可能变成法西斯，也即意味着史铁生对于人性的观察，实际上已经超越了某些世俗的价值偏见。 比如一般认为，女性和少年儿童作为天然的弱势群体，一直是需要被加以关爱的对象。 但时过境迁，即便是这些曾经的弱者，一旦受到宏大理想

① 孙立哲:《想念史铁生》,《生命——民间记忆史铁生》第45页,中国对外翻译出版有限公司,2012年。

和虚假价值的蛊惑，也会自然而然地遗忘爱愿，迷失在暴力欲望的无边苦海中，直至沦为群氓式的历史帮凶。从这个角度看，若孩子和女性也难辞其咎，那么在“文革”面前，还有谁敢自称清白？施暴者今日是凶手，他朝也必定会沦为受害者。而那些令人同情的受害者又有谁敢保证，一旦得势，会不会变本加厉地去对待别人？人性的翻手为云覆手为雨，说的恰恰是这种为求生存而趋利避害，乃至遗忘道德和良知的丑恶人性。

史铁生对每个人都可能会变成法西斯的忧虑，看到的不就是国人在社会历史层面的集体原罪吗？推而广之，若脱离具体的历史情境，人难道就一定会推崇爱愿、本乎善良、志于正义？以史铁生之观察，此等情形在人类历史上实在是并不多见，因此人的原罪或乃命中注定。从目睹“文革”之血腥，到思考人性与原罪，足证史铁生后来的心魂漫游，皆与其经历过的这些现实事件有关。

（二）

当红卫兵运动的革命风暴开始席卷清华附中时，史铁生的处境却十分尴尬：一方面，他和所有政治立场进步的同学一样，都希望能亲身参与到“文化大革命”的历史洪流中去，但另一方面，他的阶级成分却不那么根正苗红，因而也无法真正融入革命队伍里来。虽然史铁生的阶级成分是职员，但他与“黑五类”分子的距离却并不遥远。史铁生的爷爷早年是河北涿州乡下远近闻名的地主，后家道中落，奶奶则属于“摘帽地主”，成分之恶劣与“黑五类”之首的地主并无二致。更令史铁生担心的是，他的姥爷是新中国成立后在“镇反”运动中被枪毙的反革命分子。总之，即便和班上的“黑五类”同学相比，史铁生的阶级成分恐怕也更为复杂。在这当中，姥爷带给家庭的影响尤为深远。

虽然没见过姥爷，但史铁生小时候却总能感受到姥爷的存在。他就像躲在“姥爷”这个词背后的“一个概念”，“一团无从接近的虚无缥缈的”：“但这虚缈并不是无。就像风，风是什么样子？是树的摇动，云的变幻，帽子被刮跑了，或者眼睛让尘沙眯住……因而，姥爷一直都在。任何事物都因言说而在，不过言说也可以是沉默。那人形的空白中就是母亲的沉默，是她躲闪的目光和言谈中的警惕，是奶奶救援似的打岔，或者无奈中父亲的谎言。”[①]这一切对于史铁生而言，都是有着某种强大压力的生活具象。亲人躲闪的言辞、闪烁的目光，无不在语言之外，挤压着史铁生紧张的内心。他时刻想去揣度姥爷的故事，但只能在家庭生活分泌出来的隐秘信息中，用猜想去完成自己对于姥爷形象的刻画。史铁生知道，姥爷这个人形的空白里，必定藏着危险，“否则为什么它一出现大家就都变得犹豫、沉闷，甚至惊慌？那危险，莫名但是确凿，童年也已感到了它的威胁，所以我从不多问，听凭童年在那样一种风中长大成中国人的成熟”[②]。

这是一种怎样的沉默？明知姥爷的阶级成分问题会给家人带来危险，也明知自己的出身已无法改变，但除了心存侥幸，期盼着不会受到揭发以外，他什么都做不了，更不要说理直气壮地去参加学校的政治运动了。这对于一个公认的好学生来说，可算得上是一个不小的打击。

---

① 史铁生:《一个人形空白》,《记忆与印象》第 24 页,北京出版社,2004 年。

② 史铁生:《一个人形空白》,《记忆与印象》第 24—25 页,北京出版社,2004 年。

除此之外，史铁生一面随大流地跟着红卫兵参加革命，另一面又躲躲闪闪，生怕自己的家世暴露，这岂不就是一种生存的两难？ 当然，此时的史铁生，还没有能力从人的存在本质等哲学层面去看待这一问题，但他以每日的忧心与恐惧，切身体验了这种进退失据、无地彷徨的痛苦。 也许是看到了史铁生内心的担忧，抑或是觉得他已经长大，史铁生的母亲最终决定告诉他真相。 其实姥爷的故事并不非凡，在那个动乱的年代里，姥爷和所有爱国志士一样，都曾积极参与过抗日斗争，但抗战结束后却加入了国民党，新中国成立后受人诬陷，含冤而死。

听闻了姥爷的故事之后，史铁生异常沉默。 在他的内心深处，由于一直担心姥爷的历史问题会带来现实恶果，因此就想让它从此成为一个隐匿的故事。 但意欲了解自己祖先的历史，似乎又是一种人之常情。 故而问还是不问，便成了史铁生面临的又一个存在难题。 如果向母亲询问细节，岂不是会让自己直面最残酷的家族历史？ 从此以后，他该如何面对那些根正苗红的革命伙伴？ 若是不问，听凭姥爷的消息随风飘逝，那样岂不就无从得知自己的生命由来？ 在经历了无数的煎熬和痛苦之后，史铁生选择了不问。 但这样的不问并不是无情和冷漠，而是史铁生决意让姥爷成为隐匿故事的唯一方法。 因为如果问清楚了姥爷生命中的诸多细节，那么姥爷就会成为一个故事，“我怕它一旦成为故事就永远只是一个故事了”，故事尽管可以动人心弦、催人泪下，但它“让一些人真实的困苦变成了另一些人编织的愉快，一个时代的绝望与祷告，变成了另一个时代的潇洒的文字调遣”。 故事一旦成立，就摆脱不了被消费的命运。 这意味着询问细节，让姥爷的故事浮出历史水面，只能让它在成为一个时代的文化产品的同时，带来家人更深的遗忘。 唯有不敢问，姥爷才能成为一片虚缈的飘动，尽管它未必有着具体的形象和情节，但这片虚缈至少还能令人感怀，在沉默中催生与爱愿有关的祈祷：“多少代人的迷茫与寻觅，仇恨与歧途，年轻与衰老，最终所能要求的都是：祈祷。”①

祈祷爱愿，盼望世间再无仇恨与杀戮，再无掩盖与闪躲，从“不敢问”中试图去挽留姥爷形象的史铁生，就这样由残酷中追问善良，于动荡中寻求安宁，此即为“我”这一行魂在史铁生处的觉醒。如果说肉身之所的史铁生，是通过源远流长的家族血脉去追思先人和感怀过往的话，那么栖居于史铁生处的“我”这一行魂，就是以祈祷的仪式，依靠铸就爱愿和追寻理想的方式去实现自我成长。他不愿姥爷以故事的形式湮灭于历史深处，而唯愿以祈祷之姿祛除仇恨与歧途，这可不就是在用爱愿化解着历史的万千宿怨吗？从这个角度看，史铁生面对姥爷故事的复杂心理，可被视为其爱愿思想的萌芽。

自由心魂的成长必定如此，不论它曾经如何深陷存在的藩篱，但终有一日，都会以超越仇恨、祈盼爱愿的慈悲之心，让自己的灵魂趋向安宁与喜乐。史铁生后来涉足宗教问题，固然系出于疾病和残缺之苦，但少年时代的这番感悟却也至关重要。

（三）

虽然自己潜在的阶级成分与“黑五类”子女差不多，但只要没人检举，纵使内心千般纠结万分紧张，史铁生也要追随红卫兵组织，投身到

① 史铁生：《一个人形空白》，《记忆与印象》第27页，北京出版社，2004年。

“文化大革命”的历史洪流中去——此乃任何一个共和国公民在政治上的必然选择。唯有时过境迁，曾经的当事人蓦然回首时，才会在后知后觉中痛悔自己当年所犯下的人生错误；但也有人“绝不忏悔”，不仅全然无视自己也曾是罪恶制造者的严酷事实，而且还动辄以历史受害者的身份控诉“文革”，进而博取启蒙先锋和道德圣徒之名。相形之下，后来的史铁生可老实得多，他不光是质问“文革”灾难的历史成因，也敢于直面自己的错误。当然，其时年方十五六岁的史铁生，又能犯下怎样的罪行？令人印象最深的，恐怕就是他跟着一群红卫兵，去抄钱伟长先生家的故事了。

在《奶奶的星星》中，史铁生曾记叙过这件事。他说：“我在学校里也想参加红卫兵，可是我出身不是红五类，不行。我跟着几个红五类的同学去抄过一个老教授的家，只是把几个花瓶给摔碎，没别的可抄。后来有个同学提议给老教授把头发剪成羊头。剪没剪我就不知道了，来了几个高中同学，把非红五类出身的人全从抄家队伍中清除出去了。我和另几个被清除出来的同学在街上惶然地走着，走进食品店买了几颗话梅吃，然后各自回家。”①这里提到的老教授，便是清华大学的名教授钱伟长了。

作为中国近代力学的奠基者之一，钱伟长先生是不折不扣的老清华了，除了在清华大学读书，1949 年至 1983 年也一直在清华任教，历任副教务长、教务长、副校长等职。1957 年 1 月，钱伟长在《人民日报》发文，就“高等工业学校的培养目标问题”，对清华大学的教学思想提出了不同意见，并引发热烈讨论。到了 6 月反右派斗争开展的时候，钱伟

① 史铁生:《奶奶的星星》,《作家》,1984 年第 3 期。

长也成了一个备受打击的对象。一时间，清华校内的各式报刊上，都出现了大量批判钱伟长的文章，并最终把他打成了右派。自此之后，钱伟长被强制劳动改造，不仅做实验室助理的工作，而且还扫地劳动一年，其子女也被禁止上大学，后下放至农村。但钱伟长虽九死而不悔，即使身处困境也努力克服困难，始终坚持着他的科学研究。

史铁生的同学兼好友孙立哲，因是清华子弟的缘故与钱伟长相熟，其父与钱伟长是清华前后期的同学，都是清华教授。孙立哲虽尊称其“钱伯伯”，但两人却是一起热衷于围棋的忘年交。自钱伟长被打为右派之后，两人偶尔也会纹枰手谈一番。据孙立哲回忆，史铁生所说的抄家事件发生之前，钱伟长家已被抄过多次，早已是家徒四壁。钱伟长的夫人孔祥瑛，是清华附中的老校长，此时已被打为阶级敌人，“老当权派”“右派老婆”“历史反革命”等各种头衔，使其在“文革”期间备受凌辱。史铁生随大流去抄家，本是为了证明自己的政治立场，但因其非“红五类”的阶级成分，导致他很快被同行的红卫兵清除出了抄家的革命队伍。

这真是一个历史的绝妙讽刺！那些冲昏了头的红卫兵以正义之名大行恶事，史铁生这等非“红五类”者却无缘参与其中。身份之别阻止了史铁生的咸与革命，反倒换来了他无须忏悔的正当理由。但史铁生依然要忏悔，既悔其理性未明，以轻率之举误入歧途；也悔其是非不分，徒以革命热情偏激行事。他内心的歉疚与不安，自是超越了一般意义上的道德主义。因为史铁生深知，自己虽未有致命行动，但已有行恶之主观意图——因年龄与阅历所限，史铁生乏于政治大局的善恶之别实属寻常。而这般只有意念却并无行动的恶行，实际上就是一种形而上学的恶，它不仅关乎道德选择，亦涉及复杂的人性欲望问题。

具体到史铁生本人，抄家行动从根本上说就反映了他一种抗拒孤独、渴求身份认同的生命本能。因为自童年时代起，史铁生不论在幼儿园还是小学阶段，都曾有过被群体孤立的创伤记忆：抓叛徒游戏和那个可怕的孩子，早已让史铁生幼小的心灵饱受折磨。好在他聪慧过人，凭借着品学兼优的好学生标签，一度成了同学们羡慕的对象。孰料风云突变，这个传统意义上的好学生一旦跻身革命队伍后，就怎么看都像是一株修正主义的苗子了。兼之他出身不好，因此受人排斥自是在情理之中。

然而，史铁生又怎么会甘心让历史重演？他作画保卫校领导，甚至跑去参加抄家活动，不都是一种害怕被再次孤立的心理投射吗？造反之于史铁生，不过是一剂疗救其私人痛苦的良药。从这个角度看，史铁生这种与童年创伤记忆有关的身份认同之欲望，实乃他陷入形上之恶的首要原因。至于政治上谋求进步、思想上紧跟潮流的行恶动机，不过是史铁生受时代之限的自然表现而已。如果从心理学角度去看待史铁生的这种自我认同，就有可能在政治历史诸因之外，意识到他的忏悔之情，实际上已在超越道德主义的层面，发出了如何安置自我生命的存在之问。这当然不同于80年代中国文坛反思“文革”的政治历史视角。史铁生后来之所以能从人性问题与存在哲学的高度去观照中国现实，委实与他这种由实入虚、见微知著的运思方式有关。而他天生的哲思气质与人文情怀，亦能在类似的“文革记愧”中有所反映。

值得注意的是，既然史铁生对自己的“文革”历史有所反思，那他为何不要求当年的红卫兵们进行忏悔？虽然他否定红卫兵运动的价值立场无比鲜明，但在他的文字中，却极少见到要别人忏悔的言辞。史铁生困惑的是，“为什么那么多和我站在一起的人，在一夜之间，马上就转到红卫兵那边去了？为什么忽然就说校领导是修正主义的？”[①]作为一个站在保校领导这边的人，史铁生迷惑的并不完全是校领导的政治立场问题，而是那些骑墙派为何会如此地朝秦暮楚。史铁生说自己那时“智性未开”，言下之意多有所指，其一自然是觉得自己政治上不够成熟，难以区分善恶之别；其二则直指人心深处，自嘲难索人性之隐幽。

在接受闫崇阳的访谈时，史铁生曾对红卫兵表示了一定程度的理解：“什么是清华附中情结？我觉得就是精英情结。不管是红卫兵也好，其他出身的也好，都有干一番事业的强大愿望。你想过去的黄埔军校，那国民党和共产党谁比谁差多少啊，都是要救中国的嘛。”[②]史铁生所说的精英情结，正是中国热血青年“修齐治平”式的理想主义传统。事实也果真如此，至少在红卫兵的自我认识中，他们秉承清华附中的精英情结，自认做的是救国大业。因此以革命的名义行事，即便产生恶果，行恶者也个个觉得自己问心无愧。这种真理在握的绝对自信，岂不就是人们因缺乏自我审视意识而结出的恶果吗？设若在造反有理的狂热氛围中，每一个红卫兵哪怕多一丝理性精神，想必都不会盲目到将所有的“反革命分子”都视为十恶不赦的坏人了。不过，革命永远都充斥着浪漫主义的激情，头脑发热、血脉偾张之下，谁还会反躬自省？一俟革命唤起了人心中的那头欲望猛兽，本就匮乏的理性精神自然也会永远缺

---

① 闫阳生:《透析生命》,《生命——民间记忆史铁生》第71页,中国对外翻译出版有限公司,2012年。

② 闫阳生:《透析生命》,《生命——民间记忆史铁生》第72页,中国对外翻译出版有限公司,2012年。

席，革命也因此理所当然地走向了美好初衷的反面。这就是革命观念与历史实践之间永恒的悖论。而历史本身波谲云诡的多重面相，亦决定了后人在反思“文革”时若只沉浸于单纯的道德批判的话，那么就很难发现历史悲剧的根源。

基于这一考虑，史铁生才没有简单地站在道德制高点上要求别人忏悔，而是主张人的自我反思。他说：“红卫兵打人我见过，在批斗学校领导和‘反动’学生的时候。‘文革’挨打的受过迫害的人，这个结很难跳出来。……人类的历史风风云云积压下来的问题，没有宽容那就全完了。”但红卫兵也需要自我追究，“一定要形成一个自己追究的状态，而不是他人追究的状态”。“就是没打人的是不是你也要想一想，如果说这个‘节儿’落到你手上，你敢说你肯定不打？比如说把那个皮带交到你手里，说这就是阶级敌人，让你打，你敢说不？你敢怀疑所有人吗？我不敢说我要打，但是我敢说我要哆嗦。但很重要的就是，有的人有这一哆嗦，有的人就是连这一哆嗦都没有。这就反映了我们的文化里缺失这一块东西，或者我们受的教育中缺少这一块东西，就是善良。这就成为一个我们全民族忏悔的问题，而不是一个互相追究放大仇恨的问题。”①

提倡宽容精神，反对以怨报怨，这是本性敦厚的史铁生的慈悲之心，但并不意味着他要人们忘记历史。在他看来，每个人都有可能因为一念之差而犯下过错，唯有以勇敢的反思精神，真正直面自己的内心，那么人才有可能在审视自我的前提下，杜绝历史悲剧的反复上演。从政

① 闫阳生:《透析生命》,《生命——民间记忆史铁生》第74页,中国对外翻译出版有限公司,2012年。

治历史层面的精神反思出发，反观历史悲剧的形成根源，史铁生无形中又提出了一个悖论式命题，即人作为历史的创造者，同时也可以成为历史的终结者。因此可以说，史铁生对于“文革”历史的回顾，实际上一直都与人的存在状况、人性善恶以及价值抉择有关。说到底，历史的悖论就取决于人这一历史主体的存在状况。而将政治、历史问题归咎为人的存在问题，无疑也反映了史铁生作为一个人本主义者的思想风貌。

第二章

一、插队前夕

(一)

1967年，史铁生拿到了清华附中64级的毕业证书。此时国内的革命形势可谓是“一片大好”，全国性的串联运动正开展得如火如荼。就在前一年，史铁生怀揣着母亲给他的十五块钱，和几位出身不太好的同学结伴而行，也在南京、上海和杭州等地串联了一番。等到毕业之后，因为被排除出了革命队伍，史铁生就只能和一群清华园的孩子待在一起打发时光。不过，同样是游玩，此时史铁生的心境与之前相比却已大不相同。如果说当年与孙立哲等人游历清华园的时候，他还有一种青春飞扬的得意之感，那么此时被革命队伍抛弃的史铁生，就只剩下了无所事事的空虚。

在《插队的故事》里，史铁生回忆了这段闲散的时光。那时他们几个整天在清华园里闲逛。因为“文革”的缘故，学校里的伙食质量也下降了，史铁生和几个住宿生组建了一支“补养大军”，经常去清华园里的食品店扫荡一番。不过，说是扫荡，其实也就无非是每人一包江米条，或者一包炸排叉，放在嘴里嘎吱嘎吱响亮地嚼着。

这几个游手好闲之徒，在清华园里“瞧见大字报就看大字报，碰上批斗会也听一会儿批斗会。有时正赶上哪位首长来清华下指示，就挤上去拼命看个明白。事后金涛就吹嘘，那位首长跟他握了手或者差点要跟他握手，大伙儿就说：‘牛！’金涛就粗着脖子讲当时的细节，大伙儿还是说：‘牛！’因为每一回首长都差点要跟他握手。嘴里的东西嚼完了，一伙人依然晃晃悠悠地走，有人把包装纸揉成团，随便别在路边哪辆自行车的辐条上”①。

此时“文革”已经进行得如火如荼了。史铁生和几个朋友都是逍遥派。因为他们既非“红五类”子弟又非“黑五类”出身，因而不是敌人，也不想找麻烦去与人为敌。这种不上不下的阶级地位，只能让他们在火热的革命大潮中袖手旁观。但心里的惭愧却是避免不了的，于是为了不至于那么愧疚，唯一的方法就是加强学习。

史铁生在这段时间里认认真真地读了一些马列经典，一有机会就跟人辩论。不过慷慨激烈的言辞，似乎只是为了证明自己没白读那些书而已。其实对于书里面的大道理，史铁生也是似懂非懂，总之只要在政治觉悟上表现得不那么无知就成。好在当时还有其他的一些书籍可以阅

---

① 史铁生:《插队的故事》,《钟山》,1986 年第 1 期。

读，这大概是史铁生最感兴趣的事了。尽管要想读点有意思的书，就得打出批判反动思想的旗号来，但趁机搜罗一些“毒草”看却实属生平快事。实际上，史铁生看这些“毒草”的历史已经不算短了。在附中读书的时候，他就和孙立哲跑到清华教授莫宗江的家中，拿着本《世界美术全集》看得津津有味。书中有不少女性的裸体画像，两人当时就看得面红耳赤，彼此却心照不宣，绝口不提。大概从那时起，史铁生就知道“毒草”一类的东西可比政治读物有看头多了。

除了读书，史铁生还同样热衷于到圆明园的小河沟里去摸鱼。他经常和几个朋友，“在小河最窄的地方筑起两道坝，小河很浅且水流速度很慢，用脸盆把两坝之间的水掏干，可以摸到鲫鱼、黑鱼、小白鲢、泥鳅，有时还能抓到黄鳝。鱼都不大，主要为了玩”①。不过这般闲散的日子没过多久，就传来了每个人都要去插队的消息。

这是1968年的秋天，正当史铁生和小伙伴们摸鱼摸得兴致盎然之际，突然有消息说每个人都得去插队，“谁也别做梦想留在北京当工人了”②。这让史铁生有点失望，因为他一直盼着自己能当上工人，攒点钱买一双“回力”牌球鞋。现在看来，这个梦想怕是要幻灭了。朋友们说有几个高中同学自愿去东北农村插队，户口也迁过去，将城市户口换成农村户口，一辈子挣工分。这对于城里人来说自然是将信将疑。

到了年末的某一天，清华附中专门从外校请来了一位工宣队长，为学生们作插队的动员报告，据说这位工宣队长在“上山下乡的动员工

① 史铁生:《插队的故事》,《钟山》,1986年第1期。
② 史铁生:《插队的故事》,《钟山》,1986年第1期。

作”上很有成就。他一上台便说：“谁要捣乱，我们拿他有办法。”台下便很安静了。然后又说：“现在就看我们对毛主席忠还是不忠了。”台下差不多就连呼吸声都快没有了，随后有人带头喊起了口号。队长的最后一句话尤其令人印象深刻，他说：“你报名去，我们不一定叫你去，不报名的呢，我们非叫你去不可。”[①]当时，工宣队为了号召学生插队，特意把该去的地方都夸得像天堂一般，史铁生也将信将疑。母亲可没这么幼稚，她深知农村的苦处，于是找到学校工宣队，说孩子患有先天性脊椎裂的毛病，不能长期劳动，但史铁生不知是信了工宣队的话呢，还是当真有一番革命理想，竟不听母亲的劝阻，执意报了名也要去插队。母亲知道后忧心忡忡，背地里不知流了多少眼泪。直到确定史铁生去的地方是延安之后，她的心里才略微踏实了一些，毕竟那里是老区，生活条件总不至于比边疆还差吧。尤其是延安所具有的革命象征意义，更是让史铁生感到激动。

远行的日子快到了，母亲慷慨地给了史铁生不少钱。得此良机，史铁生终于买了一双梦寐以求的回力鞋，加上一只箱子，几身衣服，一顶皮帽子。守着这堆财产，他也对插队生活向往了起来：“我醉心于整理行装，醉心于把我的财产一样一样码在箱子里，反复地码来码去。有机会我就对人说：‘我要走了，插队去，八成近不了。’”史铁生的母亲经常落泪，大人也都叹气。但少年老成的史铁生为了迎合，也做出一副叹气般的表情，心却早就飞向了远方。“盼着走，盼着‘高原上月在中天的时候’，盼着‘在那春光明媚的早晨，列车奔向远方’……以后呢？管那么多跟老娘儿们似的！我总觉得好运气在等着我，总觉得有什么新

① 史铁生：《插队的故事》，《钟山》，1986年第1期。

鲜、美妙的事向我走近了。”①

(二)

20世纪60年代的中国，永远都少不了全民性的社会运动，此时无所事事的史铁生根本无须担心未来，因为上至国家领导人，下到普通老百姓，都已经被身不由己地裹挟进了历史的滚滚洪流中。而这一回，就是影响了一代人命运的上山下乡运动。

上山下乡运动最早可以追溯到1955年，当时有六十名北京青年组成了志愿者队伍，远赴关东的北大荒去开展垦荒事业。为支持这一活动，中国共产主义青年团中央还在8月30日为他们举行了盛大的欢送会。时任团中央书记的胡耀邦，在欢送会上为这支队伍郑重授予了“北京市青年志愿垦荒队”的光荣称号。政府也借此鼓励当时的知识青年们“上山下乡”，号召大家“自愿到条件艰苦的农村去锻炼自己”，并以邢燕子等人为榜样进行了大力宣传。不过，知青运动的高潮真正始于“文革”后期。此时由于席卷全国的红卫兵运动已给国民经济和社会秩序带来了极大的破坏，因此上级决定给红卫兵运动降温。

1968年12月，领袖下达了“知识青年到农村去，接受贫下中农的再教育，很有必要”的指示，认为“农村是一个广阔的天地，到那里是可以大有作为的”，上山下乡运动就此大规模展开。参与者中，1968年在校的初中和高中生（1966、1967、1968年三届学生，后来被称为“老三

① 史铁生:《插队的故事》,《钟山》,1986年第1期。

届”）人数最多。

据统计，“文革”中上山下乡的知识青年总人数达到了1600多万人，几乎占据了城市人口的十分之一。这是人类现代历史上极为罕见的大迁移，而且从城市到农村的人口流动，也与近现代以来中国社会的城市化进程背道而驰。

作为一个严肃的历史命题，知青运动的缘起、过程、结果和影响等，近年来屡屡成为学界的争论热点。但如果褪去知青运动那些“血色浪漫”的魅人外衣，却可发现隐含其中的现实问题的确沉重。知青个人及其整个家庭命运的改变，城乡人口逆向流动对中国社会现代化进程的影响，以及道德伦理体系和文化价值的变迁，等等，都与上山下乡运动的影响密不可分。

从农村角度看，知青群体的上山下乡，虽然在农业建设上带来了新的劳动力，但他们却成了农民阶层的一种沉重负担。多数知青满怀理想地来到农村，却又不安于贫穷落后的农村现状，毕竟真正融入农村的只是少数人。一旦有了返城的机会，他们中的大多数人又都会选择离开。甚至为了达到返城的目的，很多知青都在利益争夺中上演了无数人性倾轧的好戏，由此也足证“文革”给当代中国带来了何等的道德失范。要而言之，知青有限的贡献远不及他们给农村社会带来的各种损失。

从知青本身的情况来看，上山下乡运动给他们带来的其实是一种幻灭感。当初所秉持的“壮士一去不复返”的卫国信念、敢于挥洒青春和汗水的理想主义、崇尚底层人民品格的道德主义，甚至是由此所衍生出来的民粹主义等各色思想情怀，都抵挡不住严酷现实的日渐消磨。等有幸返城，很多知青才发现自己已经变成了城市生活的局外人，住房、工作、婚姻等各种现实阻力，都令他们身心俱疲，由此滋生出来的叛逆倾向，也导致了更为复杂的社会问题。

不过在20世纪80年代的知青文学中，上山下乡运动却常以另一番面目出现。张承志的《黑骏马》《北方的河》，梁晓声的《这是一片神奇的土地》《今夜有暴风雪》，以及史铁生的《我的遥远的清平湾》等作，不论是壮怀激烈般的慷慨悲歌，还是冲淡平和式的浅吟低唱，都能以理想主义和道德主义为名，彰显他们借上山下乡运动去实现自我认同的创作初衷，如此自会在一定程度上诗化知青群体的插队生活。而这种诗化历史的倾向可谓是其来有自。

在知青作家的小说创作中，启蒙叙事无疑是其中最为重要的一个叙事话语，他们对自己这一代人上山下乡经历的集体叙述，由于建构在作家个人的生活经历与生命体验之上，故而就常常出现历史记忆的多样性问题。在他们看来，历史真实从来都不是此前文学所讲述出来的以国家乌托邦主义为梦想的集体记忆，而是一个仅仅与自我经历和生命体验相关的个人记忆。换言之，有什么样的人生经历和生命感悟，就会有什么样的历史记忆，所谓普遍客观的历史真实并不存在。这一具有新历史主义特质的历史记忆方式，显然是启蒙叙事颠覆既往历史理性主义的思想产物。但知青小说的启蒙叙事，却在凭借个人记忆讲述出历史多样性的同时，并未完全脱困于神话叙事的话语模式。譬如在梁晓声的《今夜有暴风雪》和《这是一片神奇的土地》等作中，知青为北大荒献身的悲壮故事，就被作家叙述成了知青群体对于道德理想主义的倾心归顺。在此叙述方式下，造成小说人物裴晓芸壮烈牺牲的客观原因，也不再是上山下乡运动这一历史悲剧本身，而是酷烈残暴的自然之力。由是观之，当梁晓声将知青运动这一悲剧肇因（历史决定）转换为北大荒的暴风烈雪（自然法则）之时，作家也就放弃了启蒙叙事所独有的历史批判精神，转而构筑起一种将历史决定表述为自然法则的神话叙事模式。这当然是对历史真实的某种背离。

相形之下，反倒是阿城的小说《棋王》，或许更能揭示知青运动的历史本质。这部作品表面描写知青王一生的插队经历，但小说主题却有“吃”与“棋”两层含义。前者以王一生对吃饭的痴迷，揭示了知青运动的本质实与城市人口的就业问题有关。政府号召知识青年下乡参与农业建设，无疑具有经济和政治层面上的双重考量。而后者通过对主人公沉溺于围棋所代表的精神世界的描写，表达了人物试图超越动物本能，进而活出自我价值的生命主题。这部小说显然代表了一部分知青作家对于历史限制性规定的某种叙事反抗。从这个角度看，不少知青作家都以制造理想主义幻觉的方式，遮蔽了知青运动本身所具有的苦难因素。当然，得出这一判断的前提是将文学作品当成了社会学和历史学文本，尽管前述作品皆在文学性方面各擅胜场，但考虑到 80 年代中国文学的炫目盛景，以及它对于国人历史记忆的塑形作用，则不得不说知青文学的确具有一种制造历史幻觉的叙事功能——那副理想主义和道德主义的思想假面，在很长一段时间内都阻碍了国人对于知青运动的深入反思。

（三）

作为这段历史的亲历者，史铁生与大多数知识青年一样，在远赴农村插队之前，对于上山下乡生活充满了一种美好的浪漫想象。其实，少年爱远游本乃人之天性，哪个青年人不向往远方？对于那些尚未涉足广阔世界的青年来说，“远方”不仅仅是一个抽象的地理位置，更代表着一种可堪追慕的价值空间。尤其是在身处时代的大变革之际，当旧的传统价值已死，新的价值体系尚未建成之前，青年人出现精神的迷茫实属寻常。别看那些红卫兵意志坚定、理想远大，但政治信念这种社会学层面的价值认同，毕竟难以完全替代与自我存在问题相关的生存价值。换言之，作为一个具有社会属性的人，尽管为革命理想奉献一生堪称伟大，但在面对日常庸碌的现实生活时，很难有信心说自己完全找到了精神的归属。

说到底，革命的意识形态仅仅是一种体系化的对于实然世界的应然性吁求，它并不能够对人的具体生活状况予以“勘察”和“理解”。就此而言，只有“生活在别处”，依靠对未来生活价值图景的想象与憧憬，人才有可能突破这日常生活的包围，进而努力去满足生命本能的心魂要求。因此对很多知识青年来说，遥远的农村实际上就代表了他们新的精神家园。

更重要的是，较之红卫兵运动，上山下乡可不在阶级成分问题上有那么多的严格要求。况且响应毛主席的号召、投身农村的广阔天地，不就是以另一种形式融入了伟大的革命洪流？至少对史铁生来说，下乡插队无疑可以弥补自己之前被排除出革命队伍的某些遗憾。从这点来看，曾因出身问题始终处在历史边缘的史铁生，终于有了一个机会去证明自己。那些童年时代留下的阴影，也已随着他的少年壮志而烟消云散。不过，人生本就是无边苦海，忧思难忘的生命困惑，对于史铁生来说，总是“才下眉头，又上心头”。

1969 年 1 月 13 日，已经年满十八岁的史铁生，踏上了从北京出发的列车。此次出行，可称得上是史铁生的又一个生日。自此以后，他才真正走进了自己多灾多难和波澜壮阔的人生。

在《插队的故事》中，史铁生生动记叙了当时离京前的一些场景。首先就是关于插队的分组问题。按照每一个村子一个知青小组的分配方法，每个小组都是按男女生名额各半分配的。这个分配原则引起了知青们的强烈反对。原因说起来也颇有几分可笑，原来本着男女有别的念头，男知青们都反对女生加入。这自然是青春期少年们欲盖弥彰的伎俩。在那个年代，这些十六七岁的男子汉都想在姑娘面前显显能，又不愿承认异性对自己的吸引力，于是就有了这般激烈的反对声音。同龄的女孩子们自然看不透这些举动背后的复杂心理，只能气得又喊又跳。史铁生回忆起青春期男女之间这种极其微妙的吸引力时，估计自己也是忍俊不禁：“也许是因为那个时代，也许是那个年龄，我们以对女性不感兴趣来显示‘男子汉’的革命精神。平时，我们看见她们就装没看见，扭着头走过去。不过总是心神不安定，走过去之后要活动活动脖子。她们迎面碰上我们多半是低下头。——也许这对脖子要好一些。”①不过也有一位大胆的男青年袁小彬，为了能

① 史铁生:《插队的故事》,《钟山》,1986 年第 1 期。

和心仪的女同学一起去插队，宁可放弃参军的机会。当他把自己的真实想法告诉史铁生和一干朋友时，虽然大家还不懂什么是爱情，却像个男子汉一般约定替他保密。

离京的日子越来越近了，史铁生和几位朋友又去了圆明园摸鱼。时间已至深秋，“小河上漂着金黄的落叶，像一条条小鱼悄然游去。四个人兴致都不高，都说水太凉，光是坐在岸上把搪瓷脸盆敲得叮当响”。而史铁生面对未知的前程，心里也颇有些黯淡。即将成年的他，禁不住“感到了一点人生的严肃”[①]。在这样的心情下摸鱼，原本嬉笑胡闹的举动，也不免有了那么一点离别的滋味。

终于到了这一天。1969 年 1 月 13 日的北京站。当列车尚未驶离站台之前，车上车下就有不少人在抹眼泪。黯然销魂者，别而已矣。这些北京的知识青年，估计大多都没有真正离开过父母，此次一别，自是具有告别过往的象征意义。所谓别离苦、苦别离，弥漫于人群中的这种感伤气氛，不知消解了多少知青运动本身所具有的严肃政治内涵。确乎如此，在这些整装待发的少男少女心中，革命理想和未知前程固然诱人，但真正要离开父母，去直面这个广阔的世界之时，心中也难免会有一丝忐忑与恐惧。

离别的场景总是大同小异。著名知青诗人食指，曾在写于 1968 年 12 月 20 日的名作《这是四点零八分的北京》中，描绘了知识青年背井离乡时的动人瞬间。诗中的离愁别绪，至今读来仍是让人唏嘘不已：

---

① 史铁生:《插队的故事》,《钟山》,1986 年第 1 期。

这是四点零八分的北京

一片手的海洋翻动

这是四点零八分的北京

一声雄伟的汽笛长鸣

北京车站高大的建筑

突然一阵剧烈的抖动

我吃惊地望着窗外

不知发生了什么事情

我的心骤然一阵疼痛,一定是

妈妈缀扣子的针线穿透了我的心胸

这时,我的心变成了一只风筝

风筝的线绳就在妈手中

线绳绷得太紧了,就要扯断了

我不得不把头探出车厢的窗棂

直到这时,直到这时候

我才明白究竟发生了什么事情

一阵阵告别的声浪

就要卷走车站

北京就在我的脚下

已经缓缓地移动

我再次向北京挥动手臂

想一把抓住她的衣领

然后对她大声地叫喊

永远记着我，妈妈啊，北京
终于抓住了什么东西
管他是谁的手，不能松
因为这是我的北京
是我的最后的北京①

食指的这首诗在创作时间上与史铁生离京时十分接近，不过此时的史铁生却是另一番心情："那会儿我和李卓勾肩搭背在站台上瞎溜达，一边吃果脯；李卓带了一盒果脯，说不如这会儿给吃完就算了。他不时地捅捅我，说：'快瞧，那儿又有俩哭的。''快瞧快瞧，又一个。'我们在人群中穿来穿去，希望那些抹眼泪的人能注意到我们泰然自若的神态，同时希望抹眼泪的人不妨再多点，再邪乎点。所谓唯恐天下不乱。我暗自庆幸没有让母亲来车站送我，否则她非也得跟着瞎哭不可。"史铁生的这个年纪仍有些童心未泯，他和伙伴的幸灾乐祸，自有一种看热闹不嫌事大的心理。更有趣的是，为表现自己不甘泯然于众人的那份特立独行，史铁生还不忘凑趣打闹，将离家的忧愁完全掩盖了起来。

在友人的回忆中，老实本分的史铁生很喜欢凑热闹，总是热衷于撺掇点好玩的事出来，属于北京人说的那种"蔫淘"的主儿。有这类性格的人，温暾平和、见好就收，做事称不上决绝果敢，但也绝不拖泥带水，基本上可以和大多数人打成一片。加上他从前曾有过被人排斥的经历，故而和一群朋友出门远游，实在是一件开心惬意的事情。

① 食指：《食指的诗》，第47—48页，人民文学出版社，2000年。

即便要离开生活了多年的北京，他也仍然觉得“不过像是去什么地方玩一趟，跟下乡去麦收差不多”。这样轻松的心情和1966年大串联的时候相比并没什么不同。那时他“起哄似的跟着人家跑了几个城市，又抄大字报又印传单，什么也不懂”。现如今虽然长大了几岁，但史铁生的政治觉悟和革命水平恐怕也并没什么实质性的提高。他最乐意做的事情，就是“这么大家在一块热热闹闹的，有男的有女的，都差不多大，一起到一个遥远的地方去干一点什么事”①。这便是史铁生对于“远方”的想象。

老实说，远方所代表的价值空间对他来说还并不清晰，即便在延川站稳脚跟后，清平湾作为史铁生一个精神家园的属性也不会马上显现出来，直到他后来缠绵于病榻之上，史铁生方才意识到远方所代表的激情与自由对于自己的生命是何等重要。不过此刻的他，对未来的命运还是一无所知，除了开开心心、热热闹闹地和朋友们聊着天，史铁生也不清楚去“远方”到底会做些什么。火车平稳地起动了，史铁生一点都不悲伤，反倒有些兴奋。但他哪里知道，神秘莫测的命运就宛如一个恶魔，早已为他的去路设下了重重阻碍，而单纯的史铁生正毫无来由地亦步亦趋，即将掉入那一度吞噬了自己全部生命的存在深渊。

---

① 史铁生:《插队的故事》,《钟山》,1986年第1期。

二、遥远的清平湾

(一)

从北京到西安，再到铜川，沿途用了一天一夜。火车在平原上呼啸前行，车里的知青们说说笑笑，并不觉得旅途辛劳。这大概与他们即将插队的地点有关。延安是革命老区，论艰苦程度自然比不上新疆、北大荒或内蒙古等边疆地区。史铁生插队的村子叫关家庄，隶属陕西北部的延川县关庄镇，距离北京有将近两千公里的路程，从地理位置上来说可谓遥远。此地位于黄土高原，植被稀少、土地贫瘠，农业发展水平也一直较为落后。

史铁生所在的这支知青队伍差不多有二十个人，大的刚满十八岁，小的还不到十七岁。年轻人凑在一起哪会感到寂寞？他们从北京乘火车到西安、到铜川，再换汽车到延安，一路上热闹非凡。不过路上初始尚能见到很多开阔的塬地，可是越走地形就越是复杂。忽然之间，“汽车仿佛开到了大地的尽头，平平的塬地斧砍刀劈般塌下去一大片深谷，往下看头晕目眩。深谷中也有人间，炊烟袅袅，犬吠鸡鸣，牲灵和赶牲灵的人小得如蚂蚁在爬。越往北走这样的深谷越多，越大，渐渐不见了平地，全是起伏不断的山梁”。等到了延安之后，知青们才发现传说中的宝塔山并不巍峨高耸，延河也因为是冬天的缘故水流很小，于是乎对革命圣地的印象瞬间就打了折扣。尤其是沿途还见到了不少乞讨的人，睹此境况，史铁生内心的那番豪情壮志和诗情画意全都受了挫折。等到了镇上之后，他们就只能步行前往关家庄了。在几个干部的带领下，史铁生和同伴们深一脚浅一脚地艰难行走在黄土高原上，一路翻山越岭，苦不堪言："山都又高又陡，一样的光秃，羊肠小道盘在上面。半天才走下一道山梁，半天才又爬上一座山峁，四下望去，仍是不尽的山梁、山峁、深沟大壑，莽莽与天相连。"①由于洪水侵蚀，平坦的塬地就总是在塌方，水流带着黄土，顺着沟渠小河，最终都流进了黄河。因此延川一带的地形地貌也就变得如此奇崛诡异了。举目所及，处处都是山峁或山梁，绵延不绝，起伏不定，树木更是少得可怜，"少到哪座山上有几棵什么树，老乡们都记得清清楚楚；只有打新窑或是做棺木的时候，才放倒一两棵。碗口粗的柏树就稀罕得不得了。要是谁能做上一口薄柏木板的棺材，大伙儿就都佩服，方圆几十里内都会传开"②。

1969年1月17日，史铁生和同行的知青们终于到达了关家庄。这个村子距离延安市区差不多有将近两百里地，算是真正意义上的穷乡僻壤了。在关家庄的村前有一条清平河，河水冲流淤积出了清平川，大大小小的几十个村子就星罗棋布地散落在清平川里。陕北的生活十分艰辛，"糠菜半年粮"就差不多是梦想了。农民的家里一眼窑，进门一条炕，炕头连着锅台，对面一张条案，条案上放两只木箱和几个瓦罐，窑掌里架起一只存粮的囤，便是全部家当。好在那儿离油矿近，从废弃的油井边掏一点黑黑的原油拿回家点灯，能省下几个钱。

---

① 史铁生:《插队的故事》,《钟山》,1986年第1期。

② 史铁生:《我的遥远的清平湾》,《记忆与印象》第156—157页,北京出版社,2004年。

在关家庄附近村子里插队的知青，差不多都是史铁生在清华附中的同学。这时属于知青自己的窑洞还没有，史铁生就和几位同伴先住在了当地老乡明娃家的一眼旧石窑中。石窑在村头的一面土崖上，离崖边二三十米，能听见清平河的水声。虽然清平湾一带也有煤矿资源，但当地农民却以烧柴为主。煤价不贵，但总还要自己花钱去买，烧柴看的可就是自己的力气了。大队和公社让老乡们为知青砍好了柴，不过只能管一个冬天，余下的可就要知青自己去想办法了。因此砍柴取暖，就成了插队知青一项十分重要的任务。

等到山上的积雪融化，史铁生便和同伴们去山上砍柴。一群人经常是提着镢头，背上书包，牵着老乡的狗出发。几位知青想得倒是挺美，砍砍柴看看书，也不失为人生的一种别样情调。雪化之时，山野间总有股清新的生气。河水开始解冻，水流夹杂着融化的冰块，发出悦耳的声音。尤其是登高远望，只见山下的清平河，宛如一条闪闪发亮的珍珠项链，在崎岖起伏的黄土高原中蜿蜒前行。清平湾则常常笼罩在一层轻如烟云的薄雾中，不仅隐约可见家家窑檐下红辣椒的耀眼光芒，而且也能时常听闻湾子里充满烟火气的鸡鸣狗吠之声。蓝天纯净、黄土鲜明、沟渠捭阖、山茆辉煌，此等良辰美景，较之北京的故乡风物自是别有一番风味，想必在史铁生的胸中，偶尔也会横生出一股念天地之悠悠的辽阔之感吧。他有时会忍不住地想："或许在这儿待一辈子也凑合吧？"①

不过，史铁生的这种浪漫情怀很快就受到了现实的打击。首先就是砍柴的问题，本以为带着几本书，牵着一条狗，趁砍柴间隙聊聊天、吹吹口琴什么的十分惬意，但树木的匮乏，很快就让史铁生们无柴可砍

---

① 史铁生:《插队的故事》,《钟山》,1986年第1期。

了。再加上没有经验，因此知青们第一次砍的柴火实际上是一大捆黄蒿。它虽然一点就着，却不经烧，只能做引火之用。和知青们一道去山上砍柴的那群娃娃，每人背着一大捆柴，尽管已经被压得弯下了腰，可是一看见知青们的黄蒿，便都要扭起脸来，学着大人的腔调“咳呀咳呀”地嘲笑一通。到了晚上，柴火果然不够用，知青们只是烧了一大锅热水洗脸洗脚，就把那捆黄蒿用得精光了。出师不利也还罢了，但几个大老爷儿们砍柴还比不上十二岁的男娃娃，却成了村子里婆姨们嘲笑的谈资。虽然史铁生哥儿几个多少都有点钱，可以买煤来烧，但引火还是需要硬柴。办法只有一个，那就是打老乡的主意。老乡们一般会在山洪暴发的时候去河里捞树木，百密难免一疏，应该总会在河滩上捡到一些老乡落下的柴火。于是这些汉子便守株待兔，等捡到树木时就与老乡们辩论一番树木的归属问题。没念过书的老乡哪是他们的对手，结果只能妥协，树干归老乡，树根归知青，靠着这般投机取巧换回来的柴火，知青们终于又勉力维持了一段时间。

在清平湾生活，砍柴还算不上最辛苦的事，无非就是使点死力气罢了。要知道这帮知青个个年轻力壮、精力旺盛，浑身上下自是有股用不完的劲儿，只可惜柴火难找以至于英雄无用武之地。遥想此史当年，虽家境平常，但在家靠父母，出门靠朋友，不敢说日子快活潇洒，但至少是过得好整以暇，不必成日里为做饭这等形而下之事操心忧愁。现在倒好，二十口人的吃饭问题实在是过于麻烦，一是工作量大，二是柴火难以伺候。常常是天不亮就得爬起来生火，直到太阳高升，“仍然是满窑浓烟不见人，光听见风箱拉得发疯似的响。风箱声忽然停歇，浓烟中便趔趔趄趄地跳出两个人来，抹眼泪，喘粗气，坐在磨盘上，蹲在院当心，于朝阳光中和鸡鸣声里相对无言想一阵，又钻回烟中去”①。根据经验，最好烧的柴火是那种有油性的狼牙刺，烧起来火势凶猛。只是好柴难觅，又不能总是找老乡借，或者是顺手偷一些。费尽思量之下，史铁生终于将目光盯上了山上的小庙。

小庙久经风雨，早已残破不堪。史铁生和李子壮有一次到那儿去，发现了腐朽的门槛、干裂的窗棂和门框，都是上好的柴火。因为能源有限，两人就趁自己做饭时偷偷摸摸地去砍一块好柴。在庙里的时候，他兀自有闲心去研究一番那些泥塑究竟是何方神圣，李子壮却爬到庙顶上去砍树，无奈树湿斧钝，只砍下来一个树杈。老乡得知此事痛骂说“敢在神脑上砍，你‘狗’的要脑疼呢”，听者有心，李子壮虽然嘴硬，却也不敢再与这棵树纠缠了。

关家庄民风淳朴，乡亲多是厚道之人，对于这群从北京来的娃儿一直十分高看。因为贫穷，乡亲们自己经常要吃些麸子和糠，若吃到干净玉米干粮时便如过节般喜庆。相比之下，知青的伙食就好多了。尤其是插队的头一年，史铁生他们吃的是国库粮，每人每月有四十五斤，包括玉米、麦子和谷，甚至还有几两青油。老乡们艳羡之余，自会穿凿附会地自我安慰一番，说这些知青也都是“公家儿的”“这些窑里有办法”“这些的老子都是中央的干部咧”，说的听的都点头，言下之意，人有高低贵贱之分，知青们吃好粮无可厚非，自己吃糠咽菜也是农民的身份使然。

村子里的婆姨们，会时常聚到知青们的灶前，一边纳着鞋底，一边赞叹：“这些吃的好干粮。”“北京式的窝头引得他们笑，说‘这看糟践成

① 史铁生:《插队的故事》,《钟山》,1986 年第 1 期。

了甚’，玉米面还是要发了蒸‘黄儿’才是正道。菜要煮烂，否则岂不是生吃了？白面不如掺了豆面擀成杂面条条，切得细细的，调上酱和辣子，光吃白面能吃几回？我们二十个人，轮流每两个人做一天饭，都叫苦连天，手艺本来不济，被众婆姨一指点就更乱了套路，昏天黑地。这时就有见义勇为者，麻线绕在鞋底子上，挽了袖子下手帮我们做；做一顿好饭比做不上千顿好饭当然多了乐趣。另一个婆姨又帮着烧火，说灶火该整顿了，不然柴就费得厉害，等她家掌柜的山里回来给整顿一下，她家掌柜的整顿灶火有方法。她们都很称赞北京带来的粉丝，比她们漏的粉又白又细。饭做熟了，我们壮着胆子请她们也尝尝，她们都退却，开始骂腿底下的娃不听话；依旧拿起鞋底来纳。我们给几个娃掰一点白馍吃，娃的妈眼里亮起光彩，才想起让娃管我们都叫一遍叔叔。女生们没法叫，那儿没有相当于阿姨的叫法。”①

(二)

砍柴做饭固然麻烦，更麻烦的还是知青男女之间的相处之道。插队前大部分人都是清华附中64-3班的同学，不过因男女授受不亲的观念，男女之间来往并不算多。史铁生、曹博和李子壮都是四队的，女生有陈小敏、杨志、杨柳青等。史铁生就是这个班里年纪最大的（后有人纠正，陈绳祖就比他大。但陈外号叫“老太太”，可以不算）。此次背井离乡，一起插队落户到关家庄，自然是少不了要互相照应。由于知青大多数人都愿意上山革命，不肯下灶煮饭，因此为了这些生活小事就经常

---

① 史铁生:《插队的故事》,《钟山》,1986年第1期。

会闹些矛盾。尤其是有的知青有“红卫兵病”，喜欢动不动就用大批评开路，通过给对方上纲上线来掩饰自己的缺点。至于分灶的导火索，则是因为仲伟首先做了一顿生饭，等轮到沈梦苹做饭时，就做了一锅掺了麸子的窝头，而男知青们又趁她们全体去赶集之机，大吃了一顿白面糖包，走漏风声后，女生便以吃白面葱花饼的方法以示报复。一来二去，自是积怨渐深。分灶的时候，为了灶具的事，男女知青各派了两名代表到灶房去，在队干部的公证下进行谈判。史铁生和金涛去了，女生也派了两个伶牙俐齿的角色——徐悦悦和沈梦苹。四个代表龙争虎斗一番，只恨水缸不能锯成两半。这事办下来，饭是不能同灶吃了，男女之间更是形同陌路。

分灶之后，男生请了个婆姨做饭，女生则自己动手。某天收工后，女生灶房里飘着饭香，大家还没动筷子时，一回头竟发现史铁生正贴着门外墙根儿，蹑手蹑脚地往女生们的灶房里张望。樊玲玲大喊一声：“好哇！男生！史铁生！嘿！偷看我们吃饭来啦！”吓得史铁生像兔子似的撒腿就跑，身后传来了女生的一片奚落之声。

史铁生偷看女生吃饭，不知是男生们的授意，还是他自己忍不住馋嘴的毛病。不过经此一役，本就严肃老成的史铁生，就愈发注意以身作则了，比如从不轻易评论女生。不过有一次当樊玲玲在劳动时当场晕倒后，史铁生居然在笔记本里悄悄写下了赞美她坚强的句子，不幸被男知青们发现，孙立哲更是当众朗诵了起来，史铁生也因此大怒。一个十八岁男人的朦胧爱恋被当众揭穿，其尴尬可想而知。

后来在《黄土地情歌》里，史铁生说：“二十岁上下的人，不谈恋爱尚可做到，不向往爱情则不可能，除非心理有毛病。”[①]对异性的向往，虽然不一定就等于爱情，但那份隐约迷离的情感，却困扰着这群男子汉。比如抽烟，辛劳一天后回到窑洞，肚子饿嘴巴馋，只想花“两毛钱买包烟，够几个人享受两晚上，聊补嘴上的欲望。这是最经济的办法了”[②]。不过抽烟可不能让女生看见，“否则让她们看不起。这就有些微妙，既然立志独身，何苦又那么在意异性的评价呢？”再有就是唱“黄歌”了，《莫斯科郊外的晚上》《喀秋莎》《红河谷》等，旋律优美，歌词尤其能撩动人心。“譬如：‘一条小路曲曲弯弯细又长，一直通向迷雾的远方，我要沿着这条细长的小路，跟随我的爱人上战场……’譬如：‘有位年轻的姑娘，送战士去打仗。他们黑夜里告别，在那台阶前。透过淡淡的薄雾，青年看见，在那姑娘的窗前，还闪烁着灯光。’多美的歌词。大家都说好，说一点都不黄，说不仅不黄而且很革命。于是学唱。晚上，在昏暗的油灯下认真地学唱，认真的程度不亚于学《毛选》。推开窑门，坐在崖畔，对面是月色中的群山，脚下就是那条清平河，哗哗啦啦日夜不歇。‘正当梨花开遍了天涯，河上飘荡柔曼的轻纱，喀秋莎站在那峻峭的岸上，歌声好像明媚的春光。’歌声在大山上撞起回声，顺着清平川漫散得很远。唱一阵，歇下来，大家都感动了，默不作声。感动于什么呢？至少大家唱到‘姑娘’‘爱人’时都不那么自然。意犹未尽，再唱：‘走过来坐在我的身旁，不要离别得这样匆忙，要记住红河谷你的故乡，还有那热爱你的姑娘。’难道这歌也很革命吗？管他的！这歌更让人心动。那一刻，要是真有一位姑娘对我们之

① 史铁生:《黄土地情歌》,《北大荒文学》,2009 年第 5 期。
② 史铁生:《黄土地情歌》,《北大荒文学》,2009 年第 5 期。

中的不管谁，表示与那歌词相似的意思，谁都会走过去坐在她的身旁。”①

从歌曲本身来说，这些“黄歌”仍然属于革命歌曲，只不过因其对两性情感的描绘而被视为黄色与反动。若从革命的历史渊源来看，革命与两性话题实在是互为表里。很多青年人投身革命，未必就见得有多么坚定的政治信仰，皆因在革命的意志试炼场上，常有青年男女以投身革命的方式，在血与火的洗礼中尝尽爱欲本能的情意缱绻，此即为革命的浪漫蒂克。对于这群知青而言，虽然未曾经历过战争年代里的那种革命与爱情，但这些“黄色歌曲”所传递出来的浪漫情怀，哪一曲不是代表了他们对于革命的玫瑰想象？说到底，史铁生们对“黄色歌曲”的痴迷，实际上就是以革命的名义去感受爱欲与自由，弥补现实生活中无法企及的人性之渴慕。而且，囿于当时的政治环境和生活状况，这似乎也只能是他们想象爱情的唯一方式了。

不过，男知青们唱“黄歌”的心理可是十分的微妙，一方面要躲着女知青唱，怕丢了男生的面子；另一方面又暗暗希望她们听到——那份暧昧含混的情愫，不就是要唱给心爱的人儿听吗？对于年轻的史铁生来说，“爱是根本的希望，爱，这才需要诉说”②。此时他对爱情的理解还是朦朦胧胧，男女之间的异性相吸所带来的微妙的情感体验，或让人心如鹿跳、情思绵绵，又或让人忧心忡忡、寝食难安，也只有在爱情萌动的心理冲击下，史铁生方才更为深入地沉进了精神之维。虽然平日里他也读些马列经典一类的著作，但恐怕唯有爱情，才能让史铁生体验到辛

① 史铁生:《黄土地情歌》,《北大荒文学》,2009 年第 5 期。
② 史铁生:《黄土地情歌》,《北大荒文学》,2009 年第 5 期。

苦劳作之外的另一种生活。从这个角度说，哲学、历史和文学类书籍，只是在理性上熏陶了史铁生那种渐趋深邃的思想方式，而对于爱情的情感体验，却让那颗栖居于史铁生处的永恒行魂越发觉醒。史铁生后来在《我的丁一之旅》中所讲述的亚当与夏娃的故事，不就是喻示了人的精神历程，实在是经由爱情发端，进而浸润心魂、日渐成长的吗？因为爱情，人才可以去张望夏娃的可能居所，也因为爱情，人才有可能在寻找到自己灵魂伴侣的前提下，重新拼凑起那个早已被无常时空所碾碎的真正自我。从这个角度看，爱情之所以能够成为史铁生思想及其创作的一个关键词，主因并不完全在于人对爱情的本能渴望，而是作为亚当化身的每一个男性，都只能依靠爱情这个媒介，去触碰夏娃那缥缈的芳踪。由于亚当和夏娃早已立下了神圣的伊甸盟约，因此爱情就是寻找夏娃的最佳途径，也是人寻找另一半自我的真正桥梁。寻找夏娃，实际上就是人的一个自我认识过程。由此可见，在史铁生漫长的心灵史中，爱情意识的觉醒无疑至关重要。

受分灶的影响，史铁生当然不会主动和女生们打交道。那种朦胧的情感，就连他自己也分不清楚是爱情呢，还是对于女性的天然向往。曾有一次，当史铁生唱着《外国民歌二百首》里的“黄歌”时，不慎遇到了女生，虽然他立刻就闭上了嘴巴，但仍招致了女生的反感。樊玲玲就曾“痛心疾首”地说：“史铁生学坏了。”①后来这话传到了史铁生那里，他听后沉吟不语。这等细节当然是只可意会不可言传，因为如果只是一般的异性相吸，男知青们恐怕也不会以唱“黄歌”为耻，反倒会以

---

① 李子壮:《绝地自拔》,《生命——民间记忆史铁生》第98页,中国对外翻译出版有限公司,2012年。

在女生面前出风头为荣。但唯有情愫暗生之际，才会像史铁生这般沉默无言，想必内心的懊悔、痛惜、委屈和不甘等万千滋味，定如翻江倒海一般，搅乱着他那颗情窦初开的心灵。

插队的男女知青分灶吃饭，显然不是节约粮食的好办法。男生盘点库内存粮，已很难坚持到秋收以后了，于是便打起了合灶的主意。男女生各派出一名谈判代表，男方是孙立哲，女方是陈小敏，谈判达成的协议是雇一个老乡给知青做饭，男生负责挑水，女生负责推磨，然后给老乡“过工分”。这种“地主老财”的做法显然有悖于“向贫下中农学习”的插队初衷。可是又有什么办法呢？对于这些知青来说，“把五谷杂粮变成可吃的饭菜，实在是比考清华附中难多了！”知青们后来戏称这是一种“财主加共产主义”的体制。

不过灶虽然是合了，但男女之间却如无必须就绝不讲话。同锅吃饭又老死不相往来，这场面自然是有些尴尬。好在事情后来发生了一些转机，公社曾派一位干部来蹲点，此人嚣张跋扈，不仅借成分问题对知青进行盘问，而且其间还夹杂有辱骂之词。由于男生的出身大都不好，因此只能隐忍不发。不料这时竟有几位巾帼英雄动了侠义之心，樊玲玲等人据理力争，以大批评的姿态强硬回击了这位干部。仗义之举也博得了老乡们的称赞，说：“一家子到底是（向着）一家子！”①经历了这件事之后，男女双方的关系也开始逐渐缓和。

---

① 李子壮：《绝地自拔》，《生命——民间记忆史铁生》第97页，中国对外翻译出版有限公司，2012年。

（三）

关家庄一般很少有什么娱乐活动，最令老乡和知青们兴奋的就是看电影了。电影队通常几年才来一次，知青们运气好，正好赶上了电影队下乡。史铁生在北京就非常喜欢看电影，这大概与他习惯耽于幻想的性格有关。如果比照现实社会，光影世界里的人生传奇和爱恨情仇，恰好弥补了人生的另一种可能。尤其是对于史铁生来说，看电影可远不止娱乐这般简单。因为在观看影片时，他可以完全沉浸于光怪陆离、摇曳多姿的影像世界中，通过情感的代入，获得极大的心理满足。那些未曾到过的地方、那份未曾品尝的情愫，以及那种只可能存在于幻想世界里的梦幻乌托邦，都能借助科学的影视技术，圆满人心的向往与祈求。这等观影心理，其实和史铁生热爱绘画与写作并无本质不同，它们不仅是勾连史铁生和这个广阔世界的技术媒介，更是他日后反观自我、寻觅那颗永恒行魂的心灵通道。人生如戏，史铁生从电影中所窥见的广阔世界和幽缈人心，不就重复出现在了他自己的人生哲思中吗？史铁生钟爱电影和戏剧，甚至亲自捉刀去编写电影剧本，应该就是和他的这种心理特质有关。尤其是在清平湾插队的时候，由于客观条件限制，史铁生不能像在北京那样经常去看电影了，因此听闻电影队要来，自然是非常高兴。

电影队离清平湾还隔着两个村子的时候，老乡们就按捺不住地跑去看了。走上二十几里路，看电影里地雷乱炸，宛如看焰火一般开心。电影队走到哪里，哪个村子就成了欢乐的海洋。婆姨女子们精心打扮，后生们也奢侈地买包纸烟享受一番。滑稽的是，由于清平川没有电，电影队都自带一部脚踏式人力发电机，“样子像自行车，两个壮劳力轮流骑在上面拼力蹬。有时蹬机器的人光顾了看电影，看得入了迷，脚下的速度就放慢，于是电影的速度也放慢，银幕上的光变暗，人物的对话走腔走调，地雷的爆炸声也不同凡响。娃娃们又喝彩，大家都笑，觉得愈发有了看头”①。等电影散场，在回家的路上一群人吵吵嚷嚷，回味着各式各样的情节，尽可能地延续着电影带来的快乐。此情此景中，平日里生活的困苦、精神的磨难似乎都已被忘却，人们只倾心于电影制造的狂欢气氛，压根无暇理会电影本身所具有的意识形态力量。

当代名作家韩少功曾在长篇小说《暗示》中，生动描绘了这种自发性的民间狂欢。比如在革命样板戏的演出现场，台上演员尽力表演，台下观众却在一片嬉笑打闹中自娱自乐，他们不仅对剧情和台词毫不在意，而且还与台上的演员合力制造了一场嘉年华会。说到底，他们“只是把看戏作为一个借口，纷纷扛着椅子来过一个民间节日，来参与这么热闹的一次大社交，缓解一下自己声色感觉的饥渴”。关家庄里的老乡们又何尝不是如此？在孩子的喧闹、后生和妇女们的打情骂俏中，谁还理会电影本身所承载的政治宣传功能：“在这样一个乱哄哄热腾腾的戏场里，什么样的意识形态不可接受而且什么样的意识形态不可消解？”②更火上添油的就是知青了。因为价格问题，一般老乡们都要求放映《地雷战》《地道战》等便宜的影片，稍贵一点的《列宁在十月》便无人点映。

知青们提出要看《列宁在十月》，大队领导很是为难，因为电影是

---

① 史铁生:《插队的故事》,《钟山》,1986 年第 1 期。

② 韩少功:《暗示》第 63 页,人民文学出版社,2002 年。

进口的，所以要比《地雷战》等国产片贵五块钱。这可不是小数目，队里干部纷纷表示：“还是看个便宜的就对球了，队里的架子车的轮胎烂了，好几条还没有钱换。”“知青们则赶紧说：‘不在这五块钱上。《列宁在十月》老美气。’‘咋？’‘有男的女的亲嘴儿！’其中一个知青说。这一计策果然妙，在场的人都说：‘咳呀——那就看上一回。穷死不在这五块钱上。’看罢《列宁在十月》，老乡们都称赞瓦西里：‘瓦西里好身体，个子怕比袁小彬还高。’‘瓦西里能行，心忠哩！一疙瘩干粮还给婆姨撂下。’‘看那瓦西里的婆姨，生得够咋美！’大家公认这片子的确是比《地雷战》好看。议论要延续好多天，延续到窑里、场院里、山里。有些见识的人说：‘外国人亲口和咱这搭儿握手一样样儿。’多数人不信：‘球——你和你婆姨倒常握手来？’于是有人说出不宜见诸文字的话来。又有人唱了，‘抓住胳膊端起手，搬转肩肩亲上一个口。’有人又和：‘把住情人亲个嘴，心里的疙瘩化成水。’”……①老乡们道法自然、诚实朴素，看着电影中的爱情故事，自会真情流露，可见《列宁在十月》这部电影就和那些陕北民歌一样，寄寓了人性中最为本真的忧愁与爱恋、希冀与憧憬。人同此心，心同此理，无论现实生活如何艰难困苦，都阻挡不了这些底层人民蓬勃自在的生命诉求。

（四）

史铁生自幼便有绘画天赋，曾得到过清华附中美术老师的夸奖，此次下乡插队，这一天赋也没有浪费。按陕北民俗，新婚夫妇的一些箱柜

---

① 史铁生:《插队的故事》,《钟山》,1986 年第 1 期。

常常需要绘画。 一些乡下的画匠也以此为生，不过在史铁生看来，画匠们的绘画水平委实不敢恭维。 他在这边厢大肆批评，那边厢的老乡自然是将信将疑，于是怂恿他作画，并诱之以杂面条和香烟。 史铁生听闻食指大动，为了骗吃骗喝，遂横下心来拿艺术作此稻粱谋。 他给会计王生荣家的箱子绘的画，惟妙惟肖，活灵活现，从此威震关家庄，一时间成了村子里远近闻名的画师。 史铁生的作画水平有多高？ 据说富农刘世发竟然挑着他画的箱子拿到集市上卖了。 不过绘画归绘画，拿去换钱就有了资本主义的嫌疑，干部也因此找上门来谈话。 结局自然是可想而知，史铁生以艺术换取更好生活的行动，最终就此令人遗憾地戛然而止。 史铁生后来双腿残疾，在北京的一个街道工厂里终日靠给家具绘画为生，不能不令人感叹造化弄人：昔日因一句玩笑话而开始的绘画生涯，虽时日短暂，却未承想竟然在很长的一段时间内，成了史铁生谋生的手段。 如果说他走上写作之路，是因为写作可以排遣内心苦闷，不至于让自己自杀，因而具有一种护其生命、伴其心魂的作用的话，那么绘画就是史铁生真正直面这个残酷的世界后，唯一可以依赖的生存技艺。 虽然他并非真正意义上的画师，但就是这样的一个草根艺术家，却能让绘画在解决温饱问题的同时，也慰藉了自己孤独的灵魂。 就此而言，绘画之于史铁生，至少在他生命中最为艰难的时刻，具有几乎和写作同等重要的价值。

与史铁生齐名的当代作家残雪，曾生动地讲述过生活的艺术化问题。 在随笔集《把生活变成艺术》中，残雪区分了生活艺术化的双重含义：其一自然是因为人不堪忍受现实生活的逼迫，从而拿起艺术的武器去对抗现实并慰藉自我，这是一种被动应战的姿态；其二是主动以艺术为媒介，通过强大的自我力量去重塑世俗生活的内在价值。因此在这种意义上把生活变成艺术，就是一种逆向的艺术行为。这一艺术行为的策源地，不再是逼仄的世俗生活，而是强大的自我意识。它不同于一般意义上的将生活审美化，而是通过对世俗生活的精神化去重塑现实人生的存在价值。① 对于史铁生来说，绘画的价值也许并不完全体现于后者之中，但抛却绘画的谋生作用，它的确是一种将生活艺术化的方式。可以想见，当史铁生双腿残疾，枯坐在街道工厂狭小的房间内镇日作画时，终有很多瞬间会抛开杂念，以凝神贯注于绘画本身的艺术行为，暂且忘却了人生的苦难与残缺，这何尝不是一种生活的艺术化？当然，对于一个因残疾而无法融入主流社会的人来说，生活如此艰难却侈谈艺术的话题确实过于残忍，但以史铁生丰富且敏感的内心而言，即便绘画是为了谋生，也剥夺不了他在形而下的残酷世界里去寻求美丽人生的生命权利。若非如此，那么就很难解释史铁生后来为何如此渴望寻找到自己绘画作品的微妙动机。

据史铁生的插友李子壮回忆，2004 年 10 月，史铁生曾托他寻访当年作画的箱子并谋求回购。在经历了一番调查之后，那位曾经卖过箱子的刘世发的儿媳妇刘碧莲提供了一个重要线索，原来当年刘世发在集市上，以五十元的价格把箱子卖给了一位即将结婚的民办教师。“这位老师兴奋之余，请刘吃了一顿饭，烩菜（带肉片）和炒鸡蛋；刘也慷慨地便宜了两块钱。”不过令人意外的是，即便李子壮将价格涨到了一千二百元，教师的婆姨也坚决不卖。因为按照陕北的风俗，“结婚的家具穷死

① 参见残雪:《把生活变成艺术》,时代文艺出版社,2007 年。

也不卖，卖了夫妻过不到头！”①无奈之下，李子壮只好打电话请示史铁生，君子不夺人所爱，史铁生便让李子壮给箱子拍了照片以留念。对这一处理结果，史铁生和陈希米夫妇都表示满意。另有一次，史铁生在某处宾馆见到了一对带有绘画的屏风，竟以为是自己当年在街道工厂所作，虽然事后证明是场误会，但分明可见史铁生是如何怀念自己的画师生涯。在这当中，史铁生回首青春的怀旧情绪固然重要，但这些绘画作品所承载的生命印记，却无一不标识了他当年如何以艺术去对抗现实生活的精神苦斗。从某种程度上看，绘画其实就是史铁生对于自我生命的一种完成：通过绘画，史铁生在艺术世界中活出了生命的可能性价值，并在这一绘画行为中，将自己托付给了艺术。唯有艺术才能让史铁生忘却生之烦恼与死之苦闷，它和写作一道，唤醒了栖居于史铁生处的那颗永恒行魂。绘画在左，写作在右，抑或两者合二为一，在倾听内心声音的同时，让史铁生那颗善感灵魂的无尽沉思，最终都汇聚成了一股蔓延于天地之间的独特心流。

清平湾的日子辛劳却又静谧，史铁生和同伴们起早贪黑地每天劳作，像当地的老乡一样挣着工分，此时喧闹的政治运动似乎离他们已经有些遥远了，虽然政治学习仍是必修的功课，但对于这些知青和老乡来说，日子还不就是由那些庸常琐碎的小事积攒而成？可就在这个时候，史铁生的身体状况开始出现了问题，主要是腰腿疼得厉害。一开始以为是坐骨神经疼或是腰肌劳损，但到了清明节的时候，史铁生终于病倒了。陕北的这个时节多风，大风夹杂着黄土，漫天遍野地吹过，就连天

---

① 李子壮:《绝地自拔》,《生命——民间记忆史铁生》第99页,中国对外翻译出版有限公司,2012年。

也是黄的。史铁生躺在窑洞的炕上，听着窗纸被风沙打得直响，心情可谓是十分低落。好在老乡和知青们都很关心史铁生，队长不仅给他端来了白馍，还在队里开会时提议让他喂牛。社员们纷纷赞同，史铁生心里感动，嘴上却说不出来什么。

喂牛确实是个好差事，史铁生不仅有了时间看书，“挣的还是旱涝保收的工分，更免去了日晒雨淋之苦”①。晌午时分，他会把牛赶到山里，趁着放牛的时候看看书，吆喝几嗓子陕北民歌，日子倒也安稳。不过，夏天拦牛可不轻闲，由于好草都长在田边，离庄稼很近，因此就得时时防范着牛把庄稼吃了。史铁生和另一位放牛的老汉，东奔西跑，嘴里吆喝着牛，累得可是不轻。喂牛倒是没什么难度，只要勤谨，肯操心就行。不过这活儿也特别熬人。“夜里得起来好几趟，一年到头睡不成个囫囵觉。冬天，半夜从热被窝里爬出来的滋味可不是好受的。尤其五更天给牛拌料，牛埋下头吃得香，我坐在牛槽边的青石板上能睡好几觉。”碰上雨雪天，史铁生和老汉就躲进牛棚。“牛棚里尽是粪尿，连打个盹的地方也没有。那时候我的腿和腰就总酸疼。”②睡不了囫囵觉，导致腰腿疾患进一步加重，到1969年4月份左右，史铁生就不得不在孙立哲的陪同下回京看病了。

（五）

史铁生这次回京，并未意识到自己的身体状况危机重重。在京治疗

① 李子壮:《绝地自拔》,《生命——民间记忆史铁生》第95页,中国对外翻译出版有限公司,2012年。

② 史铁生:《我的遥远的清平湾》,《记忆与印象》第165页,北京出版社,2004年。

了一段时间后，待到腰疾有所缓解，史铁生便与孙立哲、陈冲、李宁等几位好友结伴西行，准备先到西安史铁生的三叔家寄宿，游览华山之后，再返回延川。行程已定，四男二女的队伍便一路欢歌。陈冲和李宁二人票也不买，坐在火车车厢内聊天吹牛，煞是开心。其间陈冲无脑，被史铁生瞎起哄撺掇了一番，便山南海北地胡吹起来，话题不是“知识青年改造农村面貌”，就是“与贫下中农相结合”，真真假假，云山雾罩，忽悠得周围乘客瞠目结舌。乘务员听得兴起，便将此事报告给了列车长。列车长闻讯赶来，不仅称赞这几位知青是伟大领袖的好青年，而且还邀请陈冲去广播室，对着麦克风宣讲了一通。史铁生后来忆及此事，特作打油诗调侃曰：“未曾落座先吹牛，圣地扎根修地球。继之讲用‘老三篇’，有志青年美名传。”不过有志青年却坐车不买票，待到查票之时，陈冲和李宁便都傻了眼。幸好列车长念在知青们宣传有功，就免了他们的车票，一行人终于平安抵达西安。

在史铁生三叔家寄宿了几日后，大伙儿便去游华山。华山之险，天下闻名。虽然游客寥寥，不过几位年轻人的兴致却是很高。尤其到了险要之处，只见悬崖绝壁如刀削斧砍一般，胆小的史铁生看得“哎呦呦”直叫。途中忽遇大雨，知青们躲进一座道观避雨，衣单无食，冷得瑟瑟发抖。史铁生瘦弱，更是可怜。幸有李宁照顾，脱下自己的襟袄给了史铁生。饥寒交迫之下，陈冲无奈，只好去气象站乞讨。好在工作人员心地善良，见这几位有志青年如落汤鸡般狼狈不堪，便给了几块杂面馒头。久旱逢甘霖，即使是又冷又硬的杂面馒头，史铁生和孙立哲也吃得分外带劲。好不容易熬到了东方既白，一行人强打精神，爬到山顶去看日出。只见红红的旭日一跃而出，光芒万丈，天地万物都被映射得熠熠生辉。史铁生独坐岩石之上，望着远方凝神沉思。不知是陶醉于华山之巅的美妙风景，还是神游物外，念念不忘于生命的韶华易逝。虽然此时的史铁生还全然不知自己到底身患何疾，但腰腿痛的毛病，却屡屡折磨得他心灰意冷。此刻独坐山巅，想必内心定是感受到了自然的伟力与个人的渺小。“青青陵上柏，磊磊涧中石。人生天地间，忽如远行客。”史铁生可不就像是个孤单落寞的远行客吗？他少小辞家，独闯世界，壮志未酬便已身心俱损，面对着未知的神秘命运，史铁生抚今追昔，焉能不独自怅然、若有所思？

从华山回来之后，几位知青在西安小住一日便起程了。他们取道铜川，深夜才抵达延安。适逢北京市委派出的一个知青慰问团正在此地，一想到慰问知青的人住招待所，被慰问的知青却食宿无着时，史铁生等人便怒火中烧，一干人等杀气重重地直奔慰问团而去。块头大的陈冲凶神恶煞，抡起扁担就砸起了招待所的大门，史铁生与孙立哲在旁狐假虎威地摇旗呐喊，气势惊人。慰问团的人不明就里，赶忙安抚询问，最终给这几位刺儿头安排了暖暖和和的两间石窑住下。既已蹭吃蹭喝，干脆一不做二不休，就连交通费也想法省了。第二天，几位知青便乘坐慰问团的公车顺利回乡。对于这一路来的种种趣事，史铁生有诗为证：

“当年工字厅前乱，陈冲怒目惊一片。吓得某史夺路逃，自此相识继相念。明年结伴西行道，四男二女花正俏。有吃有喝没车票，哥们儿玩的是心跳。未曾落座先吹牛，圣地扎根修地球。继之讲用‘老三篇’，有志青年美名传。车长闻之忙免票，革命安能没座位？青春小子正刁顽，逛罢西安逛华山。古刹夜来雨兼风，腹内无食盼天明。阵阵松涛寒气袭，一堆篝火相偎依。南风顶上天文站，乞得残羹度饥寒。

下山沐浴华清池，贵妃久去无归日。弱冠之年不言娶，宁哥梦梦思美女。阿美矜持心不详，动情女子叫阿良。铜川巧遇慰问团，披衣拄杖扮穷酸。言称兜里净光净，如何回乡干革命？夜闯圣城招待所，探得明晨有包车。一路公费下延川，包吃包喝包旅馆。关家庄上土崖前，彻夜神聊不知眠。壮志未酬待何时，畅想未来无限事。讯哥琴声信天游，转年孙子震神州。土窑木床柳叶刀，妙手丹心野狐神。唱罢今昔两茫茫，荒歌野调不登堂。清平河水日夜流，青丝成雪不言愁。生生相继无穷在，阿弥陀佛有如来。"①

不过对于史铁生来说，快乐的时光总是匆匆易逝。自回到关家庄后，困扰他的腰腿疼毛病就愈发加重。而这时的孙立哲，也突然间暴得大名，成了知青上山下乡运动中中央钦点的"大有作为"的典型人物。作为一名赤脚医生，孙立哲在极其艰苦的客观环境下，创造出了令很多专家都叹为观止的医学奇迹。他自己上山采药、置办医疗器械（不过后来孙立哲自己承认，其实很多手术器械都是在医院学习时偷的）、在窑洞里建简易手术室、成立医疗站，手术范围从简单到复杂，像阑尾、肠胃、心肺、癌症以及大脑的手术都能独立完成。其间救人无数，神医之名也是不胫而走。鼎盛之际，就连北京的医学专家也组团前来观摩。

有意思的是，孙立哲之所以走上行医的道路，起源于史铁生的一句玩笑话。据孙立哲回忆，"1969 年 1 月。就在下乡的那一天，老乡帮我们背行李，木箱子里的书有七八十斤重。在我们翻山快到村口的时候，史铁生指着我跟老乡说：这是个大夫。巧到什么程度，到了村里头，正

---

① 陈冲:《青春小子》,《生命——民间记忆史铁生》第 87 页,中国对外翻译出版有限公司,2012 年。

碰上一个发烧病号找大夫。一个老太太，发烧，脸上长了一个红色的大包。我们对着赤脚医生手册左翻右查，最后得到一个共同的结论：丹毒。我们知青把阿司匹林、抗生素、红糖水全都拿出来。两天就退烧下地了”。史铁生其实也略懂医术，下乡之前他就在一个医院学习班学会了针灸，下乡时也带了医书买了药。不过史铁生脸皮薄，不像孙立哲有股“不要脸精神”，什么病都敢治。“让我治我就治，拿着书开始比画，治着治着就什么病都治了。”①要是这么说来的话，史铁生留给清平湾的最宝贵的财富，就是这位拯救无数病人的当代华佗了。只可惜他的腰腿疼毛病，就连孙立哲也束手无策。

史铁生的病情每况愈下，腰疼得基本上无法安眠。躺在床上的时候，“朝这边躺一会儿，又翻向另一边，不时起来用手撑着炕沿坐会儿，或者抱着被子垛跪着，最没辙时只好双手摽着门框，两腿不吃劲儿地悬一会儿”②。史铁生戏称这一姿势为“上吊”。到了1971年，病况加重，行走都有些困难了，史铁生只能回京治病，从此结束了这段充满着无数青春记忆的插队生涯。

---

① 闫阳生:《孙立哲——一个赤脚医生的传奇》,《中外文摘》,2012年第1期。

② 张铁良:《此生足矣》,《生命——民间记忆史铁生》第231—232页,中国对外翻译出版有限公司,2012年。

三、命运的拐点

(一)

1971年9月，史铁生因腰腿疼痛加剧，行走困难，便从陕北回京治病。而此前一直在云南丽江下放的父亲，也带着史铁生的妹妹史岚，提前两天辗转先行回到了北京。这时，史家的状况已愈发糟糕了，奶奶年纪已大，体力不够，只能由史铁生的父亲从丽江返京照顾铁生。为了家庭，父亲调换了工作，由中央部委（林业部）的干部，变成了一个北京小厂的职员，而母亲则只能在丽江和北京之间来回奔波。接史铁生时，父亲和史铁生的堂弟史铁桥以为他行动不便，自会留在车厢里等待，不料等二人上车查看时，却发现史铁生早已下车，站在了站台上。倔强的史铁生自尊心极强，即使在家人面前，他也不愿流露出被病痛折磨的模样。甚至在回京后的一段时间每逢看病，史铁生都拒绝父亲陪同，坚持自己去。父亲无奈，又放心不下，只好叮嘱史铁桥远远跟在后面。妹妹史岚至今仍清楚记得她回京后哥哥从延安回来的情景，当时史铁生就连走路都要一只手扶着墙，虽然还能走，但“走得艰难，走得让人伤心就是了”①。

病况不明，史铁生的内心愈发焦躁起来，日渐沉重的双腿令他脾气

---

① 史铁生:《我二十一岁那年》,《记忆与印象》第175页,北京出版社,2004年。

越来越坏，整天把自己关在屋子里，仇恨一切声音，脾气变得暴怒无常。譬如他会把鸡蛋羹一下扔向屋顶，把床单撕成一条一条，妹妹史岚吓得已经不会哭了，只是大气不出地看着他，心里盼着这一天赶紧过去。史岚曾亲眼看见他把一整瓶药一口吞下，然后疼得在床上打滚，也看见他一把摸向电源，全院电灯瞬间熄灭。没人能体会到史铁生内心的恐惧和绝望。但也有轻松的时候，也许暂时忘记了病痛，史铁生会高兴地和妹妹玩儿，使劲地捏她、挠她胳肢窝，讲鬼故事吓她。当他们俩一起在床上打滚，妹妹夸张地叫唤的时候，父亲和奶奶才会露出笑脸。

史岚已经到了上学的年龄，于是父亲一边带着史铁生四处求医问药，一边给史岚联系学校。大概是因为史岚之前在丽江的学习不正规，户口也没落实，学校领导并没有马上同意史岚插班。无奈之下，父亲只好提起哥哥史铁生，校领导和老师们觉得既然是史铁生的妹妹，想必学习应该也不会太差，于是史岚借着哥哥当年上学积累下的良好声誉，插班上了二年级。

不过在史家，这段时期几乎全都是令人压抑的气氛。曾有友人去看望他时，只见“铁生的奶奶怀里揽着史岚，父亲站在门口，全家人好像雕塑一样僵着，史铁生坐在饭桌边的床上，脸色铁青，饭菜撒了一地，且有几只摔破了的盘子和碗”①。因为病患，史铁生家几乎很难享受到正常的家庭生活和天伦之乐。除此之外，家里的经济状况也十分困顿。不过即便如此，史铁生依旧保持着极度的自尊，他几乎拒绝了朋友的一切物质帮助。比如和史铁生同庄插队的女生陈小敏，想让自己的母亲给

① 张铁良:《此生足矣》,《生命——民间记忆史铁生》第232页,中国对外翻译出版有限公司,2012年。

他买一个半导体用以排遣烦恼，但史铁生却写了首打油诗谢绝，起始两句便是“我已半倒体，无须君相赠”，自嘲的话语之中，包含着无奈的悲凉。然而更可怕的是，对于这个不幸的家庭来说，深重的苦难还只是刚刚开始。

1972年1月5日，史铁生住进了友谊医院神经内科，前一天他刚刚过完了自己的二十一岁生日。这所医院由苏联援助，于50年代建立而成，具有典型的苏式风格，十分宽敞明亮。医院里有一座小花园，种满了各式花草。史铁生怎么都没有想到，他会一住就是一年，在四季更迭中看遍了桃红柳绿、花落花开。那个时候的医疗技术和设备都十分有限，检查只能凭借X光。一开始，医生说史铁生的病有两种可能，一是脊椎上长了瘤子，二是脊柱出了问题。前者通过手术可以治愈，而后者则可能导致终生瘫痪。由于对医学和命运都不了解，史铁生在刚刚入院的时候还很乐观，甚至诙谐地对朋友说就盼着长个瘤子，“十天，一个月，好吧，就算是三个月，然后我就又能是原来的样子了”①。可检查结果却是脊椎上根本没长瘤子，看起来老天爷是铁了心要跟史铁生过不去了。因为他压根不知道，问题出在脊椎上，“将是一件多么麻烦的事”。医生最后的检查结果是“多发性脊髓硬化症”，这是一种很难康复的神经系统进展性疾病，主要损害脊髓、大脑以及视神经，易发于十五岁—四十岁青壮年人群，常见的症状有视力模糊、身体麻木、四肢异常疲劳等，严重时还会造成突然失明或是瘫痪。真是天可怜见！如此严重的疾病，竟然找上了这样一个热爱田径和足球，始终激情满怀的大好青年！想必居于史铁生处的那颗永恒行魂，纵是再见多识广，恐怕也

① 史铁生:《我二十一岁那年》,《记忆与印象》第176页,北京出版社,2004年。

承受不了如此伤痕累累、摇摇欲坠的人形之器！

当父亲搀扶着他走进病房时，史铁生暗暗下了一个决心：“要么好，要么死，一定不再这样走出来。”[①]只可惜人存在的有限性之一，就是命运永远不会如你所料。它如同一只躲在暗处的恶魔，时刻窥伺着史铁生年轻的生命。是让他生，还是让他死？在强大的命运面前，史铁生的想法、情绪，甚至信念都毫无用处，因为答案早已被命运写就。但让他难以承受的是，“要么好，要么死”这两种情况最终都没有发生，命运像是跟他开了一个大大的玩笑，住院的结果竟然是双腿瘫痪。难以想象，在一个青春飞扬、无数梦想和祈盼都未曾实现的年龄，史铁生居然不得不坐上轮椅，并从此画地为牢，举步维艰——这是一种怎样的痛苦！对他来说，双腿瘫痪的实质就在于，它首先不是真正意义上的生，由于行动受限，史铁生唯有扶轮问路，在逼仄狭小的生存空间里，独自承受着所有梦想幻灭之后的痛苦。因为生，至少要体验、感受、经历种种不一样的人生吧？可他现在却只能枯坐于轮椅之上，无助地张望这个离他越来越远的世界。但它也不是真正意义上的死，且看日常生活里的衣食住行与精神思想，哪一样不印证着史铁生这一人形之器的存在？而命运的残酷就在于，史铁生这种求生不得、求死不能的状况，只能说是一种非正常的存在形式，它给史铁生带来的，无疑是一种濒于生死之间的临界体验。在史铁生处，很多时候“生”的存在证明，似乎只是为了提醒“死”的无处不在，“生”也因此成了史铁生去看待“死”的一种方式。

史铁生后来在文学创作中谈生论死之时，正是基于这样一种临界的存在体验，才会将生存与死亡合二为一，看成了一个生命自由成长的完

① 史铁生：《我二十一岁那年》，《记忆与印象》第175页，北京出版社，2004年。

整过程。他笔下那些由生到死、死而复生、生生不息的生命轮回，以及他向死而在、为死而生的生存态度，都与双腿瘫痪所带来的这种临界式的生命体验密切相关。甚至可以这样说，若无瘫痪后的生死追问，史铁生就断然不会有那种死中求活的人生态度——疾病不仅改变了史铁生曾有的人生，也重塑了他未来的道路。

(二)

在住院治疗期间，史铁生深深地感受到了自身的渺小与无力。虽然他的双腿此时尚未完全瘫痪，但病情的加重只能让他把治愈的希望全都寄托在了医生身上。所谓境由心生，大概正是因为怀抱着这样的一股信念，史铁生才会渐渐生发出某些虔诚的宗教情绪。每当他百无聊赖、万念俱寂之时，举目所及，总能凭借着自己的想象力，寻求出一些哪怕是毫无用处的精神寄托之所。比如那满目洁白的病房，不就像是一座神圣的庙宇吗？即便是阳光里飘浮着药水味的空气，但那位温柔优雅的女大夫，不正是史铁生安置自己渺茫信心的精神图腾吗？信仰的初生正是如此，因为感受到了自己的有限，人才会去憧憬未知的事物，希冀在神灵的护佑下求得救赎。虽然对前路一无所知，但有了这就算是盲目的执信，人生的道路也不至于走得那么崎岖坎坷。基于这样的一种信念，史铁生偏执地将那位女大夫当成了救苦救难的观世音菩萨。他以为，“女人是最应该当大夫的，白大褂是她们最优雅的服装”①。

住院的生活漫长而难耐。史铁生所在的十号病房共有六个床位，其

① 史铁生:《我二十一岁那年》,《记忆与印象》第175页,北京出版社,2004年。

中一位是天天盼着出院的农民，他对治疗费用的焦虑也深深地影响了史铁生的心情。以经济状况而言，家里其实根本负担不起如此昂贵的住院费用，为了治病，史铁生的父母已经负债累累了。每每想到这一点，史铁生就深觉自己连发脾气的资格都没有。不是吗？要是砸坏了医院的东西，还不是得要父母去赔？经济的窘迫，疾病的折磨，以及无处发泄的苦闷，都让史铁生的心情灰暗到了极点。在这种局面下，看来可以解忧的也唯有读书了。史铁生默默地埋进书里，没来由地给自己设定了三个月的期限。按他所想，顶多三个月，自己的病总该能好吧？

可是三个月后，史铁生不仅没能出院，病反而更重了，他也从十号病房搬到了七号。这是普通病房中唯一只住两个病人的病房。按级别来说，是由最接近十级的人才能住的，再往上就能进高干病房了。史铁生一介知青，无权无势，却能享如此待遇，完全是因为受到了医院里大夫和护士们的特殊照顾。在他们眼里，年纪轻轻的史铁生还是个孩子，虽然受尽了疾病的折磨，却能埋首书堆，实在是罕见。更令人担忧的是，甚至连医生都对治愈失去了信心，他们鼓励史铁生读书，无非是希望他能在书中寻找到人生的寄托。可是，前途的渺茫和希望的幻灭，逐渐让史铁生对读书也觉得索然寡味。他只是躺在床上，“听各种脚步从门外走过，希望他们停下来，推门进来，又希望他们千万别停，走过去，走你们的路去，别来烦我”①。

史铁生这种矛盾纠结的心态，无疑是出于对孤独的一种本能逃避。在行走不便，生活空间日益狭小的情况下，他唯一可以盼望的，实际上也只有朋友们的探视了。每当大伙儿一来，史铁生的精神就会好很多，

① 史铁生:《我二十一岁那年》,《记忆与印象》第178页,北京出版社,2004年。

一起说说笑笑，几乎都要忘了病痛的折磨。只可惜友情与亲情虽然弥足珍贵，但在肆虐的病魔面前却毫无用处。其实，来看望史铁生的朋友，又何尝没有意识到他病情的严重呢？只不过为了照顾史铁生的情绪，每一个人在探视时都故作轻松。而史铁生当然明白，这种装出来的轻松只是善意的谎言和笨拙的安慰，但他也只能尽力地去迎合。表面上的谈笑风生和喧嚣热闹，丝毫都消除不了史铁生内心深处那片无尽的荒凉。这是一种怎样痛彻心扉的生存体验？它是无望之后孤独内心的空白，也是绝望之中无枝可依的恓惶——较之此前对于自己病情的焦虑，这时的史铁生虽然已经平静了许多，但心中涌动的那股暗潮，却让他孤苦无告的灵魂趋于撕裂：一方面，生性喜欢热闹的史铁生，怎么都难以适应孤独寂寞的病榻生活，因此本着内心里那个世俗之我的生活欲望，他急切地盼望着朋友们前来；但另一方面，他也知道这种渴望只不过是饮鸩止渴，丝毫无助于对现状的改变——他越是在朋友的谈笑间享受温暖繁华，就越是难耐人去楼空之后的万般寂寞。与其如此，倒不如独自承受病痛的折磨和孤独的痛苦来得省心一些。因此“别来烦我”的内心祈求，也就成了史铁生矛盾心态的一个真实写照。

不过，疾病带给史铁生的影响却并不全是痛苦。在中国人的生存智慧中，祸福相依历来就是万物的生长之道。如果回顾他完整的生命历程，就会发现疾病之于史铁生，实在是具有一种别样的成长功能。如果说得病之前的史铁生虽然天资聪颖、勤奋好学，但无论他的行为方式还是心理状况，都始终局限在世俗社会的主流价值之内。这当中固然有质疑时代变局的思想锐气，也有挥洒青春、恣意生命的年少轻狂，但从总体上来看，史铁生就像他那个时代的大多数青年人一样，始终都被裹挟在社会生活的浪潮中随波逐流：他遵从党的号召上山下乡，勤勤恳恳、兢兢业业，一直在努力践行着一个社会青年的历史使命。但患病之后，一切都开始改变，那些热热闹闹的社会生活正逐步远去，史铁生也开始在孤独和寂寞中，重新打量起了自己的生命价值与存在意义。比如说世间的不幸之人千千万万，为何独独要“我”去承受瘫痪这样的生命苦难？“我”不服输，想以行走的方式去对抗上帝的意旨，却又为何不得不接受宿命般的冰冷结局？如若残疾是上帝为了锤炼生命而设下的残酷谜局，那为何必定要以“我”的无尽痛苦为媒介？凡此种种，皆寓示了史铁生的生命历程，正逐步发生着一个由外向内的重大转折。在此过程中，此前一直蛰伏于他内心深处的那颗永恒行魂，虽然曾一度在史铁生这一人形之器的操劳忙碌中沉默不语，但此刻却不得不在生命的艰难困苦中蓦然惊醒，开始凝神寻找那些能让他继续活下去的生命理由——此即为疾病所带来的精神成长。因此可以说，疾病之于史铁生，实在是具有一种生命界碑的意味。

以此为界，之前的史铁生和那个时代的很多人一样，都是不折不扣的无神论者。他们信奉人定胜天的主观能动性，从不相信这个世界上有什么救世主，因而在面对人生困境时，也往往更强调人的主体性力量。从哲学上来说，这种无神论思想可谓是其来有自。譬如自近现代以来，启蒙运动高度确认了人作为万物之首的神圣地位，而对人理性力量的尊崇，也最终形成了一种以人类中心主义为标志的自圣哲学。在这一观念中，人相信自己的主体性至高无上，完全可以凭借自身的主体意识去实现自我的价值。受此影响，谁还会去指望那些虚无缥缈的幽冥诸神？更遑论随着科学技术的发展，有神论愈发难有容身之地。尤其是在中华人民共和国成立之后，无神论思想更是以新的形式渗入了国人的人生哲学。时代的主人翁精神、集体主义的组织纪律性等，都要求人消灭“小我”、实现“大我”。从表面上看，社会历史对人的这种规定虽然更像是一种世界观，但它要求人自失于宏大历史进程的应然性规定，却成了新中国一代青年的人生哲学。比如当青年男女在遭遇个人的生存困境时，解决之道就往往是寄情于社会主义的建设事业，也只有投身于这种至大无外的历史和现实生活时，人才能通过把自身的有限性投入历史的无限过程来获得自我超越，进而实现生命的不朽。换言之，以政治目标取代人生价值，不仅混同了世界观与人生观这两种性质不同的哲学体系，而且也在更大程度上祛除了有神论的思想余烬。更具体地说，出于对生存价值和生命意义的渴求，人唯有将“我”置身于永恒之历史，才能获得自我价值的超越。这就是一种自失的人生哲学。不过具有讽刺意味的是，尽管自失哲学发端于人对生命无意义的反抗，但其后果却是对现有价值秩序的肯定与维护，因为在自失的生命进程中，“我”投身于浩瀚无垠的历史，“我”以及他人皆成为实现历史进程的工具。由是观之，以无神论为核心的人生哲学，已经越来越难以解决人现世的存在难题了。

“久卧病榻，难有无神论者”，之所以说疾病是史铁生人生旅程的一个生命界碑，盖因自此之后，“在命运的混沌之点，人自然会忽略着科学，向虚冥之中寄托一份虔敬的祈盼。正如迄今人类最美好的向往也都没有实际的验证，但那向往并不因此消灭”①。其实，在祈盼神灵之前，史铁生不也把科学当成过自己的救命稻草吗？他心怀理想，渴望自

① 史铁生:《我二十一岁那年》,《记忆与印象》第178—179页,北京出版社,2004年。

己像所有的热血青年一样，能以健康之躯报效祖国。为此史铁生还曾以诗明志：“几梦昆仑跨铁骑，醉酣血酒啖残敌。何时复我男儿骨，扯去囚衣试铁衣。”[①]但家国情怀也好，事功之心也罢，那些凌云壮志对于身患残疾的史铁生而言，只不过是黄粱一梦！医生的束手无策，最终让他将希望寄托在了那不可言喻的虚冥之中。

史铁生所说的虚冥，看似概念模糊、语义含混，但这一抽象之词却最适合描绘那晦暗未明、亟待敞开的彼岸世界。在虚冥之处，既有理想和信念、祈盼与诉求，也有超越了人之主体性力量的信仰与虔诚，它既是生命的终点，也是世人承领福音的诸神之地。在史铁生的精神世界中，他对生命的疑虑与审视，本就起源于对存在有限性问题的深切关注，即便是在宏大的社会历史潮流中纵横捭阖，苦苦寻觅着生命的现实依据时，史铁生到最后也总是会在虚冥的彼岸世界中，看到存在的终极价值，继之反观自身，重新点燃思想乃至生命的热情，便成了史铁生扶轮问路的基本思想路径。就此而言，当他因疾病陷入虚无、贪生念死之际，正是对彼岸世界那些未知事物的信仰，支撑起了他死中求活的生存勇气。因此可以说，疾病之于史铁生，就如同精神成长的催化剂一般，让他能够淡然应对这多灾多难的现实人生，进而在彼岸的精神世界里，去重新安置自己那颗渐趋破碎的心魂。

（三）

对于自己的这段住院生活，史铁生曾说自己没有死，全靠着友谊：

---

① 柏晓利：《友谊从二十一岁开始》，《生命——民间记忆史铁生》第199页，中国对外翻译出版有限公司，2012年。

“还在乡下插队的同学不断写信来，软硬兼施劝骂并举，以期激起我活下去的勇气；已转回北京的同学每逢探视日必来看我，甚至非探视日他们也能进来。”[①]曾有一回，史铁生情绪不错，看到瓶子里泡的莲子发芽了，还专门为此写了首诗，并用铅笔作画送给了朋友。还有一次，史铁生对朋友们半开玩笑半认真地说：“我要是有孩子就取名叫史诗。”[②]说者无心，听者有意，朋友们闻之无不心酸。

这时的史铁生已搬到了加号病房。严格来说，这里只是一个弃置不用的小楼梯间，地方狭窄，只能放得下一张病床，但毕竟是单间，而且窗口朝着大街。朋友来时大家就一起说说笑笑，独自一人时便读书思考，偶尔也会望望街上的风景，期盼着朋友们何时再来。有那么一阵子，史铁生也渐渐忽略了死神的威胁。

在史铁生的众多朋友中，友谊医院的护士柏晓利，正是在史铁生住院期间，和他结下了真挚的友谊。柏晓利 1969 年 4 月去内蒙古兵团插队，1973 年回到北京，进入友谊医院时正赶上史铁生即将出院。两人年龄相当，又同为知青，因此见面后自然是十分投缘。史铁生在文章中曾如此描绘过柏晓利：“十九年前的深秋，病房里新来了个卫生员，梳着短辫儿，戴一条长围巾，穿一双黑灯芯绒鞋，虽是一口地道的北京城里话，却满身满脸的乡土气尚未退尽。”[③]这位性格质朴的北京姑娘，在医院每天的工作就是做卫生。“从擦地、擦玻璃、消毒便器到所有能想到的

① 史铁生:《我二十一岁那年》,《记忆与印象》第 181 页,北京出版社,2004 年。

② 柏晓利:《友谊从二十一岁开始》,《生命——民间记忆史铁生》第 199 页,中国对外翻译出版有限公司,2012 年。

③ 史铁生:《我二十一岁那年》,《记忆与印象》第 183—184 页,北京出版社,2004 年。

与卫生相关的工作。”[1]在她的眼里，史铁生是一个人缘不错的人，因为总有很多同学前来探视他。由于经常去史铁生的病房做卫生，一来二去，两人也开始熟络了起来。

这时的史铁生，已从加号的单人病房搬进了6号病房的3号床位，是病房套间的里间，十分安静。柏晓利从做卫生开始，到后来逐渐学习打针和静脉注射，史铁生则成了她练习注射的对象。每逢柏晓利拿着注射器进入6号病房时，史铁生“总要找些话语让我放松，最常说的是‘甭怕，你就放心地扎，我没有感觉’”[2]。待到更熟悉的时候，史铁生也会笑称自己就是块猪肉，让柏晓利随便练习。说这些玩笑话的时候，史铁生就像是一个爱耍贫嘴的老北京，但幽默滑稽的言语后面，却不知掩藏着他多少的辛酸与无奈。柏晓利自然是熟知史铁生的病情，有时为了宽慰他，或者就是为了单纯地聊聊天，她也总会和史铁生谈起自己插队和兵团的生活。当她成为神经科团支部书记和医院团委委员后，因为要负责黑板报的缘故，就经常把黑板搬到史铁生的床前，请他连写带画。这些小事自然难不倒绘画天赋极高的史铁生，他制作的黑板报，总会在院里的评比中获得名次。而每逢此刻，史铁生都会非常高兴，有时评比完，他还会主动问柏晓利结果怎么样。这一切都让史铁生感觉到了自己活着的价值。当朋友来看望他的时候，史铁生也要拉着朋友对版面设计和书法插图做出一番评价。甚至在有的时候，史铁生还会为了医生们的业务需要，坐在病床上一笔一画地刻医学资料的蜡版，以便油印

---

① 柏晓利:《友谊从二十一岁开始》,《生命——民间记忆史铁生》第192页,中国对外翻译出版有限公司,2012年。

② 柏晓利:《友谊从二十一岁开始》,《生命——民间记忆史铁生》第193页,中国对外翻译出版有限公司,2012年。

出来供诊疗之用。这一切，都让史铁生有了一点成就感。

对柏晓利等医务人员来说，请史铁生帮这些小忙似乎微不足道，但对于深陷痛苦深渊的史铁生而言则意义非凡，能取得名次至少就意味着自己残而不废。上帝虽然对史铁生不公，但想必他也听到了史铁生谦卑虔敬的暗夜祷告，若非如此，他怎会在办黑板报这等琐事中，倾注了自己的仁慈与垂怜？不过若想承领上帝的永恒之爱仍然需要时日，因为此时年仅二十一岁的史铁生，首先需要学会理解的一件事，就是如何去接纳苦难。

从心理状况来说，年轻的史铁生在面对自己双腿瘫痪的人生苦难时，内心深处实际上有着两种截然相反的认知与体验：一方面，他渴望健全、向往行走，并因此痛恨上帝的不公；另一方面，由于他的心魂早已在苦难中屡屡向往着虚冥之界，因此史铁生也能隐隐约约、似有若无地感觉到上帝的力量。对他而言，双腿瘫痪可能只是一个童话的结尾，继而“上帝为了锤炼生命，将布设下一个残酷的谜语”。这就意味着如果换个角度看，苦难也许只是上帝帮助人实现自我认识，乃至追求精神永生时所必须赐予我们的一种财富。唯有如此，人才能在苦难中不断地经受历练，进而在拥有了非凡的生命体验后，方有可能猜中上帝所设下的命运谜局。史铁生说：“童话的缺憾不在于它太美，而在于它必要走进一个更为纷繁而且严酷的世界，那时只怕它太娇嫩。”[1]他这番话隐含的意思，其实就是对自己生命阶段的一种认识：以双腿瘫痪为界，之前的青春激扬只不过是一个娇嫩的童话，而之后的人生道路，就必将是一个更为严酷的世界。或许只有将苦难视为历练，自己才能在上帝所布设

---

① 史铁生:《我二十一岁那年》,《记忆与印象》第185页,北京出版社,2004年。

下的命运谜局里去死中求活。 事实也果真如此，自史铁生出院之后，上帝对他的试练也就变得更为残酷了。

第三章

一、“我”与地坛

（一）

1973年4月，在友谊医院住了一年多以后，史铁生终于出院回家，回到了他那间不足六平方米的小屋里了。这时的铁生，情绪极其低落，经常无故发脾气，或在睡梦中大声呼喊。有一次，他甚至对朋友说：“我宁愿拿一只眼换一条腿。”或者是“再加一条胳膊”。此时的他双腿已经瘫痪，并且暗暗立下了决心，“这辈子就在屋里看书，哪儿也不去了”①。可是就算已经不能行走，那颗年轻的心又怎能耐得住屋里的阴冷和寂寞？四月的北京城仍有一丝寒意，不过初春时节的阳光，却已经

① 史铁生:《扶轮问路》第5页,人民文学出版社,2010年。

和煦醉人了。等家人劝说着把他抬到院子里时，“青天朗照、杨柳和风，决心即刻动摇”①。比起入院前和住院时那份浓重的悲观情绪，史铁生此刻的心情虽然还未走出低谷，但至少是放弃了自杀的念头。要知道在此之前，史铁生因为患病，脾气可是非常的暴躁，发作起来不仅会突然把床单撕成条，而且也尝试过触电自杀。

那是一个炎热的晚上，乘着病友们去乘凉的时机，史铁生爬下床，从褥子底下拿出那根早已准备好的电线，咬去两端塑料皮后，硬撑着从床栏处站了起来。墙上有一个电源插座，史铁生在月光下拧开了胶木盒子，拿起电线就往里面插。所幸忙乱之下，他同时碰到了地线和火线，最终电线短路，史铁生方才侥幸捡回了一条性命。出院以后，面对着家人的无私付出，史铁生心有愧疚，于是不得不打起精神，努力适应着生活的变化。同学和朋友们依然常来看他，如同一群信鸽一般，带来了外面世界的万千消息。此时“文革”已经进入了尾声，而天翻地覆的历史转折也即将到来。虽然史铁生因为个人的苦难，多少已无心于时局的变化，但对于家门以外的天地却仍然有着些许的憧憬。可以想见，当史铁生独坐屋内之时，必定会像幼时一样渴望着外面的世界。生命初始时的蹒跚学步，曾将史铁生带进了这个宛如电影画面一般层层敞开的世界。而如今，尽管他只能枯坐病榻，行止不便、笨拙艰难，但那颗向往着自由的心魂却依然躁动。望着院里的初春景色，史铁生禁不住想，若是能够坐着轮椅四处走走，说不定也能重新找到活着的感觉。

可是，70 年代，即便是在北京，专供残疾人使用的轮椅也是个稀罕物。且不说货源很少，就算有，价格也是贵得离谱。为了经济上承受

---

① 史铁生:《扶轮问路》第 5 页，人民文学出版社，2010 年。

得起，也为了满足史铁生四处走走的心愿，他的父亲决定自己想办法。邻居朱二哥设计好了草图，父亲满城找行家制作。跑了好些天，才有一家“黑白铁加工部”肯接这活。这部自制轮椅由两个自行车轮、两个方向轮和几根废弃的铁窗框组成，母亲为了史铁生坐得舒服，还亲手缝制了坐垫和靠背，再求人装上支架，撑起面板，“书桌、饭桌乃至吧台就都齐备”了①。从此以后，这部自制的轮椅就成了史铁生新的双腿，“摇着它去街道工厂干活，去地坛里读书，去‘知青办’申请正式工作，在大街小巷里风驰或鼠窜，到城郊的旷野上看日落星出……摇进过深夜，也摇进过黎明，以及摇进过爱情但很快又摇出来”②。

自从有了这部轮椅，史铁生才算获得了一点点新生的感觉。他小心翼翼地摇着轮椅，就如同一个婴儿一般，一点一滴地重新拓展起了自己的生活世界。但风物虽好，却仍难抵挡现实的严峻。刚出院头几年，史铁生没有工作，找不到任何出路，他不甘心，但又无可奈何。为了获得一点政策上的照顾，他和母亲不得不摇着轮椅无数次地奔波于街道和知青办等地。为了要有一份正式工作，能进一家全民所有制单位，史铁生的母亲陪着他一起去劳动局申请。但负责的同志却让他们慢慢地再等一等，因为“全须全尾儿”的还分配不过来呢！此后史铁生再也不去找他们了。待到精疲力竭、无路可走之际，史铁生终于摇进了那个等待了他许久的地坛。

---

① 参见史铁生:《扶轮问路》第5页,人民文学出版社,2010年。

② 史铁生:《扶轮问路》第4页,人民文学出版社,2010年。

(二)

地坛之于史铁生，无疑是个极具象征意味的精神地标。它就像是迷途水手夜行于茫茫大海时，迎头撞见的一座明亮灯塔。在史铁生那段极其灰暗的人生岁月里，若没有地坛静默无言的陪伴，他也不会真正沉下心来观察和思考这个世界。甚至可以这样说，地坛首先给史铁生提供了一个地理学意义上的存在家园，它的方位、环境甚至氛围，都恰如其分地呵护了史铁生渴望独处的心理状况。而史铁生的想象和冥思，也令这座废弃的故园焕发出了精神家园般的存在光芒。很难说是地坛成就了史铁生沉思默想的生活方式，还是史铁生以他独具的心魂漫游，造就了地坛作为一个精神地标的存在价值。史铁生逝世之后，人们希望在地坛内建造一座他的雕像，不就是意识到了两者之间所具有的精神关联吗？更为重要的是，史铁生在地坛内关于生命问题的思考，不仅暂时解救了他焦灼无助的内心，而且也令他沉入了生命的另一维度，在倾听和感悟中重新理解了命运。

地坛地处北京安定门外，是明清两代皇帝每年夏至时分祭祀土地神的场所。它始建于明代嘉靖九年（1530 年），是中国现存的最大祭地之坛。公园内古树成群，大部分树龄都已超过了三百年，虬结缠绕、郁郁苍苍。著名的独臂将军柏、大将军柏等古树，历经沧海桑田、世事变迁，却仍屹立不倒，那份云淡风轻的境界、气定神闲的格调，不正是史铁生所衷心向往的宁静之地吗？

在史铁生的感受中，这座古园似乎一直在静静地等待着他：“自从我的祖母年轻时带着我父亲来到北京，就一直住在离它不远的地方——五十年间搬过几次家，可搬来搬去总是在它周围，而且是越搬离它越近了。我常觉得这中间有着宿命的味道：仿佛这古园就是为了等我，而历尽沧桑在那儿等待了四百多年。”①事实也的确如此，人和宇宙万物的关联，看似随机偶然，但总有那么一个地方，会让人在前世今生都魂牵梦萦。“我”这颗游荡于天地之间，并且已经历了无数人形之器的永恒行魂，自来到史铁生处就懵懵懂懂、忙碌奔波，或在上山下乡中激扬生命，或在疾病忧患里黯然伤魂，举目所及，竟无暇认真看看史铁生这个已蛰居多年的肉身之所究竟生为何来、死又何往。虽然“我”也曾在遥远的清平湾登高望远、抚今追昔，但那份青春理想，也只是史铁生这个人形之器的少年壮志与事功之心。同样，“我”也曾在幽闭静穆的医院里顾影自怜、无地彷徨，但那何尝不是史铁生依靠生命本能，在叩问苍穹时的绝望呼告？说到底，“我”在史铁生处虽然已度过了并不短暂的二十多年，但细细算来，竟然一直都是被这个人形之器牵着鼻子走，“我”何时才能凝神屏息，静思一番自己和此史的相处之道？须知“我”来到这个红尘俗世，可不是随意挑选史铁生作为灵魂的庇护所的，他若无一些过人之处，“我”怎肯舍近求远，陪着这个病患满身的人抱残守缺？幸好还有地坛，它终于让“我”有机会在静穆淡远的安宁中，显现出了自己的存在价值，而心魂对肉身的引领，也让“我”与史铁生一道，深深陷入了对于生命的无尽沉思。

---

① 史铁生:《我与地坛》,《记忆与印象》第208页,北京出版社,2004年。

(三)

1976年的某一天下午，当史铁生摇着轮椅艰难地驶入地坛之际，他在瞬间便感受到了这座古园所具有的特殊意味，"它为一个失魂落魄的人把一切都准备好了。那时，太阳循着亘古不变的路途正越来越大，也越红。在满园弥漫的沉静光芒中，一个人更容易看到时间，并看见自己的身影"[①]。"失魂落魄"恰是史铁生此时的真实写照。因为瘫痪和失业，史铁生除了自怨自艾似乎也别无办法。对他而言，别说考虑生命的价值和意义这些宏大命题了，就连是选择屈辱的生，还是痛快的死都还悬而未决呢。史铁生的向死之心虽未如之前那么强烈，但现实生活的艰难，却让他很难完全打消这个可怕的念头。好在地坛矗立，虽然史铁生以为自己的魂魄已失，但地坛却能以其特殊的地理位置与精神空间，施施然成为一个天生的寻魂之地。

你看它宁静悠远，荒芜但并不衰败，可不就是大千世界里无数生命的伊甸乐园吗？"蜂儿如一朵小雾稳稳地停在半空；蚂蚁摇头晃脑捋着触须，猛然间想透了什么，转身疾行而去；瓢虫爬得不耐烦了，累了祈祷一回便支开翅膀，忽悠一下升空了；树干上留着一只蝉蜕，寂寞如一间空屋；露水在草叶上滚动，聚集，压弯了草叶，轰然坠地摔开万道金光。""满园子都是草木竞相生长弄出的响动，片刻不息。"[②]只要凝神静听，就能感受到地坛的万物轮回与生生不息。遥想此史当年，也曾在清

---

① 史铁生:《我与地坛》,《记忆与印象》第209页,北京出版社,2004年。

② 史铁生:《我与地坛》,《记忆与印象》第209页,北京出版社,2004年。

平湾和华山之巅登高望远，但现如今那份理想与豪情早已烟消云散，反倒是地坛里草木昆虫所带来的生命消息，在窸窣鸣叫中更能震撼史铁生的心灵。因为这才是生命最为基本的存在形式，平凡普通但又坚忍顽强。而久病的史铁生此时早已慧根萌动，只在片刻之间，“我一下子就理解了它的意图。正如我在一篇小说中所说的：‘在人口密聚的城市里，有这样一个宁静的去处，像是上帝的苦心安排。’”①

没错，在史铁生眼里，地坛不就是上帝所设下的一个生命乐园吗？因为它既包容了无限，也平等了众生。身居其中，生命的有限也能被暂时忽略，而以往想都不敢想的永生就近在眼前。史铁生的内心，自患病之后还从未有过如此的平安与喜乐。他静坐地坛，一面倾心承领着上帝的恩典和馈赠，另一面也凝神关注着他者的如戏人生。因为史铁生深知，既然上帝在喧嚣繁华的京城里苦心安排下了这一切，那么他怎会不设下无数的生命密码让人去费尽思量？因为只有布设谜局，上帝才能以天启的方式警醒世人。从这个角度看，史铁生终日在宁静的地坛内冥思苦想，不就是以猜谜的方式应对着上帝所设下的一系列考验吗？

要说猜谜，史铁生首先要猜的就是关于自己的那些生命密码。他曾在地坛里花费了好几年的时间，“专心致志地想关于死的事，也以同样的耐心和方式想过我为什么要出生”。直到有一天，史铁生终于豁然开朗：“一个人，出生了，这就不再是一个可以辩论的问题，而只是上帝交给他的一个事实；上帝在交给我们这件事实的时候，已经顺便保证了它的结果，所以死是一件不必急于求成的事，死是一个必然会降临的节

---

① 史铁生:《我与地坛》,《记忆与印象》第209页,北京出版社,2004年。

日。"[①]这番关于生死的格言，几乎成为史铁生流传最广的一句话。从表面上看，接受生的事实，无忧死的结果，似乎是要人乐天安命，无须思索、无须追问，只因生命本身早已被上帝预定。但设若如此，那岂不是意味着史铁生要人随波逐流，放弃人之为人的价值与尊严？上帝给我什么就是什么，这和主张"活着就是唯一的要求"的犬儒主义者有何分别？但往深里想，史铁生说死是一个必然降临的节日，岂不是又将令人忧伤的死亡看成了一件喜乐之事？以往的贪生念死，在史铁生的这番思考中，似乎已全然被另外的一种情绪替代。考虑到史铁生对佛教中生命轮回思想的推崇，以及他对基督教救赎观念的信仰，自然是可以理解这一节日说，实际上暗含了他对永恒之在的无限向往。因为一个人生命的终点，仅仅只是肉身之所的毁灭而已，深居其中的那颗永恒行魂，却要凤凰涅槃、漂泊游荡，继续去寻找下一个栖居之所。

若果真如此，死亡岂不就是一种节日般的新生？但人不可急于求成，不能说因为不满于生活的现状，便要以自杀的方式去求得解脱。如果是这样，那么人就违背了上帝的安排，只会在怯懦与无知中逃避了自己的命运谜局，由是也就根本无法理解神赐的恩典。更进一步说，如果理解了死亡就是新生的问题，那么人的生存价值也就呼之欲出了——对生死问题的这般形而上思考和情感体验，不正是应对了上帝所设下的重重考验吗？生之价值即在于此，参透、感悟以及承领命运的安排，本身就体现了人发挥主观能动性去证明此在，并敢于接受上帝锤炼的生存勇气。

---

① 史铁生:《我与地坛》,《记忆与印象》第 210 页,北京出版社,2004 年。

然而，当史铁生流连忘返于地坛之内，费尽心机地去猜测生命谜题时，却未曾料到这些以个人经验为据的猜谜行为，却在无形中为他人，尤其是自己的母亲设下了一道新的生命谜题：“现在我才想到，当年我总是独自跑到地坛去，曾经给母亲出了一个怎样的难题。”[①]对爱子心切的母亲来说，她的生命谜题似乎只有一个，那就是思史铁生之所思，想史铁生之所想。她当然不会像铁生那样，总是站在形而上的高度去猜测答案，她心中的生命谜题，就是爱子如何活，以及活得更好的疑问。这显然是母亲基于血缘伦理之上的一种生命意识，在设身处地为爱子思考生命问题的过程中，母亲真正向史铁生诠释了爱的深切含义：它一方面圣洁高尚、无私无畏，另一方面又情意拳拳、血浓于水。不论从道德层面，抑或是从心理层面来看，它都堪称是人类爱之情感的极致表现。

对于这样的一种情感，且看史铁生如何追忆：“她不是那种光会疼爱儿子而不懂得理解儿子的母亲。她知道我心里的苦闷，知道不该阻止我出去走走，知道我要是老待在家里结果会更糟，但她又担心我一个人在那荒僻的园子里整天都想些什么。我那时脾气坏到极点，经常是发了疯一样地离开家，从那园子里回来又中了魔似的什么话都不说。母亲知道有些事不宜问，便犹犹豫豫地想问而终于不敢问，因为她自己心里也没有答案。她料想我不会愿意她跟我一同去，所以她从未这样要求过，她知道得给我一点独处的时间，得有这样一段过程。她只是不知道这过程得要多久，和这过程的尽头究竟是什么。每次我要动身时，她便无言地帮我准备，帮助我上了轮椅，看着我摇车拐出小院；这以后她会怎样，当年我不曾想过。有一回我摇车出了小院，想起一件什么事又反身回

① 史铁生:《我与地坛》,《记忆与印象》第211页,北京出版社,2004年。

来，看见母亲仍站在原地，还是送我走时的姿势，望着我拐出小院去的那处墙角，对我的回来竟一时没有反应。待她再次送我出门的时候，她说：‘出去活动活动，去地坛看看书，我说这挺好。’许多年以后我才渐渐听出，母亲这话实际上是自我安慰，是暗自的祷告，是给我的提示，是恳求与嘱咐。只是在她猝然去世之后，我才有余暇设想。当我不在家里的那些漫长的时间，她是怎样心神不定坐卧难宁，兼着痛苦与惊恐与一个母亲最低限度的祈求。现在我可以断定，以她的聪慧和坚忍，在那些空落的白天后的黑夜，在那不眠的黑夜后的白天，她思来想去最后准是对自己说：‘反正我不能不让他出去，未来的日子是他自己的，如果他真的要在那园子里出了什么事，这苦难也只好我来承担。’在那段日子里——那是好几年前的一段日子，我想我一定使母亲做过了最坏的准备了，但她从来没有对我说过：‘你为我想想。’事实上我也真的没为她想过。那时她的儿子，还太年轻，还来不及为母亲想，他被命运击昏了头，一心以为自己是世上最不幸的一个，不知道儿子的不幸在母亲那儿总是要加倍的。她有一个长到二十岁上忽然截瘫了的儿子，这是她唯一的儿子；她情愿截瘫的是自己而不是儿子，可这事无法代替；她想，只要儿子能活下去哪怕自己去死呢也行，可她又确信一个人不能仅仅是活着，儿子得有一条路走向自己的幸福；而这条路呢，没有谁能保证她的儿子终于能找到。——这样一个母亲，注定是活得最苦的母亲。”①

在这段记叙中，史铁生以他细腻的笔触，真正让读者明白了什么叫作“可怜天下父母心”。因为残疾的事实，母亲唯恐会刺激到爱子的敏感心灵，因此只能是小心翼翼地呵护着儿子的自尊。史铁生想要做什

① 史铁生:《我与地坛》,《记忆与印象》第211—212页,北京出版社,2004年。

么，母亲便由着他去。可是她内心的不舍、担忧、紧张与焦虑，又无比残酷地撕裂着她的内心。对她而言，生命的谜题不过就是儿子是否平安，以及是否断了死的念头而已。明知让儿子在外面终日晃荡不是个办法，但困在家里势必会让情况变得更加糟糕。如此纠结彷徨的矛盾心态，只会给母亲带来日益加重的惆怅与无奈。每逢儿子出门，她都要细心地准备一番，待目送他摇着轮椅走进那不可知的未来时，母亲也就在五内俱焚的情感煎熬中，一遍又一遍地猜测着儿子的内心想法。她不关心生命的意义与价值这些问题，只是希望儿子平安顺利，这是一个母亲最低的祈求与期盼，毫无疑问，她实际上经历了丝毫不比儿子逊色的生命痛苦。

但更令人难过的是，母亲在儿子面前，却又不能表现出自己的担忧，于是她便以表面的平静，为史铁生设下了又一道生命的谜题。当史铁生以写作的形式追忆母亲之时，其实也就是以猜谜的方式揣度着与爱有关的伦理问题。这是上帝将谜题施加于母亲身上的结果，因而猜谜就变成了一种双向的思想行为：一方面，母亲以最为本能和朴素的情感猜测着儿子的生命历程；而另一方面，作为儿子的史铁生又猜测着自己曾给母亲带来了怎样痛苦的生命体验。谜面与谜底互为表里，“1.谜面一出，谜底即现。2.己猜不破，无人可为其破。3.一俟猜破，必恍然知其未破”[①]。在母亲和史铁生的这段谜语关系中，谜面自然是与活着有关的无数生命难题，而谜底则是因人而异的种种价值选择。母亲担忧史铁生是否有赴死之念，所以惴惴不安、忧心如焚，而史铁生则在多年以后，方始猜测自己给母亲带来了怎样的苦难，可以说所有的谜面都是谜

① 史铁生:《一个谜语的几种简单猜法》,《收获》,1988年第6期。

底，所有的谜底都是谜面。人生之谜的复杂，在这段谜语关系中互相牵引、扑朔迷离。尤其是当史铁生以猜想的方式记叙母亲的内心感受时，他才终于明白，自己的苦难绝非唯一，因为母亲才是世上活得最苦的那个人。

说到这里，就不得不提起史铁生母亲的苦难人生了。在史铁生的生命旅途中，奶奶、母亲和妻子可以说是对他影响最大的三位女性。在她们之中，奶奶作为一个从旧社会走过来的人，曾因出身问题备受磨难，但所幸上天待她不薄，终能以高寿离世。而妻子陈希米，虽与史铁生一样身有残疾，但两人相濡以沫、患难与共，或多或少地弥补了她生命的缺憾。相比之下，只有母亲最为不幸。她自己唯一的儿子在风华正茂时双腿瘫痪，并从此活得忧心恐惧、寝食难安。为了儿子的生存问题，她不知忍辱负重地度过了多少艰难时刻。然而，黯淡否极的人生却从未安然泰来，她在年仅四十九岁时便重病离世。

无法想象母亲那颗悸动不安的灵魂，如何能够承受如此之多的人生苦难，从某种程度上来说，她的离世毋宁视为一种解脱。在苦难和对苦难的恐惧之间，母亲很不幸地兼而有之。前者自不必赘言，家庭负担的沉重、自身病痛的折磨，任何一样都足以将人彻底击垮。而后者则更令人无言以对，在儿子患病治疗期间，母亲因工作关系一时无法赶回北京，其内心之焦急痛苦，何曾丝毫逊色于正饱受病痛折磨的儿子？待赶到史铁生身边时，母亲更是没日没夜地承受着内心的无尽煎熬。她既担心忧虑儿子的病情，也紧张防备着他的自杀。忧思操劳之下，母亲夜不能寐、如坐针毡、心如刀割、度日如年，如此这般的心理折磨，全系于她对未来更大苦难的恐惧。而这等对苦难的恐惧体验，有时候甚至比苦难本身更令人痛苦。

遗憾的是，当时身在病中的史铁生自顾不暇，焉能体谅和理解母亲的心情？ 他苦闷之时为了发泄，砸烂家里的东西、向母亲发火之时，恐怕怎么也想不到母亲正和他一样感同身受生命的苦难。 待他幡然醒悟之时，母亲却已驾鹤西去，那份无从尽孝的内疚和自责，从此便深深缠绕住了史铁生自己的心魂。 从这个角度看，思念母亲、追忆与母亲有关的点点滴滴，之所以能够成为史铁生创作中的一个重要主题，恰在于他所具有的这样一种生命痛悔。 而写作的价值亦于焉而起：对史铁生而言，写作其实成了他挽留母亲生命的一种方式。 因为写作，史铁生才可以追述过往，在感怀旧事、忆念亲人的书写过程中，以猜测谜题的形式，极度渴望着和母亲心魂的靠近。

这是怎样渴望相遇的两颗心魂啊！ 史铁生内心深处的那个永恒心魂，虽说已见惯了悲欢离合与阴晴圆缺，但也承受不了对母亲如此深沉的怀念。 写作之于史铁生，不就是凭借着在艺术虚构中的想象，一而再、再而三地向母亲心魂靠近的过程吗？ 史铁生曾说自己写作是为了不至于自杀，而如果不自杀即意味着要继续生活的话，那么史铁生追忆母亲的写作，就是用艺术行为去弥补现实缺憾，进而在构筑母子心魂相遇的情景中，无中生有地去活出生命的价值。 对于史铁生来说，生命的意义与价值有时固然圣洁高远，但身为人子的他，凭借写作与母亲重逢，不也是一个生命的题中应有之义吗？ 就此而言，写作之于史铁生，尤其是那些和追忆亲人有关的文字故事，无一不反映了他借写作去重构现实生活的存在勇气。

（四）

生命的谜题千千万万，但因其复杂难解，故而谜面的设置和谜底的揭晓，都有如五彩斑斓的万花筒一般炫人耳目。当史铁生想通了死亡只不过是一件不必急于求成，必将来临的节日的时候，他的内心也开始慢慢萌动，逐渐地有了些许去探视他人生命故事的愿望。但或许是因为自己的生命印痕太过浓重的缘故，史铁生在观望别人的人生故事时，总会以想象去试着完整自己那些片断的印象。而他由己及人的观察和思考，最终都会以凝聚成深邃人生感悟的形式去映射自己。通过对他人生命故事的体会，史铁生也以反观自审的方式，提炼和升华了自己的人生。从这个角度说，地坛里那些来来去去的行人，就不再仅仅是史铁生生命里无数的匆匆过客了，转而成了他汲取人生智慧，并据此提高自己生命认识的重要思想资源——这就意味着即便史铁生是在讲述着别人的故事时，那里也必定潜伏着他对于自我生命的审视与思考。

在《我与地坛》中，史铁生描写了一系列他所遇到的人物，其中既有衣着考究、相互扶持的夫妻，也有热爱唱歌的小伙子、旁若无人的饮者、捕鸟的汉子、素朴优雅的女工程师，以及一位日后成了他好朋友的长跑家，等等。对史铁生来说，他压根不知这些人的由来与去处，只感觉他们就像是地坛的一部分，永远安然静谧，总是按着自己的节奏在默默地生活。史铁生曾说过人生如戏，每一个人都在人生的舞台上孤独地扮演着自己的角色，任凭寒来暑往与岁月流逝，也改变不了命运的结局——时间似乎掌控了一个人生命的全部。但对这些行走于地坛之中的人而言，无情的时间却对他们失去了效用。比如那对老夫妇，史铁生与他们初见之时只是人到中年而已，十五年的光阴如白驹过隙般刹那消失，但他们也只不过是从中年变成了老年。从这对夫妇古朴考究的服饰和相互搀扶的姿态上来看，他们的爱情似乎从未褪色。这当然是史铁生的一种想象，因为他并未和这对夫妇深谈，也全然不知他们的生命故事，但服饰与姿态这两样生活的具象，却让史铁生相信在这个世界上，总有那么一些不会被时间征服的东西，比如爱情。我们有理由相信，史铁生对爱情的推崇，或许和他对这对夫妇的观察有关。

在史铁生心目中，爱情既有圆满人类伊甸盟约的情感作用，亦有克服时间之有限，进而实现人生之永恒的存在价值。不论他对老夫妇的想象是否真实，这种观察和思考都实实在在地反映了史铁生以爱情去对抗残酷时间的一种价值诉求。因此老夫妇实际上成了史铁生汲取人生智慧的一个精神镜像，他多么渴望自己也能拥有类似的爱情，即便是时间流逝、岁月无情，他也能在与爱人的心魂相伴中去克服存在的有限——这恐怕是他被囚居于轮椅之中时最为迫切的一个梦想了。所谓境由心生，当史铁生十五年来一直持续注视着这对老夫妇时，想必他也在其中看到了自己的未来——时间终将证明，苦难之花必能孕育出幸福的果实，当他后来和妻子陈希米相濡以沫时，一定会常常回想起地坛里的这对老夫妇，若不是他们将幸福演示给了坐在轮椅中的史铁生，谁能保证他不会就此万念俱寂，从而失去了对幸福的渴望？

同样，史铁生也曾慨叹命运不公，但在地坛内遇到的一个小女孩，却彻底改变了他对命运的看法。这个小女孩相貌漂亮，却有些弱智。当她遭到别人的欺负时，小女孩的哥哥虽然能挺身而出，但最后也只能无奈地带着她回家。“无言是对的。要是上帝把漂亮和弱智这两样东西都给了这个小姑娘，就只有无言和回家去是对的。”①小女孩的故事让史铁生唏嘘不已，不仅仅为了她容貌和智力的反差，更为了她承受苦难的痛苦。然而，“假如世界上没有了苦难，世界还能够存在吗？要是没有愚钝，机智还有什么光荣呢？要是没了丑陋，漂亮又怎么维系自己的幸运？要是没有了恶劣和卑下，善良和高尚又将如何界定自己成为美德呢？要是没有了残疾，健全会否因其司空见惯而变得腻烦和乏味呢？”②世界本身就是由差别组成的，若无愚钝、丑陋、恶劣、卑下和残疾的映衬，机智、漂亮、善良、高尚和健全怎能显现出自己的价值？美好的事物总是需要其反面去加以衬托，如此方才显得高贵伟岸。否则，这个世界若只有美好，岂不显得单调乏味？譬如说那个弱智的小姑娘，若她心智健全，其漂亮的容貌也会变得普通，因为在史铁生这个旁观者眼里，女孩容颜的美丽实际上就来自于她的残疾，正是这种反差让他人产生了一种怜惜的爱愿。这就是说，差别本就是世界的存在形态，绝对不会因为人类的价值偏见而有丝毫改变。

但问题就在于，既然这种差别不可避免，那么该由谁来承担苦难呢？如果消灭了残疾，苦难就将由患病者承担，若消灭了疾病，苦难又将由丑陋者去承担了，依此类推，不论消灭任何一种差别，苦难都依然存在，而且必将以变本加厉的方式附加于另一群体。“看来差别永远是要有的。看来就只好接受苦难——人类的全部剧目需要它，存在的本身需要它。看来上帝又一次对了。”③至于该由谁去承担那些苦难，史铁生

① 史铁生:《我与地坛》,《记忆与印象》第 221 页,北京出版社,2004 年。

② 史铁生:《我与地坛》,《记忆与印象》第 222 页,北京出版社,2004 年。

③ 史铁生:《我与地坛》,《记忆与印象》第 222 页,北京出版社,2004 年。

得出了一个令人绝望的结论，一切都没有道理好讲，“就命运而言，休论公道”①。这当然是一种宿命论的思想。然而，在史铁生看来，尽管人的命运早已被上帝所预定，但努力仍是必要的。所谓“谋事在人，成事在天”，事不谋不成，多算则胜，少算则不胜，况于无算乎？史铁生说：“我常以为是丑女造就了美人。我常以为是愚氓举出了智者。我常以为是懦夫衬照了英雄。我常以为是众生度化了佛祖。”②将苦难视为世界的存在本质，承认差别和接受差别，信奉宿命与上帝，却同时推崇着平凡的力量。这样的一种生命哲学，已渐渐显示出了史铁生独具特色的思想风格。

二、街道工厂

（一）

自1973年史铁生出院以后，他就经常沉浸在地坛内的精神生活中。然而，现实是如此的严峻，因为找不到正式工作，就连生存也成了一个问题。虽然国家有针对残疾知青的相关政策，但直至1977年，在经历了和母亲共同奔波的无数辛劳之后，史铁生才得到了国家政策明文规定的伤残补贴，以及面积增加了一倍的房子。在此期间，出于生计的考

① 史铁生:《我与地坛》,《记忆与印象》第222页,北京出版社,2004年。
② 史铁生:《我与地坛》,《记忆与印象》第222页,北京出版社,2004年。

虑，史铁生进了一个街道生产组工作，一干就是七年。这份临时工没有公费医疗和劳保，史铁生的每月所得只有十几元，聊以糊口而已。

也许是心里还抱有找到正式工作的一丝期盼吧，史铁生在街道工厂的这些年，始终没有放弃希望。他自学过英语，也尝试着开始写作。种种努力，都只是为了能让自己有一片生存的天空。事过境迁，当后来的史铁生在《庙的回忆》和《老屋小记》里谈到自己的这段经历时，语气总是舒缓平淡，似乎那些年付出的艰辛都不值一提。但在友人的一些纪念文章里，我们却能看到史铁生究竟经历了怎样的生活变故。在此期间，史铁生为争取残疾知青的待遇，经常和母亲摇着轮椅艰难地行走在北京城的大街小巷里。直至母亲突然患病离世，留下了他和年幼的妹妹，史铁生方知比起已经承受的苦难，世间竟然还有更深的苦难。他由此所承受的精神痛苦，或许是因为过于沉重和复杂，故而常不足为外人道也。不过幸运的是，他在地坛里的那些沉思冥想终有收获。虽然生活境况愈发艰辛，但史铁生的性格却慢慢变得开朗、豁达和宽容起来。他知道苦难乃生命之常态，是一种既定的事实，除了接受它外似乎也别无办法。大概正是受这种看似消极的宿命论思想的影响，史铁生反而学会了放下，比如他不再纠结于自杀的问题，也不再怨天尤人，整日里去追究上帝的不公。抱着一种谋生的心态，史铁生不仅逐渐适应了街道工厂平庸琐碎的工作，而且也凭借着绘画与写作，在某些特殊的时刻将生活变成了艺术。

在《庙的回忆》和《老屋小记》等文中，史铁生都写到了自己工作的那家街道工厂，它就位于柏林寺的南墙外。命运的变迁真是无比奇妙，工厂所在的这个柏林寺，恰是史铁生读小学时的所在地。那些承载了他无数童年记忆的砖石草木就近在眼前，但昔日品学兼优的三好学生，如今却已双腿瘫痪，只能在仿古家具上涂涂抹抹。可以想见，当史铁生每日劳作，在腰酸背疼中环视四周时必定会感慨万千，谁能料到童年时代的无数梦想竟会以这种方式潦草收场。

这时的柏林寺已改作北京图书馆的一处书库，史铁生和几个待业的小兄弟就在红墙下干活。生产组所在地，“是两间破旧的老屋，和后来用碎砖垒成的几间新房，挤在密如罗网的小巷深处，与条条小巷的颜色一致，芜杂灰暗，使天空显得更蓝，使得飞起来的鸽子更洁白。那儿曾处老城边缘，荒寂的护城河在那儿从东拐向南流”①。说起来，史铁生之所以愿意去街道生产组，皆因他已暗自下了继续活下去的决心。此时的史铁生年方二十三岁，轮椅生涯也才开始了一年多一点，若是要生活，就总得找点事儿做。同为插队知青的V，说街道生产小组虽然不是什么正式工厂，但那儿的人心眼都好。父亲自然是不愿意儿子受苦，但执拗的史铁生怎肯关在家里白吃白喝？他摇着轮椅，和V穿过无比熟悉的小巷、大宅院、小煤厂和杂货店，终于来到了老庙旁边的生产组。

映入眼帘的，正是那两间尘灰满面的老屋：“屋门前有一块不大的空场，就是日后盖起那几间新房的地方。秋光明媚，满地落叶金黄，一群老太太正在屋前的太阳地里劳作，她们大约很盼望发生点儿什么格外的事，纷纷停了手里的活儿，直起腰，从老花镜的上缘挑起眼睛看我。”②很难想象史铁生此刻的内心感受了，一个原本是生龙活虎的年轻人，现如今不仅双腿瘫痪，而且为了混口饭吃，还不得不混迹于一群老头老太

① 史铁生:《老屋小记》,《记忆与印象》第189页,北京出版社,2004年。

② 史铁生:《老屋小记》,《记忆与印象》第189页,北京出版社,2004年。

太中间，其间的心理落差，必定会让史铁生的内心五味杂陈。好在情形真如V所言，生产组里的这些老人都很和善。B大爷蹲在房顶上，正在给漏雨的屋顶铺沥青。他露出一口残牙，笑着对史铁生说："怎么着爷儿们？来吧！甭老一个人在家里憋着……"[①]面对着坐在轮椅里的这个年轻人，B大爷神色自若、云淡风轻，他既未讶异于史铁生的残疾，也未语重心长地叮咛嘱托，而是仅凭一句简单的话语，便道尽了平头百姓如何去应对苦难的人生哲学。可不是嘛，在史铁生的心目中，残疾或许就是最大的苦难，但对这位饱经患难的老大爷来说，残疾不过就是这世上司空见惯的苦难之一种。与其表现得大惊小怪、怜悯同情，倒不如师法自然，以平常心待之。既然事实已定，为何不如B大爷所说的那样坦然面对呢？这种化苦难于无形的人生哲学，无疑在给予史铁生最大尊重的同时，润物无声、潜移默化地改变着史铁生的人生态度。事实上，B大爷不过是史铁生在喧嚣杂沓的生命旅途中，曾经偶遇的一位生活的智者而已。街道生产组的这些好心人，谁不曾有过不堪回首的过去？可他们乐天知命、安然淡泊，生命的苦难就在这种宠辱不惊的人生哲学中化于无形。就此而言，史铁生在生命里所遇到的无数普通人，都以他们自有的生活方式和价值选择，成了史铁生人生道路上的精神导师。这也是史铁生的精神哲学总是充满了现实意味和人间烟火气的原因。

(二)

史铁生在街道生产组里的工作，本身并无什么乐趣可言，无非是

① 史铁生：《老屋小记》，《记忆与印象》第190页，北京出版社，2004年。

"在仿古的大漆家具上描绘仕女佳人，花鸟树木，山水亭台……然后在漆面上雕出它们的轮廓、衣纹、发丝、叶脉……再上金打蜡，金碧辉煌地送去出口，换外汇"[①]而已。再加上老屋昏暗，天色无光，久居其中难免会感到憋闷乏味。这时的史铁生就会跑到外面去，"一边干活一边张望街景，看来来往往的各色人等，时间似乎就轻快了许多。早晨，上班去的人们骑着车，车后架上夹着饭盒，一路吹着口哨，按响车铃，单那姿态就令人羡慕"[②]。回想当年住在友谊医院时，史铁生也曾如这般四处张望过。那时的他，羡慕别人双腿健全，能跑能跳，而此刻的羡慕之情却更加具体。从某种程度上看，这是史铁生决定坚强活下去之后生活欲望的苏醒。如果说在医院时，他还因纠结于生死问题而无地彷徨的话，那么当他身处街道生产小组，日复一日地辛苦劳作时，反倒有了一种希望生活变得更好的期待。那些骑车上班的人，可不仅仅是因为有了正式的工作而让人羡慕，最重要的是他们平和安宁的神情，无一不提醒着史铁生现实生活的丰富多彩。从生死之间的思想牢笼，到基于现实生活的价值诉求，史铁生正一步一步地从地狱回到人间。

生产组里除了老头老太太，也有一些年轻人。其中，既有像V那样等着分配更好工作的人，也有和史铁生情况不同的残疾人。譬如比史铁生小几岁的D，两条腿就因为小儿麻痹症而长短不一，中学毕业后便到了这个生产组，但和史铁生一样，每次招工报名时都会因为残疾而落榜。好在D天生有副好嗓子，"嗓音虽然不亮，但音域宽，乐感好，唱什么是什么"。这时"文革"已行将结束，电影院里放映的外国片逐渐

① 史铁生:《老屋小记》,《记忆与印象》第193页,北京出版社,2004年。

② 史铁生:《庙的回忆》,《记忆与印象》第50页,北京出版社,2004年。

多了起来，里面的音乐和插曲都让D着迷。于是，演唱这些歌曲便成了D最大的爱好。更有意思的是，“D不光能唱，那些外国电影中的台词他差不多都能背诵。碰上哪天心里不痛快，早晨一来他就开戏，谁也不理，从台词到音乐一直到音响效果，全本儿的戏，不定哪一出”①。有了这么一个顽主耍宝逗乐，沉闷乏味的工作也平添了几分乐趣。其实仔细想想，D和史铁生一样不满于现状，在没有正式工作的前提下蛰居街道工厂，而且还看不到招工的希望，换谁都难得有什么好心情。与其这样，倒不如经常沉浸在自己的世界里悠然自得。从这一点上说，D其实就是一个试图将生活艺术化的有心人。且看他沉浸在电影桥段里时的那番忘情表演，不就是一种将现实审美化的艺术行为吗？虽然D的演出常常遭到L大妈这位组长的痛斥，但他活在自己精神世界里的生存方式，却和史铁生寄情于绘画和写作的生活并无二致。这说明将生活艺术化可不是知识分子的专利，任何一个普通人，只要在现实生活中活得压抑痛苦，都免不了要生出一种希冀精神救赎的本能冲动。说到底，此乃人的生存意志使然。就此而言，不论是D的歌唱，还是史铁生的写作，都能反映出在那个年代里，人如何凭借精神生活去实现自我救赎的现实状况。更为重要的是，当史铁生和D这样的年轻人朝夕相处时，他的内心也逐渐变得平和了起来。不说别的，单凭两人相似的生存境况，可不就能多少缓解和慰藉一下自己那颗孤独的心魂吗？

街道生产组人数不少，算得上是一个小社会了。虽然比起清平湾，这种蜗居老屋的生活显得庸碌琐碎，但至少是史铁生重返社会生活的一个开端。生产组里的同事们形色各异，既有D这样玩世不恭的年轻人，

---

① 史铁生:《老屋小记》,《记忆与印象》第191—192页,北京出版社,2004年。

也有L大妈这样认真负责，有时候甚至会拿着鸡毛当令箭的基层小头目，更有梦想不死的长跑家K和隐士一般高洁出尘的U师傅，等等。在生产组这个万花筒中，史铁生仅凭和这些同事之间的交往，便能看到那玄奥复杂的社会百态与世相人心。

譬如长跑家K，他曾在“文革”中因言获罪，“改造好”之后也不能得到一份正式工作，因此只能在街道生产组蹬三轮车。劳动所得与生活所需恰好持平，在他身上，劳动是为了吃饭，吃饭是为了劳动，如此循环往复，看上去真是了无生趣。可他还有长跑，“给梦想留下一点可能”。K希望能跑出点什么名堂，这样就能获得一份正式工作，或者被哪个专业田径队选中。作为K的好友，史铁生陪着他开始了无止境的奔跑。在车水马龙的街道，在万籁俱寂的夜晚，K推着史铁生的轮椅，沉默而坚定地跑着，“穿游在午夜的城市，穿游在这午夜的千万种梦境里……”[①]在这两个城市漫游者的心中，跑步虽然曾一度是有方向的，比如跑进专业田径队，跑出人生的未来，等等，但奔跑的过程，让他们逐渐遗忘了现实的喧嚣与生活的磨难，跑步最终成了一种遗忘痛苦的生活艺术。

比如那些午夜的穿游、梦境的逡巡，不就是人的生存意志在自由燃烧吗？对他们而言，跑步已不止于对理想的追求，更意味着对上帝意旨的一次验证。比如任凭K如何努力，他都只能年年在“春节环城赛”里捧个奖杯或拿个奖状回来，别说入选专业田径队了，就连得到一份正式工作的梦想也遥不可及：“多少年后我和K才懂了那未必不是上帝的好意

---

① 史铁生:《老屋小记》,《记忆与印象》第199页,北京出版社,2004年。

相告：梦想就是梦想，不是别的。”①可不是吗？ 若梦想可以实现，那它就担当不起梦想的乌托邦之名了。 上帝的睿智就在于，他永远不会用感官所及的神谕去警醒世人，而是以神圣之爱应允人的努力和尝试，K若不经过一番试练，他怎会得知自己存在的有限？ 又如何才能领悟“梦想如果终于还是梦想，那也是好的”②这番天启？ 总而言之，当K和史铁生以跑步追逐梦想的时候，既尽情释放了自己的生存意志，同时也深切体察到了人存在的有限。 而梦想之美妙，正在于它的不可实现。 因为唯有梦想不灭，心魂方能不死，生活的信念和激情才能伴你左右，如是，生命便有了意义。 从这个角度说，梦想若在，生命就在。

再比如U师傅。 这个满头乌发、身材颀长的老女人，声音如少女般细声细气，走起路来从来没有声音。 虽已年过五十，但容颜身段却依然显得年轻。 让人惊诧的是，虽然幽居老屋，整日里做着一些简单重复的体力劳动，但U师傅的性格气质、行为举止怎么看都不像是一名普通工人。 更令人惊奇的是，她居然毕业于一所名牌大学的西语系，对D胡诌的那些外语，竟能一一加以详细解释。 对史铁生来说，这样一位误入凡间的奇女子实在令人好奇。 他忍不住猜想，“在那五十几年的生命里面必定埋藏着一个非凡的梦想，在那优雅、平静的音容后面必定有一个牵魂动魄的故事……应该是一个爱情故事，一个悲剧。 应该是一份不能随风消散、不能任岁月冲淡的梦想，否则也就谈不上悲剧”③。 然而，发生在U师傅身上的到底是怎样的一个故事其实并不重要。 重要的是，无

① 史铁生:《老屋小记》,《记忆与印象》第200页,北京出版社,2004年。
② 史铁生:《老屋小记》,《记忆与印象》第200页,北京出版社,2004年。
③ 史铁生:《老屋小记》,《记忆与印象》第202页,北京出版社,2004年。

论她身居何处，是攀上人生的顶峰，还是堕入生命的低谷，U师傅都能谨守自己的原则，绝不随波逐流。她就像是喧嚣俗世中的潺潺清泉，虽漫漶于滚滚红尘却又不肯同流合污，坚守自足、温润强劲，完全是老屋中生命的另一种存在形式。从某种意义上说，U师傅之于史铁生，即意味着人生的格调、品位、操守和气节，这对于尚处在谋求温饱阶段的史铁生而言，绝对算得上是一位充满了启迪意义的人生智者。

当然还有B大爷。这位曾经经历过战火洗礼的退伍军人，可不像U师傅那样有什么“小资产阶级情调”，他处事老到、行为干练，上能“审潮流之时、度朝政之势”，下能“察领导之言、观同僚之色”①，左右逢源、八面玲珑，看上去像是一个精明过度乃至会锱铢必较的小心人。但B大爷这番圆滑世故的表象，却掩盖不了他急公好义、古道热肠的本色人格——他对史铁生和三子的关照，恰恰就体现了这一性格特征。其实，倘若了解了B大爷当年四处征战，和死亡如影随形的军旅生涯，就不难理解他性格中的这种矛盾现象了。正是因为他见惯了苦难和死亡，所以才会活得如此洒脱不羁，他迎合别人也好，仗义助人也罢，都不过是参透人生奥秘之后的一种自然选择。譬如道德问题，B大爷的圆滑世故时不时会危及做人的某些道德原则，但察言观色、逢迎讨好只不过是一种生存技艺，他丝毫不会因这种所谓的道德律令而违背自己对生活的看法。一面吹嘘自己的辉煌过去，一面安然应对眼前的现实生活，B大爷这种率性而为、认真生活的行为方式与人生态度，都无疑从一个更为实际的层面，向史铁生昭彰了人如何从现实中去活出自我价值的生命过程。

---

① 史铁生:《老屋小记》,《记忆与印象》第203页,北京出版社,2004年。

相比之下，如果说史铁生之前的插队生涯还充满了一种浪漫主义的激情的话，那么在街道生产组的这些日子，他就可算是完全地处在一个现实主义的生活阶段了。史铁生为了谋生而劳作，不仅和清平湾时期欲与贫下中农相结合的革命理想相去甚远，而且那份不安于现状，努力谋求一份正式工作的操劳，也让史铁生在这段岁月里生活得异常艰辛。雪上加霜的是，当史铁生逐步接受残疾的事实，打算努力活下去的时候，上帝却又在他的生命旅程里设下了新的考验，这就是奶奶和母亲的相继离世。

（三）

1975 年，史铁生二十四岁。这一年，抚养史铁生长大的奶奶离他而去了。据史铁生的妹妹史岚回忆，那时母亲为了照顾史铁生，特意请了长假从云南回到北京，但假期不能一拖再拖，只好又回到了云南。而父亲则在林业学院的留守处上班。有一天，奶奶正和史岚在院子里择菜，忽然说感到头晕，“紧接着，胖胖的身体往下倒去”。可怜才上五年级的史岚刚想拉住她，奶奶就已经倒在了地上不省人事。父亲和邻居们七手八脚地把她弄到史铁生的轮椅上推去医院，可是医生也回天乏术，奶奶已经溘然长逝了。好在“她走得很安详，不拖拉，没受罪，就像她一直希望的”[①]。

很难猜想奶奶病逝之后史铁生的内心感受，虽然在《奶奶的星星》

---

① 史岚:《我和哥哥》,《生命——民间记忆史铁生》第 169 页,中国对外翻译出版有限公司,2012 年。

等作品中，史铁生都曾记叙过自己对于奶奶的思念之情，但失去自幼就十分亲近的奶奶，史铁生必定会在痛苦和悲伤之外，又感受到了一份彻骨的孤独。当自己已经双腿瘫痪，不能再像往常那样陪伴着奶奶嬉笑欢闹时，史铁生常常会有后悔无助的感觉——既为自己生病后的乱发脾气感到懊悔，也为自己未能尽孝而深觉沮丧。这是一种直至失去亲人之后才会有的生活感悟。史铁生后来之所以能接受自己残疾的事实，固然系其生命之思的结果，但伦理感觉所带来的道德自律，恐怕也是他重振生之希望的原因所在——先不说那些高深莫测的生命哲理，为了家人而好好活着，不也是生命本身的一种伦理要求吗？但现实总是比设想的复杂，虽然史铁生已经努力控制着自己的脾气，但疾病的折磨，双腿的瘫痪，又怎能保证他时时刻刻都像个没事人儿似的平和快乐？每次乱发脾气，给家人造成了困扰之后，史铁生自己也会感到后悔。而陷入这样一种道德与现实之间的两难处境，实在是让史铁生有些苦不堪言。更糟的是，如果说奶奶离世是因为年事已高，家人至少还能在心理上接受的话，那么时隔两年之后母亲的病逝，就彻底摧毁了这个不幸的家庭。

奶奶去世之后，母亲立刻请了事假，从遥远的云南回到北京，尽心尽力地照顾着这个渐趋破碎的家庭。此时史铁生的病情已逐步稳定，但看样子终身瘫痪是不可避免的了。由于母亲系请假回京，因此云南的单位不时地要催她回去。母亲一再申请从丽江调回北京（林学院在京有留守处），都得不到军代表的同意，而且还因她回京停发了工资——经济的困顿让这个苦难的家庭更是雪上加霜。母亲也曾动过回云南上班的念头，但家里又怎能离得了她？一方面要操心工作的问题，另一方面又得强颜欢笑，努力维系家庭的正常运转。种种压力之下，母亲的身体和精神都受到了极大的折磨。

1977 年春天的一个下午，母亲突然吐血，父亲和邻居把她弄到史铁生的轮椅上送去医院，经诊断，母亲的病系肝硬化所引起的大出血。待住进了重症病房之后，母亲仍念念不忘爱子的生活，她只能叮嘱年幼的史岚照顾好哥哥。这是一种怎样的心酸？刚上初中的史岚本就需要人照顾，但母亲实在别无他法，只能将这样重大的责任托付给一个孩子。在母亲住院期间，还不到十四岁的史岚，亲见了母亲艰难的呼吸、痛苦的呻吟，以及因无法忍受疼痛而发出的大声叫喊。实在怕得无法抵挡了，史岚就会躲进隔壁的卫生间，打开水龙头，“让流水的声音来压过妈妈痛苦的叫声”①。一周之后，母亲撒手人寰。

在母亲病危的日子里，史铁生摇着轮椅，奔波于药店和熟人家里，只为能找到灵药给母亲治病。待母亲去世时，妹妹史岚正上初中，父亲勉强支撑着家。这时的史铁生，不能接受母亲离去的事实，他常常坐在轮椅上恓惶茫然，不知这个家的未来在哪里。父亲独自为母亲下了葬，家人已是欲哭无泪，生活的重担压得父亲、铁生和史岚喘不过气来。每日里三人各自忙碌，父亲下班之后回到家，仍要继续操持家务，史铁生则一如既往地去街道工厂干活，而史岚也继续着上中学的生活。好在中学离家很近，史岚中午放学的时候回家，邻居朱大姐一家已经帮助史铁生进门了，史岚要么热一热父亲早晨做好的饭，要么就和哥哥一起鼓捣点吃的，然后再去学校。

在平静的表象下，是谁也不敢触动的伤疤，每个人的心里，都忍受

---

① 史岚：《我和哥哥》，《生命——民间记忆史铁生》第 171 页，中国对外翻译出版有限公司，2012 年。

着思念的痛苦，那股巨大的力量，“把我们的心撕扯得支离破碎”①。十年之后，当他们三个同时说起了要去看看母亲时，坟已经没有了，或者从来就没有过。在母亲辞世的那个年代里，城市的普通百姓死后大多是火化了深葬，别说立碑纪念，就连小小的坟头也在时间的洗刷下荡然无存。“十年生死两茫茫，不思量，自难忘。千里孤坟，无处话凄凉。”可以想见，当史铁生孤苦无告，甚至是无处寄托自己对于母亲的思念之时，内心该是何等的伤痛悲凉？

对史铁生来说，母亲的离世更像是一个时代的结束。在此之前，虽然家庭早已苦难深重，但双亲既在，那么他偶尔也会有资格任性一番，发发脾气、砸砸东西，甚至是一不高兴就躲进地坛，换来的常常都是父母无言的忍受。可现在呢？母亲已经不在，史铁生那番隐藏于任性之后的痛苦又与谁说？父亲沉默寡言，一人独自操持家务，本就艰辛劳苦，难道还要在他身上发泄怒火？妹妹史岚自母亲离去后，幼小的心灵早已无法承受，莫非还真要如母亲所说，反倒要她来照顾自己？痛定思痛之后，史铁生唯有长歌当哭，以写作的方式，将生活里那些无尽的苦难尽数化于笔端。正是凭借着写作，史铁生重新开始了他和残酷命运之间的不懈抗争。

① 史岚:《我和哥哥》,《生命——民间记忆史铁生》第 171 页,中国对外翻译出版有限公司,2012 年。

三、写作的开端

（一）

时至今日，当人们提到史铁生的时候，仍然会首先想到他的作家身份。至于残疾人、有神论者，抑或是思想家等称号，虽也是史铁生重要的身份标识，但其社会认知度显然远不如作家那样来得广泛。然而，史铁生却并不愿意承认自己的精神劳作是文学，也拒绝把自己当成作家或文学家。他说："你们就把我当成一个写作者，不见得是作家，我写的跟文学可能也有很大差距。文学几千年有很多讲究，我写东西很没有讲究。——我是完全按照心里想的写。"①那么，对他而言，什么是写作呢？"你写在纸上，去发表了，叫写作；实际上你没有写在纸上，你只要对生活或者说生命有审视，这种审视，这种思考，我觉得都叫写作行为。"②

按照这一说法，那么史铁生写作的开端就肇始于瘫痪之后。当时的他深陷绝望之境，成天摇着轮椅出入于地坛内外，那些关于生命的疑问在头脑中汹涌澎湃，急欲破茧而出，于是写作就应运而生。就此而言，史铁生写作的缘起，并非只为了改变自己的生活，而是"我手写我心"

① 史铁生：《我们活着的可能性有多少》第27页，凤凰出版社，2011年。
② 史铁生：《我们活着的可能性有多少》第34页，凤凰出版社，2011年。

的自然之举。通过写作，史铁生方能一抒胸臆，将那些关于生命奥秘的奇思妙想形诸文字，从而在慰藉自己孤单灵魂的同时，去叩问生之由来与死之所往。这当然是一种以生命哲学为底色的文学创作，他写下的所有文字，都可被看成是自己思考人生的产物。史铁生后来说：“写作由之出发的地方即生命固有的疑难，写作之终于的寻求，即灵魂最初的眺望。”①写作之于史铁生，已经成了他在艰难人生中死中求活，去蹚出一条生路来的生存方式。以此衡量，史铁生之所以决定以写作为志业，实乃其命运使然。因为有无数解不开的生命疑难存留于心，而且又不能如健全人那样以事功之心去弥补生命的残缺，于是史铁生就只能凭借着写作去倾诉思想。只不过未曾料到的是，那些原本只是纠结于个人存在问题的写作行为，竟会因写作者的思想无界和行魂无疆，最终步入了一个心游万仞、精骛八极的辽阔之境。不过，待世人折服于史铁生作品的深邃思想和唯美意境时，却殊难体察其写作之路的艰辛与无奈。

初涉写作时，由于要全面呈现内心的所思所想，故而史铁生从一开始便不愿意拘泥于所谓的文学传统。因为他的思想本就如汩汩清泉般不择地而出，倘若预定了题材、主题、人物形象和艺术手法等条条框框，那岂不就等于是为心魂戴上了镣铐，为想象设下了牢笼？正是因为要回答生命的疑问，史铁生才会在写作初始，就抛开了许多既定的文学束缚，这可能也是史铁生不愿称自己为文学家的一个重要原因吧。有学者在论及史铁生的创作情况时，曾以1985年为界，将其创作历程分为前后两个阶段。在此之前，史铁生主要书写，“社会现象、社会心理、残疾人的生活和自己的亲情，其中也有对人生、爱情等人本问题的思考；之

① 史铁生:《我们活着的可能性有多少》第229页，文汇出版社，2006年。

后，他的所有兴趣都致力于人本问题的思考”①。

从表面上看，这一创作周期的划分颇有几分道理，但若深入体察其人其作，就不难发现史铁生所有的创作，其实都是他生命随想的忠实记录。哪怕当史铁生身不由己地被裹挟进了80年代的文学主潮之后，他仍在知青文学的题材中探讨着生命的意义与价值等问题。因此可以说即便是在1985年之前，史铁生那些看似描写社会现象的作品，由于系本乎真心而作，再加上他的内心深处又始终存留着诸多待解的生命疑问，故而这一时期的创作就涉及了与存在相关的一系列形而上命题。比如他对信仰的审视、对神存在的证明、对人自我救赎的关注，以及对存在困境的书写等话题，可以说从一开始就注入了他的创作之中。因此，若以习见的文学潮流视之，史铁生的创作或有强弱程度不等的时代特征，但若以他个人的精神历程而论，却可以说史铁生所有的创作都一以贯之，实乃其自护心魂、陪伴生命的救赎之作。从这个角度看，如果非要以文学流派划分的话，那么史铁生的创作可被视为是一种心灵的现实主义。

不过，写作之路对于任何人来说都难言坦途，尤其是在70年代后期，中国社会正处于历史大变革的前夜，中国文坛亦在破旧革新中百废待兴。作为一位卑微的街道工人和残疾人士，史铁生怎能仅凭几篇作品就引起正统文坛的格外注目？说到底，若无伯乐，即便是史铁生早就具备了优秀的文学天赋和敏锐的社会洞察力，他也恐难在新时期初的中国文坛上崭露头角。所幸千里马既在，便不愁伯乐之常有。从这一点来说，史铁生又是幸运的，他在写作生涯的初期，就遇到了一些愿意鼎力

---

① 胡山林：《极地之思——史铁生作品解读》第2页，中国对外翻译出版有限公司，2014年。

相助的朋友。在这当中，被史铁生称为自己“写作的领路人”的柳青颇可一记。

（二）

柳青是长春电影制片厂的导演，原本与史铁生并无交集。但两人有一位共同的朋友刘瑞虎，他既是史铁生清华附中的同学和同在延安插队的朋友，也是柳青的发小。因此在见到史铁生之前，柳青便已从刘瑞虎那里听说了史铁生的很多故事。这时的史铁生只有二十四岁，尚未走出因残疾所带来的深切痛苦。他的无数朋友常来探望，目的只是想鼓起史铁生的生活勇气。但初次相遇，柳青便和史铁生聊得甚是投缘。铁生的母亲也拉着柳青的手，嘱咐她多多鼓励自己的儿子。史母自然是爱子心切的叮咛，孰料在柳青听来，却无形中多了一份责任。尤其是在史铁生母亲去世之后，柳青更是有种责无旁贷的使命感，或许是因为和史铁生之间深厚的友情使然，抑或是因为冥冥中史铁生母亲的爱子之情打动了柳青，她从此便想尽办法地去帮助史铁生——比如怂恿史铁生把知青的生活写成电影文学剧本，等等。

受此鼓励，史铁生从此迷上了电影剧本的创作。他用了差不多一年左右的时间，终于写了三万多字，虽未获柳青首肯，但她却对史铁生说：“不过我看你行，依我的经验看你肯定可以干写作这一行。”于是，史铁生便越写越有自信，从此“一心一意地只想写作了”[①]。他后来在小说、散文、诗歌等体裁之外也曾涉猎剧本创作，不能不说是和柳青的

① 史铁生:《记忆与印象》第109页，北京出版社，2004年。

这番鼓励有着很大关系。

如果考虑到写作之于史铁生的重要意义的话，那么就可以毫不夸张地说，柳青的出现，在很大程度上改变了史铁生的人生。或许柳青仅仅是出于文学层面的考虑，方才认定史铁生可以干写作这一行，但对史铁生而言，由于写作是他叩询生命疑问，为现实生活寻找存在理由的唯一方式，因此可以说当他决定投身写作事业时，那颗栖居于史铁生处的永恒行魂，才从此看到了新生的希望。

1978 年，柳青从长影回京，参加北京电影学院编剧进修班的学习。史铁生就在这时交给了柳青一部小说手稿。据柳青回忆，小说手稿誊写在一个横格笔记本上，字迹清楚、整整齐齐。这部作品，便是史铁生早年的知名代表作《法学教授及其夫人》了。小说立意深刻，哲理动人，在一片悲歌怅惘的伤痕潮流中别具一格。虽然题材仍是当时中国文学所习见的社会反思与历史批判等话题，但史铁生对于人物心理的细腻把握和对其生存困境的形象书写，却使作品超越了一般意义上的伤痕小说。

作品立刻就抓住了柳青的心。虽然她早就知道史铁生有着非凡的写作天赋，但仍然没有想到他的创作水准竟如此之高，字里行间俨然有着俄国大作家果戈理的影子。兴奋之余，柳青建议史铁生一字不改，直接投往杂志社。为了促成作品的发表，柳青找了所有她认为能帮忙推荐稿子的人。等了差不多两个月以后，这部作品终于在《当代》1979 年第 2 期得以刊出。此事对于史铁生来说意义非凡，因为这不仅标志着史铁生的创作道路渐渐打开了局面，而且也让柳青终于不负史母之嘱托，多多少少算是有了一个交代。

此外，既然说起了柳青，就有必要提到她的母亲了。令人印象深刻的是，在史铁生的人际交往中，几乎每一位朋友的父母都待他很好。孙立哲的父母自不必说，柳青的母亲也是如此。个中原因当然与这些长辈的同情心理有关，试想任谁看到了史铁生的情形，不会在暗地里掬一把同情泪？但史铁生杰出的天赋与才华，却同样也会让这些长辈生出怜才惜才之感。史铁生一直称呼柳青的母亲为孙姨。直到有一天，他才偶然得知，这位平凡的老太太竟然是中国现代文学史上的著名作家梅娘。

梅娘1920年生于海参崴，本名孙嘉瑞，因早年丧母，故笔名取了“没娘”之谐音。她的作品以婚姻恋爱为题材，凸显追求独立、自由的女性形象，在20世纪三四十年代声名赫赫。其作思想深邃、笔触细腻，能从男女的爱欲纠葛中，折射出当时社会普遍存在的一些伦理问题。在1942年由几家书店联合发起的“读者最喜爱的女作家”评选活动中，梅娘与张爱玲双双夺魁，从此有“南玲北梅”之誉。

如果仅从文学传承的角度来看，梅娘之于史铁生，当然并无切实的文学影响。因为当史铁生开始写作之时，并不知道这位孙姨的真实身份，兼之众所周知的历史原因，梅娘那些书写男女情事、叩问伦理问题的作品也不可能在新中国发行流布，因此史铁生从梅娘那里感受更多的，恐怕还是一种内化于心的精神气质。譬如当他们初次相见时，梅娘“五十多接近六十岁，头发黑而且茂密，只是脸上的皱纹又多又深，刀刻的一样”。她问史铁生的病情，知道史铁生在学写小说，“但并不给我很多具体的指点，只对我说：‘写作这东西是最不能急的，有时候要等待。’”

史铁生回忆说：“倘是现在，我一定就能听出她是个真正的内行了；二十多年过去，现在要是让我给初学写作的人一点忠告，我想也是这句话。她并不多说的原因，还有，就是仍不想让人知道那个云遮雾罩的梅娘吧。”[①]梅娘给予史铁生的指点，并非技艺层面的写作知识，而是对写作本质的某种道破。她所说的等待，固然有写作者在创作过程中等待灵感的意味，但对史铁生来说，由于写作本就是其内心思想的自然反映，因此心中若无所想，笔下何至千言？从这个角度看，梅娘所说的等待，就不仅仅是写作者对灵感的祈盼，更是生命个体如何将经历与体验积淀为思想形式的升华过程。史铁生之所以称梅娘为行家，除却他对前辈作家的深深敬意以外，恐怕也是因为从梅娘的只言片语中，悟到了写作与生命之间的某种同构关系。史铁生后来的创作精益求精，篇篇皆属心灵之作，多少都与他和梅娘的这种共同认知有关——毕竟在真正的写作者之间，由于“我手写我心”的缘故，那些似曾相识的存在困境，总会激发起写作者心有灵犀般的创作体验。就像梅娘一样，曾几何时也有过意气风发的人生辉煌，孰料却在一夕之间被打成右派，创作生涯也随之终止。但她自始至终都能随遇而安，在漫长的等待中从未放弃文学的梦想。直至后来作品得以重版，梅娘再请史铁生批评指正之时，史铁生内心的惶恐与敬意，可不就是体现了两个灵魂写作者之间才有的思想共鸣吗？从这一点来看，史铁生虽因身体缘故，未能如其他作家那般四处云游，但相似的写作理念和精神历程，却让他神交了无数文坛好友。譬如他与韩少功、王安忆、陈村等名作家之间的深厚友情，就莫不奠基于他们对文学和思想的共同经验之上。

---

① 史铁生:《记忆与印象》第107页,北京出版社,2004年。

（三）

史铁生开始写作之时，“文革”尚未结束。对历史氛围的体验和对时代即将发生巨变的感知，皆让敏感的史铁生心潮起伏。尤其是当他在地坛静静思考的时候，总会有一些朋友和他就政治时局展开讨论，比如徐晓就向史铁生传播了不少“小道消息”“讲了许多在那个年代来说要杀头、坐牢的话”[①]。对于朋友的言论，史铁生既倾听也参与交谈，他对现实的认识、对未来的祈盼，都化在了与友人那些心照不宣的默契之中了。如果只是读史铁生的作品，其实很难感受到他慷慨激昂、愤世嫉俗的一面的，但这并不代表史铁生就不是一位热血青年，在他温和敦厚的性格气质与沉思默想的生命哲学中，实际上始终都潜藏着启蒙知识分子所特有的历史批判和社会改造意识。有鉴于此，如若不了解史铁生在“文革”时期的一些特殊经历，恐怕很难体察到史铁生那份萦绕于心的家国情怀。因为他和每一个大时代的知识分子一样，都在内心深处极度渴望着中华民族的新生。

1974年的夏天，距离史铁生的双腿瘫痪已近两年，朋友们依然常来看望他，史铁生就是在和朋友的闲谈中，一点一滴地了解着外面世界的消息。朋友们带来的书，各种社会新闻，以及介绍来的新的朋友，都让史铁生暂时排遣了内心的苦闷。他们“在一起什么都谈，尽管对时势的判断不完全相同，对各种主义和思想的看法也不再能彻底一致”[②]。但

---

① 徐晓：《我的朋友史铁生》，《生命——民间记忆史铁生》第117页，中国对外翻译出版有限公司，2012年。

② 史铁生：《文革记愧》，《东方纪事》，1989年第1期。

至少有交流和讨论，这些活动让年仅二十三岁的史铁生明白了一个道理，即“对任何错误乃至反动的东西，先要敢于正视，回避它掩盖它是无能和理亏的表现”①。虽然此时的史铁生，还谈不上对时局有什么特别的看法，但敢于全面地去正视事物，自会将其思想认识提升到一个新的高度。要知道正是因为有了这样的一种认识，史铁生才不会在接触到新生事物时，简单盲目地完全从政治角度去看待问题了。

比如朋友 A 带来了朋友 B，不久，B 又带来了三篇手抄本小说给史铁生看，其中有一篇题目叫作《普通的人》。由于“文革”时期只有少量政治正确的书籍才会被允许出版，因此有一批在思想内容上属于异端性质的文学作品，就只能以手抄本的形式传播了。手抄本流传最广的时候正是 1974 年和 1975 年间。虽然手抄本小说大多以侦破和反特故事为主，但其中对人物情感的描绘，对自我存在状况的审视，以及对善与恶等人性问题的书写，等等，却让很多手抄本对后世文学产生了重要影响。毫不夸张地说，一些优秀的手抄本小说，比如张扬的《第二次握手》等作品，直接启蒙了无数青年的懵懂人生。史铁生自然也受到了手抄本小说的影响。当他在阅读朋友 B 所带来的作品时，内心深感震撼：“我看了很受震动，许久无言，然后真心相信它的艺术水平很高和它的思想太反动。这样的评判艺术作品的方法，那时很流行，现在少些了。B 不同意我的看法，但我能找到的理论根据比他的多，也比他的现成而且有威力。‘中间人物论’呀，‘写阴暗面’呀，‘鼻涕和大粪什么时候都有’呀，‘阶级立场’和‘时代潮流’呀，等等，足令 B 无言以对或有话

① 史铁生:《文革记愧》,《东方纪事》,1989 年第 1 期。

也不再说了。”[①]今天看来，史铁生当时为了辩论所拿出的这些理论武器，显然具有明显的时代特征，而他为了说服 B（实际上也是为了说服自己），努力试着通过理论分析去摆脱这些手抄本小说的影响。因为在他的内心深处，自然是十分欣赏这些小说的，但那个时代所特有的政治觉悟，又令他不得不从价值层面上去否定这些思想反动但艺术优秀的作品。史铁生这般自我安慰、自我说服的心理活动，不正是表明了他的艺术直觉，其实早已挣脱了政治思想的束缚了吗？

果不其然，当为人宽厚的 B 询问史铁生可否把这些小说给他复写几份时，史铁生也毫不迟疑地答应了。他用了几个上午来抄写小说，可越抄越是心惊，因为在抄写的过程中，史铁生竟赫然发现自己似乎也参与进了小说的创作之中。虽然作品有很多地方都让史铁生感到不妥，但对人性问题的描写却又的确让史铁生有共鸣。抄到忘情的时候，史铁生也开始疑惑于自己究竟是在抄小说还是在写小说。其实这一点不难理解，试想刚刚开始写作的史铁生，整日里读着那些政治正确却又空洞无言的作品，想必心里十分烦腻。待到抄写这些手抄本小说时，焉能没有他乡遇故知般的心理认同？只是作品的思想内容实在是有悖于时代潮流，因此出于一种警惕意识，史铁生终于没有抄写完毕。

但即便如此，史铁生和几个朋友也惹上了大事。首先是史铁生将自己抄写的部分交给了 B，B 又将手抄本放在了 A 那里，C 从 A 处拿去后阅读，却不幸被同学举报，于是 C 便进了公安局接受调查。一想到本子上全是自己的笔迹，史铁生很是焦急害怕，只能找 A 和 B 一道想办法。

---

① 史铁生:《文革记愧》,《东方纪事》,1989 年第 1 期。

事情后来如何发展已无从可考，因为年代久远，史铁生只想到了两种可能的结局：“正当我昼夜难安百思不得良策之际，B 来了，B 对我说：‘要是追查到你你就如实说吧。就说原稿是我给你的。’我听了虽未明确表示赞同，却一句反对的话也没说，焦虑虽还笼罩，但心的隐秘处却着实有了一阵轻松。许久，我只说：‘那你怎么办？’B 说：‘这事就由我一人承担吧。’说罢他匆匆离去，我心中的愧便于那时萌生，虽料沉重只是要匀到一生中去背负，也仍怔怔地不敢有别种选择，也仍如获救了一般。其次也可能是这样：B 来了，对我说：‘要是警察来找你你就如实说吧，就说原稿是我给你的。C 已经全说了。’我听了心里一阵轻松。C 确实是在被隔离的第三天熬不住逼问，全说了。但这是 B 告诉我的呢？还是之后我才听别人说的呢？我希望是前者，但这希望更可以证明是后者吧，因为记忆的筛眼里不仅容易走漏更为难堪的事，还容易走进保护自己少受谴责的事。我就没有谴责过 C，我没有特别注意去不谴责 C，想必是潜意识对自己说了实话：实际我与 C 没什么两样。总之，不管哪个记忆准确，我听了 B 的话后心里的那一阵轻松可以说明一切。这是着重要记录下来的。”①

无论是哪种情况，史铁生都算不上是背叛了朋友。但若本于良知而论的话，史铁生的内心深处，又何尝未曾有过主动招供以求全身而退的念头？他也因此体验到了叛徒的感受：“夜里躺在床上不能睡，光抽烟，体会着某些叛徒的苦衷。有些叛徒是贪图荣华富贵，有些叛徒则是被‘株连九族’逼迫而成，现在平心去论，一样是叛徒但似不可同日而

---

① 史铁生：《文革记愧》，《东方纪事》，1989 年第 1 期。

语。”[①]在这当中，固然有史铁生几分为自己辩护的说辞，但将自己定义为叛徒，确能见出史铁生的忏悔之情。从这一点来说，他虽未在行动上背叛朋友，但对自己内心想法的拷问，却也反映出了史铁生勇于自剖的思想风格。

更为重要的是，史铁生的这篇《文革记愧》，还暗含着一个爱与正义辩难的伦理问题。毫无疑问，史铁生首先是一个真正意义上的道德主义者。他为自己并不曾犯下的过错忏悔，说明他始终对高悬在头顶之上的道德律令敬若神明。但极端的道德主义，却又时常会无视道德主体那些具体的伦理处境，就像叛徒究竟是为了贪图荣华富贵，还是为了保全自己才干出叛变的行径一样，本身便有着巨大的价值差异。而一些具有道德自虐倾向的道德主义者，却完全无视这种价值差异，往往只凭人的行为选择便去判定其道德水准。相形之下，史铁生显然意识到了这一点，他也因此才会说出“一样是叛徒但似不可同日而语”的话。就此而言，史铁生又是一位人本主义的道德主义者，他不以先验的道德律令去规划人的伦理处境，而是设身处地，在人具体的存在状况中予以了相对主义的道德考量。

如果说信奉道德理想是出于对道德正义的追求的话，那么以人不同的伦理处境为依据去施行价值判断的道德主义，则充满了史铁生以人为本的大爱之心。按照这一思想，当判断一个深陷于伦理困境的人在行为上是否有道德时，就理应秉承爱先于正义的道德原则，而非人云亦云，在遵循那个时代的唯正义论思想中去遗忘个人。就此而言，史铁生在爱

① 史铁生:《文革记愧》,《东方纪事》,1989 年第 1 期。

与正义层面所展开的对于叛徒问题的思考，无疑具有了反对“文革”极端思想的启蒙价值。

（四）

作为一位人本主义的道德主义者，史铁生同样是一位知行合一的道德实践者。这一点尤其体现在他对好友孙立哲的营救行动中。

“四人帮”倒台以后，对于大多数蒙冤受难的中国人来说，总算是守得云开见月明了。但孙立哲却在普天同庆的历史时刻突遭厄运。原因说起来十分可笑，身为赤脚医生的孙立哲，在延安插队期间敢想敢做，凭借着精湛的医术救死扶伤，很快便赢得了神医之名，也被政府树立为劳动标兵。1971年还曾作为知青的赤脚医生代表回京汇报，他的讲话不仅轰动了北京，也惊动了中央领导。1975年中央的30号文件，便肯定了邢燕子、侯隽、朱克家和孙立哲等人的成绩与贡献。但造化弄人，此一时彼一时也，“文革”结束以后，当地政府却凭着这一点，将孙立哲打倒成了“四人帮”的“爪牙”。由于之前在治病救人时过于劳累，孙立哲曾因急性黄疸型肝炎转化为肝昏迷，继而发展成亚急性肝坏死，不得不回京看病，但不久就被延安县里的人揪回去批斗，身体也因此极度虚弱。遭此磨难之后，孙立哲被“关在冰冷的房子里，没有药物，也没有饭吃，逼着要他‘交代问题’。如果此情继续下去，怕是要把命丢在那儿了”①。

---

① 柳青:《心中藏之　何日忘之》,《生命——民间记忆史铁生》第139页,中国对外翻译出版有限公司,2012年。

欲加之罪，何患无辞？在得知孙立哲含冤的消息后，史铁生和他的朋友们立刻行动了起来，试图营救孙立哲。此时的史铁生，虽然已无法行走，但并不妨碍他发挥自己巨大的号召力。他一方面写信为孙立哲陈情鸣冤，一方面倡议朋友们共商大计。那时通信不便，朋友们就纷纷跑到史铁生家里出谋划策，一时间竟征集到了两百多位延安老乡的签名。最后史铁生与柳青，画家靳之林，知青杨志群、王立德、邵明路、刘亚岸等人上书胡耀邦，柳青“托了一位中央党校理论研究室的朋友、胡耀邦总书记搞‘拨乱反正’时理论班子的笔杆子帮忙”[①]。他为知青的事迹所感动，附上自己的报告，连同书信一起，交给了胡耀邦和陕西省省长王任重。“据说是胡耀邦批了这封信，孙立哲才得以释放”[②]。出狱以后，孙立哲就搬到了史铁生家里。他住在铁生家养病一年多，两人朝夕相处，相依为命，直到孙立哲1979年考上了首都医科大学的外科研究生。

这时的史铁生，为了残疾知青的政策问题，已在民政局、知青办和房管局之间奔波申诉了两年之久，最终获得了国家规定的残疾知青的生活补贴，家也从前永康胡同搬到了雍和宫大街26号的一个平房小院里。然而，生活并未因史铁生的搬家而有丝毫好转。因为给史铁生治病，家里已经欠下了两千多元的外债，这在70年代饥荒遍地的中国，可实在是一个难以承受的天文数字！当孙立哲在1977年搬进史铁生的家里暂住时，史母刚刚去世，他亲见了这个苦难的家庭是如何在困顿中度日如年

① 柳青:《心中藏之　何日忘之》,《生命——民间记忆史铁生》第140页,中国对外翻译出版有限公司,2012年。

② 柳青:《心中藏之　何日忘之》,《生命——民间记忆史铁生》第140页,中国对外翻译出版有限公司,2012年。

的，而孙立哲自己身体不好，也没有工作，处境自是和史铁生一般。好在朋友相处，解忧之道总是不难寻找，比如吃美食和闲聊，就成了两人的消遣方式。孙立哲很有本事，经常不知从哪儿就弄来一条鱼，过几天后又弄来一只鸭，然后史铁生展开想象，孙立哲和史岚就凭着他的想象动手做菜，每次不管味道如何，大伙儿都吃得香极了。有时遇上心情不好，就一起倒在床上长吁短叹。尽管如此，这两兄弟都没有放弃自己的梦想。史铁生一直坚持着写作，孙立哲也一边在火炉上熬着药，一边趴在床上看厚厚的医学书，专心准备着他的研究生考试。不过更多的时候，他们都凑在一起瞎聊。话题天南海北，无所不包，其中既有人生和爱情，也有生存与死亡，当然也离不开对残酷“文革”历史的审视等等。

如今回过头来看，史铁生在和孙立哲以及其他友人的无数次交谈中可谓是获益良多。因为这些对话不仅缓解了他人生的苦难，而且对其创作道路也大有裨益。由于双腿瘫痪的缘故，史铁生可不会像其他作家那样，时不时地跑到农村或工厂里去体验生活。偏偏 70 年代的中国文学，由于受到了现实主义文学观念的影响，因而对于作家的人生经历也有着一种近乎偏执的苛刻要求，比如不在农村里扎根生活，似乎就写不出农村题材的作品似的。处在这样的一种文学环境内，擅长以思想取胜的史铁生来说显然显得有些不合时宜。虽然史铁生也凭借着上山下乡和街道工厂的工作，积累了不少的生活经验，但以当时狭隘的文学观念衡量，史铁生所拥有的创作资源似乎仍然显得不够丰厚。好在他还拥有无数人生阅历丰富的朋友，就像孙立哲这般经历了大风大浪的人物，本身便是一部传奇。和这样的朋友促膝谈心，史铁生自会收获很多他无法经历的故事。就这一点来说，史铁生与朋友之间的对话，实际上成了他进行文学创作的一个灵感来源。

值得注意的是，史铁生与友人之间的对话，并非兴之所至的随意闲聊，他们共同关心的话题，基本上涵盖了那一代青年人共有的生命疑惑。实际上，对话本就是探究真理和知识的一种有效方式，人类历史上的无数先哲，如孔子和苏格拉底等人，都曾采用对话的形式来传播其思想理论。虽然史铁生和孙立哲等朋友并非圣贤，但对类似的生活经历的探讨，却也能引申出不同的人生思考，待到未来予以践行时，便会造就出丰富多样的人生道路来。比如孙立哲，他后来去国离乡数十年，在达到人生的巅峰时又毅然回国创业，那份永不停歇的奋斗与抗争精神，显然和他早年蒙受的苦难有关。以孙立哲愈挫愈勇的性格来说，曾经的苦难反倒成了他的人生动力。他在精神层面的飞扬豁达、强劲有力，自然和史铁生静观内省、肃穆沉思，甚至是具有宿命论色彩的思想意识形成了鲜明对比。两人早年近乎相似的人生经历，最终却形成了不尽相同的人生轨迹。在这当中，两人各自的人生体验必然在发挥着持久的影响力。是张扬进取还是守成持重，是力争上游还是抱残守缺？如果抛开世俗的价值偏见，史铁生与孙立哲恰好代表了那一代知青的两种人生。对于他们来说，苦难未必全都是不幸，有时反而会成为人生的宝贵财富。

如果基于这一认识再来看待两人之间的对话的话，那么就能理解那些看似散乱的人生话题，委实有益于史铁生扩充自己的思想视野。虽然在后来的思想发展中，史铁生已越来越脱离了世俗社会的价值体系，而且对于彼岸世界终极价值的寻求，也令其现实人生日益转向了自己的内心，但他在传递那些深邃博大的思想意识时，却仍能站在世俗世界的价值立场上去看待芸芸众生，由此所持有的一种基于理解的同情，则不能不说与他和友人之间那些广泛而持久的交流对话有关。 也正是从这个角度来说，一辈子都将友情放在了重要位置的史铁生，既将温暖交给了朋友，也从他们那里收获了思想的力量。

第四章

一、初入文坛

（一）

1979 年，是史铁生写作事业的真正开端。在一年的时间里，史铁生连续发表了《爱情的命运》《法学教授及其夫人》和《兄弟》等三部作品。这对于初登文坛的一位新秀来说，成绩可谓不俗。以文学史视野观之，史铁生最初的这些作品大体都可归入“伤痕文学”的潮流，像《爱情的命运》写“文革”历史对青年男女爱情的扼杀，《法学教授及其夫人》描写知识分子精神与肉体的磨难，《兄弟》则讲述无产阶级专政对亲情的考验等等，笔锋所及，皆有感时忧国之情。史铁生对民族命运、社会现实等一系列重大问题的思考，虽寄托于格局相对狭小的故事框架之内，但那份深重的历史批判和反思意识，却与当时中国文坛的创作主潮并行不悖。

事实上，史铁生初入文坛之际，适逢伤痕文学方兴未艾，以刘心武的《班主任》、卢新华的《伤痕》等作为代表，中国作家不仅致力于揭示伤痕、反思历史的现实主义写作，而且也在价值取向上具有了一种反拨此前创作中神话叙事的启蒙精神。 从知识谱系学的角度来看，当代小说叙事话语的代际嬗变正始于中国作家对十七年[①]小说和“文革”小说神话叙事的鼎力反拨。 新时期初小说创作中盛极一时的启蒙叙事，不仅颠覆和解构了此前以国家乌托邦主义为表征的神话叙事，而且还在以人学思想重构小说叙事的文学革命中，直接参与了中国社会如火如荼的思想解放运动。 那么，何谓神话叙事？ 史铁生那些书写爱情与亲情的伦理故事，又怎样与新时期初的其他作家一道，共同代表了中国文学的人道主义诉求？

在十七年的小说创作中，由于作家秉承了文学为政治服务，以及用小说反映现实的叙述理念，故而其叙事话语总是以揭示社会历史的宏大进程为己任。 随着“左”倾文艺思潮的兴起，越来越多的十七年作家在小说叙事中倾向于展开对历史理性主义哲学思想的文学阐释。 在他们看来，历史发展的整体趋势从不以人的主观意志为转移，文学的任务就在于再现现实。 在所谓的历史规律面前，任何个体的生命印痕或是命运变故，都得屈服于历史之永恒不变的铁血法则——此即为历史理性主义的思想核心。

更为重要的是，为贯彻这种教条主义和机械唯物论思想，十七年

---

① 十七年特指从1949年新中国成立到1966年“文化大革命”前这一时期。

作家常常会在看似客观的现实主义叙述中，将某些人为的历史错误表述为天经地义的自然法则。诸如50年代的反右运动和“大跃进”，以及60年代的自然灾害等“左”倾错误，就往往被十七年作家出于“政治正确”的目的，在一些作品中叙述为社会发展途中的历史必然。这种将人为的“历史决定”表述为无可更改的“自然法则”的话语形式，即为神话叙事。按罗兰·巴特的说法，所谓的神话学即是将“历史”表述为“自然”，对“历史”和“自然”的混淆，是一种“有待揭露的错觉、谬见”①。一旦历史决定被转换成自然法则，那么国人就只能以服膺历史规律的名义，无条件地去接纳那些造成我们民族创伤的人为错误。就此而言，十七年小说的神话叙事不仅以推崇历史理性主义思想的方式让文学远离了人学，而且还在一种偏执的政治诉求中异化了文学自身。

在后来的“文革”文学中，十七年小说的这种神话叙事更是趋于顶峰，像《虹南作战史》和《西沙儿女》这类“文革”小说，有意将保卫西沙群岛等历史事件叙述为不以人的主观意志为转移的革命事业，而这一“自然法则”背后的历史决定，亦即“四人帮”集团的政治阴谋等“历史决定”反倒被深深隐藏。在这样的一种神话叙事下，国人岂能借助理性之光去审视和批判历史真实？因此可以说，新时期之前小说创作中的神话叙事，实际上承担起了构建国人政治伦理、抹杀人之主体性的历史功能。②

进入新时期以后，随着思想启蒙运动的高涨，十七年小说与“文

---

① 罗兰·巴特:《神话——大众文化诠释》之《初版序》第2页,上海人民出版社,1999年。

② 参见叶立文:《神话思想的消解:从“伤痕小说”到“意识流小说”》,《天津社会科学》,2004年第6期。

革”小说的这种神话叙事也遭到了启蒙叙事的全面解构。作为新时期小说中最为重要的叙事话语，启蒙叙事的初衷，即为对小说创作中神话学色彩的祛魅与剔除：不论是以人道主义为核心的现实主义小说，还是以个体生命感觉为旨归的先锋小说，皆以彰显人之主体性、表达文学对人的叙事关怀为己任。在新时期的小说创作中，既往小说叙事的历史理性主义思想，正面临着以人道主义和人本主义思想为批判武器的启蒙叙事的全面挑战。

（二）

潮流既起，自是风雷激荡、云水飞扬。对于每一个踏入文坛的热血青年而言，揭露“文革”罪恶、呼唤人性之美，便成了他们最为常见的创作主题。史铁生也绝不例外，且看他在《爱情的命运》中，通过描写爱情悲剧的原因，将批判矛头直接指向了“文革”历史的罪恶；在《法学教授及其夫人》中，更是将知识分子所遭受的精神迫害描写得入木三分；至于《兄弟》一作，虽未直接对人物的犯罪问题展开法理或道德层面的讨论，但通过兄弟之间的深厚亲情，却庶几能够折射出“文革”历史给平凡百姓所带来的巨大伤害。凡此种种，皆是史铁生“位卑不敢忘忧国”这种启蒙情怀的真实写照。

不过在另一方面，相比于伤痕文学的主流叙事，史铁生的小说创作又显得如此与众不同：他既不像卢新华那般慷慨激昂、直抒胸臆地去表达伤痕之痛，也不像刘心武一样指点江山、高屋建瓴地去揭示民族之殇。相反，史铁生的小说叙述总是语调内敛、情感蕴藉，似于无声处听惊雷，通过那些令人哀婉惆怅的伦理故事，润物无声地引领读者展开了历史与存在之思。有人说这或许只是不同作家个体之间的美学差异罢了，但若熟知史铁生惯于哲思的性格禀赋的话，就不难理解他即便是在书写重大的社会历史问题时，也时刻难忘心中那颗永恒行魂的生命疑虑。就此而言，史铁生的现实主义，实际上永远都是一种静默内省的心灵现实主义。

比如《爱情的命运》。从表面上看，这部小说讲述了两个青年男女之间的爱情悲剧，肇因也似与“文革”历史有关。但细究之下，小秀儿与大海哥之间门不当户不对的阶层差异，以及趋利避害的莫测人性，恐怕才是酿成这一出爱情悲剧的主要原因。小说开篇即以生动的写实笔触，讲述了小秀儿这个保姆之女在主人大海哥家的生活情状，她天真无邪的活泼性格，纯洁善良的人格禀赋，以及毫无差别观念的社会认识，等等，都与这个残酷的世界有所隔膜。相比之下，虽然大海哥也具有同样的纯真浪漫，但其干部家庭的出身，以及和小秀儿所处的截然不同的生活环境，都已预先为两人的爱情悲剧埋下了种子。待到两人同赴边疆之后，这等差别便逐渐显现了出来。更令人惋惜的是，大海哥的父母虽因“文革”饱受磨难，但等到平反之后，却又因为顾虑小秀儿的出身问题，坚决地反对起了这段爱情关系。当爱情幻灭，大海哥陷入了苟安与自我麻醉之时，小说故事也就戛然而止了。

如果暂时忽略这部作品的时代忧思的话，那么便能从中见出史铁生的某些夫子自道。比如他对出身问题的感受，对爱情的渴望，以及借人物的爱情悲剧所要表达的情感诉求等等，皆被一一纳入笔端。但更为重要的一点，却是史铁生以爱情为媒介所看到的命运与人性问题。小说也因此充满了浓重的宿命论色彩，以及对冥冥中主宰人命运的那个神秘造物主的窥视之心。

譬如命运，当大海哥因为家庭的厄运而产生了宿命的想法时，小秀儿便赶忙试着去说服他这世上根本就没什么宿命。她说："命运绝非造物主的安排，因为那样的造物主是没有的。可是人们的头脑中却又为什么产生了命运的概念呢？"……"那是因为客观世界里总有一些我们尚未认识的矛盾，而它们却又不依我们的主观愿望为转移，有时会影响我们，甚至伤害我们。这就是被人神化了的命运的本来面目。"①尽管小秀儿的本意，是想以辩证唯物主义的理论去解释人对命运的掌控，但当她说客观世界里尚存有一些无法认识的矛盾时，其实就等于间接承认了人认识的有限性问题。她一方面否定造物主的存在，不承认宿命，但另一方面却只能以长辈们所教授的有限知识去揣度命运。而她后来的思想变化更是耐人寻味，当经历了无数的人生波折后，小秀儿终于接受了命运的安排，百感交集之下，她也对《红楼梦》里的那句名言心有戚戚——正所谓"好一似食尽鸟投林，落了片白茫茫大地真干净"。这不就是在说人的抗争最终都会归于徒劳吗？食尽鸟投林，万事转头空，恰是对一个人在生命旅程中所要背负的残酷宿命的真实写照。而小秀儿后来爱情幻灭，无奈之下嫁给了别人的结局，除了用宿命论能加以解释外，还能有什么？因为在她和大海哥之间，阶级出身、知识水平、家庭环境，甚至是性格禀赋等方面都千差万别，正是这些先天的因素，注定了两人爱情的幻灭。

和小秀儿相比，大海哥倒是头脑清醒，他哀叹命运的不可抗拒，在

① 史铁生:《爱情的命运》,《希望》,1979 年第 1 期。

宿命面前屡屡生出有无造物主的疑惑，如此，人物反倒更能映衬出史铁生自己的心声。尤其是当大海哥因与父母意见不合而离家出走之后，他也完全“看透了世间的虚伪与滑稽”。与此同时，在这个人物身上还表现出了一种难能可贵的自审精神。在他看来，父母的趋利避害、虚伪滑稽，正是连自己也无法克服的人性弱点。小说结尾时，大海哥颓唐苦闷，无疑反映了史铁生当时的内心状况。其实，史铁生和自己笔下的人物一样，都在命运的变故面前相信了宿命的力量，与此同时，他也暗暗认定了那个神秘造物主的存在。就此而言，史铁生的这部小说在思想意识上显然充满了浓重的悲观主义色彩。按70年代后期的文学趣味，虽然这部作品表现了一代青年无地彷徨的时代苦闷感，但其宿命论色彩并不符合文学界的价值取向。所幸小说除此之外，还有着明确的历史批判主题，故而才能得以顺利发表。从这个角度看，由于受到了时代的限制，史铁生若想表达自己机杼独出的思想认识的话，就只能在遵命文学的外衣下小心行事了。而这等草蛇灰线的春秋笔法，无疑是辨识史铁生作品时亟须注意的一点。

（三）

与《爱情的命运》相比，史铁生的另一部作品《法学教授及其夫人》则无论是在思想主题还是艺术表达方面都显得更为成熟。这是一部知识分子题材的小说，虽然仍以揭露伤痕为主要特色，作者的时代忧思和历史批判意识也绵延其中，但正如前所述，小说在现实主义的外衣之下，已经日益显露出了史铁生耽于哲思、擅于玄想的精神气质。

说起来这部作品的命运也颇有几分曲折。1978年，经朋友介绍，史铁生认识了《北京文学》杂志小说组的年轻编辑章德宁，交谈间，章德宁看到了史铁生写在旧式硬壳笔记本上的小说《之死》。读罢，章德宁深受触动，将稿件送去编辑部送审，但不知什么原因未获通过。几个月后，该作更名为《法学教授及其夫人》，终于发表在了另一家文学杂志《春雨》上。

作品以史铁生好友孙立哲的父母为原型，形象地记叙了知识分子在"文革"中的惨痛命运。除了肉体的磨难之外，史铁生尤为注重对知识分子精神创伤的刻画。小说主人公是法律系的解教授及其夫人陈谜，二老善良待人，温和宽厚，只是在经年累月的政治运动中患上了严重的精神恐惧症。当看到同事在批斗中的悲惨境况时，陈谜也忍不住落下了眼泪，但事后却又担心不已，生怕自己的这种同情被视为反革命行径，于是两人就此活在了忧心与恐惧之中。较之那些肉体的伤害，知识分子的这种精神恐惧症，恐怕更能反映"文革"给人们留下的历史创伤了。

与史铁生同样成名于80年代中期的年轻作家余华，曾以拉美作家博尔赫斯的文学观念为依据，以"干渴和对干渴的恐惧"为标尺，区分了两种截然不同的文学观念。前者意指带有机械唯物论倾向的写实主义，受此观念影响的作家，往往只注重对现实亦步亦趋的描写，古板之处，甚至会流于自然主义的机械复制与刻板再现。而后者则意味深长，譬如一位在沙漠中迷路的游人，在极端缺水的状况下侥幸获救，即便日后再也不缺水喝，但他对干渴的恐惧却使其忧心操劳，生怕某天会再度陷入类似的境地——从此之后，他就只能在一种极度匮乏的心理阴影中苟且偷生了。余华称这样的写作为“心灵的现实主义”。[①] 诚哉斯言，且看史铁生笔下的陈谜，不就是这样一位对现实深怀恐惧意识的劳苦之人吗？她半夜去敲革委会头目的家门，试图自首的荒诞之举，以及在儿子含冤入狱后对丈夫命运的担忧，无不映射出了她精神世界的扭曲与崩溃。眼见着别人还没拿她怎么样呢，她就已完全臣服于自我内心的恐惧感之下了。这一人物形象的心理特征和行为方式，很容易让人联想到鲁迅笔下的祥林嫂形象。只不过与鲁迅的国民性批判相比，史铁生对陈谜这一人物虽有讽刺，但更多的却给予了深切同情。因为他相信，若无此前政治运动的持续施压，任何一个精神健全的人都不会沦落至此。

除了人的精神异化这一主题之外，小说还有一个更为重要的内容，即史铁生从生命哲学层面对人民观和法律问题所进行的初步思考。就前者而言，解教授和夫人对“人民是谁”这一话题的讨论，其实并不止于政治哲学层面的拨乱反正，更反映了史铁生对人的生命权利的重估。按说人民不就是包括你我在内的每一个个人吗？但事实却是，“人民是谁”竟无一个标准的法律解释。譬如说宪法赋予了人民言论自由的权利，但敌人却不能享此待遇。而人民和敌人的阵营划分却取决于人的主观认识。人会因追求言论自由，而变成人民的敌人；反之，人若是循规蹈矩，谨守沉默是金的人生哲学，就会在放弃言论自由的前提下被认同。而人民主体与宪法权利之间的这种悖裂，已然成了引起解教授精神困惑的根本原因，他后来立志从法律层面上去解决这一问题，显然也是痛定思痛之后的一种思想觉醒。

在备受史铁生推崇的哲学家刘小枫笔下，曾这样描述：“在人民民主

---

① 参见余华：《我能否相信自己》，人民日报出版社，1998 年。

的道德化世界中，最令人沮丧的是个体的伦理思想和感觉的死亡。”①此说若是用来解释史铁生笔下的这两位主人公，真可谓是恰当之论。解教授及其夫人，不就是在政治高压下完全丧失了自我的伦理思想与生命感觉的人物吗？作为两个孤单的生命个体，他们极力想融入人民——陈谜的罪恶意识和忏悔之情即是她清除自我的异端思想，急欲成为人民的表现，但其结果却是遗忘了自己的生命权利，转而终日里为自己的思想行为是否符合人民的标准而忧心忡忡。好在解教授最终有所觉悟，他对人民这一称谓的质疑，正是自儿子蒙冤入狱之后直面自己伦理感觉的结果。

值得注意的是，这篇作品为何单单要以“法学”教授为题？解教授依法治国的正义诉求，固然反映了“文革”结束后全民的一种普遍共识，但突出法学要素，却不止于是史铁生充当时代传声筒的结果，它还是史铁生思考人存在问题的一个切入点。更具体地说，在这部作品中，“法”有着明确的语义指向，从解教授希望以法律对人民称谓进行界定的细节描写中，庶几可见法所具有的权力属性。史铁生的创作初衷自是再明确不过了：正是因为看到了“文革”历史的无法无天，他才希望借人物之口，唤起法律对人的权益的保障功能。这与此前法律注重惩罚的精神相比，显然更多了一份人道关怀。尤为重要的是，史铁生强调法律，希望借此保障人民的权利，实际上是出于对“文革”时期法律权力滥用现象的一种恐惧体验。如果结合他当年的另一部作品《兄弟》，就不难看出史铁生对法律的理解，本质上已具有了一种卡夫卡式的现代意识：

① 刘小枫:《艰难的自由伦理》,《沉重的肉身》第271页,华夏出版社,2007年。

那就是一方面希望法律凭借其保障功能，使人能有免于恐惧的自由；但另一方面他又看到了法律的权力本质，终会无情压制乃至异化人的具体存在。

《兄弟》发表于《今天》1979 年第 4 期。这份刊物创办于 1978 年底，由北岛、芒克等人主办，刊登小说、诗、文学评论和少量外国文学的译介性文字。其中诗歌的影响最为广泛而深远。《今天》共出版 9 期，刊载了食指、芒克、北岛、舒婷、顾城等人的诗歌,其中的相当一部分作品都被看作是朦胧诗的代表作。1980 年 9 月,《今天》停刊。它是新中国成立后的第一份非官方文学刊物。这份刊物的出现，无疑与“文革”中成长起来的那一代人有关。作为一个曾经迷失了人生方向的青年群体，他们一度意志消沉集体失语，但在思想解放运动的浪潮中，正是这批热血青年以激进的先锋实验，重新开创了中国文艺的新局面。而能与这批有志之士成为同道中人，史铁生自是与有荣焉。他发在《今天》上的这部作品，也因此打上了鲜明的先锋烙印。

《兄弟》情节简单、线索分明，讲述了于志强和于志刚两兄弟之间的亲情故事。但史铁生伦理叙事的核心，却并不完全在于表现血浓于水的伦理感觉，而是汲汲营营，寓言式地刻画了人在法律压制之下的种种精神苦痛。从结构上看，这部作品一分为二，以杀人犯于志强的审判、处决过程为表，以“我”对于志刚和于志强两兄弟童年生活的回忆为里，张弛有度，紧凑自然。单就美学效果而论，法律对于于志强的无情震慑和几位小伙伴温馨快乐的童年生活构成了鲜明对比。如若深入体察史铁生的叙事逻辑，则不难发现作品对童年生活的记叙，竟有反衬法律之无情的叙事功能。可以这样理解，就人性来说，于志强并不是一个坏人，他从小就爱替瘦弱的哥哥打抱不平，之所以犯下了杀人罪行，也是为了解决因哥哥盖婚房而引起的纠纷。但杀人偿命乃天经地义之事，史铁生讲述这个故事的用意并不在于申诉冤情，而是以对比之手法，隐晦地表达了法律对人存在印痕的某种抹杀作用。兼之作品行文，时时会出现诸如无产阶级专政等“文革”词汇，故而此作可被视为法律与人性之冲突的一个典型文本。

从某种意义上说，史铁生笔下的“法”是一个绝对的存在，它不以人的主观意志为转移，甚至为了追求公平公正，“法”也极少去关注人存在的具体处境问题。譬如于志强一案，可曾有任何一位法官注意到了他杀人的苦衷？法律的无情严苛，宛如笼罩在于志强这等小人物头上的巨大铁幕，因其绝对，故有无视乃至践踏人之存在感觉的权力力量。

此情此景，很难不令人想起卡夫卡的小说《审判》。《审判》里的K，莫名被逮捕，无辜被审判，他在无形的法律面前求告无门，深深陷入存在的绝境之中。在法所代表的权力意志下，个人的生命苦难竟如此卑微。史铁生虽然未必像卡夫卡那样去质疑法的绝对权力和主观意志，但在他对于志强童年生活的叙写之中，却分明可见他对臣服于法律意志之下的人性的价值吁求。要而言之，史铁生既希望正义，也强调对人存在状况的切身考量，因为那种无视个人伦理处境的法律压制，终将会成为影响人存在状况的一种异己力量。

从呼唤法律意识的正义诉求，到担忧法律意志对存在本身的权力压迫，可以说充分反映了史铁生在政治哲学与生命哲学层面的一种思想冲突。前者是思想解放运动追求社会正义的时势使然，而后者则是史铁生基于个人存在经验的生命之思。两者之间的碰撞冲突，无疑反映了作为独立思想者的史铁生，究竟是如何在宏大的历史潮流中，以“偏安一隅”的方式发出了自己的声音。

二、斯人独憔悴

（一）

基于特殊的思想方式和杰出的创作才华，史铁生逐渐引起了文坛的注意。1979年春节，在好友柳青的协助下，史铁生参加了文学刊物《春雨》编辑部的作者聚会活动。正是在这次聚会上，史铁生的写作头一次得到了认可。

《春雨》是一家依托于北京市崇文区文化馆创作组的文学刊物，虽规模不大，但在新时期初中国文学的复苏过程中，却发挥了十分重要的作用，史铁生的《法学教授及其夫人》即刊发于此。刊物的编辑部位于一座古旧的小楼上，楼梯又窄又陡，“踩上去‘咚咚’作响”，“一代青年作家们喊着号子把我连人带车抬上了二楼”。楼上是名副其实的陋室，脱漆的木地板，受潮的木墙围，唯有“几盏老式吊灯尚存几分贵族味道”。“大家或坐或站，一起吃饺子，读作品，高谈阔论或大放厥词，真正是一个激情燃烧的年代。”①如今的读者怕是已很难理解那个年代特有的氛围了。这些文学青年或许来自五湖四海，但他们投身文学事业的初衷，

① 史铁生：《扶轮问路》第4页，人民文学出版社，2010年。

却大多简单明了——非为个人的名利之心，而是魂系家国前途与民族梦想的责任心使然。所谓天下兴亡、匹夫有责，这些文学青年身上强烈的社会使命感，无疑也会感染到史铁生。唯一不同的是，史铁生虽然也是个热血青年，但他因人生经历所形成的生命疑虑，却使其创作在这等时代氛围中多少都显得有些特别。因其写作是为了不至于自杀，但又受时代潮流所裹挟，故而史铁生的作品不论在思想主题还是美学风格方面，都称得上是独树一帜。不过求同存异，恰恰也是这个激情年代的重要特征。那些来自于同道者的关怀实实在在，并长久地温暖了史铁生孤独的内心。事实上，尽管史铁生在自己的精神世界中仿佛与整个启蒙年代都有那么一点不合拍，但他对来自文坛的帮助却十分感恩。由于身体原因，每逢笔会或学术研讨等文坛活动，史铁生都得到了来自各方友人的热情相助。这般人间温情，或许是史铁生即便在日后走入与存在问题相关的极地之思时，也依然不忘书写友情与亲情的原因之一吧。

作为一位文坛新人，史铁生初出茅庐就获得了认可，心里自是十分高兴。虽然他的写作大多是为了解答自己的生命疑虑，但作品一经完成，便要交由读者和评论家去评判了，史铁生当然明白这个道理。从创作心理的角度说，他早期之所以在创作个性上未如 80 年代中期以后那般引人注目，皆因其写作时充分考虑到了读者的需求，譬如揭露伤痕、呼唤正义、反思历史、叙写人性等主题，正是新时期初人们所关注的一些时代命题。所谓时势使然，尽管史铁生每日所思所想，都与自己的生命体验有关，但充当时代的传声筒，却是那个年代每个作家自觉或不自觉的创作意识。不过难能可贵的是，由于自己的生命体验实在是太过丰富，因此即便是在书写这些公共话题时，史铁生也总是会将自己的人生感悟穿插其中，由是便造就了一些独立于“伤痕文学”潮流之外的作品。譬如发表于1980年的《午餐半小时》，就堪称是一部极具个人特色的优秀之作。

较之上一年发表的几部作品而言，《午餐半小时》的特殊之处，恰在于史铁生对伤痕文学主潮的一种背反。此前作品中那种强烈的时代忧思和历史批判，如今已被一种日常化的生活叙事所取代。而近乎散文的结构方式，又在横截生活侧面的同时，婉转表达了史铁生对于日常生活的感知和体悟。笔触所及，颇有几分日后新写实小说的韵味。

作品以街道工厂午餐时间的生活情状为表现对象，拉拉杂杂、随心所欲地描写了工人们的闲暇时光。从那些兴之所至的闲谈、飘忽不定的情绪里，难以见到大时代的岁月风云，有的只是在日常生活中随处可见的生活片段。这是一种现象累加的笔法，史铁生初次抛开了创作主体对于作品叙事的介入程度，以近乎旁观者的姿态，如一部留声机一般，忠实记录了人物的对话与遐想。

小说写道，随着午餐时间的到来，那些工作时“张张苍老而呆板的面孔都像是融化了”，瞬间复活过来的人们开始嬉戏笑闹，尽情享受着这难得的休息时间。白老头、夏大妈、“小脚儿”，以及瘫痪的小伙子东拉西扯，话题从红旗轿车、中南海，一直到涨工资，等等，如同意识流一般变化不居，既无中心思想，也无逻辑可言，甚至有些对话只是图个口舌之快而已。这样的一部作品自然会引起巨大的争议。肯定者认为，史铁生出色地捕捉了难得的瞬间，“在平常的生活、平常的人中间挖掘着人们并不注意的东西”[1]。反对者则批评史铁生“世界观和艺术观

---

① 肖音:《简析〈午餐半小时〉》,《小说选刊》,1980年第9期。

带有某些虚无主义否定一切的思想和市侩思潮的色彩”①。以上两种观点，看似相反，但都在不同程度上触及了史铁生的创作意图。前者自不必多说，因为史铁生此作本就是为了发现生活日常的本真面目，故而截取生活片段的写法，实属题中应有之义；至于后者则更是有几分道理，因为虚无主义倾向确是史铁生作品中隐藏的一个思想意识。当然，作者基于政治正确之原则所展开的价值评判就另当别论了。

总体来看，《午餐半小时》对于日常生活情状的叙写，不仅见证了史铁生与当时文学主潮的某种疏离状态，而且也反映了他在人生哲学方面的虚无主义思想。这种感受显然是来自于史铁生切身的生命体验，因为残疾，也因为宿命，更因为上帝对生命的试炼，都会让史铁生感受到人存在的有限与软弱。在此状况下，人对命运的无可奈何，就只能以囚居于日常生活的形式体现出来。而史铁生对日常生活的观察和叙写，对人生感悟和生命哲思的隐匿，不就表达了人在命运面前的一种无奈之感吗？因此可以说，较之《爱情的命运》《法学教授及其夫人》，以及《兄弟》等作，《午餐半小时》这部一无主题、二无中心人物、三无核心情节的“三无”小说，反倒是最能映衬出此时史铁生内心的虚无。而从虚无出发，到承认宿命，正是日后史铁生思想发展的一条重要线索。

值得一提的是，史铁生这段时间的两部小说《爱情的命运》和《午餐半小时》均发表于西北大学的校刊《希望》之上。可以说这份刊物正是史铁生文学之路的启航之地。1985 年 10 月，当史铁生的第一本小说集《我的遥远的清平湾》由十月文艺出版社以“希望文学”丛书的名义

① 易言:《不可沉溺于这种境界》,《文艺报》,1981 年第 4 期。

出版时，“作者小传”如是写道，史铁生“1979 年第一次发表小说《法学教授及其夫人》，以后又陆续发表《午餐半小时》等二十几篇小说”[①]。但这一说法明显有误，史铁生曾回忆说：“到了 1978 年，我是豁出去了，写真的，写真正的真的！不管能不能发表，我先写了两个短篇。下半年，又写了《法学教授及其夫人》。也是通过柳青，推荐给了崇文区文化馆办的《春雨》，在第一期上登了出来。没过多久，我就收到了孟伟哉同志的来信，说他和秦兆阳同志都看了《春雨》上的《法学教授及其夫人》，认为这篇小说写得挺好，决定在 1979 年第二期《当代》上发表。我发表的第一篇作品，目录上还标了黑体。然后是《午餐半小时》。”[②]事实上，史铁生提到的先写的两个短篇，其中之一就是《爱情的命运》，发表在 1979 年第 1 期的《希望》上，理当是史铁生的处女作。

《希望》是 1979 年西北大学希望文学社创办的综合性文学杂志。它“欢迎思想解放、尖锐泼辣、短小精悍的小说……各种体裁的文艺作品，以及评论、外国作家与作品评介等文章”，特别欢迎“在思想上、艺术上突破‘禁区’的作品”。而“《爱情的命运》和《午餐半小时》在大型文学刊物上转载之前，在《希望》刊出后，也产生了一定影响”[③]。

譬如《爱情的命运》刊出后，就引起了西北大学校内外广大读者的热烈讨论。不仅中文系全体学生和部分教师为此举行了专题讨论会，而

---

① 史铁生:《我的遥远的清平湾》之《作者小传》,十月文艺出版社,1985 年。

② 参见《史铁生与西北大学的不解之缘——纪念史铁生逝世一周年》,《宝安日报》,2012 年 1 月 7 日。

③ 参见《史铁生与西北大学的不解之缘——纪念史铁生逝世一周年》,《宝安日报》,2012 年 1 月 7 日。

且也在《希望》第二期上刊发了西安电缆厂工人王随学的评论文章。他认为“《爱情的命运》就没有模式味道，人物生动逼真、感情真挚动人，催人思索”，“小秀儿的形象给人的印象深刻至极”。[①] 有了这些积极的评价，《希望》对于史铁生的作品也是格外重视。紧接着又在1979年11月5日《希望》的第三、四期合刊上，以首篇位置发表了《午餐半小时》。编辑张守仁回忆说：“我可能是铁生《午餐半小时》最早的读者之一。不是其后陆续发表在贵阳《花溪》、北京《今天》、北大《未名湖》上的那篇，而是更早刊发在西安民间杂志上的那个版本。小说写得沉郁、精炼、老辣，颇有鲁迅余风，堪与经典短篇媲美，我的内心颇受震动。”[②]后来《午餐半小时》又在《花溪》和《小说选刊》上陆续被转载，再加上《没有太阳的角落》等作品也已问世，故而史铁生的文名也渐渐响亮了起来。

（二）

虽然初入文坛还算顺利，但史铁生的身体状况这时又开始恶化了起来。1980年，史铁生因泌尿系统感染、氮质血症再次住进了友谊医院。从9月25日开始，史铁生在内科急诊室留观治疗。医生每天输液，用大剂量青霉素对抗感染。几天后，史铁生的体温终于降了下来，但并没有完全恢复正常。此时已接近国庆，像他这般接近痊愈的病人需要出院

---

① 王随学:《新“伤疤”,老病根——浅谈〈爱情的命运〉》,参见《史铁生与西北大学的不解之缘——纪念史铁生逝世一周年》,《宝安日报》,2012年1月7日。

② 参见《史铁生与西北大学的不解之缘——纪念史铁生逝世一周年》,《宝安日报》,2012年1月7日。

回家。幸亏当年曾在史铁生身上练习注射技术的朋友柏晓利，已成了友谊医院神经内科的住院医师。在她的帮助下，史铁生终于住进了神经科，依然是他熟悉的七号病房。时光如梭，此次住院距离他上次出院时一晃已经过去了八年。神经科的唐万仪主任和张秀霞护士长，就像史铁生的守护神一般，精心照料着史铁生。当时的情况是，史铁生“高烧不退，整天昏睡、呕吐，差不多三个月不敢闻饭味，光用血管去喝葡萄糖，血压也不稳定，先是低压升到120，接着高压又降到60，大夫们一度担心我活不过那年冬天了——肾，好像是接近完蛋的模样，治疗手段又像是接近于无了。我的同学找柏大夫商量，他们又一起去找唐大夫：要不要把这事告诉我父亲？他们决定：不。告诉他，他还不是白着急？然后他们分了工：死的事由我那同学和柏大夫管，等我死了由他们去向我父亲解释；活着的我由唐大夫多多关照”。医者父母心，即便是看上去已经失去了希望，但唐大夫仍“以教学的理由留他在这儿，他活一天就还要想一天办法”。正是这种信念与守护，才最终将史铁生从鬼门关上拉了回来。“真是人不当死鬼神奈何其不得，冬天一过我又活了，看样子极可能活到下一个世纪去。唐大夫就是当年把我接进十号的那个女大夫，就是那个步履轻盈温文尔雅的女大夫，但八年过去她已是两鬓如霜了。”①

史铁生这次住院，适逢孙立哲在首都医科大学攻读研究生，于是他和柏晓利一道成了史铁生的私人保健医生。两人深知氮质血症会导致尿毒症，那时透析手段也不常见，于是只能悲观地预测史铁生只有五年的寿命了。住院期间，因为经常出现尿潴留导致肾盂积水，史铁生便做了

---

① 史铁生:《我二十一岁那年》,《记忆与印象》第183页,北京出版社,2004年。

膀胱造瘘。出院那天，史铁生问柏晓利自己还能活多少年，柏晓利出于安慰史铁生的目的，故作乐观地说至少还有十年。

相比起双腿残疾的问题，肾病对于史铁生的影响可能更为深远。因为自此之后，史铁生就明确地知道了自己已经时日无多。似乎往后生活的每一天，都是上帝的额外恩赐。生命的前程若是不可预料倒好，偏偏死神的阴影就近在眼前，如此境况怎能不让史铁生领会到“向死而生”的含义？可以想见，当史铁生在每日的生活中，即便会因某件事而开怀大笑之时，那死亡的威胁也会如影随形，时时刻刻提醒着他快乐的短暂。处在这样的一种压力下，恐怕意志薄弱之人早已精神崩溃了。但史铁生却足够达观，他不仅不会倒下，反而变得更为珍惜自己的时间。耐人寻味的是，史铁生对于时间的珍惜，并不像旁人那般活得匆匆忙忙，因行动受限，他所能做的，就是以精神活动去扩展自己的生活空间与生命长度。譬如当他捕捉住了生活中的无数瞬间时，便会以思想漫游的方式，逐步扩大了这些生活点滴的精神内涵，由是获得的感悟与遐想，自会将物理时间中的那些分分秒秒，延宕为足够广阔的思想生活。从某种程度上说，写作之所以能够成为史铁生的一种生活方式，盖因其艺术形式，足以在记忆与印象、梦想和哲思中，无止境地延宕了生命的长度。史铁生曾说过，他从事写作的目的是为了不至于自杀，但其实何止于此？写作在史铁生的生命中，实际上承担起了延长生命的职责，唯有写作，才可以让史铁生在他的人生旅途中，通过把握那些生命的瞬间，留住了留不住的生命。

1981 年，史铁生在三十岁的时候，终因急性肾损伤而辞去了街道工厂的临时工作，从此待在家中开始了真正意义上的作家生涯。此时的他，虽已有数篇作品发表，但距离他名动文坛的时间还有两年之久。这倒不是说随着后来《我的遥远的清平湾》的成功，史铁生就不再苦闷于自己的生活状况了，而是说以这部作品为契机，他才总算是完全找到了自己创作的发展方向。在此之前，一切都还是未定之数，比如说靠写作能否养活自己，以及怎样才能熬过身体病痛的难关等都让人费尽思量。除此之外，还有一件更令他忧心的事，那就是一旦当他静下心来在写作中展开自己的精神漫游时，奶奶和母亲这些逝去的亲人，似乎就又重新回到了他的生活世界之中。虽然对这些亲人的怀念，催生出了像《秋天的怀念》这等情感真挚、动人心魂的散文佳作，但写这些文章的过程，却无形中又让史铁生回到了从前。尽管在街道工厂时他对亲人的这份思念就从未消散，但至少工作的劳累，会多多少少缓解一下内心的痛苦。现在倒好，他越在写作中追叙过往，就越会心生愧疚，悔恨自己对母亲发过脾气，悔恨自己未能好好尽孝，等等。在这样的重重压力之下，史铁生的生活其实并未随着创作局面的打开而有本质改变。与此同时，一大批文学新人正如雨后春笋一般，开始在中国文坛崭露头角，和史铁生同辈的韩少功、张承志、梁晓声等很多人，都已声名鹊起。虽然在创作实绩上史铁生也不遑多让，但因为生活的苦难，却令他的存在境况，颇有几分“冠盖满京华，斯人独憔悴”的意味了。

（三）

1983 年，史铁生在《青年文学》第一期上，发表了他的成名作《我的遥远的清平湾》，并获得了该年度的全国优秀短篇小说奖。这部作品的发表和获奖，不仅在一定程度上改善了史铁生的生活处境，而且也因世人对其写作能力的认可，极大地增强了史铁生在写作事业上的自信。自此以后，以写作为志业，就愈发成了史铁生在其人生道路上的一个应然选择。

据《青年文学》的编辑牛志强回忆，《我的遥远的清平湾》最初叫《遥远的清平湾》，史铁生完成之后，便将手稿交给了他。这位牛编辑一遍读毕，“就沉浸于莫大的感动和喜悦之中！连夜进行编辑加工，写推荐意见，竟不知东方既白……”[①]《遥远的清平湾》的手稿字迹工整，稿面清爽。不过编辑在反复审读之后，“终于字斟句酌地在原题《遥远的清平湾》前面加上了‘我的’这个定语，又在作品的结尾处加上了一个小小的自然段：‘哦，我的白老汉，我的牛群，我的遥远的清平湾’……。这一句中是用‘白老汉’还是‘破老汉’更为贴切传情，就翻来覆去掂量了好久”[②]。史铁生对于编辑的这番改动并无异议，反而认为如此结尾更加提气。编作双方的真诚和坦率，以及共同负责的态度，都令作品的刊发质量得到了最大限度的保证。

刊发之前，牛志强极力想推荐《我的遥远的清平湾》上头条，但由于“头条”作品多与作者名气、办刊方向和文坛关系等有联系，故而史铁生的这部作品最终排在了《青年文学》1983年第1期的第三条。牛志强为此很感到抱歉，但“铁生只是宽厚地笑笑，说他并不在意”[③]，反过

① 牛志强:《如歌的行板》,《生命——民间记忆史铁生》第286页,中国对外翻译出版有限公司,2012年。

② 牛志强:《如歌的行板》,《生命——民间记忆史铁生》第288页,中国对外翻译出版有限公司,2012年。

③ 牛志强:《如歌的行板》,《生命——民间记忆史铁生》第288页,中国对外翻译出版有限公司,2012年。

来还开导了牛志强一番。史铁生的这份淡泊之心，还体现在作品获奖之后。当他得知获奖之时，“当然有笑意，但远非‘喜上眉梢’，倒是有一丝顽皮的好奇；当然有感言，但远非谀谢之辞，挂在嘴边的只不过是‘我交了好运’而已。他想的更多是亲人、朋友，尤其是‘清平湾’的乡亲和一同插队的老同学们，是如何‘使所有的伤残人都能交好运道’。他把万端思绪压在心底，化为‘力争写好’的创作动力”①。面对蜂拥而至的各路记者编辑、络绎不绝的来访客人，史铁生始终保持着一份难得的定力，这大概是他在苦难中浸泡日久，才会有的一份宠辱不惊吧。

《我的遥远的清平湾》以作者在陕北的插队生活为素材，记叙了“我”这位知青与当地劳动人民之间的深情厚谊。作品充满了浓郁的陕北风情，不论是作者对放牛场景的描写，还是对陕北自然风光的介绍，处处都蕴含了厚重的文化品格。尤其是作者对人际关系的描写，更能见出清平湾这一弹丸小地纯真唯美的“边城”韵味。然而，小说的主旨却并不止于此，如果说书写地域文化，是80年代前期小说创作中的一个重要特征的话，那么史铁生就更愿在这种文化书写之外，彰显出自己对于精神家园的一种探求意识了。由于史铁生的现实生活太过残酷，因而以寄情于艺术乌托邦的形式去安放自己灵魂的做法，也使得这部作品多了一份存在论意义上的哲学价值。

作品以“我”的健康状况为线索，通过村民对“我”的关怀行为，渐次呈现出了清平湾的人性之美。“清明节的时候我病倒了，腰腿疼得厉

① 牛志强:《如歌的行板》,《生命——民间记忆史铁生》第290页,中国对外翻译出版有限公司,2012年。

害。……窑洞的窗纸被风沙打得‘唰啦啦’响，我一个人躺在土炕上。”[①]对于这个年轻的知青来说，初次离家又病患加身，内心的孤独与痛苦自是难以言表。可是，在全村人都还为温饱问题发愁的时候，队长给他端来了一碗白馍。为了照顾他的身体，乡民们还给他安排了相对轻松的喂牛工作。在此过程中，“我”与破老汉，以及他的孙女留小儿之间，结下了深厚的友情。到了冬天，“我”的病况愈发严重，腿忽然使不上劲儿，只能回北京治疗。住院期间，老乡托人给“我”捎来了他们平时攒下的小米、红枣等特产，还有破老汉换来的十斤粮票，浓浓的情谊，禁不住让“我”深受感动。考虑到回京后史铁生的命运多舛，故而此时他的这份“黄土地情结”也就变得易于理解了：与其说这是史铁生对自己插队生活的怀念和他的某种青春祭奠，倒不如说是他为自己的现实生存寻找精神家园的一种叙事努力。这种写作方式，无疑深刻反映了小说叙事的一种艺术本质，即叙事从根本上来说是对人存在处境的一种人文关怀。

在史铁生喜爱的《沉重的肉身》这部书中，刘小枫曾讲述过这样的一个故事，譬如在原始社会，那些久居洞穴的原始人，压根就不知道时间和空间的概念，因而其存在的感觉也就处于一种懵懂无知的状态之下。每当夜幕来临，出于对外界一切未知事物的恐惧，原始人就只能自寻办法去解除内心的不安了。而他们的方式就是讲故事和听故事。可以想见，当一群原始人在洞穴内微弱的火光下，聚拢在一起听故事时，他们存在的感觉也会随着故事的发展而逐渐起了变化，在浑然不觉中，

---

① 史铁生:《我的遥远的清平湾》,《记忆与印象》第158页,北京出版社,2004年。

脸上的眼泪已被温暖的叙事轻轻拭去，而他们的内心也因此逐渐远离了恐惧与忧伤。换言之，叙事改变了人存在的时间和空间感，进而重新拼凑起了被无常时光所碾碎的生命自我。在这个意义上说，叙事实乃人为了实现自我救赎而创造出来的一种艺术形式，其实质永远都与人的存在感觉相关。[①] 然而，叙事这一古老的艺术形式，却随着时间的推移越来越遭遇了异化，当叙事不再关注人的内心，转而去呈现所谓的宏大历史进程时，叙事也就失去了其人道关怀的艺术功能。从这个角度看，史铁生在《我的遥远的清平湾》中，实际上以地域文化为表、人道关怀为里的表现形式，重拾了叙事艺术的原初价值。就此而言，这部作品的故土情结、人文精神，以及叙事理念，等等，都具有超越于当时文学潮流的特殊价值。

与同时期的大多数作家一样，在写作《我的遥远的清平湾》的时候，史铁生也秉承了80年代启蒙文学的创作理念，即以“经国之大业，不朽之盛事”的创作心态，将写小说看成是启迪社会民心、实现家国梦想的一个重要手段。不过与其他作家相比，史铁生特殊的个人经历和繁杂的生命体验，却使其启蒙者形象显得有些卓然独立。譬如说较之那些具有英雄情结的启蒙作家，史铁生小说并不具备启蒙文学“哀其不幸，怒其不争”的憎恨美学，反倒是以审美静观的思想理路，在一种田园牧歌般的诗意叙述中，悠悠然寻找到了心灵的栖居地。与他相比，同是反映知青生活，写下了《黑骏马》和《今夜有暴风雪》的张承志与梁晓声等人，却始终壮怀激烈，常于历史批判和政治讽喻中彰显出一派暴躁凌厉的美学风格——此即为启蒙者在面对世俗庸众时所常见的憎恨美学。

---

① 参见刘小枫:《沉重的肉身》之《引子:叙事与伦理》,第3页,华夏出版社,2007年。

因此可以说，史铁生这部《我的遥远的清平湾》，已然超越了知青文学在“文革”叙述中所隐含的政治历史意图。

“作为一个与现实生活相对照的彼岸世界，‘清平湾’不只具备地理学意义，它更代表了作家所向往的生活价值之源头。当史铁生津津乐道于‘清平湾’的人事风华时，其实已传达出了一种自我如何得救的启蒙哲学。对于史铁生而言，这部作品就是思考‘我’如何在场和如何活出价值来的启蒙之作：人唯有投身于至大无外的自然，才能通过把自身的有限性投入到自然的无限过程来获得自我超越，并进而实现生命的不朽。在这部作品审美救世的启蒙主题中，已隐然可见史铁生对于启蒙哲学的深刻质疑。”[①]可以这样理解，20 世纪 80 年代前期的史铁生，至少在思想方式上已经超越了历史反思与社会批判的文学潮流：如果说张承志和梁晓声等知青作家，惯于以高高在上的启蒙姿态做一个道德训诫者的话，那么史铁生则反躬内省，以度己及人之势，平和且不失谦逊地去寻找拯救之途。从本质上来说，这种思想方式已经透露出了史铁生对启蒙神话中人之主体性力量的深刻怀疑。就像他试图将自我消融于自然以谋求超越的拯救之途一样，史铁生并不完全相信人能依靠自己的力量去摆脱存在困境，所以他才会寄情于自然。如果考虑到史铁生思想的一个核心概念“神”，指的就是奥妙无穷的世界本身的话，那么就可以说，清平湾所代表的自然，与其后《命若琴弦》《原罪》《宿命》等作所蕴含的命运等超自然力量一样，最终都涓滴成河，汇聚为了史铁生特殊的有神论思想。

① 叶立文:《启蒙的迷途——论史铁生小说的思想价值》,《武汉大学学报(人文科学版)》,2012 年第 5 期。

(四)

随着《我的遥远的清平湾》的获奖，史铁生终于一鸣惊人。他的生活也随之发生了一些变化，越来越多的读者开始写信给他，甚至是登门拜访。本来就朋友众多的史铁生，对于这样频繁的社交活动有些吃不消了。他在自家院内的门上，贴了很多张写满字的纸条。大意是说，我很愿意结交天南海北的朋友，怎奈病体不容，只好多有得罪，若非事先约好者，请勿敲门云云。在自己的房间里，史铁生更是贴出了这样的字条:“史铁生不接受记者采访；史铁生听人叫他老师就打瞌睡；史铁生健康状况不佳，谈话时间一长就气短，气短就是伤气，伤气就经脉失调云云，失调就离死近矣。而史铁生还想多活几年，以看到共产主义的好日子。故请君适当把握驻留及谈话时间。多有冒犯，万望见谅。”熟悉的朋友见了这些字条就笑，史铁生也笑，说:“但你例外，你例外……”① 这样算下来，可以例外的朋友真不算少，史铁生本就爱和朋友聊天，尤其是当他的那些同学和插友一来，就每每聊得不知今夕是何夕了。

1983年的夏天，史铁生终于得到了一次远行的机会。受文学刊物《丑小鸭》的邀请，史铁生离开京城，前往青岛去参加笔会。虽然从地理位置上看，青岛这座海滨城市离北京不到一千公里，但对于行动不便的史铁生来说，却是一个比清平湾还要遥远的所在。相比起十多年前奔赴延安插队时的旅程，这时的史铁生虽然依旧年轻，但双腿的残疾和肾

① 甘铁生:《精神猎手》,《生命——民间记忆史铁生》第331页,中国对外翻译出版有限公司,2012年。

病的折磨，却使他对远方不再抱有浪漫的诗意情怀了，有的只是他戏称为“不要脸”的精神，那就是铁了心往作家堆里凑。别看史铁生爱热闹，但一涉及写作的事，他的内心深处又往往会感到孤独。由于80年代前期的中国文艺界已发生剧变，各种主义、流派和创作方法也已开始陆续出现，因此如何吸纳这些新的文学思想，进一步提高自己的创作水平，就成了史铁生十分关心的一个问题。由于身体原因，史铁生能够参加的文学活动可谓是少之又少。此时收到邀请，自是正中下怀。更重要的是，自从双腿瘫痪后，史铁生已在北京的家中蜗居多年，因此出去走走，也不失为一种生活的调剂。

上火车时，参照以往出门的经验，史铁生执意连人带车一道，坐进了行李车厢内。在此之前，大概是1982年的时候，他也参加了由北京市作家协会组织的一次活动——去北戴河度假。另一位和他同名不同姓的作家甘铁生，托运了自己的自行车，到了北戴河火车站后，便一路蹬着自己的自行车，将坐在轮椅里的史铁生推到了驻地。大概是觉得这样太过麻烦别人，所以史铁生这次坚持要坐在行李车厢内，以便车随人走。只是他的执拗还是苦了随行的同伴们。刘树生全程陪同，行李车厢内货品众多，空间狭小，心脏本就不好的刘树生，“只好于一路挥汗谈笑之间频频吞服‘速效救心’”，这般情景，也是让史铁生感到后怕，于是回程时终于同意将轮椅办理了托运，随众人去坐硬座。“进站口在车头，我们的车厢在车尾；身高马大的树纲兄背了我走，先还听他不紧不慢地安慰我，后便只闻其风箱也似的粗喘。待找到座位时，偌大一个刘树纲竟似只剩下了一张煞白的脸。”①

① 史铁生:《扶轮问路》第6—7页,人民文学出版社,2010年。

此次青岛之行，史铁生最大的收获并不是在创作交流上，而是得到了《丑小鸭》杂志社所赠送的一辆轮椅。这辆轮椅做工精美，“全身的不锈钢，可折叠，可拆卸，两侧扶手下各有一金色的‘福’字”①。说起来，史铁生能得到这辆轮椅，都要归功于《丑小鸭》的首任社长胡石英。胡石英是马克思主义理论家、中共思想理论文化宣传战线的领导人胡乔木之子，其母谷羽则是中国科学技术战线的重要领导者。他1966年毕业于北京邮电学院无线电物理专业，1973年任国务院建委建筑研究院工程师，1979年任人民日报社记者，1981年创办了《丑小鸭》杂志。该杂志扶持新人、奖掖后进，为80年代中国文学的繁荣做出了重要贡献。

当胡石英见到史铁生时，深感那辆自制的老旧轮椅实在是太不方便了，于是自言自语道：“有没有更轻便一点的？也许我们能送他一辆。”②刘树生赶忙接过话头毛遂自荐，说愿意办成此事，只要杂志社报销就成。胡社长欲言又止，因为他也不知道，一辆新的轮椅究竟要花多少钱。适逢史铁生的堂弟史铁良在医疗设备厂工作，正赶上一批中外合资的轮椅在试生产，于是刘树生就让史铁良尽管买来，当他拿着发票交给胡社长时，胡石英也盯着发票不断咂舌，因为轮椅的价格足足有四百九十五块，这在1983年可算得上是极其昂贵了。

有了这辆新轮椅之后，史铁生的活动范围较之以前也扩展了不少。在朋友们的帮助下，他或被推着、背着，甚至是被抬着，开启了走南闯北的历史：“先是北京作协的一群哥儿们，送我回了趟陕北，见了久别的

---

① 史铁生:《扶轮问路》第6页,人民文学出版社,2010年。

② 史铁生:《扶轮问路》第7页,人民文学出版社,2010年。

‘清平湾’。后又有洪峰接我去长春领了个奖。”此外，马原请史铁生去沈阳，王安忆推着他在上海淮海路上闲逛，韩少功、陈建功和何立伟等人，“更是把我抬上了南海舰队的鱼雷快艇”，又跟着郑义走了一回五台山，最终去瑞典、美国……①史铁生的现实人生，终于和他辽阔的精神世界一样，开始慢慢呈现出了丰富多彩的一面。

三、先锋何为？

（一）

寒来暑往，岁月如梭。不知不觉间，中国当代文学进入了文学大爆炸的1985年。作为文学史上一个具有里程碑意味的年份，1985年被公认为是文学新潮崛起、创作格局大变的时代。其中的一个突出标志，就是当代先锋小说的出现。不过在此之前，诗歌界已率先开始了先锋实验。针对这一文学时段，拙著《启蒙视野中的先锋小说》曾做过如下描述：

“当北岛、顾城、杨炼、江河、舒婷、梁小斌等诗人掀起‘朦胧诗’运动时，‘先锋’便被用来指代其中无所不在的现代主义因素。1981年徐敬亚在《崛起的诗群》中就使用了先锋一词来描述‘朦胧诗’的特征，指出‘他们的主题基调与目前整个文坛最先锋的艺术是基本吻合

① 史铁生：《扶轮问路》第7—8页，人民文学出版社，2010年。

的’。这里所谓的先锋艺术指的是1979年‘星星画展’所代表的艺术界的创新运动。总体而言，此时的先锋概念实际上取其前卫、探索、实验等汉语语义。”①

“由于70年代末西方现代主义在中国大陆的广泛传播，使得人们因‘文革’造成的精神创伤寻找到了极为适合的艺术表达方式。现代主义的孤独、迷惘和被遗弃感等情绪，正是后‘文革’时期的人们心灵创伤的真实写照，而现代主义的荒诞手法又常常是表达人们非理性情绪的最佳表达方式，像‘朦胧诗’对传统价值的怀疑和对‘文革’后一代人理性迷误的揭示，无疑对传统现实主义的价值规范构成了挑战。从这个角度看，先锋文学的艺术实践实与西方现代主义的传入息息相关。”②

“这一状况同样存在于80年代的小说创作中，当1985年前后马原、残雪等人掀起当代小说的革新风暴时，评论界便以‘现代派’小说指称这些迥然有异于现实主义小说的新型小说样式。这种称谓针对的正是以现实主义为主流的当代文学传统，现代主义在此层面上具有颠覆和反抗主流文学传统的先锋功能。这意味着在80年代的文学语境中，先锋小说的起点和诗歌一样也是现代主义实验。它的首要任务就是要破除和改变由机械唯物论与庸俗阶级论所决定的‘现实主义’独掌文坛的局面。先锋小说针对现实主义小说的颠覆策略首先是自觉的形式试验，这种形式试验所遵循的叙事法则处处与现实主义的真实观念针锋相对。概括而言，先锋小说以其独有的真实观念，即精神真实置换了现实主义的客观真实，前者所包容的人类生存图像大大改变了现实主义对于现实亦

① 叶立文:《启蒙视野中的先锋小说》第3页,湖北人民出版社,2007年。
② 叶立文:《启蒙视野中的先锋小说》第4页,湖北人民出版社,2007年。

步亦趋的再现功能，转而以作家的主体精神重构现实真实，并由此引发了小说叙事方式、叙事时间与叙事空间的深刻变革。这种形式试验在很大程度上借鉴了现代主义文学的表现手法，诸如意识流、精神分析、荒诞描写、结构主义等现代主义的创作方法，均将作家的主体精神提升到了高于客观现实的地位。与此同时，这一形式试验也彻底破坏了现实主义小说的美学规范，反情节、反结构、反人物的‘三反’小说瓦解了现实主义小说的接受美学。先锋小说也因此背负上了晦涩、难懂的形式主义罪名，但这又恰恰是先锋小说文学身份的标志之一：‘先锋派着意创造的是困难的形式，好像有意让大部分读者观众看不懂。可以说，形式上不好懂是先锋最明确无误的标记。’其实，这种‘不好懂’正是现代主义文学典型的‘陌生化’策略，‘陌生化’（又译‘奇异化’）是‘增加感受的难度和时间的方法，因为在艺术中感受过程本身就是目的，应该使之延长。艺术是对事物的制作进行体验的一种方式，而已制成之物在艺术之中并不重要’。突出艺术的体验功能，无疑是先锋小说注重人类主体精神世界的表现。因此，先锋小说的形式试验在广泛借鉴西方现代主义文学叙事方式的基础上，颠覆了现实主义小说再现客观现实的形式建构。”①

“1984年，马原的短篇小说《拉萨河的女神》的发表，标志了先锋小说形式主义实验的开始。这部小说‘是大陆当代第一部将叙述置于重要地位的小说’。《拉萨河的女神》将叙事置于内容之上，表明文学中的形式因子已被当作了小说创作的本体元素。这种小说观念的变化，是西方现代主义文学如法国新小说与博尔赫斯小说理论影响的结果。西方现

① 叶立文:《启蒙视野中的先锋小说》第4—5页，湖北人民出版社，2007年。

代主义文学中的‘文体自觉’，已极大影响了以马原为代表的先锋作家。这一文学观念强调文本结构的自足，重视‘怎么写’而非‘写什么’，充分迎合了80年代中期先锋作家的创新意识。将形式从内容的桎梏中解放出来，赋予其独立性，体现了先锋作家在技术层面的现代性追求。同时，马原等人的小说还与80年代文学疏离政治的倾向相符。先锋小说的这一流向，充分体现了80年代‘纯文学’观念的创作实绩。从1985年开始，这种形式主义层面的先锋小说逐渐趋向繁荣。马原继《拉萨河的女神》之后，又发表了《冈底斯的诱惑》《西海无帆船》《方柱石扇面》《虚构》《康巴人营地》等作。在他之后的另一位先锋作家洪峰，也发表了《奔丧》《瀚海》《极地之侧》等。到1987年，马原开创并由洪峰延续的‘实验小说’达到鼎盛时期。这一年，重要的先锋作家余华、格非、孙甘露、苏童、叶兆言等人，都发表了各自的代表作品，如《四月三日事件》《迷舟》《信使之函》《一九三四年的逃亡》《五月的黄昏》等等。在以后的两三年内，这批先锋作家的创作势头依然不减，余华的《现实一种》《世事如烟》《难逃劫数》，格非的《褐色鸟群》，苏童的《罂粟之家》《妻妾成群》，孙甘露的《访问梦境》《请女人猜谜》等先锋小说名作均发表于1988至1990年间。就此而言，先锋小说的崛起与繁荣，已然构成了80年代中后期当代文学的发展主脉。”①

（二）

置身于这样的一种创新潮流内，史铁生自然也不甘人后。他在1984

① 叶立文:《启蒙视野中的先锋小说》第84—85页,湖北人民出版社,2007年。

年发表的两个中篇《关于詹牧师的报告文学》和《山顶上的传说》，就已然具有了自觉的形式实验意识。至1985年开始，他创作的《命若琴弦》《我之舞》《原罪·宿命》《一个谜语的几种简单的猜法》《关于一部以电影为背景的戏剧之设想》等作，都可称得上是较为典型的先锋小说。及至他的长篇小说《务虚笔记》和《我的丁一之旅》出版，也就标志着先锋小说终于达到了一个它所能企及的创作高度。毫不夸张地说，虽然在80年代中后期先锋小说的黄金时代，史铁生并不像马原、残雪、余华、格非等人那般富于创新美誉，但他90年代以来的长篇小说创作，却足以令中国当代先锋小说的创作实绩臻于顶峰。

从精神气质和美学风格上来说，史铁生温和敦厚、行文典雅，虽孜孜不倦于人的存在之思，但其思想理路却绝无先锋小说常有的暴戾之气。所谓的颠覆与反抗、叛逆与激进，似乎一直都与史铁生绝缘，故而在一些唯新论者眼里，史铁生远称不上是一个文学革命者。更为重要的是，当史铁生在创作中讨论残疾与爱情、命运和神意等形上问题时，世人出于一种道德偏见，又极易挂一漏万，总是抓住他身残志坚、笑对苦难的“正面”价值大做文章，反而忽略了其思想世界中的愤懑与绝望、压抑与抗争，因而在这种道德化史铁生形象的过程中，也就以常见的世俗价值置换了他的思想要义。凡此种种，皆让史铁生在远离文坛中心的同时，也经历了一次又一次被误读的命运。有鉴于此，若能澄清史铁生创作中的先锋品格，并进而阐明其与先锋主潮之间的关联和区别，当有助于加深对史铁生创作道路的理解。

“大雅久不作，吾意竟谁陈？”其实对于中国当代文学而言，先锋作家颠覆历史理性、构建民族寓言的激进实验，固然可以达到启迪民智的创作目标，但充斥其间的人性景观却过于纷繁杂沓，兼之美学风格上的审丑追求，因而殊少干净明朗、纯真自然的人性之美。相较之下，史铁生大概是同期作家里为数不多的依然具有古典审美韵味的作家了。比起莫言、马原等先锋作家的大胆叛逆，史铁生正是因为执拗于爱情与理想、命运和道德等古典得近乎落伍的创作主题，才会在那些有限度的形式实验中，收获了一个相对寂寞的命运。不过，随着时间的推移，史铁生所讲述的生命故事与人性善恶、存在困境和神恩救赎等思想话题，却让世人感受到了经典的魅力。事实证明，唯有那些恒久地关注人自身命运的文学创作，才有可能超越历史的时空限制，成为足以传诸后世的大雅之作。

1984年，史铁生发表了中篇小说《关于詹牧师的报告文学》。这篇作品立意深远、视野宏阔，至少从历史容量上来说，已然超越了史铁生以往常见的自叙传小说。主人公詹牧师原名叫詹庆生，出身贫寒，后为顺应时局，更名为詹鸿鹄、詹小舟等等。他早年努力求学，获得了神学硕士学位，成了一名牧师。但当个人的命运被裹挟进滚滚而来的时代潮流中时，詹牧师逐渐迷失了自我。这种迷失，首先是对基督信仰的放弃。出于对意识形态权力的敬畏，詹牧师不仅不再做牧师，而且和大多数中国人一样，活得谨小慎微、唯唯诺诺。不论从人格还是信仰方面，都变成了一个名副其实的草民。其次，詹牧师的自我迷失，也体现在他处世之道的变化上。作为一位身处时代夹缝里的小人物，詹牧师曾经谨守基督教义，算得上一位称职的神职人员，不过一旦臣服于体制之下，他内心的那份求生本能，便冲决了基督教义乃至社会道德的精神堤防，进而听凭欲望的驱使，从此庸碌平凡，一意混迹于尘世之间——他人生的最大悲哀，就是毫无底线的自甘放弃，除了放弃信仰，他也放弃了做人处世的是非原则。詹牧师这种见风使舵、左右摇摆的本性，在小说的一些细节叙述中昭然若揭。

譬如当宗教在50年代的政治运动中屡遭批判时，詹牧师立马退出教会，并发表了一些背弃基督的言论，待到教会活动恢复后，他又积极地表示了祝贺。与此同时，他还心怀天下，给江青、撒切尔夫人都写过信，虽然无人搭理，但詹牧师却沾沾自喜于这样的行为，其内心深处的政治情怀和个人英雄主义，庶几可从这样的一种投机心理中窥斑见豹。从这个角度看，詹牧师实际上一直都处于一种矛盾状态，他一方面侈谈信仰，另一方面又趋炎附势，英雄情结总是与世俗价值发生着碰撞冲突，由此导致的人格分裂，使他的生活陷入了各种麻烦之中。就史铁生的创作本意而言，塑造这样一个爱耍小聪明和不辨是非的人物，实际上是其接续“五四”启蒙文学传统和尝试文学创新的结果。

就前者而言，史铁生对“五四”启蒙文学传统的承继，主要是沿袭了其中的历史叙事和国民性批判主题，这也是他对80年代前期文学界回到“五四”呼声的某种自然回应。所谓“位卑不敢忘忧国”，尽管80年代新起的作家大多出身于草根阶层，但彼时回到“五四”的启蒙语境，以及中国知识分子传统的济世情怀，都能让这批年轻人关注现实。笔触所及，他们对历史的观照，尤其是对“文革”历史的体察，都使得那些充满了人道主义诉求的作品，最终转换成了一种感时忧国的“五四”式启蒙文学。就像史铁生在这部作品中对宏大历史的再现一样，通过詹牧师个人命运的沉浮，史铁生也将中国社会的历史变迁反映了出来，隐含其间的历史讽喻和忧国之情，足证他即便是身处于生活的种种不幸之中，也能对中华民族的家国历史做到无时或忘。更重要的是，詹牧师这一人物性格中的苟且、懦弱、麻木和见风使舵，恰是鲁迅早年曾予以激烈批判的一种国民劣根性。以个人命运的沉浮，来折射时代的历史巨变，史铁生无疑将“五四”启蒙文学的家国主题进行了深具时代色彩的重新演绎。

就后者而言，史铁生在这部作品中也开始尝试了新的写法，譬如存在主义和黑色幽默等等。小说中詹牧师弃基督信马列的行为，固然可被解读为一种政治上的投机主义，但他违背自己信仰之后内心的纠结挣扎，却处处体现了他的一种存在困境。而对他人的不信任、对存在荒诞本质的思考等等，都能折射出史铁生对存在主义的接受。此外，作为20世纪60年代兴起于美国的一个文学流派，黑色幽默也在史铁生的这部作品中有所反映。譬如詹牧师看待事物的方式，那些痛苦与欢笑、残酷与柔情并置所形成的喜剧场景，大多表达了史铁生对于这个人物的批判之情。小说中甚至出现了大量与故事进程无关的闲笔，其中蕴含的幽默成分，无疑可见出史铁生对于社会现实，乃至文学潮流的一些看法。比如他讽刺说，写报告文学者，必须得懂些音乐，“人家问你，《命运交响曲》是谁作的？你得会说：贝多芬。要是进而再能知道那是第五交响曲，‘嘀、嘀、嘀、登——’是命运之神在叩门，那么你日后会发现有很广泛的用途，写小说、写诗歌也都离不了的。美术也要懂一点，在恰当的段落里提一提毕加索和《亚威农的少女们》，会使你的作品显出高雅的气势。至于文学，那是本行知识，别人不会在这方面对一个写报告文学的人有什么怀疑；有机会，说一句‘海明威盖了’或‘卡夫卡真他妈厉害’也就足够”[1]。言者无心，听者有意，史铁生或许只是就事论事，讨论了一番该如何给詹牧师写报告文学的话题，但其中也表达了他对于文学新方法的某些质疑和反思。在他看来，那些为创新而创新的唯新论实验，实际上并无助于作品质量的提升。而在这一年发表的另一篇作品《山顶上的传说》中，史铁生就以创作实绩证明了自己对于先锋写作的理解。

（三）

《山顶上的传说》是一部真正意义上的先锋小说，不仅作品的艺术形式新颖奇特，而且其内在的思想理路也繁复幽远。作为一部史铁生的精神性自传作品，《山顶上的传说》在叙述上因循了主人公“我”的心理变化，那些飘忽不定的思想感触、随性而发的精神思辨，都令小说呈现出了一种明显的意识流色彩。这种艺术形式上的变革，恰能承载起史铁生的创作意图。因为对他来说，在写这部小说的时候，故事元素虽然仍是支撑小说内在肌理的重要骨架，但人物的心理活动、生命感觉，以及叙述者不断插入的思辨与随想，等等，却是这部作品的精华之所在。从这个角度看，史铁生的形式实验，并不是完全受到了当时方法论革新的影响，而是由其耽于哲思、长于玄想的精神气质决定的。

小说讲述了一个残疾青年的命运，史铁生以一种极其细腻的笔法，生动描绘了他对爱情的追求和对写作的痴迷。在此过程中，主人公“我”承受了各种巨大的压力，比如说他不明白为什么命运会如此不

---

① 史铁生:《关于詹牧师的报告文学》,《文学家》,1984 年第 3 期。

公，为什么独独是他，要承受上帝的这般安排？ 他不甘于现状，想要改变自己的生活，但却因残疾而遭到了女友父母的嫌弃。 他热爱写作，为了文学梦想可谓是呕心沥血，但屡遭退稿的命运却让他深感无奈。 这当然是史铁生现实生活的一种投射，因为“从 1979—1982 年，铁生的作品很难发表，发表后也受到冷落，因为他的作品基调的低沉，因为他的作品里游荡的那种感伤的气息。 那时他的作品经常遭受编辑部生硬的删改”[①]。 基于这样的一种现实状况，史铁生笔下的这位残疾青年，在面对稿件的修改要求时，也表现得和史铁生一样倔强，“他合上稿子。 那些用红笔作了标记的段落，正是他不愿意删改的。 不能改。 再说。 怎么改？ 他正是要写这个不走运的人。 改成走运？ 如果走运就是乐观和坚强，乐观和坚强岂不是太简单的事了么？”[②]在这个人物身上，残疾、爱情，还有写作，都透露出了感伤颓唐的意味。 大概是因为深知乐观和坚强这等世俗价值，不仅根本无助于命运的改变，而且有时还会以盲目的偏执倾向，遮蔽了命运真实面貌的缘故，史铁生笔下的这位文学青年，自始至终都回避肤浅的乐观主义，对自己的命运持有了一种宿命悲观的看法。 当编辑出于同情，以降低用稿标准的方式给他发表作品的时候，他也从所谓的人性善中看到了隐含的恶。

从编辑的角度说，他当然以为自己是出于一种社会习见的道德标准而行善，至少在他看来，降低用稿标准就是对弱势群体的道德关怀。 但主人公却不这么认为，他感觉好心人对自己的怜悯和同情，却仍是另一种的形式歧视。 曾几何时，残疾人、流浪者、精神病人等弱势群体，一

---

① 朱伟:《铁生小记》,《书摘》,2006 年第 9 期。

② 史铁生:《山顶上的传说》,《十月》,1984 年第 4 期。

直被主流社会所排斥，尽管文明在不断进步，但结果对于这些弱势群体而言却并无实质性的变化。譬如那个编辑的行为，实际上就是用怜悯和同情，将主人公“我”排斥出了主流社会，此乃一种伦理学意义上的禁闭行为。而之所以单独提出主人公对发表作品这件事的看法，恰是因为编辑的伦理禁闭，已经代表了主人公所处的现实环境的一种常态。好心人尚且如此，更遑论那些优越感高高在上的健全人了。凡此种种，皆让主人公深切地感受到了歧视所具有的破坏力量，因为说到底，“歧视也是战争，不平等是对心灵的屠杀”①。由此可见，小说的真正主题，其实就是记述了人物因遭受歧视后，如何在感怀身世、愤怒抗争的过程中去思考命运和爱情、现实与理想等人生问题。

这是一部充满了思想碎片的哲理之作，史铁生借人物之口，在反观自身的生命旅途时，将感伤、愤懑、绝望和抗争各种情绪予以了理性思索，由是也就形成了独具特色的写作风格。自此之后，史铁生在作品中所欲表达的记忆与印象、思辨与猜想，便成了当代文学史上一个极其特殊的存在。史铁生在写作中有意弱化故事情节、悬置性格塑造，同时彰显精神漫游和思想探索的做法，他的先锋意识委实不逊色于同时期的其他作家。

更为重要的是，与那些致力于创新试验，试图以改变文学范型的方式去表达启蒙诉求的作家相比，史铁生的先锋意识又是如此特殊。那么，对性格温和甚至是有些保守的史铁生而言，他的文学创新究竟意味着什么，或者换句话说，对他而言，先锋何为？

毫无疑问，追求新的文学形式，首先是时代风气使然。当史铁生投

---

① 史铁生:《山顶上的传说》,《十月》,1984年第4期。

入文学大潮的时候，不可能不受到先锋文学潮流的影响。他平日里阅读到的卡夫卡、博尔赫斯以及海明威等西方现代主义文学大师，其人其作皆会成为史铁生思想灵感的源泉。但回过头来看，史铁生作品中的现代主义因素，却在很大程度上与他的思想方式有关。更明确地说，不是史铁生刻意去追逐新方法与新思潮，而是他个人的生命体验实在是太过丰富，对于命运和存在问题的感怀又极为独特，因此当他在创作中欲表达自己的思想世界时，就会在不期然间遭遇了现代主义文学独有的一些存在之思，比如“我是谁”，“我从哪里来到哪里去”，生命的价值与意义，以及存在困境的两难和精神的救赎，等等，这些基于人类普遍命运之上的现代主义之问，皆是史铁生自我生命体验的结果。就此而言，史铁生笔下的先锋色彩，或曰现代主义因素，就并不是一个简单学习西方文学的结果，而是个人体验的一种理性升华。较之那些动辄以西方现代哲学或文学为创作模板的先锋作家，史铁生的先锋文学也因此脱离了概念化与程式化的毛病，从而在精神气质和思想深度方面超乎同侪之上。

譬如说史铁生对写作的理解。在其他作家那里，写作或许是为了表达某种价值诉求，但在史铁生处，写作却是他对存在状况的勘察。这种勘察不以先验的哲学理念为据，而是植根于自我的生命体验，进而在感受存在困境的基础上，针对命运和生命本身提出自己的看法。他书写残疾问题，自然是因为自己身体状况的缘故，但他并不在写作中简单表达对于健全的向往和对圆满的祈求，他似乎更倾向于对残缺现象的书写，其中不仅有生理上的残疾，更有心灵上的残疾，如《山顶上的传说》里那些四肢健全的人物，其精神状况难道不残疾吗？从写人身体的残疾到发现人的精神残疾，史铁生在此过程中，实际上将写作视为了他探索未知世界的一种武器。

此外，写作对于史铁生而言，还是既往生命记忆的召唤，它源自作家内心深处对生命永恒的幻想和幻想破灭之后的悲哀。写作在这个意义上其实就是留下那些留不下的生命的方式。在我们每个人的生命中，留下的仅仅是活过的生命印痕，除此之外我们一无所有。相反，留不下的则是生命本身。在死亡没有降临之前，我们一直都在失去那永远留不下的生命。但这并不意味着我们将只有失去而不会收获，因为记忆的力量会在生命不断消失的过程中，重新激活写作者纷繁的内心，就像史铁生在《山顶上的传说》中所做的那样，他通过残疾青年的命运，重新回顾了自己的生命历程。与此同时，他也在这种记忆中唤起了自己对于过往岁月的全新体验。在这一过程中，写作担当了引领作家走向记忆的责任，它会在叙述中努力挽留那些无法留下的事物。这也意味着史铁生对写作的执迷，其实就是作家对生命意识的坚守。

从另一个角度看，《山顶上的传说》里残疾青年的个人命运，在很多时候都是对史铁生现实生活的完成，比如爱情体验和对苦难的抗争等等。通过写作，史铁生赋予了世俗生活未曾显现的存在价值，反过来，世俗生活又催生了他进行灵魂之旅的精神动力。由此我们才能理解，为什么史铁生会将写作视为他唯一的生活方式，因为他已经把自己的命运托付给了写作——写作与世俗生活不过是完成作家生命历程的两个方面。在这个意义上说，写作就是命运：它不仅引领了史铁生向幽暗精神王国进军的方向，而且还反过来重塑了他的现实生活——写作铸就了史铁生的灵魂。就此而言，先锋何为的问题在史铁生处并不复杂。因为先锋就代表了他敢于突破思想成规，不断向灵魂纵深挺进的勇气。尽管史铁生在艺术方法上并不像有些先锋作家那般千变万化，但他在精神世界里的探索和开掘，对存在问题的勘察与审视，却可被视为真正意义上的先锋。

第五章

一、几回回梦里回延安

（一）

1983 年 7 月，史铁生完成了散文《几回回梦里回延安》的创作。在此之前，他也曾写过类似的作品，比如像《秋天的怀念》这等名篇佳作，就以其感人至深的伦理叙事与平和散淡的美学风格，深深打动了读者的心灵。此后，史铁生更有《合欢树》《我与地坛》以及《病隙碎笔》等散文作品陆续问世。较之《我的遥远的清平湾》《命若琴弦》和《务虚笔记》等小说杰作，上述作品无论在思想性还是艺术性方面都不遑多让。以此衡量，夹杂于这些名作之间的《几回回梦里回延安》，看上去似乎并非史铁生的散文代表作。而这部作品较高的知名度，主要是得益于史铁生拿它做了小说集《我的遥远的清平湾》的“代后记”。

不过值得注意的是，如果将这部作品单纯视为一篇表达史铁生原乡记忆的散文之作的话，那么它或许未必能在史铁生的创作历史中占据一个显赫地位，但若是从心灵笔记和创作谈的角度来看，《几回回梦里回延安》又可说是史铁生写就的一个人生与创作宣言。它的发表，不仅真正标志了史铁生文学观念的成熟，而且也有助于读者了解史铁生今后思想轨迹的发展脉络。

这部作品从标题乃至起始段落，都极易给人留下一种怀乡散文的深刻印象。作品题目取自贺敬之的诗句：“几回回梦里回延安，双手搂定宝塔山。”开篇即表达了史铁生对于陕北魂牵梦萦的无尽思念。虽然对于土生土长的北京人史铁生来说，陕北并非地理学意义上的故乡，但却毋庸置疑地成了他日后抵御现实磨难、安置破碎心魂的一个精神家园。因此他对陕北的怀念，从一开始便弥散出了一股典型的乡愁情绪：“谁想到，我现在要想回延安，真是只有靠做梦了。不过，我没有在梦中搂定过宝塔山，‘清平湾’属延安地区，但离延安城还有一百多里地。我总是梦见那开阔的天空，黄褐色的高原，血红色的落日里飘着悠长的吆牛声。有一个梦，我做了好几次：和我一起拦牛的老汉变成了一头牛……。”但接下来史铁生的写法却一转，字里行间大有逆转这股乡愁情绪的叙述倾向：“我知道，假如我的腿没有瘫痪，我也不会永远留在‘清平湾’；假如我的腿现在好了，我也不会永远回到‘清平湾’去。我不知道怎样才能把这个矛盾解释得圆满。说是写作者惯有的虚伪吧？但我想念那儿，是真的。而且我发现，很多曾经插过队的人，也都是真心地想念他们的‘清平湾’。”①

从表面上看，想念清平湾与是否留在清平湾，似乎是一个关乎真诚与否的道德问题，但在史铁生处，这一问题实际上反映了他对理想与现实之间巨大反差的认识。因为对他来说，基于现实生活的考量，不论自己的双腿是否健全，留在清平湾都是一件不可能的事，毕竟北京才是他真正意义上的故土；但从精神层面上来说，史铁生又离不开清平湾，因为若没有清平湾所代表的理想与情怀、青春与奋斗，那么他就很难抵御现实生活的残酷。这就意味着清平湾这座精神家园，似乎永远只是一个为史铁生提供思想动力和生活价值的彼岸乌托邦，它一方面真实存在，另一方面又遥不可及：前者是地理学意义上的客观存在，而后者则以精神符号的形式，幻化成了史铁生赖以解决人生困境的价值理想。但这些价值理想往往又可望而不可得，譬如已一去不复返的浪漫诗意和如火青春等等。有鉴于此，追忆清平湾就不再是一种简单的怀乡叙述了，它更暗含着史铁生对理想的某种理性认知：怀念是人对自然环境和世相人心中蕴藉的理想的怀念，无法留在清平湾则是理想在现实之中的幻灭。因此可以说，当史铁生在追忆往事中陷入感伤之际，正是他意识到理想与现实的差距，或曰人存在的两难之时。由怀乡牵出存在论意义上的自我认识，这在当时的散文创作中也确属一种先锋意识。

与此同时，若以文学史视野看待这部作品，会发现史铁生的另一番叙事创新。因为“在中国新文学史上，怀乡散文本就蔚为大观：从五四时期的周氏兄弟起，直至三四十年代的沈从文、萧红和艾芜等人，怀乡散文在这些名家的苦心经营下，业已成为新文学界一朵瑰丽魅人的艺术

---

① 史铁生:《几回回梦里回延安》,《小说选刊》,1983年第7期。

奇葩。一般而言，上述诸家但凡写到故乡，大多具有一种类似的抒情模式：或追忆童年往事的稚趣多姿，或感慨现代文明的功利世俗，或凸显乡村俚事的人情之美……。凡此种种，皆是为了烘托作者对人事风华的深情追忆，抑或韶华易老的无尽感伤——所谓的乡愁亦于焉而起。然而，如此文学盛景也给后来者留下了一个近乎无解的创作难题，似乎不管怎样写景状物和思辨抒情，都难以企及前辈名家的神韵风流。长此以往，焉能不落下无法释怀的'影响的焦虑'？好在描摹怀乡主题的作者背景有异，怀抱亦自不同，故而总有后来者能够独辟蹊径，在书写尘封往事的基础上，重新勾画出一段别具韵味的故乡记忆”①。

譬如史铁生此作，开篇缅怀故乡风物，叙述简单却又不失意境之辽远，但随即笔锋一转，置乡愁情绪于不顾，而是围绕是否留在清平湾这一道德问题，开掘出了理想与现实之间所存有的实然悖谬。思之所及，竟能在对精神家园的深情回望中，重新发现了现实存在的诸般困境。与史铁生相比，80 年代前期的中国作家，在类似的怀乡散文中或抒发历史喟叹，或感怀精神危机，又或表达批判意识……涕泪飘零中，难掩其感时忧国的宏大叙事风貌。唯有史铁生，偏安于启蒙文学的僻静一隅，在对日常生活的平淡叙事中，戚戚然直面人存在的两难。就像他既欲回到清平湾，又无法停留在清平湾一样，理想和现实的差距，庶几折射出了人在寻求心灵救赎时的艰难过程。以 80 年代的纯文学视角观之，史铁生的这篇散文，可谓是真正脱离了宏大叙事之后的一种生活真实，由此也反映了他一贯独立和清醒的理性意识。

当然，和史铁生在这部作品里的怀乡叙事相比，他对于文学创作的

① 叶立文:《散文的减法》,《文学教育》,2010 年第 2 期。

某些看法似乎更值得重视。虽然从初入文坛开始，史铁生就在小说创作中表现出一种不事情节营构的散文化倾向，但他并未对自己的写法和背后的文学观念等问题予以具体解释，反倒是在这篇散文创作中，史铁生谈到了自己独树一帜的写作理念。如此一来，《几回回梦里回延安》至少在内容上，就呈现出了怀乡散文与创作谈兼收并蓄的杂糅特征。

若细加观察，这部作品实际上暗含了史铁生一个自足的叙述逻辑，而这一逻辑的起承转合，也最终统领了怀乡与创作这两个看似不太相关的话题。作品从谈论陕北这一精神家园入手，在解释为何十年之后才会动笔去写清平湾的基础上，得出了记忆中一些难以磨灭的东西。这一过程其实就是史铁生对清平湾精神家园属性的一个重构过程。可以这样理解，如果在离开清平湾后即刻书写回忆，那么存留于笔下的可能就大多是一些外在的乡土风物，而只有等到自己的现实生活遭遇了困境之时，清平湾所具有的精神拯救价值才会慢慢凸显。因此史铁生对写作时间的解释，本身就是对清平湾精神救赎功能的彰显。从价值理想出发，史铁生最终明确了日常生活所具有的价值力量："多数人的历史都是由散碎、平淡的生活组成，硬要编派成个万转千回、玲珑剔透的故事，只会与多数人疏远；解解闷可以，谁又会由之联想到自己平淡无奇的经历呢？谁又会总乐得为他人的巧事而劳神呢？艺术的美感在于联想，如能使读者联想起自己的生活，并以此去补充作品，倒使作者占了便宜。这些说道一点不新，只是我用了好些年才悟到。"[①]强调日常生活叙事，关注个人生命体验，史铁生的这一创作观念，即便是发展到了务虚的哲理思辨时也未曾有本质改变，他那些皓首穷经、直抵天人之际的思想追问，无不

① 史铁生:《几回回梦里回延安》,《小说选刊》,1983 年第 7 期。

建构于琐碎平凡的日常生活之中。史铁生后来的创作证明，作家的精神腾飞与思想深度，实与题材的重大与否毫无关联。

（二）

1984年的春天，史铁生的几位朋友牛志强、刘树生、马宗启和熊潮等人，策划了一件对于史铁生而言有着特殊意义的大事，那就是帮助史铁生实现故地重游的梦想——回陕北。几位朋友不仅向北京市作家协会进行游说，而且还在作协领导郑云鹭面前几番撺掇。那时的史铁生已经加入了中国作协和北京作协，属于被重点扶植的青年作者，因此事情进行得还算顺利。当回陕北的消息落实后，史铁生无比高兴，一连几日都彻夜难眠。

5月15日，由北京市作协秘书长王淑珍带队，史铁生和牛志强、刘树生、马宗启、刘乃康、熊潮一行七人，踏上了西去的列车。光阴似箭，史铁生此次回陕北，距离他上次插队初到延安时，已经过去了十六年。在无垠的时间长河里，十六年短暂得只不过是弹指一挥间，但当年那个踌躇满志、心怀天下的青年人，如今却已是双腿残疾、病痛缠身。虽然命运看上去已开始眷顾史铁生，不过在他的内心深处，却总是有着一种少小离家老大回的漂泊之感。对于这位土生土长的北京人来说，陕北既是他地理意义上的第二故乡，也是他魂牵梦萦的精神家园，若不是有插队生活的那段人生阅历，史铁生究竟能不能撑过瘫痪和病痛的打击？从这个角度看，此次陕北之行对他而言，显然就颇有几分精神寻根的意味了。

在随行的旅伴中，王淑珍负责与省地市县的联系协调，牛志强、刘树生和马宗启则陪同史铁生参加各种活动，至于年轻的刘乃康和熊潮就成了史铁生的护驾。18日这天，经过了几番辗转之后，史铁生一行终于到达了关家庄村。是日，天阴有雨，车行曲折，恐是理解史铁生近乡情更怯的缘故吧，越临近关家庄，一行人等就越是安静。史铁生一言不发，紧紧盯着车窗外的山野思绪翻飞。想必此时的他早已是心潮澎湃，小说里曾写到的那些蓝天白云、山梁土岗、鸡鸣犬吠和父老乡亲，此刻都在眼前次第呈现。崖畔的后生，远远望见汽车，就气喘吁吁地跑了过来。老乡们争先恐后地和史铁生握手，把他从汽车里抱上轮椅，里三层外三层地围住了史铁生。乡亲里有一位叫李玉英的妇女，是史铁生念念不忘的亲人，在史铁生、孙立哲等人插队的时候，她不仅在物质上帮助过他们，还在政治斗争中坚强地守护他们。这是一位把知青当成自己孩子的伟大母亲。待史铁生返城后，她也曾不远千里，去北京看望史铁生，还给他纳了双厚鞋垫。李玉英一直称呼史铁生为“心儿”，此刻当她见到坐在轮椅上的史铁生时，就再也难以抑制住自己的感情，一把将史铁生揽进怀里，“又蹲下去轻轻地久久地抚摸他瘫痪的双腿，颤抖地说：‘心儿家辛苦了，心儿家不简单，这个样子还写书！’铁生嘴唇抖动着，半天才叫出一声‘康儿妈！’”①如此瞬间和这等情谊，怎能不让人心魂激荡，唏嘘感慨？

短短的两天时间里，史铁生被热情的乡亲们请去窑里做客，在这家炕头上喝茶吃枣，在那家屋里哼唱陕北民歌。乡亲们也带着史铁生去了

---

① 牛志强:《如歌的行板》,《生命——民间记忆史铁生》第291页,中国对外翻译出版有限公司,2012年。

清平川畔，望着淙淙汩汩的小河细流，史铁生必定想起了他当年放牛的生活。知青窑有的做了仓库，有的即将改建成敬老院，喂牛的场院里，饲养棚也已经拆掉了。但喂牛的细节历历如在眼前，史铁生不断地向同行者们介绍着当时的情景，从他激动的神情和语调就可看出，这是一片滋养了史铁生灵魂的土地。虽岁月如梭、流年似水，丝毫泯灭不了它在史铁生内心深处的神圣光辉。离别的时刻很快到了，史铁生一行离开关家庄的时候，老乡们扶老携幼都来送行，赠送的各式各样的土特产让史铁生应接不暇。乡亲们依依不舍，“送了一程又一程，面包车转了个弯，还看见高高的崖畔上满是人……”①

离开关家庄，史铁生又来到了延安。他不仅在宾馆里接受了陕西当地媒体的采访，而且还在延安大学的报告会、延川县的欢迎会、农村业余作者的座谈会，以及陕西省作协的座谈会上发言讲话。80年代初期，文学正毫无疑义地居于社会生活的中心地位，人们对作家的尊崇和追捧，远远超过了今天读者的想象。史铁生也是如此，他没有料到的是，自己只不过记叙了那颗囚居于轮椅之中的卑微心魂，以及由这颗心魂所散发出来的思想絮语，便会受到如此高的礼遇与爱戴。他心怀感恩，在每一次发言时都认真准备，或是追忆插队生活，或是谈论历史社会，又或是抒发创作体验……讲到动情处，不禁感慨万千，既为自己的青春岁月，也为父老乡亲的深情厚谊。

在半个月的陕北之行中，史铁生驾着轮椅，在朋友们的帮助下，真正感受到了外面的世界是何等的精彩：“蓝天黄塬，深沟险壑，梯田连

① 牛志强：《如歌的行板》，《生命——民间记忆史铁生》第294页，中国对外翻译出版有限公司，2012年。

天，槐花飘香，枣林绿染，窑窗剪红……黄陵古柏，楼观竹林，延河宝塔，清凉诗山，枣园渠水，南泥稻田……茂陵石马，乾陵高碑，半坡彩陶，秦俑阵列，碑林书史，华清漾波。”①举目所及，陕西丰厚的历史文化和壮观的自然风光，无不令史铁生心醉神驰。 更令人难忘的，是陪同史铁生一行旅行的陕西诗人曹谷溪，为了让史铁生感受黄河的伟力，竟在壶口一带，背着史铁生，摇摇晃晃地跑到了瀑布边上，让他终于近距离地体会到了“黄河之水天上来”的澎湃磅礴。

这无疑是令史铁生难忘的一次游历。 对他来说，虽然写作更多的时候是凭借着想象与体验，但那些幽远深奥的冥思与遐想，若无现实生活的积淀和衬托，料必也会沦为无源之水。 与史铁生齐名的女作家王安忆，不仅十分敬佩史铁生的文学创作，而且也为他笔下的真实感佩不已。 王安忆说之所以如此，盖因史铁生是“穿透身体的隔阂，用心力去撞击现实所获得的。 他的真实是有力量的，是由无数超感的玄思组成的。 这些玄思最终落成了平常状态，虽然也是你我他的状态，却又不全是。 你我他的状态是盲目不自觉的，而这却是自觉的思想的果实，有着切实的理由，更使人信服，也具有理想的性质”②。 此言确乎中肯，只要读过史铁生作品的人，几乎都能感受到在他的精神世界里，永远都充满了现实生活的影子。 尽管和那些强调以生活经历为创作蓝本的作家有所不同，但致力于关注精神世界的史铁生，之所以能够在那些务虚的心灵哲思中，屡屡参透生活与命运的奥秘，定然与这些壮游有着直接关

① 牛志强:《如歌的行板》,《生命——民间记忆史铁生》第297页,中国对外翻译出版有限公司,2012年。

② 王安忆:《残疾人史铁生》,《生命——民间记忆史铁生》第303页,中国对外翻译出版有限公司,2012年。

联。从这个角度看，史铁生的每一次游历，都能起到补充其思想资源和强化其生命体验的作用。

二、启蒙神话的幻灭

（一）

如果说史铁生在《几回回梦里回延安》中以创作谈的形式，发表了借日常生活去质疑宏大叙事的创作观念的话，那么自《命若琴弦》开始，他就以意蕴繁复的寓言架构，深刻质疑了在当代文学中普遍流行的一种启蒙神话。这种质疑，主要就表现为史铁生对人之主体性力量的反思。

虽然在此之前的创作中，史铁生也曾和同时代的作家一道，极力呼吁社会正义和人性尊严，也曾通过历史批判与政治反思去追求家国梦想，但其温婉平和、淡然悠远的美学风格，却使其价值诉求常常淹没于个人的存在之思内。譬如在《我的遥远的清平湾》中，史铁生就通过构建一个令人向往的边城世界，委婉地表达了自己对于人性与人道之美的赞颂之情，而隐含其间的民族再造和家国情怀，却因了作品鲜明的美学倾向，终致让位于作者对精神家园的价值渴慕。就此而言，史铁生其实是80年代启蒙文学中的一个另类作家，在他的创作历程中，对个人存在问题的关注，以及基于残疾经验所引发出来的生命困惑，等等，伴随着其身体状况的持续恶化和生命体验的日渐幽微，必然会取代以历史批判和家国梦想为代表的主流的启蒙叙事。事实上，当史铁生在《几回回梦里回延安》中突出个人的平凡历史及琐碎的生活表象时，就已经传达了他对寄托了中国作家现代民族国家梦想的启蒙文学的疏离。而这一思想转变，便集中体现在《命若琴弦》这部作品中。

无论从哪一方面来看，史铁生发表于1985年的短篇小说《命若琴弦》，都可称得上是他在80年代最具代表性的一部作品。就连他自己也说，写完《命若琴弦》之后，“当时就好像心里忽然有了一种豁然开朗的感觉，也可看成是在我写作中一次大的开窍吧。之后我发现，人的心魂深处其实比外界更丰富，也更无奈、更辽阔，更有的可写”①。创作视角的向内转，无疑是这部作品最具里程碑意味的价值之所在。虽然史铁生此前的一些作品，也曾关注人物的精神世界，但因为他对自我残疾经验的执拗，故而其写作大多讲述了一些具有独异生命体验的个人，究竟是如何与外部世界相处的故事。不论是反映人物遭受歧视的命运，还是表达身残志坚的抗争精神，史铁生都一直执着于对自我现实生存经验的鼎力书写，直至《命若琴弦》，他才真正超越了个人的残疾经验，进而在寓言故事的建构中，正视了人在生命旅途中遭遇的普遍生存困境。在此基础上，史铁生才能以慈悲之心，从整体上观照和体察了人的命运问题。可以说这一变化标志着史铁生的思想境界和创作能力都有了一次质的飞跃。从个人主义到普遍主义，从残疾经验到生存体验，从伦理困惑到价值寻求，史铁生终于勘破了“我执”的可怕心魔，从而在悲天悯人的思想境界中，对小说的现代性含义予以了更为完美的呈现。

---

① 史铁生等:《史铁生的日子》第7页,凤凰出版社,2011年。

那么，以《命若琴弦》为界，史铁生究竟是怎样从一个高张人性解放和家国梦想的启蒙者，倏然蜕变成了一位认同宿命和人之有限性问题的命定论者？

小说以行走在大山里的两个说书瞎子开篇，“莽莽苍苍的群山之中走着两个瞎子，一老一少，一前一后，两顶发了黑的黑帽起伏攒动，匆匆忙忙，像是随着一条不安静的河水在漂流。无所谓从哪儿来，也无所谓到哪儿去，每人带一把三弦琴，说书为生”①。史铁生悬置了故事的具体时空背景，以群山中两个流浪者的行踪为书写对象，在无所谓生命由来和去处的慨然喟叹中，起笔便彰显了作品的寓言性质，其中所隐含的种种猜测、隐喻和想象，也就在这般模糊辽远的苍茫意境中悄然出场。果不其然，老瞎子卖力说书的背后，实则隐藏了一个他对自己人生目标的坚定追求，那就是遵循自己师傅的教诲，弹断一千根琴弦后，以此为药引，便能使眼睛重见天日。而小瞎子看似没心没肺，但在和兰秀儿的交往中，心中那份隐秘浪漫的少年情怀却也开始蠢蠢欲动。由此可见，这两位看上去无所谓生命由来与去处的流浪说书者，实际上在内心深处都热切渴望着自己人生目标的实现。

然而，老瞎子复明的愿望最终却遭受了致命的打击。当他弹断第一千根琴弦之后，才发现师傅给他留下的药方竟是一张无字之纸，五十年来所积攒下的希望也在瞬间如梦化泡影。每念及此，老瞎子都忍不住黯然神伤，在经历了极度痛苦的挣扎之后，他终于被迫接受了自己的命运。然而，这时的他，却“怀恋起过去的日子，才知道以往那些奔奔忙忙兴致勃勃的翻山、赶路、弹琴，乃至心焦、忧虑都是多么快乐！那里

① 史铁生:《命若琴弦》,《现代人》,1985 年第 3 期。

有个东西把心弦扯紧，虽然那东西原是虚设”①。这就是说，虽然老瞎子此前是那样的劳碌奔波与忧心操劳，但总有一个生命的目标令他心有所属。哪像现在，在弹断了一千根琴弦之后，竟忽然之间不知自己的生命该何以为继。而小瞎子一厢情愿的爱情，最终也“事如春梦了无痕”——毕竟他对兰秀儿的那份朦胧情感，敌不过残疾所设下的爱情障碍。

正当他们对于生命的渴望都濒临幻灭之际，老瞎子却能舍己为人，不仅放下了自己的生命痛苦，而且还想尽办法去维系小瞎子的生活信念。如同自己的师傅所做的那样，老瞎子再次将那个神奇的药方放进了琴匣子里，并对小瞎子宣称，只有弹断一千两百根琴弦，眼睛才能复明。而小瞎子自是对师傅的教诲深信不疑，他也因此在爱情幻灭的绝境中，依稀看到了一丝生命的曙光。

这部作品寓意深远、含义复杂，评论者们多以史铁生此作的人生目标为题，指其寓意所向实为一个存在主义哲学意义上的西西弗斯命题。法国存在主义大师加缪曾著有《西西弗斯的神话》一文。希腊神话里的西西弗斯，因为神的惩罚，必须把一块巨石推上山顶，到了山顶石头又会因自身的重量而滚下山去，为此西西弗斯就不得不下山重新推起巨石，如此便周而复始、永无结局。在加缪看来，西西弗斯其实是一位荒诞英雄，因为他蔑视神，不屑于神所设下的骗局，所以才会用自己全部的生命力量去对抗荒诞。西西弗斯对自己的生命激情始终满怀信心，他也因此变得无比强大，毫不畏惧地从事着一个看似荒诞的工作。而这种

---

① 史铁生:《命若琴弦》,《现代人》,1985年第3期。

看似徒劳的抗争，即是西西弗斯对于命运不甘屈服的一种存在姿态的显现。他明知推石上山会失败，仍以坚定的行为，蔑视荒诞的命运。

若以此衡量，史铁生笔下的老瞎子不也同样处在一个西西弗斯式的生存境地吗？因此可以推论，史铁生在这部作品中借助寓言形式，表达了他对存在主义哲学的价值认同。他所塑造的老瞎子，其实就是一个西西弗斯式的荒诞英雄。更为重要的是，如果生命的目的本就是无，那么人为何不像老瞎子一样，去努力活出人生的意义与价值？这就是说，人只要重视生命的过程本身，就能将无意义的生命活出意义。而这种以"我活"形式去抗争荒诞命运的举动，就是评论者们所一再赞扬的史铁生的"过程哲学"。

不过值得注意的是，虽然上述判断看似合理，但若细加观察，就可发现评论者们实际上采用了一种典型的启蒙视角去解读作品。因为在所谓的过程哲学中，人不仅可以掌握自己的命运，还能凭借"我活"的力量去对抗荒诞，这当然是人极度推崇自己主体性力量的结果。启蒙主义要人运用自己的理性，推举人为宇宙万物的灵长，呼唤人性价值，甚至不惜以上帝之死为名，极力鼓吹人主体性力量的强大无敌。但这种"人定胜天"的乐观心态，实际上业已背离了启蒙主义对人的理性要求。因为在神秘莫测的命运面前，人只需动用自己的理性，便能洞察到自己的卑微与无助。只可惜启蒙主义对理性力量的无限张扬，反过来却导致了人非理性意识的极度膨胀。在这样的一种自大与狂妄下，人怎么会以理性意识看到理性的局限？这说明一旦启蒙主义过度张扬了人的主体性力量，那么就会陷入妄自尊大的人类中心主义的思想泥潭中去。

相形之下，史铁生以弱冠之年便瘫卧病榻，焉能不知人命运的悲苦和存在的艰难？ 在无比强大的宿命面前，人这个小小的可怜生物，是何等的卑微与无助。 所谓沧海之一粟，适足以形容人在苍茫宇宙中的存在境地。 正是因为有了这样的一种生命体验，史铁生才不至于在《命若琴弦》里不知天高地厚地去鼓吹人的强力意志。 事实上，在老瞎子和西西弗斯之间，根本就存在着一种本质的不同。 譬如西西弗斯是在明知推石上山会归于失败的前提下展开行动的，他的坚毅果敢和勇往直前，也因为这一前提而显得卓尔不群，此乃具有强烈抗争精神的荒诞英雄的突出特点。 相比之下，老瞎子的情况则大不一样，他其实一直都生活在师傅的谎言里，因为他压根不知道自己在弹断了一千根琴弦之后，竟然只会换来一张没用的无字药方。 因此作为一位被谎言欺骗了一辈子的所谓"生命斗士"，老瞎子实际上只是在一种不自觉的自欺方式中，以人格表演的形式，尽可能地延长着自己的生命旅程。

可以设想，若早知自己会落得如此悲凉的命运结局，他还会兢兢业业，在辛苦的说书生涯中锲而不舍吗？ 如果他能做到这一点，那么就不会将师傅的谎言再转告给小瞎子。 因为他深知，要是让小瞎子知道了真相，他就更难坚持活下去。 从这个角度说，老瞎子并非一个荒诞英雄，而只是一个盲目的乐观主义者和善良的人道主义者，他误以为人能够凭借自己的奋斗去改变命运。 但直至尘埃落定，他才懂得"人的命就像这琴弦，拉紧了才能弹好，弹好了就够了"①。 言辞中的无奈之感，恰恰说明了他对命运的臣服。 而"生命在于过程"的小说主题，也因此笼罩着一层悲剧色彩，那就是生命的目的与结局远非人自身可以掌握，我们所能做的，只不过是在悬置生命目的的前提下，通过对人生过程的观察

① 史铁生:《命若琴弦》,《现代人》,1985 年第 3 期。

和体悟去“活”出意义。这种“我活”，其实是史铁生在宿命论思想影响下的某种人生选择。换句话说，活出意义，看似坚强达观，但在史铁生处却不过是一种无奈之举：因为生命的目的无迹可求，人才不得已去活出意义。既然生命的结局早已设定，那么这种“我活”便成了作家在人生旅途中无可回避的一种人格表演。由此就不难理解，为何史铁生独独钟爱戏剧，所谓人生如戏，在别人那里或许是一句感时格言，但在史铁生身上，却成了他人生的真实写照。

（二）

从《命若琴弦》开始，史铁生的写作就愈来愈倾向于人的内心世界。他书写人的生命感觉、体察人的存在困境，当然也在冷静谛视宿命的过程中，曲折表达了他对于人物的关怀意识。与同时代的先锋作家相比，史铁生的书写方向虽大体符合“向内转”的文学潮流，但他对人存在问题的思考，却在很大程度上背离了先锋小说张扬人之主体性力量，进而以历史隐喻和批判意识去重构家国梦想的启蒙主潮。那么，史铁生对于先锋文学启蒙叙事的这种疏离，究竟具有怎样的存在价值？为理解这一问题，首先需从80年代文学中的启蒙叙事谈起。

在80年代的启蒙文学中，为达到历史批判的创作目标，许多作家都倾向于对欲望叙事的采用。从张贤亮的《绿化树》《男人的一半是女人》、王安忆的“三恋”系列小说，到莫言的“红高粱”家族系列和余华的《现实一种》等先锋小说，欲望叙事的崛起已然成为启蒙叙事的突出表征。而对于传统的神话叙事来说，欲望叙事显然具有最为强大的颠覆功能：通过对人物暴力欲望、生之本能以及死之本能的细致书写，80 年代的启蒙作家终能冲破神话叙事所织就的思想牢笼，从而在异己的历史理性之外，寻求到人之存在的本真面目。欲望叙事对人生命本能的发掘与弘扬，也因此在 80 年代具有了一种革命功能。

更为重要的是，欲望叙事对人生命本能的书写，应和的正是启蒙叙事中一个最为根本的思想理念，即人是宇宙万物的灵长，文学理应表达人的存在问题。尽管欲望叙事会在一定程度上背离传统的伦理思想，混淆人性的美丑和道德的善恶，但正因其叙事焦点完全在于人类自身，所以才能在一种人道主义和人本主义的人性描写中，反抗神话叙事所表征的历史理性主义对人生命本能的强力压制。也正因为如此，我们才能理解为什么张贤亮、王安忆、莫言和余华等作家，会始终致力于对欲望叙事的表达。隐含其后的人道关怀，以及对神话叙事的反拨，无疑唤起了 80 年代青年读者的情感共鸣。但问题在于，随着先锋小说对欲望叙事的不断强化，这一原本具有革命功能的叙述话语却将启蒙叙事愈发推向了人类中心主义的思想藩篱。

当欲望叙事将启蒙叙事转化为一种人类中心主义思想之后，80 年代作家的道德理想主义情怀也似乎找到了一个更为坚实的思想平台。从历史上看，中国作家从来就不缺乏道德理想主义精神，只不过十七年小说神话叙事中的道德理想主义，更像是一种心怀天下的事功思想，比如柳青对农业社会主义改造运动的描写，杨沫对革命新青年的塑造，表达的都是服务于社会主义事业的一种集体道德，其工具论色彩显然排斥了个人品行的自我修养。相形之下，80 年代作家的道德理想主义情怀，由于建构在了人类中心主义的思想基础上，故而对道德修养和理想精神的倡扬，也就具有了一种活出人性尊严的存在内涵。这显然也是启蒙叙事对神话叙事压制个人存在的一种反抗方式。不过饶有意味的是，一旦80年代作家将道德理想主义情怀从神话叙事的一种集体主义精神转化为启蒙叙事的人性尊严时，这一思想话语也因此逐步演化成了一种道德神话：从梁晓声的《今夜有暴风雪》《这是一片神奇的土地》，张承志的《黑骏马》《北方的河》，到张炜的《古船》等作，80年代的启蒙作家愈发将个人的道德理想视为人物对抗异己力量的一种存在方式。由是演化出来的自圣哲学，庶几可被视为人类中心主义思想的极端表达。

这显然是一种道德神话：作为启蒙叙事主体的中国作家，越发将自己和具有国民劣根性的庸众对立起来，他们对人性尊严的无限放大，已然达到了蔑视世俗伦理、超越日常生活的精神维度。从这个角度说，不论是欲望叙事对启蒙叙事的改造，还是启蒙叙事中道德神话的形成，都表明曾经一度为庸众忧心的启蒙作家，已越来越放弃了启蒙叙事的疗救功能，转而以道德自圣的存在方式日益远离了早年的启蒙说教。就此而言，在欲望叙事的影响下，80年代的启蒙叙事已渐次演化成为一种以人类中心主义为思想内核、以道德神话为表现形式的新神话叙事。

（三）

相较而言，史铁生从《命若琴弦》开始，其写作的存在价值就开始变得愈发清晰：除了忠实记录作家本人的生命体验和人生感悟之外，史铁生还在建构寓言故事的形式实验中，以疏离当代文学启蒙神话的叙事姿态，深刻展现了小说所应具有的现代性价值。

小说的兴起，是近现代以来人类文化意识发生现代性转变的一个突出标志。小说对人类精神世界的探索，尤其是对生命个体在世性创伤的陪伴与呵护，在某种程度上业已成为小说的现代性印记。那种围绕个体存在困境所展开的小说叙事，不仅对我们常见的异化境地洞幽烛微，而且能在体察个体在世性创伤的基础上，发出与此现代性社会诸般精神病症相对应的价值呢喃。尽管这种经由小说叙事，而非哲学或科学所营构起来的价值呢喃，远非一种体系化的对实然世界的应然性吁求，但正因其对我们具体生活状况的“勘察”与“理解”，才能使现代社会的每一个人，在小说叙事的价值呢喃中发现“生活在别处”的可能——唯有小说家所描画的生存世界，有望令我们脱离世俗生活的无情压迫，进而在一种艺术审美的想象世界中，去安顿、整合自我生命的破碎灵魂，此即为“生活在别处”的真义之所在。毫无疑问，这一点也蕴含了小说对人类进行叙事关怀的现代性价值。

循此逻辑看待现代小说的兴起，则有理由相信在近现代以来的人类社会中，哲学和科学尽管构造了无数形式理性的观念世界，但它们对人类生活世界的遗忘，也成了一个不争的思想史病灶。所幸还有小说，它是“全副心思关注生活世界、勘察个人的具体生存的学问”，它甘愿与一个人的生命厮守在一起，不会对这一个人的生活道路指手画脚，去规划和谋求人生中“应当怎样”的价值体系；它也不会强作道德法官，命令人们反思和忏悔那些业已经历的生命印痕。它愿意做的，或者说只能做的，就是对生命个体在世性创伤的陪伴与呵护：它“询问什么是个人的奇遇，探究心灵的内在事件，揭示隐秘而又说不清楚的情感，解除社会的历史禁锢，触摸鲜为人知的日常生活角落的拟题，捕捉无法捕捉的过去时刻或现在时刻，缠绵于生活中的非理性情状，等等等等”①。小说取代哲学或科学，成为现代人的心灵伴侣。

以此衡量，史铁生的作品，不就是真正意义上的“现代”小说吗？从前述关于《命若琴弦》的分析中，庶几可见史铁生的创作轨迹，已经越来越脱离了具体的社会历史语境，转而在一个更为宏观和整体的人本主义层面，在勘察人物存在困境的同时，尝试着提出解决人精神危机的价值救赎。虽然《命若琴弦》时期的史铁生，还未如后来那般“昼信基督夜信佛”，以宗教精神等更为邈远的价值理想去实现他的精神拯救，但至少他已经超越了对自我存在困境的执拗与书写，这便是从个体意义上的“小我”，走向普世意义上“大我”的一个思想变化过程。而他对“我执”的破除，不仅标志自己的创作从此走向了更为广阔的境地，而且为后来当代文学中神性书写的出现奠定了基础。从这个角度说，《命若琴弦》就好似一声平地惊雷，在炸开“我”之主体性神话的牢固藩篱时，也让史铁生的人生道路越走越宽。因为他深知，写作不仅可以防止自杀，而且还能度己救人——他那颗在苦难人生中浸泡日久的孤单行魂，也因此愈发具有了佛家所言的慈悲之心。

(四)

1985 年对于史铁生来说，是一个多事之秋。这一年，虽然他的写作事业已经开始逐渐攀上高峰，但在私人生活领域，他却经历了一连串令他伤痛的事件。首先是和恋人 H 的分手，其次就是好友龚巧明的遇难。

---

① 刘小枫:《沉重的肉身》第 144 页,上海人民出版社,1999 年。

当然，还有一贯和他过不去的健康问题等等，都困扰着史铁生的内心。

关于和H的恋爱经历，史铁生很少谈及，只是偶尔在与友人的交流中，说自己“害怕这爱情的未来”。H是史铁生好友李燕琨的小学同学，在《我与地坛》里，史铁生曾写到一位天才长跑家，那便是李燕琨了。据李燕琨回忆，H是“一位很女性化很大方很有教养的女孩”。有一次在史铁生的家中，李燕琨和史铁生聊到一个话题，铁生引用了“不屑一顾”，但把“屑”读成了“削”音。H立刻纠正，“什么削啊，白字，不谢（音）一顾”。史铁生笑了，真诚地说：“一字之师，一字之师。”[①]双方的随和默契，由此可见一斑。

两人的爱情应该始于地坛，“地坛也有H傍晚寻找铁生飘飘的长裙和渴望的目光”[②]。那时的史铁生因为爱情，有时候也会忘却了自己的残疾，他总是急切地等待着H的到来。地坛西北角的那片松林，见证了史铁生和H一起度过的美好时光——他们或在林中的碎花小路里漫步，或在曼妙的夕阳光影中沉吟。这份情感，偶尔也会出现在史铁生的一些小说和随笔作品中。比如《老屋小记》里写到的那个二十三岁、两腿残废的男人，“他爱上了一个健康、漂亮又善良的姑娘”[③]。只是对这个男人来说，健康、漂亮、善良这几个陈旧普通的形容词，却给他带来了无尽的折磨。在这段爱情关系中，事实可谓是一目了然，因为残疾已无法更改，男人相信自己不应该爱上女人，但爱情这东西，一旦来临，就“不

① 李燕琨:《爱神之子》,《生命——民间记忆史铁生》第114页,中国对外翻译出版有限公司,2012年。

② 李燕琨:《爱神之子》,《生命——民间记忆史铁生》第114页,中国对外翻译出版有限公司,2012年。

③ 史铁生:《老屋小记》,《记忆与印象》第197页,北京出版社,2004年。

可抗拒，也无法逃避，就像头上的天空和脚下的土地”。男人“坐在轮椅上吻了她，她允许了，上帝也允许了。他感到了活下去的必要，就这样就这样，就这样一百年也还是短。那时他想，必须努力去做些事，那样，或许有一天就能配得上她，无愧于上帝的允许”[①]。因为爱情，男人不仅要坚强地活下去，而且还想做点什么，以便能让自己觉得还配得上那位女孩。这大概就是史铁生当时的心理状况吧。虽然感情的真挚毋庸置疑，但两人关系的成立，却在很多时候都要归于史铁生的努力。可以想见，如果一个男人不是甘之如饴地去享受爱情，而是暗下决心，希望以事业或者别的什么东西去巩固这段关系的话，那么他也会在这段爱情关系中过得小心翼翼。由此便不难理解，史铁生为什么会害怕爱情的未来，因为他知道，任凭自己如何努力，到头来都改变不了残疾的事实。譬如在《山顶上的传说》里，残疾青年对于爱情的感受，不就是史铁生爱情心理的真实写照吗？因此即便当史铁生沉浸在爱情的甜蜜里时，他也能感觉到“总有一块巨大的阴影，抑或巨大的黑洞——看不清它在哪儿，但必定等在未来”[②]。对待爱情的这份恐惧与忧心显然只有他自己才知道，但残疾和健康的不对等、付出与收获的不平衡等，多多少少都让史铁生的这段感情难以为继。

果不其然，到了1985年的夏天，史铁生和H分手了。朋友徐晓回忆说，某天晚饭时间，史铁生来到了徐晓家，徐晓的丈夫周郿英背他进屋，让他坐在专为他准备的躺椅里。一贯好胃口的史铁生不吃不喝，连西瓜都难以下咽。见他沉默不语，周郿英就陪他出去走走。在故宫墙

① 史铁生:《老屋小记》,《记忆与印象》第197页,北京出版社,2004年。

② 史铁生:《山顶上的传说》,《十月》,1984年第4期。

外的筒子河边，周郿英对史铁生说：“你是条汉子，或者应该痛痛快快，活不下去，我推你一把，也没什么了不起。能不能闯过来，全看你自己的了。”[①]在很长的一段时间里，史铁生都不能从失恋的阴影里走出来。直到他后来躲到北影厂的招待所，修改电影剧本《死神与少女》后，心情才渐渐平复。

祸不单行，当史铁生还在承受着失恋的打击时，竟然又接到了一个噩耗：他的朋友，西藏青年女作家龚巧明不幸遇难。史铁生被这消息震惊得说不出话来，沉默许久之后，他说：“错了，全错了！死的应该是我，而不是她！”[②]在很多友人的心目中，龚巧明是这个世界上最值得尊敬的人，她的作品《思念你，桦林》也文如其人，细腻柔美、优雅高贵。作为毕业于四川大学的高才生，龚巧明的创作才华深受包括史铁生在内的友人们的激赏。她去了西藏之后，还送过史铁生一把漂亮的藏刀，史铁生很是喜欢，一直将它珍藏在自己的书柜里。就在她去世这一年的初春时节，龚巧明趁来京出差之际，还请了史铁生、郑义、徐晓、周郿英等友人吃饭。可惜天妒红颜，仅仅时隔半年之后，她便无端地遭遇了车祸，不只是英年早逝，而且还留下了一个五岁的女儿。据说她的遗体葬在拉萨的公墓，才上小学的女儿在葬礼上焚烧了一封长长的书信。这些消息对史铁生而言不啻一个晴天霹雳，他悲愤莫名，摇着轮椅四处奔走，摇到团结湖告诉北岛，摇到戏剧学院通知万之，还叮嘱徐晓，务必尽快发一封唁电，并转告郑万隆和李陀等人。他无数次地喃喃

---

① 徐晓：《我的朋友史铁生》，《生命——民间记忆史铁生》第124页，中国对外翻译出版有限公司，2012年。

② 徐晓：《我的朋友史铁生》，《生命——民间记忆史铁生》第120页，中国对外翻译出版有限公司，2012年。

自语：“她有爱人有女儿，死的不应该是她，而应该是我。”①

对于史铁生来说，失恋和失去友人这两件事，正是他在写作之夜里冥思苦想的爱与死的问题。从残疾之后所萌发的自杀念头，到爱情来临时死中求活的生活苦斗，再到经历非常事件之后对命运无常的震惊，凡此种种，皆让史铁生的心中充满了疑虑。他当然知道这世上有高于人类意志的神，也知道有些事是命中注定。他曾想抵抗命运，但发现自己不过是《命若琴弦》里的那个老瞎子，所谓的奋斗与抗争竟是用来排遣有涯之生的无益之事。因为说到底，人的命运早已被上帝预定，史铁生对于友人之死的悲愤感怀，只能说是再一次感受到自己的有限与卑微。更为重要的是，通过这些事件，史铁生愈发察觉了命运的神秘，他越来越想去探问冥冥之中的某些绝对意志了。正是这些念头，让史铁生对80年代中期的先锋小说，尤其是那些以历史批判和家国梦想为标志的宏大的启蒙叙事，也渐渐地失去了兴趣。从此之后，他的思想，以及写作，都日益转向了玄奥堂皇的彼岸世界。由此可见，史铁生的思想变化，永远都和他自己的生活经历与生命体验，有着直接或间接的紧密联系。

---

① 徐晓：《我的朋友史铁生》，《生命——民间记忆史铁生》第121页，中国对外翻译出版有限公司，2012年。

三、“我”之舞

（一）

在经历了 1985 年的人生波折后，从 1986 年开始，史铁生的生活终于进入了一个相对稳定的时期。这种稳定，并不是指他健康状况的稳定，而是说他成了北京市作家协会的合同制作家，后来又成为驻会作家，也评上了一级作家的职称，因此对于仍算是待业青年的史铁生来说，终于有了一个比较稳定的收入来源。更重要的是，当他在文学体制内谋得一席之地后，不仅现实的生计问题得到了解决，而且传统意义上的作家身份，也让他在创作上获得了更大的自由。

不过在这一年里，史铁生的身体却每况愈下，一直困扰着他的前列腺问题日趋严重，疼痛常常折磨得他无法安心写作，有时候他不得不停下来，整天躺在床上休养。冬天的时候，他那双毫无知觉的腿经不起寒冷，如果冻了，就有坏死的可能；而到了夏天，他全身的热量也只能从上身排出去，因此史铁生额头的痱子就从来没断过。但卧床日久又会带来新的问题，因为害怕长褥疮，史铁生就得频繁地翻身，如此自然就难以睡个好觉。百般折腾下，史铁生的精神大受影响。好在命运总是祸福相依，尽管健康状况堪忧，但疾病之于创作，却总能在向史铁生输送繁复的生命体验时，激发出他更大的艺术创造力。

与同时期的其他作家相比，史铁生并不特别介入当代文学的发展潮流，虽然在知青文学、先锋文学，甚至是寻根文学诸领域，史铁生皆有名作跻身其中，但他所有作品的内在肌理，都与个人的生命体验有关。这当然是由他特殊的生活经历决定的。不过随着时间的推移，史铁生的写作视野也渐趋开阔。在这当中，既有将个人经验升华为普世精神命题的哲思倾向，亦有题材领域的开掘与拓宽。如果稍加观察，就不难发现前者的变化源于《命若琴弦》，而后者则正是始于1986年。因为在这一年的写作中，史铁生虽受困于身体状况的恶化，但依然陆续推出了几部深有影响的作品，比如创作谈《随想与反省》，短篇小说《我之舞》和《毒药》，散文《插队的故事》，等等。

如果审视这几部作品所代表的写作方向，当能发现史铁生的自我突破意识是何等顽强：以《随想与反省》为代表的一系列创作谈，是史铁生对其文学观念、创作意图以及写作思想的自我阐释，其重要性除了帮助读者理解作品外，更因其叙述理路和小说的某种内在连续性，从而成了他一些小说作品的“副文本”——史铁生的有些创作谈，实际上可被视为他对小说“未完成性”的一种补充。通过创作谈的写作，史铁生不仅完善了小说中的未尽之言，而且在阐释与评论中，延续小说里的思想理路。同样，《我之舞》和《毒药》这类短篇小说，虽在名声上稍逊于史铁生的很多杰作，但其思想的深邃、想象力的发达，以及形式的自由，等等，却充分见证了史铁生在放任心魂漫游之后的无所不能。当然，《插队的故事》这类散文同样是史铁生之所长，他对自我经历的回忆，总能成为支撑其哲思体验的生活源泉。要而言之，以创作谈形式进行的文学讨论，以小说（戏剧）形式展开的心魂漫游，以及以散文形式承载的感时怀旧，等等，都日渐完善了史铁生的文学版图。

众所周知，由于受到了福克纳、海明威，以及马尔克斯这些外国作家的深刻影响，80年代中期崛起的大部分青年作家，都曾有过建构自己文学王国的壮志雄心。毫无疑问，这是一个文学世界里群雄割据、虎踞龙盘的战国时代，几乎每一位作家都苦心经营着自己的文学王国：像莫言对原始蛮荒的高密东北乡的瑰丽书写、马原对偏远壮观的西藏高原的奇崛想象、韩少功对神鬼叵测的湘西鸡头寨的深刻寓言，以及苏童对氤氲潮湿的江南水乡的生动描摹等，均能反映出这些文学天才无时或忘的原乡记忆。似乎从寻根视角出发，在虚构的精神故乡里占山为王，便成了这批作家共有的一个集体无意识。虽然他们在创作理念上大多从属于家国梦想式的启蒙文学，但这种文学地理学意义上的“门户之见”，却足以见证80年代中期的文坛风流。

与上述诸家相比，史铁生明显缺乏这种割据意识，即便早在85新潮[①]之前，他就已经建构起了自己的清平湾世界，但因其怀乡意识的冲淡平和与美学诉求的宁静致远，同时更因其对主流启蒙叙事的疏离和反拨，故而并未使其成为一个独立的文学王国。这当然和史铁生的性格有关，以他朴实本分的天性来说，文学世界中的喧嚣扰攘，似乎永远都比不上自己内心里的无言争斗。但这并不等于说，史铁生对于当时的文学状况就没有自己的看法。《随想与反省》这篇创作谈，其价值就在于表达了史铁生对于文学新潮，尤其是寻根文学的一种理解。若以此为据，当能将史铁生从集体主义式的文学创新中有所剥离，其独立的文学史价值

---

① 85新潮是1985年到1989年四年间，批评家有阵地地介绍欧美现代艺术、年轻一代的前卫艺术的一场艺术运动。

也自会昭然若揭。

(二)

《随想与反省》是史铁生较为重要的一篇创作谈，相比于《几回回梦里回延安》《比如摇滚与写作》《答自己问》，以及《写作的事》等名篇，这篇创作谈篇幅虽短，但因其话题的应景和观念的独立而显得价值非凡。该作最早刊发于《人民文学》1986年第1期，后以中篇小说《礼拜日》的“代后记”名义而广为人知。

在《随想与反省》中，史铁生开篇便讨论了“寻根”的话题。与85新潮中的寻根宣言多有不同，史铁生认为，“根”和“寻根”是绝不相同的两回事。前者是“我们从何处来以及为什么要来”，而后者则是为了“我们往何处去，并且怎么去”。按此理解，史铁生心目中的寻根概念，实际上就包含了生命的实然性与应然性这两个问题：前者回眸生命之事实，厘定人的存在根基；而后者则遥望生命之可能，憧憬人的圆满与完成。若以史铁生的看法衡量，则寻根文学大多注重前者，不论是莫言对高密先人原始生命力的发扬蹈厉，还是韩少功对巫楚文化的浪漫想象，抑或是李杭育对江浙文化的价值认同，等等，都只是寻绎出了国民的生命之由来。至于史铁生所说的生命应然性问题，上述诸家似乎就略显疏离，比如莫言在《红高粱》家族故事里对人种问题的勘察，实则暗含着他希望国民发挥生命强力的启蒙诉求。但问题就在于，若国民个个都能以冲决道德藩篱的勇气去克服“种的退化”，进而回归到以红高粱所象征的生命野性之中的话，那么看似自在无碍的地域文化，实际上很难成为普世性价值的文化源泉，由是也就难以担负起中国作家实现民族再造和家国梦想的启蒙情怀。事实上，各种地域文化类型之间的碰撞冲突，其实远大于彼此之间的交汇融合。

在寻根文学兴起的80年代中期，由于政治、历史及文化等原因，当代国民业已陷入了饱受异化的生存境地——那种愚昧、麻木和自私自利的国民劣根性问题，只不过是病态的文化传统及强大的历史权力使然。基于这一异化现象，莫言等寻根作家倡扬人的原始生命力，固然可以颠覆传统伦理的道德假面，强化人的自我认同，但对于主体性神话的彰显，却只能服务于民族再造的家国梦想。若说它能顺带解决某一生命个体的存在困惑，实为天方夜谭。原因就在于，如果将人的解放仅仅视为实现家国梦想的一个手段，那么这种解放势必会无视某一个人在特殊瞬间所具有的存在感觉。而这种感觉，不就是现代小说所欲倾心书写的一个存在对象吗？就此而言，85新潮中的寻根文学，显然因对现代民族国家所持有的瑰丽梦想，而在宏大叙事中遗忘了个人的存在困境。与此相应，寻根诸家也很难对人的生命应然性问题做出更为深入的思考——毕竟以人的解放为手段，实现民族再造和家国梦想，才是80年代寻根文学的启蒙主题。

相形之下，史铁生因其对生命应然性问题的重视，故而也总能在一片回归传统文化的寻根呼声中，看到启蒙主潮之外的人之困局。尽管在《命若琴弦》之前，他也曾凭借个人的残疾经验，反复书写了人在异化境地下的生存体验，但自此之后，史铁生显然更重视对生命可能性的畅想。他对人如何解决存在困境，怎样活出意义来，以及如何对待死亡等问题的关注，无疑更具关怀意识。因此他才会说：“‘寻根意识’也至少有两种。一种是眼下活得卑微，便去找以往的骄傲。一种是看出了生活的荒诞，去为精神找一个可靠的根据，为地球上最灿烂的花朵找一片可以盛开的土地。”①这就是说，现实生活固然荒诞，但人总归是有路可走，那条路，就存在于曾经的精神依据中，只有以寻根的方式找到这一精神依据，那么也就等于找到了让生命之花得以傲然绽放的土地。循此思想理路，史铁生实际上已悄然转向了对信仰的寻找。因为精神的依据，既非某些地域文化的表现形式，更非原始生命的无序成长，而是看似渺茫但却能支撑人生命过程的价值信仰。因此史铁生说：“文化是人类面对生存困境所建立的观念。欲望无边，能力有限，是人类生来的困境。所以建立起诸多观念，以使灵魂有路可走，有家可归。文学是文化的一部分。说文化是文学的根，犹言粮食是大米的根了。譬如树，枝与干，有同根。文学与哲学、宗教等等之不同，是枝与枝的不同。文学的根，也当是人类与生俱来的困境。”②说到底，欲望与人的有限性，才是构成人存在困境的根本原因。而史铁生所说的文化，正是信仰的另一种表达。因为它能使灵魂有路、家园在望。此时的史铁生，已然意识到了自己这个肉身之所的存在价值，他的生活、思想，以及写作，不就是在为内心那颗永恒的行魂探路吗？在生命尚未安宁、灵魂亦不沉静的路上，史铁生终于明确了自己的生命方向，他开始为行魂寻根，也让自己在这样的寻根之旅中日渐成长。如果说《命若琴弦》让他直面了人生的宿命的话，那么从勘察人之异化到追求灵魂的自由，便成了史铁生新的思想方向。

---

① 史铁生:《随想与反省》,《人民文学》,1986年第10期。

② 史铁生:《随想与反省》,《人民文学》,1986年第10期。

（三）

不过，追求灵魂自由的道路既阻且长，比如说你得找到精神的依据，有了它，人才能在现实世界的生活苦斗中有所依恃。而史铁生在尚未明确自己的精神信仰之前，就以一种灵魂之舞的方式悄然展开了他对自由灵魂的追求。尽管这一灵魂之舞，只存在于史铁生丰沛绝伦的艺术想象中，而且也未必是奔向了一个显明具体的精神依据，但它却能以自由跃动的形式，或轻盈曼妙、或步履维艰地蹁跹起舞。这当然是一个目标未明的寻根之旅，虽然史铁生也不完全明了精神的依据究竟是什么，但他却能化身为一个孤独的舞者，通过向灵魂内部的勇敢挺进和对自我心魂的深刻解剖，不断地收获信仰，并锲而不舍地走向神性之维。从这个角度看，史铁生的灵魂之舞，本质上就是一种思想的探路，它既凌虚高蹈又脚踏实地，既昂扬激愤又低沉徘徊。在这样的心魂漫游中，精神的依据，或者说精神的家园，不就会被自然而然地偶遇、不期而至地相逢？

更耐人寻味的是，史铁生这种漫无目标的心魂游荡，反映在其文学创作中，就成了一种没有核心主题、只有思之片段的生命絮语。相应地，作者的议论与随想、感悟和哲思等叙述话语，也就会不断地占领和挤压小说的叙事空间。这对于那些习惯了故事本身的读者来说，显然是一种新的阅读挑战。而史铁生不愿承认自己的写作为文学，恐怕也正是担心传统小说中过多的叙事元素，会影响乃至阻碍自己的精神寻根和心魂漫游吧？但与此同时，史铁生又是一个极具文体意识的作家，他也明确知道小说与随笔的边界，因此构筑一个故事框架，使其成为包容自己心魂漫游的寓言之衣，便成了他小说创作的一个重要特质。这一点就体现在 1986 年所发表的短篇小说《我之舞》当中。

如果按照史铁生一贯的创作路数，那么《我之舞》从标题上说，就理应讲述人物的心魂漫游故事。事实上，这部寓言作品的寓意所指，也确与这一主题有关。但如前所述，史铁生既然要描绘人内部的灵魂风景，同时还要兼顾小说文本的叙事特质，就不会贸然地以直抒胸臆的随笔形式去展开思辨，反倒是更愿意用一个外在的寓言故事去包裹心魂的漫游，唯有如此，方能引而不发、以退为进地去唤起读者的情感体验与价值认同。

较之《命若琴弦》，《我之舞》不论是寓言结构还是思想主题，都更具有形而上学的意味。史铁生在这部作品里讲述了一个荒诞的故事，并以此为依托，讨论了大量萦绕于他心中的生命疑虑。譬如人的有限与命运的无限，生的价值与死的意义，甚至包括转世轮回等话题，都成了这个荒诞故事的寓意所指。而小说里男女两个鬼魂之间喋喋不休的讨论、机锋处处的辩难等等，则开启了史铁生日后在进行小说创作时所惯用的以对话为特征的叙事传统。

作品塑造了“我”、老孟、世启和路四个形色各异的残疾人，当他们在一座僻静的古园里发现了两个无名老者的尸体时，故事也随之展开。“我”年仅十八岁，虽然饱受残疾折磨和看尽人情冷暖，但对于生活与命运的诸多奥秘却还懵懂未知；世启则是一个《等待戈多》里狄狄式的人物，他之所以在古园里徘徊，是因为自己离家的老婆和孩子总说要回来，但始终杳无音讯，漫长的等待让世启也逐渐麻木起来，以至于经常会忘记自己来古园的真正目的；老孟是个瞎子，又喜欢酗酒买醉，但其言语却总是意味深长、弦外有音；而路则有些智障，经常推着老孟在园子里闲逛，和老孟不同的是，路常常以疯言疯语表达着自己的独特认识，比如看见了尸体之后，就会絮絮叨叨地说起跳舞的事来。这四个人物面目模糊，活得颇有些艰辛困顿、苦难挣扎之意。

不过随着他们对尸体的发现，这四个人的生存状态开始发生了某些微妙的变化。毫无疑问，他们都是命运的弃儿，看上去都处在不幸的生活之中。但发现尸体以后，“我”竟然能通灵一般听到了鬼魂之间的对话，因此“我”这一人物的存在，就和史铁生此前所塑造的那些残疾青年形象大相径庭。在这个人物身上，史铁生不再执拗于个人的残疾经验，而是尽可能地剥离了自己的影子，使“我”看上去更像是一个没有鲜明个性、似乎只是为了沟通灵界与现实而存在的功能性人物。这当然是先锋小说常见的一种写法，因为很多先锋作家在塑造人物时，并不在意他的性格特征或人生命运，而是尤为注重对这一人物在叙事进程中所欲发挥功能的强化。以此衡量，“我”显然是这样一个承担叙事演变和情节推进的功能性人物。正是因为有了“我”的存在，那两个鬼魂的对话才能呈现于读者面前。

然而，当“我”在古园中听见鬼魂的对话时，“我”的存在状况开始悄然改变。因为“我”从深受命运压迫的异化境地中，逐步感受到了鬼魂之言的某些弦外之音。再加上老孟和路，这两个事实上以鬼魂之言的释义者形象出现的人物，总是不断地用各种方式向“我”和世启进行解释，因此也就令“我”和世启重新关注起了自我的存在现状。由此可见，这四个人物其实分属两个类型：“我”和世启是世俗生活的沉沦者，深陷生活的不幸而未有反思；老孟和路则是作为先知者的鬼魂代言人，他们通过不断的暗示和解释，最终向“我”和世启揭晓了鬼魂之言的思辨真义。换言之，小说里每一位人物的现实生存都充满了令人怜悯的卑微与无奈，鬼魂的出场，在某种程度上照亮了他们的生命。因此，两个鬼魂之间的对话，就具有帮助沉沦者勘破生死、摆脱异化的存在价值。实际上，这也是史铁生对其心魂漫游进行叙事合法化努力的一种方式。试想若无寓言形式的存在，那么史铁生的生死之问，就难免会沦为启蒙文学常见的说教模式，但以人物前后生存状况的对比为标尺，则能在叙事过程中自然而然地去揭晓其思辨之价值。那么，鬼魂之言，或者说史铁生的人生思辨，究竟都有些什么内容呢？

小说里的两个鬼魂，本就栖居于那两位陈尸古园的老人身上。当脱离肉身之后，这两个鬼魂便在古园里踽踽独行，一会儿说死不过是一个辉煌的结束，同时也是一个灿烂的开始；一会儿又说“世界就是人们所知道的那样的。除了一个人们所知道的世界没有别的世界了”[①]。从表面上看，鬼魂之言旨在强调人的主体性力量，表达一个深受启蒙思潮影响下的人的自我认识，但实际上，它只是史铁生一种世界观的呈现，即只有把世界视为和自我存在发生着关系的一个整体时，这个世界才会有意义。他的意思是说，人必须确定只有自己的存在问题，才是这个世界的根本问题。《我之舞》的含义正在于此，它就是像老孟所说的那样，“你要是跳起来你就知道了，路，你就会看见全世界都跟着你跳”[②]。这也就是说，一个人只有正视了自己的存在状况，这个世界才会因此变得

① 史铁生:《我之舞》,《当代》,1986 年第 6 期。

② 史铁生:《我之舞》,《当代》,1986 年第 6 期。

清晰明朗起来。史铁生此语，显然不是为了强调什么人类中心主义，也不是宣扬人的主体性神话，而是试图告诉世人一个精神寻根的方向，那就是灵魂的舞蹈总归要朝向自己的本真之在去。小说也因此具有寻求自我认识的含义。

除此之外，由于《我之舞》是一部典型的生命絮语，史铁生也因此讨论了很多其他话题，比如他借鬼魂之口说，“只要人们眼光盯着目的，就无法走出绝境。而一旦转向过程，即使‘坏运也无法阻挡你去创造一个精彩的过程，相反你可以把死亡也变成一个精彩的过程’”①。于是生命的意义就在于活本身。这当然是《命若琴弦》以来就有的过程哲学，只不过相较之下，《我之舞》少了几分《命若琴弦》里浓重的宿命论色彩，而多了几分不屈的抗争精神。

（四）

从《我的遥远的清平湾》开始，史铁生就和中国文坛大大小小的各类文学奖项结下了不解之缘，他几乎每隔几年就能斩获一些文学奖项，比如前有全国优秀短篇小说奖，后有华语传媒文学大奖，等等。同样，在1986年，他也获得了一个上海文学奖，得奖作品是刊发于该年度《上海文学》上的一部短篇小说《毒药》。

与《命若琴弦》相似，《毒药》也是一部意蕴复杂、格局精致的作品。由于受到了当时先锋小说运动的影响，史铁生在80年代中期前后的很多创作，也都倾向于用寓言的形式去承载其思想理念，《毒药》自然

① 史铁生:《我之舞》,《当代》,1986年第6期。

也不例外。

小说以一座美丽的小岛为背景，讲述了岛民饲养神鱼的故事。这座小岛原本十分普通，但随着在岛上发现了形状奇特的怪鱼以后，岛民们便开始竞相攀比，以饲养出特殊的神鱼为目标，由此也就引发了无尽的争斗与差异、歧视和不公。主人公是一位离岛多年的老人，在很久以前，当他还是个年轻人的时候，他和岛上所有的居民一样，都梦想着能够饲养出独一无二的神鱼，并在赛鱼大会上出人头地。但无论他如何努力，都没有养成一条可供人称赞的神鱼。事业的失败，再加上周围人的蔑视和嘲笑，这位年轻人有了轻生的念头。他找到岛上的神医，向他索要了两颗毒药，准备结束自己年轻的生命。不过，每当这个年轻人万念俱灰，准备吃下毒药时，总会有股不甘的念头涌上心头。他忍不住想，要是再活一段时间，也许自己的人生就大不相同了吧？于是，依靠着这两颗毒药所带来的激励，年轻人开始努力奋斗，过上了更好的生活。

多年以后，这位年轻人已经变成了老人，他回到小岛，竟愕然发现岛上饲养神鱼的事业已经完全失控，人人都为此癫狂着迷，心无旁骛之下，甚至连传宗接代的大事都出了问题，由于不孕，整个小岛最后只剩下了两个孩子，他们就是神医的孙子。作为一位生活的智者，神医当然看得清岛上所发生的一切，他深知岛民必定会将无法生育的罪责归结于他所开的那些药，于是神医恳请老人带着自己的孙子离开小岛。然而，这两个贪玩的孩子却在无意间吃下了毒药。老人大惊失色后，才发现原来神医当年给他的毒药，只不过是两颗口香糖而已。

这部作品情节荒诞，寓意深远，从表面上看，史铁生所讲述的奇特小岛，自然是人类现实社会的一个缩影。为了满足自己神鱼崇拜的心理，岛上的居民们展开了疯狂的恶性竞争，人心倾轧、排斥异己等现象犹如人间喜剧一般轮番上演。这般景观，或可被视为史铁生对于当代中国社会的一种现实讽喻，隐含其间的启蒙诉求和历史批判正是史铁生这一代作家所共有的创作理路。但较之这种社会/历史隐喻，史铁生对于人存在问题的审视却更具价值。从主人公的生命历程来看，“毒药”无疑是一个令这位年轻人难以释怀的生命密码。在有毒药之前，他人云亦云、随波逐流，和岛上的大多数居民一样浑然不知自己的异化境地，只晓得为了自己那些所谓的理想而殚精竭虑。但遭遇挫折以后，年轻人却在吃还是不吃毒药的选择时刻，悄然领悟了“向死而生”的人生要义。可不是吗？每当他遭遇挫折，毒药都成了他继续活下去的理由，只有在毒药所象征的死亡面前，这个年轻人才知道生命的可贵，而他践行生命的过程，也正好印证了死亡的价值，即死亡其实是激励人继续活下去的一个重要理由。对于大多数人来说，死亡原本虚幻遥远，只有当它即将来临的时刻，人才会感受到深入骨髓的恐惧与忧心。不过在此之前，人连生都顾不过来呢，谁还有心思去关注死？但对这位主人公而言，死却成了他生命的一部分，因为他在活的同时，就时刻以是否去死的念头衡量着自己的生——生变成了他对抗死的方式，死也因此成了他支撑生的理由。既然如此，那么毒药实际上是口香糖这件事就已不再重要，因为说到底，是主人公自己的生死选择，成就了他逃离小岛，过上了更好的生活——这便是自由选择的结果。从这个角度看，《毒药》实际上具备了较为明确的存在主义哲学内涵。

存在主义之于史铁生，当然是一个十分复杂的问题。比如史铁生对存在主义的个人化理解，对无神论存在主义的宗教观察，对“我在故我思”和“自由选择”等存在哲学命题的理解等都值得深入探讨。但有一点可以确定，那就是在80年代中期的存在主义热中，史铁生因其对存在哲学的喜爱，故而在创作中有意借鉴了存在主义的某些思想理论，像在《毒药》这部作品中所隐含的“向死而生”与“自由选择”等哲学命题就广为人知。但这种借鉴仍然存在着某些问题。80年代中期的一批先锋作家，大都受到了存在主义哲学的深刻影响。萨特、加缪、海德格尔、雅思贝斯这些存在主义哲学家，尽管其思想体系和运思方式各不相同，但在中国文坛都遭遇了被误读的命运。个中原因极为复杂，总的来说中国作家本就擅于西体中用，故而在引入上述诸家的哲学思想时，便对其进行了不同程度的简化。一个突出例子，就是存在主义的泛化问题。比如用几个简单的哲学命题取代不同哲学家内在的思想分歧等等，便成了西方哲学本土化的一个显著特征。受此影响，当代先锋作家在进行小说创作时，也往往习惯于用文学形式去承载哲学命题，如此一来，概念化和符号化的创作弊端自是难以避免。

相较而言，虽然史铁生的存在之思大都植根于自己的生命体验和人生经历，因此在这方面也就做得较为自然，但饶是如此，他的部分作品，比如说这部《毒药》，仍然免不掉有一些概念化的色彩。譬如作品为突出寓言性质而对时空背景所做的虚化处理方式，以毒药为媒介，推崇向死而生的哲学概念，等等，较之《命若琴弦》，显然很难说都来自于史铁生自己的人生哲思。大概正是因为这个缘故吧，史铁生后来才会对这部作品的获奖深感意外。

此外，《毒药》还有一点值得关注，那就是史铁生在作品结尾处所表现出来的隐逸思想。当然，作为一个毫无争胜之心的谦卑之人，史铁生早于创作《我的遥远的清平湾》时，就流露出了寄情自然、审美救世的想法，但在如火如荼的启蒙年代，尤其是在一群以天下苍生为己任的同道者中，史铁生不可能将自己的这种“不良”思想倾向表露出来。但随着时间的推移，史铁生在创作中开始经常会表露出这种归隐山林的真实念头。譬如在《毒药》的结尾处，当老人对于拯救小岛已深感无望时，他终于带着两个孩子远走他乡，徒留壮志未酬的深深遗憾。“小舟从此逝，江海寄余生”，人物对于现实的无奈，以及被迫而为的“任心逍遥”，都集中反映了史铁生在疏离启蒙大潮后的那份边缘人心态。

第六章

一、神旨的感召

（一）

在中国的文化传统里，文人相轻自古皆然，只不过这一定律却并不适用于80年代的中国文坛。出于相近的启蒙理念和共有的创新意识，自80年代中期开始，中国文坛的一大批作家就同声相求、彼此呼应，不论是在推进文学潮流的发展演变，还是在营造和谐平等的人际伦理方面，都堪称后世楷模。此等英雄相惜的文坛盛景，尤其体现在一些具有相似人生经历的作家身上。譬如同为知青的史铁生与韩少功、王安忆等人，就不仅在创作上多有交流，而且也在私人生活领域内结下了深厚的友情。当韩少功后来蒙受不白之冤，其名作《马桥词典》被诬抄袭之时，史铁生能挺身而出，以其巨大的文坛影响力率先垂范，鼎力支持韩少功便是一个典型例证。而朋友们自是不甘史铁生整日蜗居北京，于是各种邀请便纷至沓来。拗不过朋友盛情，史铁生也开始屡屡出动，摇着他的那辆轮椅，上天入海，不知不觉间，竟也将足迹踏遍了大江南北。

旅行当然是件苦乐交织的事情，因行动受限，每每出门，史铁生都要劳动他的作家朋友们帮忙，于是那些在自己的文学世界里挥斥方遒的各路诸侯，便都荣幸地给史铁生做起了保驾护航的工作。王安忆、韩少功、洪峰、苏童、格非、何立伟这些熠熠生辉的名字，几乎可以组成中国文坛的顶级阵容了。友人的热情和世界的辽阔，既抚慰了史铁生苦难的生命，也为他积累了更为丰厚的人生阅历。而在旅途中不断翻涌的感受与体验，自会与史铁生闭门独居时的哲思冥想相辅相成，及至默契融合、互为佐证之时，便会化入笔端，成就史铁生一部部文思泉涌、逸兴遄飞的精彩之作。更为重要的是，旅行对史铁生生存空间的拓展，还会让他及时反躬自省，检验和修正自己对于外部世界的记忆与印象。读万卷书，行万里路，史铁生就是在这样一种心无旁骛的状态下，乐天知命地努力生活着。

1987 年 4 月，史铁生远赴海南，与很多作家朋友们一道，共同参与了一场盛大的文学笔会。此次活动由南京的知名文学刊物《钟山》杂志和南海舰队联合举办，谓之“南海笔会”。与会的作家阵容星光熠熠，大有群贤毕至之感。林斤澜、高行健、李陀、陈建功、韩少功、理由、苏童等人，莫不是史铁生的故交新友。而史铁生之所以能够成行，也多亏了时任《钟山》杂志编辑的苏童之功，他和范小天二人费了一番力气，硬是将史铁生抬上了飞往海南的班机。及至在海南开会期间，韩少功、陈建功、何立伟等人也群策群力，帮助史铁生登上了南海舰队的鱼雷快艇。

海南岛当时尚未建省，放眼望去，只见一片苍茫蛮荒的原始景象撼人耳目——那些沉郁阔大的热带雨林、浩渺无边的蓝天碧水，以及洁白出尘的海鸟、沙滩，等等，无不令常年身居北方的史铁生心旌摇荡、目眩神迷。而对于同行的大多数作家来说，神秘的海南岛似乎有股说不出的魔力，吸引着他们趋之若鹜。曾参与此次笔会的韩少功，时隔一年之后便举家南迁，由湖南长沙来到了海南岛定居创业。他后来撰文回忆说："海南地处中国最南方，孤悬海外，天远地偏，对于中国文化热闹而喧嚣的大陆中原来说，它从来就像一个后排观众，一颗似乎将要脱离引力堕入太空的流星，隐在远远的暗处。……尽管那时候的海南街市破败，缺水缺电，空荡荡的道路连一个像样的交通标志也找不到，但它仍然在水天深处引诱着我。"①这水天深处的世外桃源，蛮荒浪漫、破败自由，诱惑着无数有志青年来此大展身手。在内陆早已声名显赫的韩少功自来到海南岛之后，便克服重重阻力，白手起家，披荆斩棘，凭借着创办《海南纪实》（即《天涯》前身）这样风靡全国的刊物，硬是以孤悬海外之态，生生为中国大陆的文化版图平添了一方思想圣地。

史铁生当然没有韩少功的这番豪情壮志，且不说身体条件的制约，即便从心态上来看，小富即安、满足现状，本就是史铁生对于日常生活所持有的一种现实态度。你可以说他不思进取、犬儒主义，但也许是性格天生保守，又或是因为精神世界过于丰盈充沛的缘故，史铁生才会在生活欲求方面如此的甘于淡泊。但这并不等于说，他就不会向往远方，

---

① 韩少功:《南方的自由》,《在小说的后台》第55页,山东文艺出版社,2001年。

更何况这里是足以激发他无数思想灵感的大海。据参与笔会的何立伟回忆，会议期间，与会者个个兴致盎然，流连在海南岛的绝美风景之中，但给人留下最深印象的却仍是铁生："铁生的气质，在所有的作家中是最深沉凝重的，我们在海水中嬉戏的时候不经意回头一瞥，见他坐着轮椅，在沙滩上抬头凝望，像一尊佛的剪影。那剪影让我心头一颤。我觉得我们是用脚在大地上行走，而铁生是用思想在大地上行走。他走得比我们都远。"[①]史铁生曾将自己的人生经历概括为"扶轮问路"，当他端坐轮椅之内，从沙滩凝望大海之时，无人知晓他到底是在感喟大海的雄浑，还是在默想人世的渺小。可以猜想的是，他面朝大海的瞬间，也是内心春暖花开的时刻，因为大海给人所带来的生命体验，总能凭其雄浑壮美，超越个体生命的一己悲欢和生死之限。何立伟说他像一尊佛像，可不就是因为感受到了史铁生的宗教情怀吗？因其生于艰难，长于忧患，再加上无数次在病痛折磨中洞察过生死，所以史铁生才能放下"我执"，感佩宇宙万物的生命轮回。而大海的潮涨潮落、水漫无形，又无疑会在与天地同辉的自然伟力中，激发起他心中那份久存的性灵与慧根，于是那份柔软善良的人性，也就会逐渐升华为慈悲为怀的佛心。

何立伟对于史铁生的这番印象，在他的回忆文章中尤显生动："我们在海军大院的一间大房间里抽烟，争论文学，铁生总显得沉默，偶然插上一句话，却是相当的精辟，他说的都是经过深思的话，令人回味再三。我阅中国当代作家无数，唯觉得铁生有很特别的气质——你挨近他，就会觉得自己脱离了低级趣味，会觉得自己有向上的欲望，会在那一瞬间拼命追求崇高和美。真的是相当奇怪，他身上有种电磁会传递给

---

① 何立伟：《纪念史铁生》，林建法主编：《永远的史铁生》第 147 页，华夏出版社，2011 年。

你，让你当场忘了俗念。我后来想，这就是人格的感染力。在中国当代作家中，对生命作终极思考的人，大概没有谁能超过铁生。正因为了透了生命，铁生的人格才淬了火，达于真正的宽厚和仁慈，达于一种对众生的神性的大爱。于是他的生命的境界，传达到他的文字，无不显出了文学的高贵、深沉和温暖，同时也显出了他的人格上的伟岸和力量。”①史铁生的这种人格力量，正越来越多地被世人所感知。如果说朋友们或可从其音容笑貌中去耳濡目染这种人格魅力的话，那么对未曾与他谋面的读者们来说，史铁生的文学创作，就是能让他们去感受作家高洁人格和存在力量的最好对象了。

（二）

1987年，史铁生发表了短篇小说《车神》。虽然在之前的很多小说与随笔中，史铁生都屡屡写到了与神有关的话题，但作品以“神”为题尚属首次。更确切地说，如果说此前的史铁生常以人的存在困境为主要书写对象的话，那么从这一年开始，他就越来越倾向于对神旨的猜想与思辨了。而同年发表的中篇小说《礼拜日》，也同样暗含着这样一种带有宗教隐喻色彩的思想倾向。不过值得注意的是，无论《车神》还是《礼拜日》，都并非严格意义上的神性书写，因为出现在这两部作品里的神仍然是人的化身。但尽管如此，在人本主义的书写场域中直接引入神的概念，却寓示了史铁生后来亲近宗教的思想转向。

① 何立伟:《纪念史铁生》,林建法主编:《永远的史铁生》第147—148页,华夏出版社,2011年。

《车神》篇幅短小、情感炽烈，主要记叙了主人公残疾青年更换轮椅的故事。小说从主人公“我”买了一部电动轮椅开篇，讲述了他那部手摇轮椅的来历。原来是“我”少年时代的同学的母亲们，一共二十位心地善良的老太太，凑钱给“我”买了这部手摇轮椅。对于残疾青年来说，这二十位母亲，便是他的车神。后来，车神又变成了一个孩子，陪着“我”出门游玩。途中孩子总是说着他的歌谣：“既然死你都不怕，何不同我去远游……”[①]再后来，车神也曾化身成一位姑娘，在主人公坐着轮椅失控，即将坠下山坡的时候施以援手，将“我”从死神手里夺了回来。因此，“我的车神无处不在。我的车神变化万千。现在我终于知道车神是谁了：信心告诉你她是谁，她就是谁”[②]。车神庇佑了“我”在人生旅途中的艰难前行，是二十位母亲，是孩子，也是姑娘，因垂怜“我”的苦难而精心眷顾着“我”的生命。直到“我”有了新的电动车，车神又在一个飘荡着悠扬钟声的礼拜日，“扮成一对年轻夫妇的模样，来把这辆手摇车修整一新，说：‘这世上又有一个需要它的人。’便驾着它飘然而去”[③]。

在这部短篇小说中，史铁生写到了他对于神的理解，即神永不会抛弃世人，他总是以悲悯博大的胸怀庇佑着世上的受难者。当一个人身处不幸之时，神就会以化身的形象出现，适时地对人施以垂怜和眷顾。可惜世人往往无知，竟浑然不觉身边早有神的耐心等候，若只顾着怨天尤人，不去相信神，那么便会陷于苦难而无法自拔。因为神大象无形，

① 史铁生:《车神》,《三月风》,1987年第1期。
② 史铁生:《车神》,《三月风》,1987年第1期。
③ 史铁生:《车神》,《三月风》,1987年第1期。

"信心告诉你她是谁，她就是谁"①。从史铁生的思想逻辑上说，他写这部短篇，固然有感恩友人之情的缘故，但猜想神的存在，承领神的恩赐，却构成了作品中最为精华的思想内核。

如果仅从这部作品来看，史铁生关于神的概念，起初是接近于泛神论的。泛神论相信神就存在于自然之中，在他的主宰下，无限生有限，天地万物，循环往复、生生不息。更具体地说，在史铁生的神义论思想中，神和上帝、无限等同属一意，都是超越于人自身力量之上的宇宙本身和存在起始。说到底，他并非供奉在教堂或寺庙里的人格神，而是世界本体或曰存在本体。②

这当然与史铁生之前的自然崇拜、隐逸思想等都有着内在的精神联系。可以这样理解，当史铁生遭遇了现实的种种苦难之后，他首先选择的是清平湾和地坛这类精神故乡，希望在类似的地理和精神空间内去抚平创伤，隐含其中的自然神论思想，以及逃离此岸世界的精神走向，都会导致他对冥冥中主宰人命运的神的确信。这个时候的史铁生，还谈不上有什么系统的宗教信仰，而且终其一生，他也没有在世上现存的宗教中找到完全的精神皈依。但相信世上有神，以及愿意倾听神的教导、承领神的恩泽，却让史铁生的心魂漫游之路愈发趋于宽广。像他这种不成体系、唯有信念的宗教思考，恰是一个思想的探路者所亟须的精神气质。可以想见，如果史铁生毫不犹豫地皈依某一宗教的话，那么他也就会从探路者变成一位朝圣者，如此一来，他还怎能放任自己孤单的心魂

---

① 史铁生:《车神》,《三月风》,1987 年第 1 期。

② 参见胡山林:《极地之思——史铁生作品解读》第 5 页,中国对外翻译出版有限公司,2014 年。

随处漫游？因为宗教的礼义规范和繁文缛节，势必会囚禁他那颗自由的魂灵。就此而言，史铁生后来日趋精到的宗教哲思，首先就起源于这样的一种泛神论思想。

在《车神》的结尾，史铁生说：“神的事我不去问。对于那辆车，对于那个需要它的人，神留给我想象。”[①]神的旨意虽不可置疑但又可以想象，如是就反映了史铁生对于宗教的一个基本立场，即理解先于信仰。和信仰先于理解的教徒相比，史铁生的这番态度可能不够虔诚，但他对神的想象，实际上是在有关神的话语谱系中，在牺牲小我、侍奉上帝的信仰之途中，给人的理性与思辨、猜测和遐想留下了足够的精神空间。从这个角度说，史铁生一直都是一个人本主义者，即便他后来“昼信基督夜信佛”，也依然忘不了人在宗教维度的存在价值。以宗教思想救赎人之困境，以无限之在预留生命之光，都证明了史铁生对世人和自己所具有的悲悯情怀。若无宗教精神的浸染与熏陶，此等超越于中国文学功利主义和实用理性传统之上的思想果实，怎能会在一个众声喧哗的当代文坛上，以其窸窣低语而振聋发聩？人性与佛心，就这般奇妙地在史铁生处和谐共存。

（三）

与《车神》同年发表的中篇小说《礼拜日》，是史铁生创作中颇为重要的一部作品。因为在这部作品中，史铁生不仅将爱情作为重要的书写对象，而且还以潜在的宗教隐喻，昭示了人的信仰与救赎之途。虽然在

---

① 史铁生:《车神》,《三月风》,1987年第1期。

此之前，史铁生已在不少作品中写到爱情，但较之残疾主题，爱情仍旧具有某种附属性质，即爱情总是以残疾人的爱情形式出现，它的存在，似乎也只是史铁生为了书写残疾主题而设：不论是《爱情的命运》《没有太阳的角落》，还是《山顶上的传说》，等等，爱情都与残疾人的命运休戚与共，它几乎成了残疾人摆脱现实痛苦的唯一出路。这种工具论的书写方式，虽然也表现了爱情的凄美与人性的复杂，但对于史铁生来说还显然不够。因为在他的思想方式中，爱情不仅是残疾人获得精神救赎的途径，更是与残疾一道，成了“上帝为人性写下的最本质的两条密码”①。那么，史铁生在《礼拜日》这部作品中，究竟是如何破解爱情密码的？与此同时，他又寄寓了怎样的宗教情怀？

在史铁生看来，爱情既为人的生命密码，那么它就不应仅仅关乎残疾，它更指向人的残缺。因为对每一个生命来说，现实存在都是不圆满和不理想的，孤独、差别、不幸与灾难等一切缺憾，都会造成人的肉体或精神残疾。换句话说，残疾已成为人类一个最为基本的存在形式：“残疾即残缺、限制、阻障……是属物的，是现实，爱情属灵，是梦想，是对美满的祈盼，是无边无限的，尤其是冲破边与限的可能，是残缺的补救。”②由此可见，当史铁生将残疾从生理层面扩大为人的普遍存在时，爱情也就褪去了为残疾人解决现实困境而设的工具论色彩，进而成了与残疾相对的另一生命之维：它既是残疾的补充，也是圆满残疾、克服异化，以及充盈生命的重要方式，它独立于残疾之外，足以帮助人去实现生命的价值。

---

① 史铁生:《病隙碎笔》第65页,陕西师范大学出版社,2002年。

② 史铁生:《病隙碎笔》第65页,陕西师范大学出版社,2002年。

在《礼拜日》中，史铁生设置了一个近似于连环套的叙述结构，将四个故事两两相套，以两个相对独立的叙事单元分别予以呈现。在第一个叙事单元内，天奇和晓堃是一对夫妻，从婚前热恋到婚后争执，直至离婚，可以说尝尽了爱情的冷暖。但这一故事却并不是小说的主线，它的存在，全系于另一对男女之间的对话。作为天奇和晓堃各自的朋友，小说里的男人和女人非常热心，希望帮助天奇和晓堃解决婚姻中遇到的问题，但任凭两人如何劝说安慰，都改变不了他们离婚的结局。于是在调解朋友婚姻问题的过程中，这两位朋友也彼此熟悉起来，他们之间的交谈，不仅向读者展现了天奇和晓堃的爱情故事，而且也借由婚姻爱情问题的讨论，逐渐将话题引向了更为宽广的人生领域。就此来看，小说里这对男女之间的谈话，可被视为史铁生展开其生命之思的一个叙述平台。

在这对男女的交流对话中，读者可以得知这样一个重要信息，即天奇和晓堃在结婚之前，都是抱着寻找自由的目的的。按理说爱情和婚姻本应是限制男女双方自由的一件事，可他们为何还会抱有自由的信念？其实，人物的婚姻态度最能反映史铁生与众不同的爱情观。在他笔下，爱情和完美的婚姻，不仅不会限制人的自由，反而是保障人实现自由的必要条件。由于人生来孤独，因此便想寻找灵魂的依靠，爱情也就无中生有了。需要说明的是，史铁生认为孤独并不等于寂寞——寂寞是空虚无聊、灵魂凋敝，而孤独却系于人心的隔膜。对于每一个孤独者来说，他或她的内心永远都充满了渴望，不仅渴望有人能聆听自己悲凉的呼告，而且也期待着灵魂的相遇与相知，唯有如此，每个人心中那份挥之不去的孤独才能够得以解除。

然而，孤独又从何而来？人生天地间，无限制有限。是宇宙苍穹的浩渺、自然万物的博大，决定了人若想求活，就得制定规则、遵守秩序，如是方能趋利避害，以顺天应时之态，置自己的有限之身于无限之在。但这样一来，人的心灵也将感受到禁锢。因为人类社会的价值观和羞耻感，势必会酿成心灵间无休止的战争：“从那时起每个人的心愿都要走进千万种价值的审视、评判、褒贬，乃至误解中去（枪林弹雨一般），每个人便都不得不遮挡起肉体和灵魂的羞处，于是走进隔膜与防范，走进了孤独。”①但这岂不是就等于说，孤独的人其内心必定充盈，他急欲冲破心的隔膜，去寻找那灵魂的伴侣，此即为爱情的萌发。就此而言，人的孤独本质，决定了他对爱情的由衷向往，而爱情也就成了人追求心灵自由的必要手段。循此逻辑，人陷入爱河的真正原因，是人逃避孤独和追求自由的天性使然。所以史铁生才会说，人与人“因分割而冲突，因冲突而防备，因防备而疏离，疏离而至孤独，孤独于是渴望着相互敞开——这便是爱之不断的根源”②。换言之，这世上只要孤独仍在，爱愿就会永在——爱情成了人逃避孤独，直达自由之境的必经之途。

然而，爱情虽然重要，可它还要面对婚姻。婚姻本就是一座你来我往的围城，它会以日常生活的庸碌琐碎，不断挤压掉爱情的空间。天奇和晓堃正是如此，他们本来是为了自由而结婚的，婚后的争执与疲倦，让他们终为自由离婚。于是，两人就如同迁徙的鸟儿一般，从此天各一方，在世上的万千心流中颠沛流离，开始了对新的爱情的寻找——因为

① 胡山林:《极地之思——史铁生作品解读》第199—200页，中国对外翻译出版有限公司，2014年。

② 史铁生:《病隙碎笔》第46—49页，陕西师范大学出版社，2002年。

孤独未解、爱愿便在。由是观之，天奇和晓堃的爱情故事，虽被史铁生设定成了一个最为内在的叙事圈套，其爱情和自由主题，却以男女主人公之间的对话形式，成为这部作品的思想源泉。而这对男女也从天奇和晓堃的际遇中，渐次领悟了爱情的意义，于是新的爱愿便逐渐萌发，由此也就反映了史铁生对于爱情的理解，那便是“心灵间的呼唤与呼应、投奔与收留、坦露与理解”①。

而在这部作品的第二个叙事单元内，史铁生同样讲述了两个相对平行的寓言故事。其一是养鸟老人与小女孩的相遇，其二是狼与鹿群之间的较量。前者以一个对生活感到厌倦的小姑娘为对象，讲述了她如何在与养鸟老人的交流中，重新拾获生活勇气的故事，而后者则用欧·亨利式的叙述方式，描绘了动物的求生本能与生命轮回。两则故事的寓意所指，皆是对前述爱情故事的延伸：从爱情与自由的话题入手，通过老人和小女孩之间的精神交流，以及动物故事中上帝对老鹿灵魂的接纳，等等，史铁生象征性地讲述了生命不自由的存在景观，并以鹿群为例，表达了生命对于不自由状态的艰难抗争。更为重要的是，当史铁生以寓言形式揭晓生命的存在困境之后，他也赋予了作品某些隐晦的宗教意味。比如“礼拜日”这一故事发生的时间节点，就暗含了史铁生的某种宗教诉求。据《圣经》记载，礼拜日这一天，“天地万物都创造好了。在第七天，上帝因完成了他创造的工作就歇了工。他赐福给第七天，圣化那一天为特别的日子；因为他在那一天完成了创造，歇工休息”②。而在作品中，反复出现的礼拜日的提醒，针对的正是那终日奔波、辛苦劳作

① 史铁生:《礼拜日》,《中外作家》,1987年第5期。

② 《圣经·创世记》,中文和合本。

的芸芸众生。对他们来说，既然生活艰辛，爱情也不易寻找，那么为何不停下脚步，在圣洁的安息日里，聆听一曲狼鹿合奏的生命圣歌？而老鹿在死后魂归天国，甚至是养鸟人对世俗生活的参透，等等，又哪一样不是在向男人与女人、天奇和晓堃，以及对生活倍感无聊的小女孩他们，展示着神旨的感召？从这个角度看，史铁生在作品的细节描写和结局方式上，皆有以宗教信仰去解救现实困境的关怀意识。而以残疾、爱情和宗教为题的书写方式，也昭示了史铁生日后创作的一个兴趣所在。尤令人期待的是，通过《礼拜日》这部作品，足以印证史铁生的创作实力还在不断提升，因为他那些“摇荡性情、形诸舞咏”的寓言之制，已经愈发地趋于体大思精了。

二、遇见爱情

（一）

在一个人的生命旅途中，爱情往往至关重要。因为它不仅可以改变一个人的现实生活，而且更可能会塑造人的生命形态。但对于史铁生来说，爱情显然来得太晚。虽然他早就在文学创作中憧憬着爱情的美妙，在现实生活中也曾经历过炽热的恋情，但直到遇见他后来的夫人陈希米之前，理想的爱情对于史铁生来说都像是一场可望而不可即的梦。因其唯美虚幻，也因其难以实现，所以史铁生对于爱情的渴望便愈发强烈。

当这种发于心底的爱愿和祈盼流于笔端时，便极易给读者留下特殊的阅读印象。比如史铁生对于爱情的观点就不同凡响，这不仅是因为他经常书写残疾人忧戚哀婉的爱情故事的缘故，更是因为他对爱情的理解，已经超越了世俗生活中那些束缚人性的道德偏见与价值准则。

在他人生的最后一部长篇小说《我的丁一之旅》中，史铁生曾系统描绘过他对于爱情的看法。比如他视爱情为人的生命意义之所在，人活一世，很大程度上都是为了寻找自己的亚当和夏娃。在史铁生看来，爱情除了能够帮助人实现生命的圆满之外，还承担起了体察与承领神恩的责任。因为人若有情，便不再是一个情思沉荒和爱欲凋敝的无魂之器，他才会在由逃避孤独而生的爱愿本能中，极度渴慕对于灵魂伴侣的艰难寻找。由于爱情本身就是上帝为人所设下的一个生命密码，因此人对爱情的渴望和对自己另一半的寻觅，其实质就是人对自我存在原初性的一种悄然回归。

说起来，上帝造人，原本并无太大差别，因此万物混沌实乃存在之起始。但人类的祖先亚当与夏娃，却因为没有经受住蛇的诱惑而偷尝了禁果，并为此遭到了上帝的惩罚。待他们被逐出伊甸园之后，从此便天各一方——亚当和夏娃的分离，也就此成为人存在的一种原始记忆。然而，这样的记忆经常会被遗忘，且看亚当和夏娃自从化身为人间的万千心流后，颠沛流离、艰难困苦，哪还记得住自己生命的由来？好在上帝爱民如子，即便我们曾经背叛过他，他也会对我们不离不弃。这不，按史铁生的观察，上帝为了唤醒我们的存在记忆，于是就专门设定了爱情这个生命密码——它实际上就是上帝交到人手里用来开启存在记忆的一把钥匙。尽管那些坠落于红尘俗世里的亚当和夏娃们，有时会忘却自己对于另一半的郑重承诺与伊甸盟约，但只要心魂不死、情思不灭，便终有领悟爱情这一生命密码的觉醒时刻。唯有当真正的爱情来临之时，亚当才会恍然记起，原来自己曾经的辛苦奔波、左右碰壁，竟然都只不过是为了寻觅夏娃那渺远的芳踪而已！与夏娃的重逢，不就是亚当对神圣的伊甸盟约的践行吗？反之亦然。从这个角度看，史铁生在《我的丁一之旅》中，其实正是通过亚当寻找夏娃的故事，解答了“我”这颗永恒的行魂为何而来以及往何处去的人生命题：就前者而言，尽管“我”的丁一或史铁生之旅困难重重，但“我”始终在人形之器内张望着夏娃的可能居所，即便有时会因误认夏娃而步入歧途，也不会阻止“我”对于夏娃的恒久思念，因为“我”知道“我”正是为了寻找夏娃，才会轮回于种种人形之器中，这即是史铁生对“我”为何而来的神性解答；就后者而言，“我”倘若有幸寻获夏娃的缥缈芳踪，就有可能在重归伊甸乐土的明朗与欢乐中去领悟上帝的安排——因为“神说，那人独居不好，我要为他造一个配偶帮助他”①。因此亚当寻找夏娃，便是人承领上帝之恩泽的神圣开端，也是“我”生命旅程的最终归途。

史铁生又何尝不是如此？作为一个现实生活中的亚当，他虽然饱受着命运的折磨，但在思想的自觉下，那份重返伊甸乐土的愿念从未泯灭。或许在现实生活里他举步维艰，但在自由不羁的写作之夜里，史铁生却能尽情地想象或祷告爱情。上帝一定是听见了他的爱愿和祈盼，否则怎么会送来陈希米这尊“轻残的维纳斯”？在史铁生的生命中，陈希米就是他那位苦寻多年的夏娃。两人之间的缘分始于写作，是史铁生的才华，以及他对命运的理解吸引了陈希米。从这个角度说，史铁生不就

① 《圣经·创世记》第2章第1节—第3节。

是用写作召唤了爱情的来临？ 也正是凭借着写作，史铁生才能够破解上帝设下的生命密码，他也因此幸运无比，毕竟在经历了多年的人生苦难后，他终于得到了上帝的垂青。

史铁生和陈希米的爱情故事令很多人心动。 这不仅是因为他们之间灵魂相契，更因为在二十年的婚姻生活中，两人一直安贫乐道、相濡以沫。 对比世俗婚姻里的种种情感纷争与权力倾轧，这样的爱情与婚姻真可谓完美无瑕。 当两人开始互通书信时，陈希米还是西北大学数学系的学生。 她因为小儿麻痹症而右腿落下残疾，1977 年参加高考时因残疾被拒于门外，1978 年她重新参加高考，终被西北大学数学系录取。 毕业后，陈希米便开始从事数学教学工作。 在大学读书期间，她文理兼修、知识丰富，经常会跑到文科生那里和女同学们交谈。 在同学的记忆中，陈希米不仅见多识广，才华横溢，而且外表也温柔美丽，“气质仿佛滤过的透明的水”，朋友们因此感慨她是一尊“右腿轻残的维纳斯”①。 西北大学的《希望》杂志，是史铁生初次发表作品的地方，陈希米曾经向他约过稿。 两人的缘分便就此开始。 陷入爱河的史铁生是幸福的，虽因分隔两地极少见面，书信往来也足以慰藉他那颗孤独的心灵了。

1988 年 10 月，史铁生赴上海参加了第三届《上海文学》奖的笔会。活动期间遇到了不少朋友，与李锐、杨显惠、赵本夫、李庆西等人相谈甚欢。 尤其还认识了上海作家陈村，两人同为知青，都是病退回城，同样以残疾人身份开始写作，相似的经历令他们一见如故，并从此结为挚友。 史铁生和其他人一道，去嘉兴南湖和浙江乌镇游览了丰子恺与茅盾的故居。 那时的史铁生虽然还没开始进行透析治疗，但肾病已经渐趋严

---

① 高伟:《史铁生和陈希米:耀眼的爱》,《金秋》,2014 年第 8 期。

重了。每每出门，他都只能在轮椅踏脚上放个塑料尿桶，由同伴们或抬着轮椅，或背着他上下车。尽管如此，史铁生还是显得兴致盎然。朋友们都说，他的脸上总是挂着笑容，“除了要说一句什么话而一时想不出时，他才会略为紧张而严肃地半低着头，大拇指、食指和中指紧拈着香烟来回搓，等他找到了自己满意的语句，才会从沉浸的状态中脱出，马上变得眉开眼笑浑身舒坦了。他的笑极其感染人，像个儿童”①。爱情给史铁生带来的幸福感，已经不由自主地扩散开来，让他的心情明朗和愉悦。在王安忆和《上海文学》编辑姚育明的陪同下，史铁生去逛了淮海路，那时的她们哪里知道，史铁生说“给妹妹买一件羊毛衫”其实只是个借口，因为他已经遇见了刻骨铭心的爱情，并从此以后天荒地老，再也没有走出过那神圣的伊甸盟约。

（二）

1989年6月底，陈希米从西安来到北京，与史铁生喜结连理。女神的降临和铁生的新婚，彻底改变了史家的面貌。在此之前，史铁生常常和父亲因为一点小事发生争执。父子两个都是性格倔强的人，争吵的内容也多是些生活琐事，比如为了要不要丢掉一个旧铁盒，两人就能赌气一番。但随着陈希米的到来，这个饱经患难的家庭终于多了一份温馨和快乐。史铁生是地道的北京人，性格总有那么一点中庸平和，说起话来也是不紧不慢，而陈希米是上海人，不光说话语速快，做事也是干脆利落。这种性格上的互补，很快就让婚后的生活变得水乳交融。平和的

① 姚育明：《回顾史铁生的〈我与地坛〉》，《文学报》，2009年1月8日。

家庭氛围让史铁生愈发变得轻松。每当朋友来访时，陈希米就在一旁笑眯眯地看着自己的丈夫，听史铁生和朋友们天南海北地神侃。婚后，史铁生不只找到了终身的灵魂伴侣，还多了一位秘书、护士兼生活助理。他的衣食住行，包括生活中的各种事务，从此都由陈希米一手包办。这对于史铁生来说，自然是意义重大。因为从此之后，他在生活方面就少操了无数心思，而腾出来的那份精力，又不知转化成了多少中国当代文学的宝贵财富！

新婚之后，家里的当务之急就是给陈希米在北京找一份工作，以解决这对牛郎织女的现实问题。否则两地分居的生活，岂不是辜负了上帝给予史铁生的这般恩赐？史铁生和他的朋友们纷纷开始想办法，陈徒手和晓蓉到北京二十二中联系，数学名师孙维纲一眼就相中了陈希米，准备请她做自己的教学助手，但可惜终未成功。曾经担任过北京市教育局局长的老作家韩作黎得知情况后，表示愿意帮忙，史铁生即刻回信表示感谢。就这般四处努力，在经过一番波折之后，陈希米终于调进北京的华夏出版社工作。

这是一家1986年才成立的出版社，隶属于中国残疾人联合会，以专业出版为特色，兼顾大众出版与教育出版，后在经济、管理、西方哲学、传播学、社会学、人类学、医学等专业出版门类都颇具声望。陈希米进入出版社后，工作积极努力、兢兢业业，利用业余时间自学德语，翻译和编辑了不少有影响的社科类图书，尤其是在神学和西方哲学书籍的出版方面，更是做出了重要贡献。比如曾影响了一代读者的《刘小枫集》，就是在陈希米主持下编辑的。对史铁生来说，妻子能进这样的一个单位也是益处良多，且不说夫妻团聚了，单凭陈希米对人文社科书籍市场的了解，就能给史铁生提供很多重要的思想资源。由于害怕电脑中毒，史铁生即便在互联网时代也极少上网，全凭着陈希米的引荐，才阅读了大量的人文社科书籍。而这些阅读活动，无疑也让史铁生玄奥邈远的哲思冥想更多了一份学理性的知识依据。

史铁生曾说，若无陈希米，自己恐怕早就死了。事实也的确如此，陈希米对于史铁生的照顾，真正做到了无微不至的境地。她本身也有残疾，却极少缓缓地走路，“永远在跑”。史铁生有着老北京文人的传统，那就是爱吃会吃：“有点儿像一架优质的收音机，对吃的‘选择性’和‘灵敏度’都很强。不要求价位也不大看重品牌，但一定要可口。一碗炸酱面也有个讲究，首先面条不能太细；面要不软不硬地煮到火候。炸酱要用肉丁，而肉丁还不能太瘦。”①于是陈希米就骑车四处张罗，东家买点酱牛肉，西家买点羊杂碎。为了史铁生吃得好，可谓是费尽苦心。对于史铁生来说，好吃可不光是为了满足口腹之欲，因为肾病的缘故，他只有吃得好身体才能有足够的蛋白质，也才能尽快地恢复体力。除了吃饭，吃药也是件很麻烦的事，因为每天都要服用很多种药，就连史铁生自己也不太清楚，陈希米却烂熟于胸，什么时间吃什么药，剂量又是多少，久而久之，陈希米自己也成了医学行家。

由于双腿瘫痪不得不常年卧床，因此长褥疮就成了令史铁生头疼的一件事。虽然陈希米竭尽全力地照顾他，但由于磕碰和压迫等原因，褥疮总是时好时坏。更要命的是，史铁生自接受了造瘘排尿手术之后，大小便有时都需要人帮助，而且对造瘘口的清洁更是时刻不能放松。这些

---

① 刘瑞虎:《高山流水　四海神游》,《生命——民间记忆史铁生》第159页,中国对外翻译出版有限公司,2012年。

护理工作全都由陈希米做，个中辛苦外人岂能想象。史铁生不能自己翻身，每天夜里都需要陈希米帮忙，也就是说，在近二十年的时间里，陈希米几乎没有睡过一个完整的觉。“铁生夜里会出许多汗，所以还要不断地给铁生擦澡。截瘫病人在冬天极易生褥疮，希米每天要为铁生洗脚。取脚盆，提热水壶、倒水，再蹲下，还扶着一只拐。”①这些护理工作劳心劳力，常人很难坚持，但陈希米却一做二十年。若无相濡以沫的亲情和刻骨铭心的爱情做后盾，陈希米怎能坚持如此之久？史铁生常感叹夫妻“两个人才一条腿”②，可陈希米就硬是凭借着这条仅剩的好腿，为史铁生苦心经营起了一个幸福的港湾。

在史铁生家里的墙上，挂着一幅看上去很老旧的照片，照片里是一个小男孩和一个小女孩，目光明净，纯真无邪。乍看之下很是眼熟，原来照片里的人正是童年时代的史铁生和陈希米。这幅童年“合影”来自新兴的电脑合成技术，因有现代科技，才有这史铁生和陈希米两人“青梅竹马”的明证。然而，这仅仅是他们深陷炽热爱情时的生活情调吗？联想史铁生的爱情观，当不难明了这幅照片的真实含义，其实正是亚当和夏娃尚在伊甸乐园里时的神圣盟约，也是他们分离之时就已许下的深情诺言！而伟大的爱情都大抵如此，为何真正的恋人们总是会感觉初见便如永恒？这是因为亚当和夏娃本就两位一体，内心的爱愿从未消退，于是经年累月沉浸于苦难之中的史铁生，就未曾片刻放弃过对于陈希米的凝望。因其敞开心魂，故而史铁生对夏娃的来临始终独具了拥抱的姿

---

① 刘瑞虎:《高山流水　四海神游》,《生命——民间记忆史铁生》第160页,中国对外翻译出版有限公司,2012年。

② 刘瑞虎:《高山流水　四海神游》,《生命——民间记忆史铁生》第158页,中国对外翻译出版有限公司,2012年。

态，爱情之于史铁生，便是一条通向永恒的路："分割的消息要重新联通，隔离的心魂要重新聚合，这样的路上才有天堂。"①当史铁生步入了婚姻的殿堂之后，那个令他魂牵梦绕的天堂也就因此变得生动鲜活起来。而那幅合成照片所喻示的前世姻缘，则成了史铁生在今后的人生旅途中不断行走的一个永恒动力。

（三）

然而在中国的传统文化中，祸福相依似乎总是一条颠扑不破的真理。尽管史铁生爱情丰收、事业有成，可他不争气的身体却一再出来捣乱。1989年年初的时候，史铁生又病了，而且情况还十分严重。这一年，史铁生三十八岁。

发病时，史铁生高烧不退，让亲朋好友们都心惊不已。本来在第六医院住院治疗，输完液也退了烧，回到家后再度高烧。情急之下，大家想到了曾救过史铁生一命的友谊医院，于是又匆忙换医院。待赶到友谊医院时已是傍晚，门诊下班，无奈之下朋友们只好把史铁生送进了急诊科。在输液过程中，史铁生烧得满脸通红，还时不时地喊冷，间或冒出一两句胡话，情况很令人担心。输液的观察室条件简陋，门口厚厚的门帘儿一掀开，便有冷风灌进来。到了夜里，隔壁床有一位病危的老人情况开始逐渐恶化，就连大夫也束手无策。目睹此景，陪护史铁生的陈徒手怕老人离世会刺激到史铁生，于是就有意用身体遮挡住史铁生的目光。待老人离世，他的儿子还不知情况，进来看到父亲的病床已经空

① 史铁生:《病隙碎笔》第50页,陕西师范大学出版社,2002年。

了，登时就愣在那里。陈徒手紧张得不知该说什么才好，反倒是已经烧得迷糊的史铁生，挣扎着欠起身子，安慰说："老人没受什么罪……"这一细节给陈徒手留下了深刻印象，史铁生的宽厚确是如此，尽管自己也处在危险当中，他却仍然关心着别人。到了第二天上午，急诊室的大夫要史铁生转到病房医治，但床位紧张，史铁生只能躺在医用推车上，"停在友谊医院一楼大厅里，盖着两床被子还牙床打战，周围是川流不息的人群"①。此情此景，如今回想起来依旧是让人唏嘘不已！好在吉人自有天相，正当史父急得不知如何是好之际，遇见了两位穿白大褂的女大夫，她们一眼就认出了史铁生，原来这两位女士正是当年给史铁生治过病的大夫。她们一边忙着给史铁生安排床位，一边连着说："铁生不易、铁生不易。"②

史铁生这次住进友谊医院，依然是在神经科。住院后，经诊断为附睾炎，泌尿科大夫马上做脓肿的引流手术，接着换药和冲洗。按理说，附睾炎病人是不该住进神经科的，但史铁生却是个例外。这大概与他二十一岁那年住进神经科，和这里的医生护士结下了深厚的友情有关系。当时在神经科的医护人员，都把史铁生当成了自己的孩子，会给予他急需的一切关心。这次住院也同样如此，甚至到了1993、1994、1999年，史铁生连续三次因为下肢静脉血栓而住进友谊医院时，也是神经科收治的他。友谊医院给予史铁生的一切，已经不再是治病救人这般简单，而是让史铁生在绝望痛苦之中，一次又一次获得了新生。

① 陈徒手:《感念几事》,《生命——民间记忆史铁生》第134页,中国对外翻译出版有限公司,2012年。

② 陈徒手:《感念几事》,《生命——民间记忆史铁生》第134页,中国对外翻译出版有限公司,2012年。

在友谊医院治疗期间，陈希米的到来让史铁生分外喜悦。陈徒手回忆说："有一天病房突然出现一位清秀的女同志，铁生笑吟吟地合不上嘴，整个眉宇间焕然一新，一遍遍地向客人介绍说这是从西安来的，是学数学的。陈希米的出现，是铁生住院期间最为耀眼的亮点，照亮了他原本暗淡低落的感情生活，其火焰光彩夺人。"①另一位朋友柏晓利也说："希米相貌隽秀，为人聪慧，虽然架着一只拐，行动却毫不笨拙。她说话很直接、爽快，做事也非常麻利。整个住院期间，希米不离小史左右。"②在陈希米的精心照顾下，史铁生的病况也逐步好转了起来。

(四)

陷入爱情的史铁生，虽然收获了个人难得的幸福，但80年代后期中国社会风起云涌的历史变迁和巨大变革，却让他那颗善感的心灵不得平静。这对于史铁生来说其实是个不小的折磨：一方面，他执着于对人存在问题的极地之思而不能自拔；另一方面，他又因社会时局的瞬息万变而忧心忡忡。尽管因性格禀赋和个人境遇等缘故，史铁生极少参与当时的各种运动，但这并不代表他不关心现实。更何况史铁生的朋友大多是一些入世极深的热血男儿，每当他们在史铁生家聚会时，闲谈的话题也不再局限于知青插队或文学创作，严峻的社会现实问题常常促使他们慷慨陈词，激昂的语调无疑深深地感染了史铁生。不过，史铁生的理性之

---

① 陈徒手：《感念几事》，《生命——民间记忆史铁生》第134页，中国对外翻译出版有限公司，2012年。

② 柏晓利：《友谊从二十一岁开始》，《生命——民间记忆史铁生》第202页，中国对外翻译出版有限公司，2012年。

处就在于，他既能理解并支持这些朋友的变革愿望和政治诉求，同时也能冷静地看到启蒙运动所暗含的暴力倾向。对于朋友处境的忧虑，恐怕要超过了他对时局的忧患意识。

三、猜测命运

（一）

继 1987 年发表《车神》和《礼拜日》后，史铁生在 1990 年之前短短的数年时间内，又陆续推出了一批影响较大的作品，如创作谈《答自己问》、小说《原罪·宿命》《一个谜语的几种简单的猜法》，等等。此时，距离写出《我与地坛》这样的传世之作尚有一段时日，而史铁生也能好整以暇，在他的写作之夜里继续着自己的心魂漫游。如果说史铁生之前的作品多以宿命论思想呈现了他在命运谜局面前的无奈之感的话，那么这段时期的创作，似乎就更能折射出史铁生愈发旺盛的好奇心。命运对他来说，虽然是个不可预知、只能接受的超自然之物，但因其神秘莫测，故而颇能吸引人去一探究竟。值得注意的是，史铁生对命运费尽心机的窥探与猜测，其主旨有时未必是出于对宿命的挑战，也和那些所谓人定胜天的强力意志无关，而仅仅是他灵魂深处那份孩子般的好奇心使然。

毫无疑义，好奇心是驱动人类社会不断进步的力量源泉。若无对外部世界的好奇张望，人类怎能从茹毛饮血的蛮荒时代，跨越知识的匮乏与想象的边界，进而以文明之态，越来越拓宽了自己的生活与精神空间？ 不仅科学技术受惠于人类永不餍足的好奇心理，就连哲学这一所有知识的根基与总和，亦是由人类好奇心所引发的一种爱智行为。 要而言之，大到人类社会，小到孤单个体，好奇心实乃一切文明进步和人生圆满的内在动力。 这一原则同样适用于史铁生，他精骛八极的心魂漫游，不就是为了满足自己对于世界、生命以及命运的无尽好奇吗？ 虽然现实困苦、宿命强大，但这并不妨碍史铁生在他的精神世界里上穷碧落下黄泉。 譬如他在作品里费尽思量地去猜测命运之谜，就全拜其强烈的好奇心所赐。 因为好奇，便要追问，不管追问的对象，诸如爱情、人生以及命运等问题是多么的繁杂难解，一旦从史铁生处化为质询的对象，就形成了写作。

在《答自己问》中，史铁生说："人为什么要写作？ 最简要的回答就是：为了不至于自杀。"①常有论者据此以为写作就是史铁生对抗苦难的方式——因了写作，他才不至于向残酷的现实低头。 史铁生对于写作的解释，却并非单独地指向自己，他所谓的写作，更具有一种普世性的价值。 他认为，人与动物之所以不同，盖因人还有一点精神上的追求，而"写作就是要为生存找一个至一万个精神上的理由，以便生活不只是一个生物过程，更是一个充实、旺盛、快乐和镇静的精神过程：如果求生是包括人在内的一切生物的本能，那么人比其他生物已然又多了一种本能了，那就是不单要活还要活得明白。 若不能明白则还不如不活那就干脆死了吧。 所以人会自杀，所以人要写作，所以人是为了不致自杀而

① 史铁生：《答自己问》，《作家》，1988 年第 1 期。

写作。这道理真简单，简单到容易被忘记”①。说白了，写作不是史铁生独有的对抗现实的武器，而是人类一种试图“活得明白”的精神念想，是处于求生本能之上，且能令人之成人的一种价值诉求。当人面对神秘莫测的命运谜局时，这一价值诉求便以猜谜的方式体现了出来——只有敢于猜测命运谜局，人才能“活得明白”。就此而言，史铁生绝不会放弃对命运的想象与猜测，即便他自己也承认宿命的强大，但为了活得明白，史铁生甘愿走入命运的迷宫，并从此筚路蓝缕，在生命的艰难行旅中勇往直前。

(二)

短篇小说《原罪·宿命》，是史铁生对于命运之谜进行大胆猜解的一部实验之作。这部作品由两个看似独立、但又有着内在关联的片段组成。

在“原罪”部分，主人公十叔是一位高位截瘫的患者，居住在一个不到十平方米的小屋内，只能靠开豆腐作坊的父亲供养以维持生计。就是这样一位无法行动的残疾人，内心却异常的丰富，他总是凭借着镜子的反射和一扇小窗，在有限的视野中无限地想象着自己的生命可能。十叔对阿夏阿冬和“我”这些孩子所讲述的那些神话故事，无一例外都具有心理代入的功能——因为只有在和孩子们的交流中，他才会不自觉地沉浸在自己的故事之中，进而以叙事摆脱苦难、重构现实。在他虚拟的

① 史铁生:《答自己问》,《作家》,1988 年第 1 期。

生活空间内，十叔健康乐观、享受生活，这种心灵的自由使他与孩子拉近了距离，而讲故事和听故事的叙事场景也意味深长。在这当中，孩子们对于故事的内容自然是百般期待，但在讲故事的十叔那里，最最要紧的却是他对那些所谓神话故事的情感代入，因为正是叙事让十叔在瞬间改变了自己的生存处境。就此而言，“原罪”所设下的这个讲述与倾听场景，实际上也反映了史铁生一贯的写作意图，即写作（体现在这部作品中，也可以指十叔的叙事）从本质上来说，就是作家对于人物的一种叙事关怀。而十叔对于自己生存困境的安慰和摆脱，也同样体现了他心魂不死、理想不灭的抗争精神。

然而，相比于理想的炽热，现实却又是如此的残酷。当十叔在孩子们的帮助下终于见到了那个在他的神话中“会唱歌的人”时，才发现他既没有强壮的体魄，也没有高人一筹的智慧，而仅仅是一个又矮又小又瘦，而且手里拎了根竹竿探路的盲人，于是十叔理想幻灭，失望之余大病了一场。到了最后，十叔又沉迷于吹泡泡之中。其实，泡沫的繁华与虚假，寄寓的正是史铁生的一种反讽意图——原来十叔所有的想象，都只不过是脆弱易碎的美丽泡沫而已。

若据此就说十叔的故事只不过是再次印证了宿命的强大和人生的卑微，显然也未必尽然，毕竟史铁生在这部作品里还试图表现人物的生存勇气，十叔虚构出来的那些神话故事，正是他对于命运谜局的一种猜解方式。因其不甘心，所以才会如此沉浸在自己的想象世界中。而对于史铁生来说，“原罪”也暗含了作家对于未知命运的猜解之心。作为一个来自基督教的宗教术语，原罪指的是人类生而俱来的、洗脱不掉的“罪行”。《圣经》将人的罪分为两种——原罪与本罪，原罪是人类始祖亚当和夏娃违背上帝命令后所遗留下来的罪性与恶根，而本罪则是各人今生所犯的罪。由于原罪的存在，人类才和完美的神长期隔绝、难以沟通。像十叔这般高位截瘫的不幸者，生平即便未做任何恶事，也要为自己的原罪付出惨重代价。

更有意味的是，史铁生在为作品如此命名之后，却并未在故事中对于原罪问题有着哪怕是一分一毫的讨论，故而标题也就孤悬于文本之外，不具任何概括和总结故事情节的叙事功能了。这种名实不符的现象，无疑折射出了史铁生对于原罪说的深切认同，即原罪从根本上就无须为十叔的苦难负责，因为它本身就是存在之根基，所谓大象无形正是此意——不论人如何努力，都逃避不了原罪所造成的人生后果。但与此同时，原罪的存在并不意味着人就可以无所事事，只能臣服于它的命运规划而黯然伤神，因为人还有精神、欲念与想象，故而猜测命运之谜，也就等于是在用那一点心魂和无穷念想，用看似无益之事去遣有涯之生。尽管猜谜行为可能不会带来现实状况的改善，但人之为人，恰在于心魂的不死。从这个角度说，“原罪”一节，当是史铁生以好奇之心去猜测命运谜局的实验之作。而在作品的第二部分“宿命”中，史铁生的这番用心就更为明显了。

相对于“原罪”的沉重滞闷，“宿命”一节虽以主人公莫非的悲剧人生为书写对象，但却极具黑色幽默的喜剧色彩。那些无处不在的自嘲和荒诞元素，代表了史铁生对于命运问题的猜测与想象。莫非在骑自行车时不幸发生了交通事故，最终瘫痪在床，之前的出国理想也就此灰飞烟灭。心有不甘的莫非自是对自己的悲剧命运百般不解。在枯卧病榻之际，莫非用一系列匪夷所思的假设倒推，试图回想起自己人生悲剧的根源。按他无比精确的时间推算，若是自己遇见熟人的时机往前或往后推一秒，那么车祸就能避免。但到底是什么因素导致了自己和熟人恰巧在那个时间节点相遇的呢？原因竟然是自己排队买包子的时间问题，早到或晚到包子铺，抑或是多吃或少吃一个包子，这巨大的悲剧都会被避免。接下来的问题是，又是什么原因导致莫非恰恰在那个时间节点去了包子铺？……以此类推，答案竟然是："一个又臭又闷的响屁。"原来事情的经过是这样的：身为老师的莫非，在课堂上惩罚了一个笑得莫测高深的学生，并因为课后和这位学生交谈而耽误了一点时间，于是就恰巧得到了一位同事所赠送的歌剧票。而为了赶时间看歌剧，莫非便骑车去包子铺吃东西，继而遇见了熟人，再然后骑自行车时就不慎倒在了大货车的车轮之下……。多年以后，莫非方才得知，那位学生发笑的原因竟是他看见了一条狗，而这只狗"望着一进学校大门正中的那条大标语放了个屁"①。从这里开始，一切琐事都如蝴蝶效应般被无限延展，环环相扣，直至在莫非平静的人生航程里掀起了滔天巨浪。

从莫非的一系列假设倒推中，首先可见的自然是时间的权力。是精确到以秒为单位的时间，规划、掌控乃至决定了莫非的命运。作为一个自足封闭的体系，时间显然有着超乎于世界万物之上的恒定性，它不以人的主观意志为转移，反而会以自身的权力力量去控制人的生命走向。乍看上去，从过去到现在，直至未来的时间之流，几乎是一个不可战胜的人类天敌。所谓光阴似箭、时光荏苒、岁月如梭、时移世易等描绘时间流逝的词语，皆反映了人在面对时间权力时无以应对的踌躇与惶惑。但对莫非来说，时间虽然不可战胜，可他偏要以心魂的自由，挑战一番

① 史铁生:《原罪·宿命》,《钟山》,1988 年第 1 期。

命运的必然。因此莫非的一系列假设倒推，便具有了猜测命运谜局的意味。特别是当他锲而不舍、追根溯源，最终将自己的悲剧命运和“一个又臭又闷的响屁”联系起来的时候，他也就在局部上洞察了命运的奥秘：原来这一出悲剧的肇始竟系于偶然，且不管这个悲剧是如何的惊天动地和撼人心魂，到头来都否定不了它因“狗屁”而产生的荒诞意味。看似庄严沉重的人生悲剧，就这样在莫非的假设倒推下，显现出了令人啼笑皆非的闹剧本质。

这岂不是说，命运的本质就是偶然？单从这一点来看，史铁生对于命运的闹剧属性显然是有着深入洞察的，这与存在主义所说的人是被抛到这个世界上来的道理并无二致——那些神秘莫测的命运谜局，有时竟缘起于一些毫不起眼，甚至是可以忽略不计的小事。考虑到和史铁生同时期的大多数先锋作家，因为出于对历史规律这一历史理性思想的反叛，故而常以偶然性崇拜替代必然性崇拜，就不难理解史铁生对于命运谜局的猜测，其实兼具了存在主义哲学与反历史理性主义的两种思想倾向。

但问题的复杂性就在于，如果一个人的命运起源于“狗屁”一般毫无意义的生活琐事，那又怎么解释莫非在此之后鬼使神差的时间之旅？为什么不是多一秒或少一秒？只要他改变了车祸事件中任何一个细节的时间精度，那么他就会远离灾难，实现自己出国留学的人生梦想。故事的最后，莫非终究无法逃离时间对其悲剧命运的掌控，他只能接受这一环扣一环的所谓“巧合”。但细思之下，这一切难道都是巧合吗？从莫非的回忆中可以看出，车祸事件中的每一步都如钟表上的齿轮一样严丝合缝、按部就班，从而导致事件的发展趋势是那么的合乎逻辑、顺理成章，冥冥中一切似乎都早已注定。可想而知，这世上若无造物主的安排，谁又能预定和导演莫非的人生旅途，竟会如此“巧合”地走进了存在的深渊？由此可见，命运又是必然！尽管它发端于一个看似荒诞的偶然事件，但后续走向却如宿命一般无从更改——史铁生的宿命论思想毕竟强大，到头来不论莫非如何绞尽脑汁，在神秘莫测的命运谜局前都只能徒唤奈何！

从命运的偶然性问题着手，史铁生收获的依然是一个宿命论的结局。从中可以反映出一个思想的悖论：一方面，受时代启蒙风潮的影响，史铁生重视人的主体性力量，虽承认宿命却不甘屈服，由是便造就了他笔下人物敢于猜测命运谜局的生存勇气；但另一方面，史铁生却能在想象命运的可能性时看到了存在的有限，进而也就对所谓的过程哲学（以《命若琴弦》为代表的过程哲学，其实也是一种存在论意义上的斗争哲学）常有绝望之感。他借莫非的自嘲与调侃，真实地记录了自己在猜测命运谜局时的无奈与彷徨。毫无疑问，史铁生内在的思想悖论自然是一对互相对立的价值取向，但人之为人，不就是因为意念的驳杂与心魂的纠结，才会生成那些无比强烈的生命体验吗？若一个人动辄便立场坚定，毫无质疑和反思精神地坚持己见，那他若不是完美无瑕的圣人，就一定是只知一根筋走到底的傻子了。好在史铁生两者都不沾边，他只是一个常常心怀疑虑，在命运谜局中进退维谷的普通人而已。只不过，这是一个有着强烈的生命自觉意识，而且从不随波逐流和浑浑噩噩，试图活出个明白的普通人！

（三）

也许是对复杂的命运谜局实在难以把握，史铁生索性写了一部名叫《一个谜语的几种简单的猜法》的小说。不过，称其为小说也有些勉强，因为史铁生在作品的结尾处说："我现在愈发不知写小说应该有什么规矩了。好不容易忍到读完了以上文字的读者，不必非把它当作小说不可，就像有些人建议的那样——把它当作一份读物算了。大家都轻松。"①那么，这到底是一部怎样的作品，以至于史铁生如此拿捏不定它的文体类型？

实际上，如果通读作品，就能理解史铁生对其小说属性的否定，其实暗含着他的某种创作意图。因为这部作品虽然是由几则虚构的寓言故事组成，但贯穿全作的神秘谜语却与我们每一个人的现实生活都密切相关。也因如此，史铁生才不愿意读者将这部作品简单视为小说。他是以自己的体验和思考，邀请读者与他一同参与到猜谜游戏中去。由于小说的虚构本性，往往会阻碍读者对于作品思想空间的参与度，故而史铁生称这部作品为读物，言下之意实有弱化小说虚构性的创作倾向。

在讲述这三则寓言故事之前，史铁生首先交代了谜语的内容："一、谜面一出，谜底即现；二、己猜不破，无人可为其破；三、一俟猜破，必恍然知其未破。"②由于"人总是看不见离他最近的东西，譬如睫毛"，因此对这个谜语的重要性，以及它和我们现实人生的相关性就会

---

① 史铁生:《一个谜语的几种简单的猜法》,《收获》,1988年第6期。

② 史铁生:《一个谜语的几种简单的猜法》,《收获》,1988年第6期。

熟视无睹。而以谜语开篇，也就意味着史铁生将要讲述的三个故事，实际上都是对这一谜语的几种猜法而已。

在第一个故事之前，史铁生首先穿插了一个幼儿和奶奶之间的对话场景。从叙事功能上来看，这一序曲不仅借奶奶之口说出了那个晦涩难解的谜语，也借助幼儿天生的好奇本能，刻画了人最原初的生命疑虑："要想回答譬如说——世界是从什么时候开始的——这样的问题，我想最大的难点就在于：我只能是我。因为事实上我只能回答——世界对我来说开始于何时——这样的问题。因为世界不可能不是对我来说的世界。"[①]但问题是"我"又有多大的能耐，可以知晓自己生命的由来与世界的开始？答案显然是否定的，因为"我"的有限性决定了"世界对我来说很可能不是像我认为的那样"[②]。这便是所有人生而不幸的根源，因为"我"知道，既然世界超出了"我"的认知范畴，那也就说明"我"根本无法掌控自己的命运。

接下来便是第一个故事。"我"是一个对特殊数字有着近乎迷信思想的人。因为这个人物的体重是永远不变的59.5公斤，每天早上醒来的时间是6:30，故而他直觉地认为595和630这两个数字是他复杂人生中的一个生命密码。直到有一天，他拨通了595630这个电话号码，才发现这世上竟有和他无比相近的人存在。电话那一头的女人，不仅耐心地倾听了"我"的诉说，而且在很多次天南海北的聊天中，都表现出了与"我"心有戚戚焉的情感共鸣。两人不可遏制地陷入了热恋，当两人最终决定见面时，"我"意外发现，对方竟然是自己的妻子。戏剧性的结

① 史铁生:《一个谜语的几种简单的猜法》,《收获》,1988年第6期。

② 史铁生:《一个谜语的几种简单的猜法》,《收获》,1988年第6期。

尾令人回味，这当然是一个巨大的反讽，夫妻双方同床异梦，待寻获红尘知己时方才得知，原来他或她要苦心寻觅的理想爱人，竟然就一直陪伴在自己的身边。

然而，这则故事针对的仅仅是婚姻关系吗？从作品的叙事结构来看，前面的序曲是为了交代谜语，而这个出人意表的故事，则是在形象化地重述谜语：如果将“我”与女人的通话，包括595630这一数字视为一个象征性的谜语的话，那么女人的出现，就应了“谜面一出，谜底即现”的特点——“女人是谁”是这个复杂谜语的谜面，“妻子”就是谜底。然而，为何“我”却在电话里丝毫听不出她是自己的妻子呢？“我”自以为了解妻子，但为什么她在电话里却是那样的不同？这当然取决于“我”之前对妻子的认识是否准确，由此也就涉及人认识的有限性问题，故而关于妻子形象的变幻莫测，若“己猜不破，无人可为其破”；待“我”见到妻子，也并不意味着这对夫妻就能解开心结，从此生活在由电话所构筑起来的理想爱情里了。结尾处两人对于是否保持通话的疑虑，足见夫妻陌路、人心隔阂的老问题依旧存在，因此即便当“我”见到了妻子，终于揭晓了电话里那个女人的身份之谜时，“我”也仍难洞察人与人之间的相处之道，此即为“一俟猜破，必恍然知其未破”也。

同样，如果说第一个故事是史铁生对于这个谜语所进行的形象重述的话，那么第二和第三个故事，就是他对这一谜语所采用的两种不同的猜解方式了。在第二个故事中，“我”因病住院，和几位病友都得到了一位美丽温柔的女医生的精心照顾，而“我”也对她暗生情愫。但故事结尾时，女医生却服药自杀，徒留“我”错愕神伤。悲剧结局和此前的叙事氛围形成了强烈反差，女医生自杀的原因也变成了一个巨大难解的谜团。在第三个故事中，“我”是一个流连于古园的作家，目睹了一对少男少女之间的青涩初恋，以及古园管理员和这对恋人之间的小小摩擦。在这两个故事中，前者以戏剧性的叙事张力吸引人心，而后者则以平淡的日常叙事浸润灵魂。两者都阐述了一个道理，即“万事万物，你若预测它的未来你就会说它有无数种可能，可你若回过头去看它的以往你就会知道其实只有一条命定之路”①。不论是“我”对女医生的情愫暗生，还是“我”对少男少女的体察理解，都改变不了他们命定的人生道路。同样的道理，他们之于“我”，也仅仅是“我”有限生命里的匆匆过客，压根就不会影响到“我”的生命轨迹：“这命定之路包括我现在坐在这儿，窗里窗外满是阳光，我要写这篇叫作小说的东西；包括在那座古园那个下午，那对少年与我相遇了一次，并且还要相遇十次；包括我在遇见他们之后觉得自己已是一个老人；包括就在那时，就在太平洋底的一条大鱼沉睡之时，非洲原野上一头狮子逍遥漫步之时，一些精子和一些卵子正在结合之时，某个天体正在坍塌或正在爆炸之时，我们未来的路已经安顿停当；还包括，在这样的命定之路上人究竟能得到什么——这谁也无法告诉谁，谁都一样，命定得靠自己几十年的经历去识破这件事。”②

说到这里就不难理解了，史铁生所说的那个谜语，其实指向的正是人的命运。而这几则寓言故事，都生动诠释了他对于命运谜局的猜解之心。这其中既包含了他的宿命论思想，也有他对偶然性与必然性之间复

① 史铁生:《一个谜语的几种简单的猜法》,《收获》,1988年第6期。

② 史铁生:《一个谜语的几种简单的猜法》,《收获》,1988年第6期。

杂关系的看法，更有在面对命运时的一种不可知论。在史铁生看来，即便人具有了猜解命运谜局的生存勇气，那么到最后很有可能也会无济于事，因为命运就是这样，“一俟猜破，必恍然知其未破”。这般神秘奇诡而又令人高山仰止的命运谜局，怎能不让人心生敬畏？

第七章

一、大时代与小人物

(一)

寒来暑往、岁月沧桑，自进入90年代以后，随着世俗化浪潮的崛起和启蒙运动的消歇，整个神州大地都发生了翻天覆地的变化。对于大多数中国人来说，80年代曾经风雷激荡的思想启蒙，现如今已成过眼云烟，唯在偏陋遥远的历史深处，还残留着一份尘封的思想记忆。而仅剩的那么一些启蒙者，虽然仍旧以笔为旗，也曾在90年代前期的人文精神大讨论中一度回光返照，但奈何曲高和寡，以致其殚精竭虑、呕心沥血的启蒙之声，竟以“庸众”们避之唯恐不及的“新道学”面目，成了世俗化时代的一个空谷足音。

造成这一尴尬局面的原因十分复杂，其中启蒙者的精英意识与道德偏见自然是难辞其咎：当他们习惯性地将普罗大众定义为亟待启蒙的愚昧庸众时，也就孤芳自赏地将自己看成了人民群众的“天命教导员”。殊不知时过境迁，90 年代的大陆民众对于各种名目的思想说教早已心生厌倦，如此自会令启蒙者们念念不忘的“人文关怀”，变成了一场自说自话的语言游戏。在这样的一个大背景下，90 年代的思想界怎能不呈现出一幅众声喧哗的失序景观？不管是你方唱罢我登场，还是世人皆醉我独醒，几乎每一位沉浸在启蒙神话里的知识分子，都忘记了自己存在的有限性问题。说到底，人的有限实乃促使人保持清明理性和推进自我认识的内在动力。若无视存在的有限，那么人就必定会在强大的命运面前迷失自我——且看那些自我意识极度膨胀的启蒙者，哪一个不是活在狂妄自大的主体性假象之中？当他们赫然发现自己的人文关怀竟无人接纳时，便会在受挫之际油然生出一份乡关何处与家园难访的失落情绪……凡此种种，皆让 90 年代的不少知识分子都患上了世纪末常见的时代病。

不过对史铁生来说，这一时代病却离他甚为遥远。作为一名思想者，史铁生在现实生活中可从没把自己当成是读者的天命教导员。你别看他在创作中心游万仞、上下求索，但那些穷究天人之际的心魂漫游，却无时无刻不与自己的生命疑虑有关。他拷问生死、猜测命运，但绝不授人以渔，也从未去教导自己的读者们该如何去活。因为他深知，在自己的写作之夜里，他所能做的，无非就是向世人奉献自己的生命迷途。因其疑虑，故而才会袒露心魂，也因其迷茫，所以才会无地彷徨。史铁生在大时代里的这般形色飘零，可被视为一个小人物的真实写照。但另一方面，史铁生又长于自守、安贫乐道，真正做到了乱花渐欲迷人眼，我自岿然不动！ 由此也给世人留下了一个极其特殊的生命存在——他在应对世相人心和历史变革方面，既入乎其内又出乎其外，那份通达圆融、湛然自明的人生境界，以及手挥五弦、目送飞鸿的潇洒自如，不知令多少人心生艳羡。

这当然是一个真实的史铁生。 在他故去之后，曾有很多知识分子撰文加以怀念，其中有几位作家学者的看法，颇能说明史铁生在世人心目中的形象。 譬如作家王安忆就说："没有你，这世界将寂寞几分。"①学者陈思和说："铁生是一个宁静的人，他静静地生活在嘈杂的人世间，默默地与自己的灵魂对话；如今他走了，也走得安安静静，给世人留下一个圆满的生命意象。"②在这两位知识分子的描述中，我们仿佛看到了史铁生一动一静的两种性格特征。 但这看似矛盾的说法，却高度统一于史铁生的人格形态中。

其实，在很多篇纪念文章中，友人们都谈到了史铁生作为小人物的一面，他爱吃会吃、热爱生活、崇拜刘易斯这样的体育明星等等，不一而足。 甚至作为一个老北京，史铁生在现实生活中还有那么一点让人可亲的市井气，他狡黠圆滑、通于世故，若非如此，他怎能让那么多倾慕于自己道德力量的朋友，最后对他都不是敬而远之，而是成了无话不谈、嬉笑调侃的亲密损友？ 即便是在有着文人相轻传统的作家圈里，史铁生也并不完全是凭着自己的卓越思想，与那么多的同行好友结下深厚友情的。 像韩少功、郑义去史铁生家做客时，那些相互打趣玩闹、其乐

① 林建法主编:《永远的史铁生》第3页,华夏出版社,2011年。

② 林建法主编:《永远的史铁生》第8页,华夏出版社,2011年。

融融的场景，不就是北京人独有的侃大山吗？ 而像王安忆这样的大作家，甘愿耐着性子，亲手织毛衣送给史铁生，同样反映了史铁生在友人心目中可亲的一面。 尽管身体不好，但朋友们的聚会只要有史铁生在，就一定是欢快热闹的。

王安忆说这世上没了史铁生必将寂寞几分，确乎为知己之言。 因为作为小人物的史铁生很重要，他常常把痛苦留给自己，将欢乐送给友人，因此若没了他，像王安忆和韩少功这般高处不胜寒的大作家，料必会有一丝知音难觅的感伤；但作为小人物的史铁生又不重要，离了他大家的日子还不是照样过？ 据王安忆回忆，有一次她去拜访史铁生，史父因为不是会客时间而拒绝王安忆入内，史铁生于是在窗户上敲暗号，父亲才予以放行。 待见面后，两个大作家聊的话题却是吃饺子："就这样，这一次见面，我们基本上在说饺子。 当时不觉得，过后想想却觉得出乎意外。 因为，像史铁生这样，坐在轮椅上，是有权利说许多高深的哲理，人生的感悟，生命的体验，存在的真谛。 他说什么我们都会相信，也会感动，可是，他只是说饺子。"①这般烟火气十足的谈话场景，相信不只发生在王安忆这一个朋友身上。 还有一次，大概是 1990 年的夏天，王安忆再度去拜访史铁生，史铁生在这个时候已经开始了长篇小说《务虚笔记》的写作，不过史铁生感兴趣的，却是忙着向王安忆演示自己的新式写作武器——电脑，至于创作情况反倒不那么放在心上。 对新生事物的接纳和喜爱，不就是史铁生热爱生活的明证吗？ 尤其是在他结婚之后，尽管身体还时不时地出现各种状况，但史铁生还是非常满意

① 王安忆:《残疾人史铁生》,《生命——民间记忆史铁生》第 302 页,中国对外翻译出版有限公司,2012 年。

自己的生活的，他喜欢同各路朋友聊天，因其对生活的满足，也常常“使人忘记他和你不一样”①。

更为重要的是，由于生活方式的简单规律，史铁生即便是处在一个欲望泛滥、人性多变的世俗化时代，但看上去也似乎不受任何影响，时间对他而言仿佛凝滞了一般，而这种不知今夕是何年的生存方式，愈发将史铁生作为一个小人物固守自持、永远围着自己一亩三分地求活的人生境况袒露无遗。1991年9月，在北京市作家协会一些朋友的帮助下，史铁生终于分到水碓子一套四居室的房子，处于一楼，陈希米还找人做了可拆装的木制轮椅坡道，这样子史铁生进出时就更加方便了。对他来说，新房子真是好到不能再好，不仅宽敞明亮，而且里面煤气、暖气、厨房、卫生间等一应俱全。史铁生快乐得像个孩子。由于所需不多，够用即可，因此史铁生在物质生活方面极易满足。相比于那些忧国忧民的天命教导员，史铁生可不就是小富即安的北京小市民的典型代表嘛！

不过别忘了，史铁生尽管是这个大时代里的一位小人物，但这并不妨碍他成为无数人的精神偶像。虽然他在绝大多数时候关心的都只是自己的生命奥秘，但他推己及人的思想方式，以及将存在之殇与命运之问展示给人看的艺术行为，却在不经意间感动了无数读者。和那些以道德说教姿态高高在上的天命教导员相比，史铁生更像是一个戏剧舞台上的独舞者，他全神贯注、旁若无人，只是将自己对生命问题的心灵疑虑表演出来，于是便赢得了世人的一片喝彩。陈思和说他“静静地生活在嘈杂的人世间，默默地与自己的灵魂对话”，结果却如另一位作家张炜所

---

① 王安忆:《残疾人史铁生》,《生命——民间记忆史铁生》第303页,中国对外翻译出版有限公司,2012年。

言，“网络时代繁衍出多少文字。纵横交织的声音震耳欲聋，却难以遮掩从北京一隅的轮椅上发出的低吟”①。史铁生正是以一个世俗世界中的小人物形象，在享受现实生活的同时，直面了自己心中那沟壑纵横、气象万千的生命景观。而小人物的平凡与执拗，则更让这份独具的心流在思想夜行中，亲近了无数个与他有着同样生命困惑的普通人。

(二)

从90年代初期开始，随着中国社会的历史转型，小说领域的叙事话语也发生了一个重要变化——世俗化叙事取代启蒙叙事成了这一时期的话语主流。拙文《从神话叙事到神性写作——论20世纪80年代以来小说叙事的话语谱系》曾对这一现象做出过整体描述，兹摘录如下：

“一般认为，世俗化叙事的兴起，是中国作家在市场化环境下所做出的一个历史选择，它对于启蒙叙事的颠覆与解构，不过是小说叙事话语自我进化的一个必然结果。但世俗化叙事与启蒙叙事的话语博弈，却远非新叙事话语取代旧叙事话语这般简单。从某种程度上说，世俗化叙事虽然打着解构启蒙叙事，尤其是新神话叙事的幌子出现，但其知识谱系却依然可追溯到启蒙叙事之中。更准确地说，90年代世俗化叙事的话语谱系，主要来自两个方面：其一是80年代小说中世俗化叙事话语的质变；其二是对启蒙叙事话语，尤其是欲望叙事的继承与解构。前者不难理解，因为早在80年代启蒙叙事独领风骚的历史时期，当代小说的世俗化叙事就已悄然勃兴。通俗文学中的金庸热、琼瑶热，虽未真正触及纯

① 林建法主编:《永远的史铁生》第6页,华夏出版社,2011年。

文学领域的话语递嬗，但其对读者市场的培养之功却不容小觑。一俟日后王朔和池莉等人的世俗化叙事出现之时，读者对其中文化祛魅功能的理解也自然是我心戚戚。像王朔对知识分子启蒙理想的解构、池莉和刘震云等新写实诸家对一地鸡毛式的烦恼人生的描画，均缘起于80年代通俗文学的浸润与滋养。

“至90年代初期，随着文学的市场化趋向愈发明显，以新生代、新状态、新市民命名的各种世俗化写作也毫无保留地承继了此前王朔等人的解构精神。与此同时，90年代世俗化叙事对启蒙神话中欲望叙事的解构与继承也同样引人瞩目。如果说80年代的王朔和池莉等人，将世俗化写作视为解构启蒙叙事这一新神话叙事的主要武器，那么90年代的世俗化叙事就更加彻底地剥离了这种革命精神。因为在90年代的世俗化叙事中，中国作家已将叙述焦点从对新神话叙事的革命性解构完全转向了对日常生活合法性的证明。前者或多或少因其革命性而让世俗化叙事具有了一种启蒙特质，而后者就在放逐这种革命性解构功能的同时，也真正令世俗化叙事回归到了其日常叙事的话语本性。

“值得注意的是，在90年代的世俗化叙事中，欲望叙事依然是其核心内容。只不过较之此前启蒙叙事中的欲望叙事，世俗化叙事的欲望书写也已剥离了自身的革命功能。两者之间的复杂性就在于：一方面，90年代的世俗化叙事继承了启蒙叙事中的欲望叙事，将叙述焦点仍然放在对人物生命本能的发掘与张扬上；而另一方面，90年代的世俗化叙事在进行欲望书写时，却以身体崇拜的叙述姿态，解构了启蒙叙事中欲望叙事对于神话叙事的解构功能。以80年代的余华和90年代的卫慧为例，前者的暴力叙述在批判锋芒上无一不指向了种种压制人的异己力量，但在卫慧的《上海宝贝》中，有关身体的种种欲望书写，却已然将余华笔下的启蒙神话转换为一种身体神话。对身体的迷恋与崇拜，对自我生命感觉的把玩，以及对自我内心欲望合法性的证明，业已成为90年代世俗化叙事的核心内容。可以这样理解，如果说启蒙叙事的欲望叙事因其对神话叙事的解构功能而具有了工具论色彩的话，那么世俗化叙事中的欲望叙事就以展示人的本能欲望、证明其现实合法性为己任，在描写自恋、身体和暴力等禁忌话语的同时，迎合着读者的生理及心理需要。这显然是文学市场化之后当代小说的一次彻底转向。

“而从小说叙事的文体结构来看，80年代小说的启蒙叙事本身也包含着某些世俗化叙事的话语形式，如先锋作家余华对于通俗小说的文体戏仿就是一个突出例证，《鲜血梅花》之于武侠小说，《古典爱情》之于言情小说，《河边的错误》之于侦探小说，等等，皆预示着启蒙叙事与世俗化叙事之间日趋模糊的话语界限。问题的复杂性正在于此，由于90年代世俗化叙事中的欲望叙事本身就来自80年代的启蒙叙事，兼之中国作家对自身启蒙情结的无时或忘，故而在世俗化叙事与启蒙叙事这两类话语模式之间，就于90年代中期前后发生了难分彼此的权力博弈，其突出表征就是启蒙叙事对于世俗化叙事的话语兼容。

“按照文学史的一般叙述，90年代文学中的启蒙叙事，主要是为了反拨日益流行的世俗化叙事而生。但从90年代的小说创作中，却颇能见到两种话语模式日益合流的发展趋向。在90年代小说的启蒙叙事中，当代作家不仅继承了早年启蒙文学的国民性改造主题，更在具体的叙述实践中广泛吸纳了世俗化叙事的种种叙事策略。诸如身体叙事、欲望狂欢等世俗化叙事的基本元素，皆在90年代小说的启蒙叙事中得到了广泛应用。以林白、陈染的女性写作为例，这两位作家对女性人物生命感觉的书写，对男权社会权力话语的鼎力反抗，都明显接续了80年代小说的启蒙叙事传统。但在描写女性人物的异化境地时，这两位女性作家却在《一个人的战争》和《私人生活》等作中，集中笔力书写了女性人物的身体及心理创伤。对身体叙事的迷恋，使得林白和陈染的作品也沾染了一定的商业化色彩。但有心读者不难发现，这两位女作家对身体的叙事过程，却充满着启蒙叙事的颠覆与解构之力。比起更为年轻一代的女性作家，比如卫慧和棉棉等新生代，林白与陈染的女性写作更像是启蒙叙事中的女性主义。她们对女性隐秘创伤的直白表达，对男权社会的异己力量，均进行了解构主义式的启蒙言说。从这一点来看，90年代小说中启蒙叙事对于世俗化叙事的话语兼容，显然立足于对欲望叙事的承续与改造之上。

“除此之外，在其他的一些启蒙作家，比如王小波、莫言、贾平凹甚至是陈忠实笔下，世俗化叙事的某些叙事策略也得到了广泛应用。以王小波这位典型的启蒙作家为例，他的‘时代三部曲’、《红拂夜奔》和《革命时期的爱情》等作品，虽然主旨仍在于对个人异化境地的表达和对自由之境的向往，但其黑色幽默中比比皆是的戏仿与嘲弄，却恰如其分地契合了90年代的世俗化语境。可以这样理解，王小波实际上用一种后现代式的世俗化叙事形式，深刻表达了国人在历史权力重压之下的屈辱和卑微。隐含其中的自嘲与无奈，显然在反映小人物不屈的抗争之情时，传达了一代国民的历史记忆。就此而言，王小波这位启蒙作家，正是因为广泛运用了世俗化叙事中的戏仿与自嘲精神，才会在90年代的历史情境中，得以让当代小说的启蒙传统薪火相传。类似的状况也出现在莫言和贾平凹等作家笔下，不论《丰乳肥臀》还是《废都》等作，都集中表达了这两位作家对于历史和现实的讽喻之情。作品中随处可见的欲望叙事，莫不传递着他们的历史忧思。因此可以说，90年代小说中世俗化叙事与启蒙叙事的话语博弈，虽然起步于世俗化叙事对启蒙叙事这一新神话叙事的解构，但在具体的话语实践中，却发生了明显的历史合流。”①

（三）

那么，在如此喧嚣杂沓的文学格局中，史铁生又处于一个什么样的位置？他的存在，对于90年代的中国文学究竟意味着什么？

1990年，史铁生在《天涯》杂志第九期上发表了散文《好运设计》。尽管这部作品在史铁生数量众多的名篇佳作中并不显眼，但它对90年代世俗化倾向的预言，对生命可能性问题的想象，以及对命运本质的思辨，等等，都能反映出史铁生自进入90年代以后发生的思想变化——即对宿命的接纳和人本主义宗教精神的形成，由此也就在中国当代文学的启蒙叙事和世俗化叙事之外，重新开辟了神性写作这一新的叙事维度。

《好运设计》是史铁生对人来生的畅想。因为现实生活充满了苦难，故而对来生的祈盼就蕴含了人的一种价值诉求。但什么样的来生才值得拥有？在作品中，史铁生首先设计了一个完美无瑕的人生，那就是

① 叶立文、游迎亚:《从神话叙事到神性写作——论20世纪80年代以来小说叙事的话语谱系》,《西藏大学学报(社会科学版)》,2014年第4期。

“聪明、漂亮和一副好身体”：“有健壮优美如卡尔·刘易斯一般的身材和体质，有潇洒漂亮如周恩来一般的相貌和风度，有聪明智慧如阿尔伯特·爱因斯坦一般的大脑和灵感。”①但这还不够，既然是梦想，那何不奢侈一下，力争把这个愿景设计得再完美一些呢？ 于是，出生在一个知识分子家庭，有着无忧无虑的童年，意气风发的少年，以及功成名就的成年，等等，就成了最圆满的、幸运得令人嫉妒的好运人生。 在这样的设计中，生活哪有苦难，人生怎来缺欠？

不过呢，且慢高兴！ 当一个人志得意满、了无遗憾时，却总有那么一股阴影会悄然袭来：“阴影最初是这样露头的：你能在一场如此称心、如此顺利、如此圆满的爱情和婚姻中饱尝幸福吗？ 也就是说，没有挫折，没有坎坷，没有望眼欲穿的企盼，没有撕心裂肺的煎熬，没有痛不欲生的痴癫与疯狂，没有万死不悔的追求与等待，当成功到来之时你会有感慨万端的喜悦吗？ 在成功到来之后还会不会有刻骨铭心的幸福？ 或者，这喜悦能到什么程度？ 这幸福能被珍惜多久？ 会不会因为顺利而冲淡其魅力？ 会不会因为圆满而阻塞了渴望，限制了想象，丧失了激情，从而在以后漫长的岁月中只是遵从一套经济规律、一种生理程序、一个物理时间，心路却已荒芜，然后是腻烦，然后靠流言蜚语排遣这腻烦，继而是麻木，继而用插科打诨加剧这麻木。”②可不是吗？ 当苦难不再、残缺消失，当可堪与幸福和圆满这般体验做对照的标尺已不复存在时，人还怎能享受成功的喜悦？ 待心路荒芜、情感麻木、体验腻烦，人还会为这样的生活沾沾自喜吗？ 如果以史铁生个人苦难的人生为依

① 史铁生:《好运设计》,《天涯》,1990 年第 9 期。
② 史铁生:《好运设计》,《天涯》,1990 年第 9 期。

据，那么当然可以理解这样的好运设计首先是他的情感代偿与美好愿景。但隐含于这般好运人生之中的，难道不正是国人无可遏制的欲望之反映吗？尽管史铁生在这部作品中并未有明确的社会学考量，也未直接将批判矛头指向现实生活，但对于来世人生的这般完美设计，却暗含了他对世俗化时代人们欲望泛滥现象的一种历史讽喻。可以想见，若不是贪念无边、欲望张扬，人怎会如此奢望着繁华占尽、大道通天？就此而言，史铁生对时代变革下人心的永不餍足至此已有了准确预言。

当然，较之欲望讽喻这一创作意图，史铁生恐怕更在意苦难和残缺所具有的特殊价值。由于这两样东西本就是人的宿命之所在，故而他对苦难和残缺人生价值的思考，也就反映了自己思想的一个重要变化。譬如在《命若琴弦》和《原罪·宿命》中，史铁生就曾致力于对宿命现象的揭示，也对苦难与残缺抱以了深切的关注与思考，但从价值倾向和情感认同度上来看，史铁生却因无法改变宿命而深感苦恼与无奈。而到了写作《好运设计》的时候，他的态度却明显有了一些改变。在这部作品中，史铁生开始尝试着承领苦难和接受残缺，因为在他看来，苦难与残缺作为人生宿命的内在规定，其实是上帝对于人的一种馈赠。因其存在，人才能感知幸福，也才有可能通达自我认识之境。基于这一认识，他对于苦难和残缺，便逐渐抱有了一种价值认同的态度。譬如史铁生说，如果“没有痛苦和磨难你就不能强烈地感受到幸福，对了，那只是舒适只是平庸，不是好运不是幸福”①。这意味着人若无痛彻心扉的苦难体验，就难以感受到若癫若狂的巨大幸福，苦难和残缺也因此成了人生旅途中弥足珍贵的宝贵财富。从揭示苦难、忧心残疾，到承领不幸、

---

① 史铁生:《好运设计》,《天涯》,1990 年第 9 期。

拥抱缺憾，史铁生的人生态度正逐步发生着微妙的变化。

既然幸福必须要有苦难的衬托才能显现，那么为何不在来世的好运设计中，增加那么一点点无碍大局的缺欠？ 但什么样的缺欠才叫适度？丑陋、无知、狡猾和疾病显然都不行，否则人必会在苦难之中备受煎熬，甚至因此等不到苦尽甘来的时刻。 而和这一点相比，更重要的是即便人因为这些小小的欠缺尝到了苦尽甘来的幸福，但又能怎样？ 因为和之前完美无缺的那份设计一样，当体验过了幸福，人到头来还不是会心路荒芜、情感麻木？ 这么说起来，世上好像没有真正完美的人生了。正是通过严谨精密的逻辑推理，史铁生再次得出了人生目的的绝望与虚无。 既然如此，人就只能享受过程。

不过如前所述，史铁生并不像世人所想的那样，人只要注重生命过程，不去关注命运的目的与结局，就可以摆脱痛苦、活出意义。 事实上，过程哲学的精髓，恰在于人对命运结局的洞察，因为唯有知晓了绝望和虚无的命运目的，人才会全神贯注于过程本身。 而更为重要的是，过程——这一人的现世生活本身，实乃上帝设计的结果，人也因此须全心承领上帝的安排和倾听上帝的声音。

史铁生说："过程！ 对，生命的意义就在于你能创造这过程的美好与精彩，生命的价值就在于你能够镇静而又激动地欣赏这过程的美丽与悲壮。 但是，除非你看到了目的的虚无你才能够进入这审美的境地，除非你看到了目的的绝望你才能找到这审美的救助。 但这虚无与绝望难道不会使你痛苦吗？ 是的，除非你为此痛苦，除非这痛苦足够大，大得不可消灭大得不可动摇，除非这样你才能甘心从目的转向过程，从对目的的焦虑转向对过程的关注，除非这样的痛苦与你同在，永远与你同在，你才能够永远欣赏到人类的步伐和舞姿，赞美着生命的呼喊与歌唱，从不屈获得骄傲，从苦难提取幸福，从虚无中创造意义，直到死神和天使一起来接你回去，你依然没有玩够，但你却不惊慌，你知道过程怎么能有个完呢？ 过程在到处继续，在人间、在天堂、在地狱，过程都是上帝的巧妙设计。”①

从重视过程的价值，进而讨论重视过程的前提必得是看穿命运虚无的痛苦，再到折服于上帝所设下的过程本身，史铁生实际上已然从自我抗争的存在哲学，跃然奔向了人本主义的宗教哲学。 前者不难理解，因为从走上创作道路开始，史铁生就对命运的不公深感无奈，故而其以残疾人为主人公形象的一些作品，也就具有了某些斗争哲学的意味。 但后者就较为复杂，因为从思想体系上来说，人本主义和宗教哲学历来就有思想对立的意味。 不过在史铁生处，这两样看似异质的思想方式却能够和谐共存。 那么，该如何理解史铁生这种以人本主义为底色的宗教哲学呢？

在史铁生处，所谓的宗教哲学并非一种绝对的教义信仰，而是宗教精神的自然反映。 宗教精神“是清醒时依然保存的坚定信念，是人类知其不可为而决不放弃的理想，它根源于对人的本原的向往，对生命价值的深刻感悟”②。 也就是说，史铁生理解的宗教精神，无一不与人的存在问题密切相关，其中既有对人的理性精神的赞颂，也有强烈的“自救”的人本主义信念。 而这种以自我存在困境为中心、以追求绝对价值为方向的宗教精神，显然与宗教本身有着显著区别。

---

① 史铁生:《好运设计》,《天涯》,1990 年第 9 期。
② 史铁生:《宿命与反抗》,《作品与研究》,1997 年第 2 期。

在虔诚的基督徒或佛教徒那里，固然也存在着希冀以绝对价值去疗救自我创伤的实用理性精神，但随着信仰的纯粹化，教徒们思考更多的却是如何去承领神旨——在多大程度上为信仰去奉献和牺牲，其实已经成了一个考量人如何承领上帝恩典的思想标尺。在此过程中，人的自我认识是手段。因为唯有认清人自身的有限性，人才能义无反顾地投身于彼岸世界；而倾心于彼岸世界的绝对价值，并为此奉献与牺牲自我，则是宗教信仰的终极目标。与之相比，史铁生当然也讲求自我认识，但这种自我认识却因为作家无时或忘的主体性意识，由手段上升为目的本身。这也说明在史铁生的宗教意识中，寻找上帝所代表的绝对价值仅仅是人认识自我的一个必经之途。说到底，借助宗教的精神力量反观自我，并希冀实现人的得救，都充分反映了史铁生独具一格的宗教哲学。而这样一种以人本主义为底色的宗教哲学，则印证了宗教的一种现代转型，即持有现代宗教观念的人，“本性并不是追寻上帝，而是寻找自己，以寻找上帝之名寻找自己”①。

对于史铁生来说，这样一种以寻找上帝之名寻找自己，以及追求自我认识的精神活动，其实质就是向上帝奉献自己的生命迷途。在渴慕神恩、向往绝对的思想之旅中，认识有限、耽于过程，如是才能在直面生命的绝望与虚无中，重新找到存在的信念与勇气。就此而言，史铁生这个大时代里的小人物，正是因为跟随了内心的迷惘、倾听了精神的呼告，才会在纷纭杂乱的90年代文学格局中独辟蹊径，以神性写作的方式，逐步走向了以拯救自我为目标的信仰之途。

---

① 刘小枫:《走向十字架上的真》第55页,华东师范大学出版社,2011年。

二、备忘生命

(一)

1991 年，史铁生四十岁。 在通常情况下，四十岁正是一个人大展宏图、建功立业的黄金年代，但在史铁生处，他的不惑之年却更像是一个生命中的分水岭，因为青春已逝、去路未知，故而怀着一颗赴死之心静静生活的史铁生，也就在这个年龄油然生出了许多纷繁的人生感喟。 犹记得多年以前，医生就曾断言他命不久矣，孰料抱着活一天算一天的心态，史铁生竟也能在步步为营的人生苦斗中，盼来了爱情与事业的双丰收。 按理说此时的他已经功成名就，理当意气风发、踌躇满志才对，但现实是，他不仅对未来仍未抱有过多的期许，而且还在 90 年代前期的创作中愈发显得沉静平实。 试看这段时间写下的《我与地坛》《我二十一岁那年》《黄土地情歌》《归去来》等散文名作，哪一篇不是深沉隽永、怅惘低回？ 那弥漫其间的淡然感伤，一唱三叹的隽永乡愁，读来总是令人心生感慨、唏嘘不已。

其实，以个人的生命历程为题材，通过书写那些或浓或淡的记忆与印象，在回首前尘往事、体味岁月变迁的命运感怀中，追问存在的奥秘与本真，历来就是史铁生文学创作的一个主要方向。但值得注意的是，这种以捕捉生命记忆、凸显存在印象为标记的个人化历史叙述，却在史铁生笔下有着不同的叙事功能。要而言之，史铁生作品中与生命主题相关的历史叙述大体上可分为两类：一类以《务虚笔记》《我的丁一之旅》等小说创作为代表；而另一类则贯穿于《我与地坛》《我二十一岁那年》《黄土地情歌》等散文创作中。前者是史铁生内心深处宗教意识的产物，他通过串联那些似有若无的生命记忆，试图向上帝及世人去供奉自己的生命迷途。其叙事功能，自然也就反映了作家的神性写作。更具体地说，由于寻找上帝就是为了寻找自己，因此史铁生才会在献上自己生命迷途的同时，凭借着叩问命运、领悟神恩的神性写作去圆满自我。

相较之下，后者的现实意义就更加鲜明，说到底它只不过是史铁生为自己精心制作的几则生命备忘录而已。虽然绝大多数作家都曾记叙过自己的前尘往事，但对于相信生命轮回的史铁生而言，这种感时怀人、追忆往事的叙事方式却仍然别有意味。或许对他来说，若不在写作之夜里忠实地记录下自己的生命历程，那么待死亡“这一必然降临的节日”到来之际，他也就会和芸芸众生一般，在跨越奈何桥、悲饮孟婆汤中施施然地遗忘今生。但今生怎能忘却？虽然这样的今生苦难深重、崎岖坎坷，但其内容之丰厚、形式之繁杂，却又会令人在艰难困苦中心生爱愿。从这个角度看，史铁生之所以花费大量的笔墨去追忆自己的人生故事，显然是出于一种备忘生命、眷恋今生的创作意图。

这当然不难理解，尽管史铁生在迄今为止的四十年光阴中，用了将近一半的时间去和病魔做斗争，也曾在无数痛不欲生的时刻盼念来世、祈求神恩，但他又怎舍得离开这个让他又恨又爱的世界？先不说爱人亲友，即便是和苦难抗争所带来的生命体验，就足以让他眷恋不已了。更为重要的是，由于史铁生早已看出了残缺实乃人生中必不可少的一个生命密码，故而其精神漫游和人生奋斗，就始终有明确的自我意识。“我思故我在”，史铁生在这种方向明确、锲而不舍的命运之旅中，正是通过追叙自己的人生故事，方才以备忘生命的散文形式，将今生那些动人心魂的难忘瞬间一一记录在案。也唯有如此，爱与苦难这些上帝的馈赠，才会在史铁生的人生之旅中显现出了价值与意义。就此而言，史铁生在 90 年代前期的一些散文创作，无疑反映了他对现实生活的感恩心态。

在这些作品中，流传最广、影响最大的自然是《我与地坛》。关于这部作品的思想价值和美学旨趣，前文在记叙史铁生的地坛岁月时已有论及，此不赘述。但其发表过程，以及在读者当中造成的震撼却颇可一记。作品首发于《上海文学》，负责刊发此文的著名编辑姚育明曾专门撰文，记叙了收获该作时的具体情形。

那是 1990 年岁末，姚育明在北京为组稿专门去拜访史铁生。待她赶到史铁生家中时已近深夜，适逢史铁生从地坛回来，只见他在小院里动作娴熟地倒轮椅车，陈希米则在旁协助。两人身上都散发出了苍松和柏杨的清凉气息，那便是地坛之味了。直到作品发表之后，姚育明在追述这段往事时，才分明感受到了地坛在史铁生生活中的特殊价值。对史铁生来说，地坛就是他蜗居北京时的一个极具象征意味的精神家园，即便是回到家里，地坛的味道也会漫漶其间。这便是史铁生的一种生活方式，地坛与家，分别象征了他的精神世界与现实生活，二者相辅相成，久而久之，竟在史铁生的心中也难分轩轾。说起来，大概是因为他长期沉浸于精神世界的缘由吧，心魂所到之处，就连苦难枯燥的现实生活也愈发变得柔美与佻达了起来。那苍松与柏杨的清凉气息，以及如维纳斯一般美丽的新婚妻子，无不让到访的姚育明如沐春风。事后回想起来，若不是正沉浸于《我与地坛》的思想及艺术氛围中，这个朴实厚道、流连于俗世生活的小人物史铁生，怎能如园神附体一般散发出此等圣洁的自然气息？敏感的姚育明临走前问史铁生最近在写些什么，史铁生犹豫了一下，说："算了，以后再说。"其时，史铁生已经完成了《我与地坛》的写作，但他一贯在写作上"认真、严肃，对编辑他不轻易承诺，甚至可以说，当你开口约稿时，他的态度接近于拒绝。我完全能够理解，按他的身体状况和对文字的负责态度，每年所写不多，谁又忍心逼他呢"①。

让姚育明没有想到的是，她本以为这次向史铁生组稿算是无功而返了，但等她回到上海后不久，就收到了史铁生寄来的一份厚厚的文稿——这便是篇幅长达一万五千字的《我与地坛》了。史铁生在信中依然低调谦逊，由于《上海文学》所发散文大多在六七千字左右，故他询问文章是否字数过多，以及是否符合《上海文学》的用稿标准，等等。他哪里知道，姚育明一收到稿件便如获至宝，急不可耐地读完后更是欢呼雀跃，"冲到副主编办公室，用近乎喊叫的声音对着周介人说：史铁生来稿了！写得实在太好了"②。令姚育明更感高兴的，还不完全是作品本身的经典程度，她也同样在意史铁生投稿给《上海文学》这件事。须知90年代初期堪比《上海文学》的优秀期刊比比皆是，而像史铁生这样的大作家，其作品自然也是各家编辑竞相争夺的宝贵资源。在这样的背景下，史铁生独独中意于《上海文学》，拿出手的，是他近年来的呕心沥血之作，如此诚意怎不令姚育明深受感动？如果回想起之前史铁生曾以

---

① 姚育明：《回顾史铁生的〈我与地坛〉》，《文学报》，2009年1月8日。

② 姚育明：《回顾史铁生的〈我与地坛〉》，《文学报》，2009年1月8日。

短篇小说《毒药》获得“上海文学奖”的旧事的话，就不难理解他以经典之作回馈《上海文学》的举动，实际上正是他感恩之心的体现。所谓文如其人、人如其文，史铁生这样的一个举动，和作品里所欲表达的感恩心态完全一致。因为在姚育明看来，《我与地坛》就是“一个被命运打倒最终又站立起来的人与一座古园的故事。也可以说是一个人与一群人的故事，其中最感人的是作者的母亲，那个独自吞食痛苦却努力扶持儿子的母亲”①。作品所蕴含的感恩之心，恰是史铁生在面对现实时一贯所持有的生活态度——从某种程度上说，史铁生就活在自己的作品之中，艺术与现实生活之间的界限，在他那里已经变得日益模糊起来。

其实，这世上的作家有很多，但只有极少数的一些作家，才会没办法完全分清楚现实与艺术之间的界限。对这类作家而言，写作不仅伸张了自我的精神诉求，而且还能在现实中实现自己无法实现的恒久梦想。就像史铁生在《我与地坛》中所做的那样，尽管母亲已逝，但写作能让他与母亲在园神的注视下久别重逢。从这个角度看，《我与地坛》就不仅是史铁生对于自己生命历程的书写备忘了，更像是他对自我生命的一种完成。可以想见，当姚育明手捧着这样一部沾满了作者生命气息的散文杰作时，怎能不涵泳其中、反复体味？敏感的灵魂总是心意相通，作为一名优秀的文学编辑，姚育明不仅目光敏锐，善于发掘经典，而且具有卓越的文学修养和思想能力，她对《我与地坛》倾注的期待，甚至超过了史铁生本人。这当然也是史铁生的幸运，天性淳厚、甘于淡泊的史铁生，在创作每一部作品时，几乎都将有限的精力完全投入到与自己的灵魂对话之中。至于作品的发表与传播，以及能否激起社会反响等问

---

① 姚育明:《回顾史铁生的〈我与地坛〉》,《文学报》,2009年1月8日。

题，似乎他都无暇关注。所幸还有姚育明这样的编辑，正是在她的鼎力推动下，读者才有幸在一个世相浮华、人心不古的嘈杂年代，亲见了一颗宁静而伟大的灵魂的存在。

当稿件通过了终审之后，《上海文学》编辑部立即决定将作品刊发于1991年的第一期，为此还不惜撤下了一篇别的稿件。通常来说，每一家杂志社都格外重视1月号，因为它等于新年的一个亮相。但问题是，由于1月号的小说分量不足，因此终审希望将《我与地坛》当作小说发表。姚育明为此与史铁生进行了沟通。而另一位编辑，著名文学评论家蔡翔也很有信心，因为他认识的史铁生善良宽厚，从不与人为难。哪知道史铁生对此提议根本不同意，甚至说如果刊物有难处，就算是不发也行。那么，到底是什么因素让史铁生在这一问题上态度如此坚决呢？

如果仅从文体上来看，《我与地坛》叙事线索清晰、人物丰满，兼之史铁生的生命历程本身就充满了戏剧性，故而这部作品的故事情节也堪称完善，若是以小说的名义发表也未尝不可。不过在史铁生心中，小说乃虚构的叙事艺术，尽管这一文体同样足以再现自我的生命历程，但较之散文，其真实性显然要另当别论。因此史铁生坚持文体之辨，其实恰恰反映了他备忘自己生命历程的创作意图。而姚育明也深知这一点，她说："这篇稿是他用生命的苦难和坎坷作基石的，字字句句都是感悟，而非小说的虚构。"①是啊，在备忘自己的生命旅程时，文学的虚构技巧有时似乎也显得无足轻重，由此也就不难理解，史铁生为何总是不认为自己是个作家了。

在复旦大学演讲时，史铁生说："你们就把我当成一个写作者，不见

---

① 姚育明:《回顾史铁生的〈我与地坛〉》,《文学报》,2009年1月8日。

得是作家，我写的跟文学可能也有很大差距。文学几千年有很多讲究，我写东西很没有讲究。……我是完全按照心里想的写。”[①]这显然是一种“我手写我心”的写作形式。对史铁生来说，文学技巧固然重要，但说到底，不论是小说的虚构艺术，还是散文的抒情方式，都只不过是他在写作之夜里展开心魂漫游的自然选择而已。同样在这次演讲中，史铁生还说：“其实我的写作，用最简单的话说，就是我对生活总是有疑问，这个疑问一直也没有解除，尤其是二十岁插队回来，就觉得生命对我是一个冤案，这冤案好像还不能翻，然后我想，蒙此冤者大概都会要想写些事。”[②]由此可见，史铁生走上写作之路，本是为了质疑命运的不公，但写作的过程却让他明白，那些数不尽的冤屈与苦难，竟是上帝为自己所设下的重重考验，待他静坐地坛，任自由的心魂上穷碧落下黄泉之后，方才因了这丰饶的苦难，而最终感恩自己的命运了。从这个角度看，史铁生以散文形式追叙自己的生命过往，就是为了备忘那些将无穷苦难转化为人生财富的心路历程。而在虚构的小说艺术中，史铁生又以生命历史的回溯，在建构一些具有宗教意味的寓言故事中，向上帝奉献了自己的生命迷途，弥散其间的感恩之心，无不证明了写作之于史铁生的认识论价值。

虽然《上海文学》编辑部的提议被史铁生否决了，但刊物同人却都理解史铁生的意见，于是在1991年1月号的《上海文学》上，《我与地坛》就以“史铁生近作”为标题刊发了出来。之后的影响自是广为人知，这部作品不仅引起了全国读者的注意，而且还有部分章节被选入了

---

① 史铁生:《我们活着的可能性有多少》第27页,凤凰出版社,2011年。

② 史铁生:《我们活着的可能性有多少》第27—28页,凤凰出版社,2011年。

高中的语文课本。于是，史铁生这颗高贵的灵魂也越来越多地被人们所熟知和景仰。姚育明说：“编辑部也收到不少读者来信，许多人说，史铁生的这篇文章深深地打动了他们的灵魂，一些受病痛折磨和烦恼困惑的人由此得到了慰藉。有一个读者说得更是极端，他说1991年整个中国文坛没有文章，只有《我与地坛》立着。……这么多年过去了，《我与地坛》的影响仍经久不息，直到现在仍有人说，到北京可以不去长城，不去十三陵，但一定要去看一看地坛。”①

（二）

备忘生命，作为史铁生人到中年后的一个自觉行为，其实不只体现在他的写作之中。诚然，以写作追忆过往，确有记录、补充乃至想象生命诸多可能性的便利，但现实生活却同样具有类似的功能。譬如老友聚会、寻访故地等活动，一经融入，就能以情景再现的方式，激发起史铁生对于自我生命历程的回味和警醒。这自然是文字和语言所无法替代的一个方面。换言之，如果说写作代表了史铁生纷繁芜杂的生命体验的话，那么他在现实生活中的很多怀旧行为，就是一个中年男子忧心于渺茫未来时的情感寄托。虽然这样的怀旧未必能给自己许诺一个未来，但却依然能以怀念青春的方式，安慰着他那颗日益忐忑的心魂——写作与生活，也由此变成了史铁生继续在死中求活的力量源泉。

1990年，史铁生的朋友们计划出一本陕北知青的回忆录，由王子冀主编，书名就叫作《回首黄土地》。编委会成员有王克明、陆晓雅、王

① 姚育明：《回顾史铁生的〈我与地坛〉》，《文学报》，2009年1月8日。

建勋、师小平、江宛柳、高冰、边东子、周平、方兢、高红十、陶正、侯秀芬、李华松等人，史铁生也名列其中，特约编辑则是岳建一。 由于这是陕北知青们第一次记录自己的真实经历，所以每一位参与者都非常重视，尤其是史铁生，先写了一篇《相逢何必曾相识》的文章，记叙自己的插队生涯。 之后意犹未尽，于是又补写了《黄土地情歌》一文。

毫无疑问，作为史铁生真正意义上的精神家园，陕北给他留下了最为深重的生命印记，尤其是令他回味不已的陕北民歌，更是象征了一种自由自在的生命形态。 史铁生最难忘的，便是放牛时在黄土漫天的山沟沟里高歌一曲信天游，那份洒脱不羁的率真与豪情，足以令他神游物外，忘掉一切尘世的烦恼。 无奈天意叵测、造化弄人，史铁生后来病退回京，也只能在焦灼痛苦中，以遥想陕北故土的怀旧之心，勉强维系住了摇摇欲坠的现实。 相比之下，地坛似乎就更具有某种移情的作用了。当史铁生双腿残疾，无路可去之时，他也同样以回首黄土地的方式，在寂寞清冷的地坛内寻找着一丝慰藉。 久而久之，地坛也就成了史铁生再也难以回去的陕北的替身。 正是因为如此深爱着那片黄土地，所以史铁生关注和支持着一切和陕北有关的事物。 每次陕北老乡来京，史铁生都拖着病体热情接待，和友人们聊天时，话题也总是绕不开陕北。 由此就不难理解，当朋友们编辑这本知青回忆录时，史铁生为何会如此毫不保留地倾情参与。

这样的故事还有很多。 1990 年秋，延川县为纪念文艺小报《山花》创办二十周年，准备出版一套“山花文丛”，分为“小说卷”“诗歌卷”“散文卷”和“戏剧卷”数种。 小说卷的责任编辑梁向阳通过本地作家曹谷溪提供的通信地址，给史铁生写了一封信，恳求他的支持。 按说此时的史铁生已经是著名作家了，平日里收到的各种信件不知凡几，但梁向阳发出信后不到半个月的时间，就收到了史铁生的回信。尤其让梁向阳意想不到的是，史铁生不仅亲自回了一封书写认真的信件，而且还寄来了打印好的“史铁生小传”与“史铁生主要作品目录”等资料，这对延川的纪念活动显然意义重大。

当然，若论及史铁生生命中的精神地标，除了陕北和地坛，自然也少不了清华附中。说起来，这里才真正算得上是史铁生有资格去梦想未来的地方。附中的那几年光阴，虽说少不了人生的忧伤和烦恼，但面对尚未完全展开的神秘命运，史铁生却有足够的理由，大着胆子去胡乱猜测自己的未来。待上山下乡运动一起，随大流去了陕北之后，他的命运之旅也就渐成定数——那会儿连自己的病能否治好都不得而知，哪还有心思去幻想人生？更遑论残疾之后的悲苦与消沉了。从这个角度看，人到中年的史铁生在回首往事时，自然会对承载过自己人生理想的清华附中情有独钟。

1991年9月8日，经史铁生和一众校友的联名倡议，为音乐教师也是他当年的班主任王玉田老师，在北京音乐厅举办了一场纪念他从教三十五周年的作品音乐会。倡议书由史铁生执笔，张宏民、霍秀担任主持。老同学们推选史铁生给老师献花，可是当史铁生捧着花，把轮椅摇到最近舞台的角落里，回头朝王老师望去时，他已经因心脏病突发倒下去了。王玉田老师是位名副其实的音乐天才，还在上初二时就已开始发表音乐作品，1956年高中毕业后考入北京师范学院中文系，但因为时任附中校长孔祥瑛的邀请，以及对孩子们的喜爱，他毅然放弃了上大学的机会，将自己的一生都奉献给了教育事业。王玉田在清华附中教音乐，可不仅仅是教唱歌那么简单，他还多次进行教改探索，开设音乐的必修课、选修课，编写音乐教材和音乐欣赏教材，甚至将歌曲作法引进课堂，课外活动他还组织了合唱队、军乐队、舞蹈队、话剧队，自编、自谱、自导了很多歌舞剧目，并多次在北京市的竞赛会演中获奖。1965 年他主编并导演了被大家称为“小《东方红》”的大型歌舞《我们是共产主义接班人》，名震京城，一时间成为清华附中的代言人。而作为全国音乐家协会会员，王玉田创作的歌曲也深受欢迎。

就其个人命运而言，王玉田和史铁生其实是有些相似之处的。他患有严重的先天性心脏病，在二十二岁那年被确诊之时，就有大夫预言他活不过三十岁。可是在后来的人生旅途上，王玉田不仅没有被疾病打倒，还以积极乐观的心态，将自己的音乐事业一步步推向了高峰。进入中年以后,他曾多次因心力衰竭住院治疗，严重时心跳停止了十余分钟，依靠电击抢救才捡回了一条性命。医生每每称他是奇迹，可王玉田总是抱着活一天就是赚一天的生存信念，硬是与疾病周旋了数十年。他在音乐教育中对人格养成和美感品位的重视，在现实生活中对疾病的顽强抗争，都深深地影响了史铁生。史铁生正是以他的老师为人生榜样，怀抱着一颗赴死之心，不慌不忙地安然度日，将看得见的生命长度无限延展，直至心魂也超越了现实的束缚，在精神的漫游中奔向了永生。

在谈到王玉田对自己的影响时，史铁生说：“我最终从事文学创作，肯定与我的班主任是个艺术家分不开，与他的夫人是我的语文老师分不开。在我双腿瘫痪后，我常常想起我的老师是怎样对待疾病的。”[①]正是这样一位深受学生爱戴的老师，以自身的人格魅力，给予了无数人生

① 史铁生:《纪念我的老师王玉田》,《当代学生》,2010 年第 18 期。

存的力量。音乐会因王玉田老师的突然倒下而变得气氛凝重，所以，后来主持人报告说“王老师被抢救过来了”的时候，全场掌声雷动，持续了好几分钟。[①] 不幸的是，后来王玉田还是溘然长逝，但那些掌声却如他的生命赞歌一般，确证了一颗自由而高贵的灵魂的存在。

让史铁生痛苦的是，自进入90年代之后，生命对于他而言似乎更多了一丝离别的滋味。他的恩师同学、亲人故友开始逐渐谢世。在王玉田老师病逝后不久，史铁生又不得不面临着和好友吴北玲的诀别。吴北玲是孙立哲的妻子，两人之间的恋爱便是由史铁生促成的。1981年结婚后，孙立哲和吴北玲分别于1981年和1982年出国留学。1991年，吴北玲因晚期癌症，从美国回京住在中日友好医院治疗，其间脊柱病理性骨折，下身瘫痪。当时朋友们聚会，吴北玲并不显出多少病容，而是啃着一根玉米跟在孙立哲身后走进了史铁生家：“嘿，铁生，我吃了一路煮老玉米，还有烤白薯。”[②]坐下后依旧谈笑风生，其实放疗化疗已经导致她的头发脱光，虽又有短短的新发，但其情其景让史铁生黯然神伤。当然不甘心好友就此离去，于是史铁生四处求医问药，甚至还联系了方舒等文学艺术界的朋友找气功大师设法挽救，但生死有命，吴北玲最终还是在1992年离开了深爱着她的丈夫与朋友。

恩师与好友的相继离世，让史铁生的心中充满了悲伤。虽然他说过死亡只是一个必然降临的节日，但当其真正到来时，那份今生永别的感伤让人无法抵御。他用自己的笔记录下来和这些友人之间的如烟往事，自是蕴含了对于生命本身的复杂感念。从这个角度说，史铁生不论是记

---

① 参见史铁生:《纪念我的老师王玉田》,《当代学生》,2010年第18期。

② 史铁生:《归去来》,《史铁生散文》,中国广播电视出版社,1997年。

叙自己的精神故乡，还是追述友人的生命故事，都以备忘生命的方式，表达了他那异常丰厚的人生体验。

（三）

人到中年以后，随着生活阅历的增加和人生经验的积累，史铁生渐渐有了寻根认祖的念头。他在创作中常以精神故乡的概念描写到陕北与地坛，而河北涿州这个真正意义上的故乡却在史铁生笔下所见不多。究其缘由，怕是与史铁生祖辈的成分问题有关，因为爷爷奶奶的地主身份，姥爷的国民党履历等，都曾让年少的史铁生在现实生活中如履薄冰，故而他那份忧心恐惧的存在经验，也就在积淀日久之后，连坐了自己对于涿州老家的亲近之感。但随着年龄的增长，“我”从哪里来的寻根意识，又让史铁生忍不住想要张望一番故乡的人情风貌，于是就在这样一种复杂的情感驱动下，他终于踏上了回乡的旅途。

1995 年，史铁生由好友张铁良开车，和大伯、父亲、叔叔等人一道，共同回了一趟河北涿县老家。这个被称为老家的地方，史铁生还是初次遇见，“此前只是不断地听见它。从奶奶的叹息中，从父母对它的思念和恐惧中，从姥姥和一些亲戚偶尔带来的消息里面，以及从对一条梦幻般的河流——拒马河——的想象之中，听见它。但从未见过它，连照片也没有”①。在走进老家之前，涿县就像是史铁生道听途说得来的一个生命消息，它通过亲人的叙述，以虚无缥缈的记忆与印象，悄悄蛰伏在了史铁生四十余年的生命历程中。因此史铁生这次回乡，除了寻根

① 史铁生:《记忆与印象》第 37 页，北京出版社，2004 年。

认祖之外，也隐然具有了一种验证猜想和备忘生命的意味。

涿州地处华北平原西北部，北京西南部，京畿南大门。东临固安，西接涞水，北通北京，南到高碑店。早在春秋战国时期便已建制，为燕之涿邑，今属保定。史铁生初见之时，涿州城墙残断、古塔倾颓，当然也有崭新的酒店、餐馆、商厦等等，满街的人群、阳光、尘土与叫卖声，都让这个仅以传说形式存在于史铁生印象中的故乡变得生动起来。而史铁生对于涿州曾有的复杂情感，也在这次寻根之旅中渐渐明晰："Z州，一向都在沉默中。但沉默的深处悲欢俱在，无比生动。那是因为，沉默着的并不就是普遍，而独具的心流恰是被一个普遍读本简化成了沉默。"[①]曾对故乡抱有疏离之感的史铁生，终于在涿州生气勃勃的大千景象中为之倾心：不因其尘封的历史和巨变的现实，而是因其沉默的心魂，促使史铁生忍不住要为之发声。与 90 年代中国的其他任何一座城市相类似，涿州早已被飞速发展的现实带入了普遍主义的历史轨道。而史铁生的寻根之旅，在某种意义上就是要去询问故乡曾经所有的独具的心流，他可以依恃的仍是文学，因为文学存在的价值之一，就是弥补被历史这一"御制经典"所遮蔽了的沉默的心魂。[②]

然而，沉默的故乡究竟心魂何在？当史铁生和大伯、父亲、叔叔一道来到了史家旧居时，却无人下车，互相附和着说："这样看看，我说就行了。"最终叔叔推着史铁生进了院门。望着父母结婚时住过的房子，史铁生忍不住想也许自己就是从这里开始进入了人间。伯父和父亲在街上闲逛，心情却夹杂着紧张与期待，也许他们是在追忆自己的童年，又

① 史铁生:《记忆与印象》第 39 页,北京出版社,2004 年。

② 史铁生:《老家》,《记忆与印象》第 39 页,北京出版社,2004 年。

或者在感念逝去的亲人。无论如何，史家旧居都让这几位老人感慨万千。可不是吗？每一个人都有独具的心魂，都有为人所不足道的秘密，在这几位长辈面前，史铁生深刻感受到了生命的由来，虽然微妙难言，长辈们近乡情更怯的复杂心理却让人明白，不论一个人对于故乡是多么的爱恨交织，都消解不了故乡的价值与意义。

离开涿州后，“仿佛离开了一个牵魂索命的地方”①，父亲和伯父终于轻松了下来。汽车载着史铁生一家，又来到了涿州城外的张村。那是母亲的家。拒马河在阳光的映射下闪闪发亮，不舍昼夜地从张村边流过。史铁生一行来到了母亲住过的房前。叔叔指着一间屋说：“你爸就是从这儿把你妈娶走的。”听闻此言，父亲满脸通红，转身走开。这般情景，正如他在清明时节给妻子扫墓，却不知坟墓已经消失的痛苦一样。史铁生知道，父亲依然活在对妻子的思念里，只是责任太重，父亲才不敢过度沉湎在自己的痛苦之中。比起母亲，史铁生对于父亲总是惜字如金。在他笔下，父亲的形象沉默寡言，毫不起眼。就像王安忆回忆去拜访史铁生时，史父也更像是史铁生的守卫者一样，那沉默凝重的气质，深深掩埋了他不足为外人道的生命故事。而在友人的回忆中，史铁生与父亲两人脾气都过于执拗，常常针尖对麦芒似的为了一点小事就争吵。但当史铁生站在母亲的故居前想象过去时，他却深知，“母亲对父亲的缺乏浪漫常常哭笑不得，甚至叹气连声，但这个男人的诚实、厚道，让她信赖终生”②。比起母亲的苦，父亲又何尝有过快乐的时候？他在妻子病逝后，不知独自承受了多少苦难，但他始终坚守着内心对于

---

① 史铁生:《老家》,《记忆与印象》第 40 页,北京出版社,2004 年。
② 史铁生:《老家》,《记忆与印象》第 43 页,北京出版社,2004 年。

妻子的承诺，用其一生“熬过了他不能不熬的痛苦、操劳和孤独”[1]。也许在读者心中，史铁生的母亲，必将因《我与地坛》一作而流芳百世，但父亲的这份坚忍和沉默，难道不是同样令人唏嘘感慨吗？ 在史铁生的作品里，只要是涉及父亲的文字，必定深情内敛、动人心魂。 从某种角度来看，史铁生很像他的父亲，至少在性格禀赋上如出一辙。 相信当他看着老父亲时，也时常会看到自己的影子。 大概正因为此，史铁生才极少叙写自己与父亲之间的心魂相通。 这并不妨碍他从父母亲的生命故事中，窥见了故乡对于游子的意义。 史铁生说：“所有的人都是一样，从老家久远的历史中抽取一个点，一条线索，作为开端。 这开端，就像那绵绵不断的唢呐，难免会引出母亲一样的坎坷与苦难，但必须达到父亲一样的煎熬与责任，这正是命运要你接受的‘想念与恐惧’吧。”[2]

从用散文记叙自己的生命经历开始，到遭遇恩师故友的断续离世，再到寻访隐含于故乡之中的生命开端，人到中年的史铁生，便以这种备忘生命的怀旧心理，不断回首着自己的生命由来。

---

① 史铁生:《老家》,《记忆与印象》第44页,北京出版社,2004年。
② 史铁生:《老家》,《记忆与印象》第44页,北京出版社,2004年。

三、烦恼即菩提

（一）

进入90年代以后，史铁生的健康状况日趋恶化。1990年参加清华附中的校庆活动时，他已无法自己驾着轮椅去学校了。由于瘫痪影响到了下肢神经，血液流通不畅，故而小腿也经常肿胀，以至于无法在轮椅中久坐。可是这些痛苦比起肾病来又不算什么，之前造瘘排尿，已让史铁生元气大伤，就连吃饭喝水都变得非常麻烦——吃饭会导致大量出汗，喝水又给排尿增加负担，毒素的积累让史铁生常常感到头脑昏沉，注意力很难持久。若是家中有朋友来，史铁生头天便要开始养精神，但即便是这样，以他的力气也难以应对一两个小时的谈话。这种身体状况，若换作旁人，怕是连日常生活都难以为继，可史铁生还要花很大的精力去写作。尤其是为了完成长篇小说《务虚笔记》的创作，他基本上耗尽了自己的全部精力。更让人惊叹的是，在1996年发表《务虚笔记》之前，史铁生在呕心沥血地创作长篇之外，写就了几部令人印象深刻的中短篇小说，以及大量的散文随笔。如此毅力，怎不令人肃然起敬？

在90年代中前期的创作中，《中篇1或短篇4》是史铁生较为重要的一部小说作品。从结构上看，这部作品共分“边缘”“局部”“构成”和

“众生”四个部分。前三个部分情节上互有关联，第四部分“众生”则以一个寓言故事的形式游离于全文之外。小说想象奇诡、形式独特，若称其为中篇，那么“众生”一节的存在便导致了故事时间线的断裂；若称其为四个短篇，则又很难解释前三节故事情节之间的内在连续性。因此仅从命名上来看，到底是“中篇1”还是“短篇4”，就完全取决于读者的理解方式了。

其实，至少在史铁生处，他是将这部作品当作一个中篇来处理的，其结构方式带有明显的连环套意味。譬如在第三节“构成”中，史铁生就特意将主人公设定为“众生”一节的作者，如此一来，第四节“众生”便成了第三节主人公所创造出来的一个艺术品。如果考虑到小说承载的是作者的世界观和人生观的话，那么“众生”一节就可被理解为第三节主人公对世界与命运等问题的看法了，这当然也包括他对老人之死以及叛徒这些故事情节的潜在认知与价值评判。就此而言，看似游离于全文之外的第四节“众生”，实际上就是史铁生借助第三节人物之口，发布的他对于前三节故事的阐释与评价。

但史铁生的聪明之处就在于，他深知“众生”一节虽以佛家思想揭示了乌托邦世界的悲剧本质，但其阐释方式仍只不过是自己的一家之言。倘若作品以中篇命名，那么小说以作家自我阐释为结尾的话语方式，就极易陷入“叙述的暴政”，而这一结果显然并非史铁生所愿，因为真正的佛法讲求众生平等，人人皆可成佛，若只有史铁生一人慧光焕发、佛性显现，那岂不就是自大成狂，以至于落入了唯我独尊的魔道了吗？若是尊重读者，将解释权还之于众，那么“众生”一节才当得起众生平等的佛家之言。从这个角度看，史铁生虽以中篇结构小说，但又将它视为四个短篇，确系其警醒自我中心主义的话语霸权所致。

舍此之外，现代小说还讲究“作者已死”，意谓作品在被创作出来之后，作家便已失去了对小说意义的独家阐释权。优秀的作家，怎会不知言不及义这个道理？于是小说语言未曾到达的地方，便为读者的艺术填空提供了无限可能——譬如海明威小说的冰山理论、中国传统小说的留白韵味，等等，哪一样不是将巨大的想象空间留给了读者？史铁生也是如此，他在小说篇名上的文字游戏，庶几可反映出“作者已死”这类现代小说理论对他潜移默化的影响。

从史铁生的创作本意来看，如果这部中篇小说的思想要义包含在第四节“众生”里的话，那么前三节的故事就具有论据之功能。既为论据，就无须作家插话点评，于是在前三节的叙述空间内，便极难见到史铁生旁逸斜出的评判之语。与史铁生常见的夹叙夹议之道相比，这种写法其实给理解小说的故事情节平添了不少难度。因为在史铁生大量的小说创作中，情节叙述与意义阐发总是如影随形，如此也不负其小说随笔化、情节片段化的文体创新之美名。但在这部作品中，直至第四节出现以前，史铁生都表现得泰然自若，除了讲述三个看似独立、实则互有关联的故事外，他极少以叙述者的身份出现在作品中。

从整体上看，前三节的“边缘”部分讲述了一个老头死亡的故事，“局部”则是对老头生前叛徒身份的揭示，而“构成”又以老头的儿子为主人公，讲述了他在父亲离家之后的人生际遇。三节故事分别以第三、第一和第二人称展开叙述，在时间线上被完全打乱。按逻辑来说，第二节父亲成为叛徒实乃故事之开端，待他离家出走之后死于湖上，则成为第一节所记录的情节，因此在史铁生笔下，读者看到的第一节，实际上是第二节故事的结局。与此同时，第三节里那个写“众生”的作者的故事，又与他父亲出走和死亡的时间线基本同步。那么，这部在结构上巧思迭出的小说，究竟要传达作家什么样的想法呢？

（二）

在第一节“边缘”中，史铁生讲述了一个老头的死亡。时值冬天，大雪封山，一群游客因道路阻断而不得不来到了湖边的快餐店里。与此同时，结冰的湖面上有一个老人悄然死去。他究竟是谁？是自杀还是他杀？各种疑问充斥于游客心中，于是快餐店便成了一个窥视与猜测死亡事件的神秘场所。游客们无心饮食，个个好奇，快餐店老板娘和她的儿子则一边招呼客人，一边穷于应对他们的各种提问。直至部分游客亲自去了湖边，方才注意到老头的死亡事件甚为诡异。这个老头之前曾来过快餐店，声称要去连快餐店老板都不知道的太平桥。根据湖面上所遗留的痕迹，游客们推断老头在死之前，曾在湖边不停地走动，以至于他的脚印形成了一个难以融化的巨大圆圈。临死前老头十分安详，不仅抽了一根烟，而且还将遗物整理得井井有条。在他的遗物里有一个背包，包里有一些钱和食物，还有一张老人年轻时候的照片，与他合影的则是一个身着旗袍的女人。

由于缺少了叙述者的旁白性阐释，这一故事也因此显得悬念重重。譬如老板娘那个五岁的儿子，为何一听到音乐便惊呼害怕？快餐店里唯一对死亡事件不关心的那对男女，在本节结尾处的对话又说明了什么？纵观全文，类似的疑点都未得到明确解释。甚至在第二节开篇，史铁生的起笔之语还紧接上节之尾，以至令读者产生错觉，以为第二节的主人公就是第一节中的那位快餐店客人。

实际上，在第二节中，这位自称为叛徒的主人公正是那个自杀的老头。此节通篇充满了意识流动，从“我”身为一个叛徒的忏悔意识出发，史铁生集中讨论了人内在的一个生命矛盾问题。其实，熟悉史铁生经历的读者都知道，早在他上幼儿园之时，孩子们之间所玩的惩罚叛徒的游戏，便让他幼小的心灵对人性充满了疑惧。直至成年以后，史铁生仍难忘记叛徒带给他的生命体验。较之那些是非分明的价值观，史铁生从不简单地对叛徒横加指责，他深知叛徒实乃一个人深陷存在困境之后的无奈选择。在这一节中，史铁生详细阐发了“我”作为一个叛徒的真实处境。在他看来，沦为叛徒分几种情况：

“一种情况是，经过劝导，你真的相信是你错了，你真的认为你是受了骗，于是你放弃了你原来的信仰，那么你不应该算叛徒，你只是改变信仰罢了，信仰和改变信仰那是一个人的自由不是吗？另一种情况是，敌人，譬如说用高官用金钱或用美色来引诱你，于是你就放弃了你原来的信仰，那么依我看你也不是叛徒。因为这说明你原来就谈不上有什么信仰，你只不过是找错了升官发财和享乐的途径，你本来就是个利禄熏心贪图享乐的人，现在你只是调整了你的经营方式，你并没有背叛你的初衷。再一种情况也就是我的情况，我一点不怀疑我的信仰，我懂得那是唯一正确的道路，我至今都相信那是人间最最美好的理想，可是，在死的威胁下我放弃了它，背叛了它，为了活命我出卖了它，这就是彻头彻尾的叛徒。”①

---

① 史铁生:《中篇1或短篇4》,《作家》,1992年第1期。

然而，如果“我”真的是最后一种情况里所说的叛徒的话，那么难道“我”就注定要十恶不赦了吗？ 从表面上看，“我”的忏悔的确真诚，也认为自己所遭遇的困境是咎由自取，甚至最后因背负不了良心的谴责而自杀，但这些内容却都是“我”这一人物的自我认知，而非别人对“我”的客观评判。 事实上，在描述“我”这一叛徒的心路历程时，史铁生的价值立场虽未显明，但字里行间却处处可见他对这位叛徒的怜悯之情。 对于史铁生而言，叛徒是其认识人性的一个关键词，甚至在后来的长篇小说中，史铁生还设专章讨论了叛徒问题。

在他看来，若是从人本主义的立场出发，实际上就能理解叛徒的变节无非是他对求生本能的遵从，这与卖友求荣或压根就没有信仰的情况比起来，至少是人对自我的诚实。 如果联系下节“我”对父亲的思念和寻找，就能意识到史铁生只不过在这一节中，客观还原了一个叛徒内心的灵魂景观，它无关善恶，只与人沦为叛徒之后内心的痛苦有关，甚至当这份痛苦扭曲了人的心灵之时，也就意味着叛徒一词所具有的话语力量，已经深深异化了人的存在。 这是人被一个语词压制得无法抬头的典型案例，但真实情况远比叛徒的字面意思要复杂得多。 换句话说，若是深入这个叛徒的生命历程中，就会发现人的变节大多与其具体的伦理处境密切相关。 这是史铁生基于人本主义立场之上的存在观察，而非世俗意义上的道德审判。 基于这一立场，史铁生才会一而再、再而三地倾诉叛徒那感人的生命旅程。 就此而言，第二节不仅为第一节老头的自杀事件揭晓了原因，而且还呈现了史铁生超越世俗善恶、以人为本的价值立场。

在第三节“构成”中，老头的儿子，也就是那位创作“众生”的

“我”成了故事的主人公。史铁生用一种虚拟时态的叙述语调，详尽描述了“我”即将遭遇的一系列故事。这种指向将来的叙述方式，其实是一种预叙，即陈述尚未发生、但必将发生的事件，例如小说中写道，“只要山背后的那个人能够翻过那座山，你就会在天黑之前听说那件事。那件事将引得你做出一个决定：明天一早到山里去，乘长途汽车，到很远很远的深山里去。虽然这会儿你完全没有这样的打算，但只要山背后的那个人能够翻过那座山，你明天乘长途汽车到那片莽莽苍苍的大山里去——这件事，就正在发生”①。而这种预叙的目的，就是史铁生对于宿命的揭示：“我”命中注定要遭遇那个即将给“我”带来父亲消息的人，而这个传递消息的人物也必将在适当的时机出现在“我”的面前……依此类推，“我”去深山里寻找父亲的行为也就成了“我”的宿命——这个在五岁时父亲就已离开他的小男孩，直至成年后撰写“众生”的时刻，才恍然察觉到这一切都是命运。更为重要的是，以宿命论的形式观察人物，也暗暗传递了史铁生的某种价值观，即他们的所作所为皆拜命运所赐，即便是那位沦为叛徒的父亲，也无须惶恐忧惧地面对自己，因为人根本无法左右自己的命运。如此一来，史铁生就将自己对于叛徒的看法，巧妙地融进了情节叙述之中，由此所隐含的对于人物的叙事关怀也便昭然若揭。

(三)

《中篇1或短篇4》的第四部分名曰“众生”，既是第三节主人公

① 史铁生:《中篇1或短篇4》,《作家》,1992年第1期。

“我”的创作，也是史铁生对于小说故事在哲理层面上的整体性归纳。从前三节的故事发展来看，人生而烦恼，先不说身为叛徒的老头，如何在自责与忏悔的惶恐忧惧中惊魂度日，只看那个自幼就失去父亲的“我”，一旦得知父亲的消息，便若有所盼，就可得知心魂的痛苦实乃人之常态。按史铁生一贯的叙事策略，书写人之异化的存在表象，背后总是要隐含着生灵得救的某种期冀的，因此可以说第四节便暗含了小说所有人物的拯救之途。但问题在于，按第三节主人公的设想，佛法似乎可以普度众生，但事实果真如此吗?

在“众生”一节中，史铁生以《心我论》中的一个故事为蓝本，深入探讨了佛法的救赎功能。故事开始时，特鲁尔驾驶飞船在太空中旅行，遇见了一个居于荒芜星球上的国王。国王恳求他帮助恢复王位，于是好心而且聪慧的特鲁尔便造了一个装在盒子里的微型王国。麻雀虽小却五脏俱全，国王甚是满意，至少在这个微型王国里，他那不可遏制的独裁欲望能够得到暂时的满足。特鲁尔将此事告知朋友克拉鲍修斯后却备受指责，克拉鲍修斯说，即便那个微型王国是凭空制造出来的，但它也和现实世界并无二致，因为里面还不是和现实世界一样充满了杀戮与仇恨？特鲁尔起初并不服气，但克拉鲍修斯却一针见血地指出：“你有崇高的愿望，你只想建造一座能以假乱真的王国，鬼斧神工，没有人能辨出真假，我认为在这一方面你成功了！你虽然回来了才几个小时，但是对于那些被囚禁在盒子里的人来说，几百年的光阴已经流逝了，有多少生灵遭到蹂躏，而这纯粹是为了满足那个国王的虚荣心！”①特鲁尔终于恍然大悟，于是向盒子里输入了佛法。按理说当众生皈依佛法之后，

---

① 史铁生:《中篇1或短篇4》,《作家》,1992年第1期。

自是了悟缘起，再也没有无名烦恼了吧？ 但这个极乐世界的结局却令人愕然，盒子里的众生自被佛法度化后便死气沉沉，再无生命迹象。

何以如此？ 因为人人成佛，也就没有了度化的对象。 譬如说善恶有别，善只存在于和恶的区别之中。 依此类推，世间所有的二元对立关系，哪一样正面价值无须其反面价值的烘托？ 当假恶丑不复存在，那么真善美也就无法成立了。 这个道理在微型王国里体现得最为鲜明：“盒子里的正值与负值、真值与假值、善值与恶值、美值与丑值……总之一切数值都正在趋近零，一切矛盾都正在化解，一切差别都正在消失。”①

但这不正是我们输入佛法，或曰修习佛法的终极目的吗？ 非也非也！ 史铁生借助人物的辩论，极力证明了差别、欲望以及烦恼的重要性，因其存在，故而人才有修行的方向，也才能在修行的过程中不断走向圆满之境。 在这个意义上说，烦恼即菩提。 这显然是史铁生对于佛法的个人领悟，他不强求修行的结果，而高度重视通往西方净土、极乐世界的过程，因其看到了佛法的灵慧之光，故而在路上的修行便有了动力。

史铁生在另一篇作品中说，“佛的本意是悟，是修，是行，是灵魂的拯救，因而‘佛’应该是一个动词，是过程而不是终点”②。 换言之，史铁生看重的是人的修行过程，而非所谓的心灵的乌托邦。 这当然是史铁生以人本主义度化佛法的个人心得，在他看来，由于特鲁尔等人没有理解烦恼即菩提的本义，故而将佛法视为一种功利性的救赎之途，但这一理解就如同人向神索要许诺一般，宗教成了人与神之间讨价还价的工

---

① 史铁生:《中篇1或短篇4》,《作家》,1992年第1期。

② 史铁生:《无答之问或无果之行》,《北京文学》,1994年第11期。

具，因此唯有重视修行本身，人才能在信仰之光的照耀下，重新为苦难的人生之旅赋予意义和价值。这就是史铁生人本主义的宗教观，也是他以过程哲学修正佛法的结果。

更为重要的是，既然“唯有自然才是真正的完美”①，那么人就应该有勇气去接受自然的一切——包括那些不幸与残缺，否则，人怎能领会烦恼即菩提的真正含义？因此可以说，通过这则寓言故事，史铁生其实仍然夫子自道般地阐释了他将人本主义思想和宗教精神融于一体的生存哲学。

---

① 史铁生:《中篇1或短篇4》,《作家》,1992年第1期。

第八章

一、遁入黑夜

（一）

在史铁生的创作历程中，90 年代中前期是一个十分重要的创作阶段。 从 1990 到 1996 这短短的五六年时间里，史铁生连续推出了一系列具有广泛影响的文学作品，不论是《我与地坛》《我二十一岁那年》《好运设计》等散文名篇，还是《中篇 1 或短篇 4》《第一人称》和《别人》等小说佳作，史铁生都以其深邃的思想境界和优美的艺术风格，深深打动了无数读者的心灵。 更为重要的是，上述作品还反映了史铁生从白昼遁入黑夜的心路历程，并为后来《务虚笔记》里呈现自我生命迷途的写作方式奠定了坚实的思想基础。 要而言之，这位在地坛内扶轮问路、在写作之夜里遨游太虚的灵魂漫游者，已然当仁不让地成了90年代文学版图中的一个精神地标。虽然和中国文坛上一些紧跟创作潮流的作家相比，史铁生因其经验的独异和思想的深邃显得有些许寂寞，但他对于人存在奥秘的持续勘察和对命运之谜的不懈猜想，却让他即便在尚未推出《务虚笔记》和《病隙碎笔》之前，就已经成为被这个时代所公认的杰出思想者。

与80年代的创作相比，史铁生在90年代不仅愈发告别了启蒙主义的自圣哲学，而且随着思考的不断深入，他也逐步剥离了那些曾高度粘连于其创作之中的残疾体验与苦难意识，取而代之的，是一种更为宽广的生命哲思和宗教情怀。当然，这种剥离并不是说史铁生就不再书写残疾问题了，而是说他对人的本原性残疾问题的关注，已日益超越了此前对于残疾人生命故事的书写。这无疑是史铁生超越个体存在经验，继而以博大悲悯的宗教情怀反观自我和人类命运的结果。虽然这种变化主要集中体现在《务虚笔记》及其后的作品中，但这段时间他的若干小说和散文作品，已经较为明确地反映了这一重要的思想变化。

在1991年发表的散文《随笔十三》中，史铁生以思想漫游的方式，悠然触碰了一系列重大的心灵话题。比如关于信仰，由于拥有着常人难以想象的痛苦经验，史铁生曾一度对青灯古卷的寺庙生活心有所属。但佛法讲究修行本身，佛性驻心，方外方内又有何别？用他的话说，“既然愿意与世无争地度此一生，又何必一定要在那庙里？在我那小作坊里不行么？”①不过细细想来，好像寺庙之外的修行之地还真是不行，毕竟红尘俗世里有着太多的繁华诱惑，别说保持一颗真我之心了，即便是有

① 史铁生:《随笔十三》,《收获》,1992年第6期。

独立意志，不被世俗价值所左右就已算难得。百般斟酌之下，史铁生说若是要求得心灵的安稳踏实，“好像只有住进那庙里去这心才能落稳”①。那么，这岂不是说信仰更看重形式？非也非也。当史铁生遥望寺庙之时，那静谧安然的所在，竟有一股奇异的魅惑力量，吸引着人不由自主地停留：“庙的形式原就是一份渴望理解的申明，它的清疏简淡朴拙幽深恰是一种无声的宣告，告诉自己也告诉别人，这不是落荒而逃，这是自由的选择，因而才得坦然。”②此即为理解先于信仰。人在皈依之前，除了要理解宗教本身的思想含义，也要理解自我的精神选择是否系于本心。而通过和他人的交流，基于人自由选择基础之上的神圣信仰，才会在博大渊深中显示其理性光芒。按史铁生的看法，信众需要他人理解，即信仰是出于人的自我选择，而寺庙这类宗教实体，恰能以其建筑空间的符号美学，为人的这种解释行为提供一个绝佳场所。这就像那些遁入空门的僧侣一样，他们之所以决定超脱凡俗，盖因其行为是自我的主动选择，而非被动的弃绝此世，故而才会以托付身心给宗教场所的方式，向世人阐释了自我的自由选择，也只有这样，人才能在信仰的路上心怀坦然。换言之，人入驻寺庙修行，绝非是为了站在凡俗的对立面，而仅仅是一种入圣的渴求，否则寺庙还何必以其形式向外界宣告呢？因此史铁生才会说：“入圣当然可以，脱凡其实不能，无论僧俗，人可能舍弃一切，却无法舍弃被理解的渴望。”③毫无疑问，史铁生对于寺庙的理解，自然是其人本主义宗教精神的体现：一方面，他渴望入圣，以圆融自在的方式克服烦恼；但另一方面可别忘了，烦恼即菩提，

① 史铁生:《随笔十三》,《收获》,1992 年第 6 期。

② 史铁生:《随笔十三》,《收获》,1992 年第 6 期。

③ 史铁生:《随笔十三》,《收获》,1992 年第 6 期。

若无凡俗的喧嚣扰攘，人怎能洞明尘缘、自度度人？ 就此而言，史铁生始终是站在凡人的立场，但又以超越功利主义的人道情怀，去理解并走向宗教之维的。

值得注意的是，《随笔十三》开篇之语即指向寺庙，实际上暗含了一个史铁生从白昼遁入黑夜，从显明堕入迷茫的思想历程。 之所以做出如此判断，盖因史铁生心中那份“昼信基督夜信佛”的思想取向。 寺庙所象征的佛法之道，恰是其心魂在无边黑夜里漫游的证明，直至《务虚笔记》，史铁生这一心魂的漫游才具化为他对自我生命迷途的呈现。 那么，为什么说史铁生的思想路径是一个从白昼到黑夜的心路历程呢？ 为了解答这一问题，首先须得明了白昼与黑夜在史铁生处所具有的特定含义。

作为史铁生文学创作中的两个关键词，白昼和黑夜含义驳杂，它们既是客观的时间概念，亦是主观的象征喻指。 前者不难理解，白昼喧嚣、黑夜静谧，一动一静间恰恰孕育了时间之流的绵延与循环——这与世人所感知的时间概念并无不同；至于后者则意蕴丰赡，它是一套能指符号，象征着史铁生对现实和梦想的理解。 在他看来，白昼苦难充斥，夜晚梦想不死：“白昼是一种魔法，一种符咒，让僵死的规则畅行无阻，让实际消磨掉神奇。”“但我的心魂常在黑夜出行，脱离开残废的躯壳，脱离白昼的魔法，脱离实际，在尘嚣稍息的夜的世界里游逛，听所有梦者的诉说，看所有放弃了尘世角色的游魂在夜的天空和旷野中揭开另一种戏剧。”①这就是说，白昼充满了迷障，存在的真理因此而隐匿，黑夜则是心魂的自由，是生命消息奔腾翻涌、显明自我的时刻。 过去的史铁

① 史铁生:《轻轻地走与轻轻地来》,《记忆与印象》第 7 页,北京出版社,2004 年。

生，虽曾百折不挠、顽强不屈，但白昼与苦难的侵袭困扰，让他将存在的勇气全都托付给了与现实生活的抗争，而这样的身心苦斗除了让他伤痕累累、精疲力竭之外，也丝毫未能改变宿命的安排。直至堕入黑夜，史铁生方才惊见受造之中的那缕游魂，竟可用梦想的形式，飘然游荡于存在的自由之境。

毫无疑义，这是他放下“我执”，脱离残疾经验之后的精神升华。待他遁入黑夜后，心魂也就超越了卑微困苦的一己之悲欢，并在跃然蓬勃、无拘无束中奔向了生命的圆满。这样的心路历程当然蕴藉于他的写作之夜中，由于知识永远无法穷尽世界的奥秘，故而唯有心魂的漫游，才能让史铁生矢志不渝地去探访存在之真谛。写作的本质也因此显明，它就是“鲜活的生命在眼前的黑夜中问路”①。

事实上，《随笔十三》正是这样一部在黑夜里问路的作品。由于它超越了史铁生对自我残疾经验的书写，因此在思想方式上，也就呈现出了一种自由的写作倾向。从这个角度看，随笔本身不拘一格的叙述形式，其实较之小说更适合史铁生的文学观念。譬如这部作品的第三则就以梦境为题，生动诠释了史铁生这颗孤独心魂的漫游过程。

梦境伊始时，史铁生以为自己的病好了，腿能再度行走了。还有什么梦境能比这一念想更令人动容？虽然残疾为史铁生带来了异于常人的生命体验，但困于轮椅的滋味，让他一度痛不欲生。更令人震撼的是，即便是在梦中，史铁生也保持着理性的自我意识，因为他不断地向别人求证，恢复健康是否只是黄粱一梦？梦中的人让他看太阳、树叶和流水，终于“证实”梦境的真实，于是史铁生“一一信服”，激动地流下了

① 史铁生:《病隙碎笔》第95页,陕西师范大学出版社,2002年。

热泪。然而，梦终有醒来的时刻，史铁生不得不要去面对一个冰冷的事实，即不论他在梦中如何求证、百般小心，都抹杀不了梦境与现实之间的残酷差别。但只能如此吗？如果梦想的存在仅仅是为了让人一次次去体验它破灭之后的痛苦，那么梦想究竟还有何存在价值？执拗的史铁生可不会就此甘心，他非要证明一点，即那些虚幻如泡影的梦境、欲念与想象，其实都是心魂在黑夜里漫游的结果，它虽不可触摸但却真实存在。而要证明这一点，首先需要理解的就是醒来这件事也未必真实："要是在梦中可以怀疑是不是梦，那么醒了也该怀疑是不是醒吧？要是在梦中还可以做梦，为什么醒来就不可以再醒来呢？"①

强大的逻辑推理，历来是史铁生在大胆想象之外所乐于使用的一个重要武器。从验证醒来这件事和日常经验的背离出发，史铁生得出了一个关于梦境的结论，即"梦中全不顾什么逻辑和规矩，单是跟着愿望大胆地走去。你无论做什么样的离奇古怪的梦，你都不会在梦中感到这太奇怪，这太不可思议，这根本不可能，你会顺其自然地跟随着走下去。而这些事或这些念头要是放在白天，你就会羞愧不已、大惊失色、断然不信、踟蹰不前。这是为什么？很可能是这样：从人的本性来看，并无任何'奇怪'可言；就人的欲望来说，一切都是正当。所谓奇怪或不正当，只是在这个现实世界的各种规矩的衬照下才有的一种恐惧"②。白昼所代表的社会秩序、道德观念、伦理意识和法律体系，将某些正当的人性视为洪水猛兽，于是那些秉于本真存在的各种欲望，便在白昼里秘密潜伏、欲诉还休，而无尽的神秘黑夜，却能让人放飞心魂，在梦幻

① 史铁生:《随笔十三》,《收获》,1992 年第 6 期。
② 史铁生:《随笔十三》,《收获》,1992 年第 6 期。

的王国里充分享受人性的自由。 由此可见，史铁生在《随笔十三》里对黑夜的向往，正反映了他试图挣脱束缚、回归本原的存在呼告。 而从这些看似散乱的随笔创作开始，史铁生对于黑夜的沉浸也愈发变得深邃迷离。

（二）

黑夜深邃、梦境迷离，当史铁生沉入了无边的精神之旅时，那颗孤独的游魂也是五味杂陈：一方面，它因突破了白昼魔法的包围而自在不羁；另一方面，它又不得不遭遇自由之途的重重阻力。 譬如说“别人”，这个曾经在史铁生幼年时就已困扰过他的称谓，现如今已愈发具有了魅人的话语力量——在心魂漫游的自由之旅中，“别人”常常会成为障碍，它几乎就是白昼魔法的替身，时刻阻挠着史铁生对于自由之境的向往。 但在有的时候，“别人”又是人通向存在家园的通道与桥梁，如果没有“别人”，也就没有了人与人之间的差别，待差别消失，那么心魂也就会因为失去了参照而无地彷徨，更遑论向本真之在的靠近呢？ 于是，如何去直面“别人”所象征的异己力量和沟通功能，就成为史铁生在遁入黑夜时所必须具备的一种存在勇气。

1993 年，史铁生写就了一部短篇小说《别人》。 与他的大多数作品相似，《别人》并无明晰完整的故事情节，夹杂在叙事进程中作者的随感与想象，不仅占据了作品的主要篇幅，而且也影响到了主要情节的发展变化。 若是以小说诗学的眼光衡量，史铁生这部不事情节营构而专注于思想阐发的短篇之作，显然在诗性层面意蕴非凡，但其零散杂乱的情节叙事，却或多或少阻碍了读者对其意义空间的理解。

小说取名为“别人”，即意味着有一个相对于别人的观察者存在，而作品正是以这个观察者的视角展开叙述的。开篇处史铁生即以电影蒙太奇的叙事手法，在众多画面的迅速切换中，呈现了观察者眼中一幅芸芸众生的存在场景：那些看报的老人、化妆的少女，以及做了一场春梦的少年，等等，皆是不同于主人公“我”的别人。而对这些毫不起眼的人物群像的叙述，实则是史铁生对“别人”这一小说主题的印象式素描。至少在小说的前半部分，“别人”只不过是大千世界中与“我”这一观察主体同属一类的自在之物。

但随着叙述的展开，曾隐匿于众生之中的那位女跳水者开始浮出水面。她自然也是“别人”中的一员，但对“我”而言却意义不同。因为当“我”决定走出家门，去寻访这位女跳水者时，目的正在于寻找她在电视里跳水时“我”所看到的一座楼房。微妙的是，“我”寻找楼房并不是为了寻找故人，而仅仅是验证“我”的一个猜想，即有关存在背景的真实性问题。那么，“我”的这个猜想究竟又因何而来？以至于“我”要像个疯子一般穿越整座城市，去寻找一个“我”并不认识的女跳水者，以及那个毫无现实意义的楼房呢？

其实，答案就存在于“我”寻访楼房这个主体性故事的叙事前奏之中，是史铁生对芸芸众生存在百态的描摹，引发了“我”对这个世界的某些观察和疑虑。在“我”的眼里，人类社会其实就是由一个隐匿的上帝设计好了的戏剧舞台，由于“舞台设计者掌握一些技术（最先进的科学技术），在人的视觉上造成（模仿）同样的效果，惟妙惟肖。舞台设计者并不出面，导演、美工、灯光师和音响师（上帝，造物主）并不出面。逻辑出面"[1]，故而"我"所感受到的这个井井有条的世界，其存在的奥秘与真相早已被规律、秩序以及体制这些或大或小的"逻辑"所遮蔽。换言之，如何突破逻辑的围困，以寻找造物主的方式去感知那些被遮蔽的存在之本原，就成了"我"寻访楼房的根本动机。但问题就是，上帝又不是存在于那座以跳台背景形式出现的楼房之中，"我"为何还要冒着被人误认为是疯子的危险去展开行动呢？

这是因为，在"我"观察世界的过程中，发现所谓不存在的存在，并不是真的不存在。人之所以以为其不在，盖因人未曾意识到自己认知能力的有限性，故而才会在无力发现的前提下，就贸然否认了那些可能存在的神秘之在。相形之下，在人观察世界的各种方式中，唯有触觉才真实可感："最能证明真实的，(现代人有能力制造乱真的假象，立体音响，立体电影，还有全息摄影，等等。全息摄影是真正的幻景，你能够穿过一堵墙，穿过一棵树或一个人；比如说你能够看到一张床真真确确近在咫尺但你不能摸到它，如果你扑向它你就会穿过它，像个傻瓜一样扑倒在冰冷的地上如梦方醒。现代的科学技术能够做到这一点。)无他法，唯一能够证明那不是布景不是幻景的，是触觉。也许就是人们渴望接触，渴望亲吻、肌肤相依、抚摸、和渴望做爱的原因吧？渴望证明：那不是幻景，那是真的。"[2]从这个角度看，人们其实常常会笃信触觉，因此当内心涌现出对于本真存在的无限渴慕时，便会渴望触摸。当小说里的"我"希望去了解那座楼房，进而感知神秘的存在时，触觉便成了他最倚重的一个交流方式。由此可见，"我"对女跳水者的寻访，对楼

① 史铁生:《别人》,《花城》,1994 年第 1 期。
② 史铁生:《别人》,《花城》,1994 年第 1 期。

房的向往，无不反映了人类渴望触摸、印证真实的一种集体无意识。至关重要的是，当史铁生将这样的一种思维带入后来的《务虚笔记》时，读者就能明了他对性爱的推崇，实际上正是出于对触觉的相信。《务虚笔记》里那些沉沦于世俗情爱的红男绿女，以及奔波于异化之境的苦难心魂，最终不就是凭借着性所具有的触摸力量，才在巫山云雨中深切体察了命运的奥秘？

然而，别人对于“我”寻访楼房的行为却难以理解。如果说女跳水者暗示了别人所具有的桥梁作用的话，那么小说中一系列在“我”寻访途中出现的人物，就代表了别人所具备的阻碍之力。譬如沿途遇到的路人、清洁工大妈和女教练等等，她们都无法理解“我”，只能误认为“我”是一个精神不正常的人。而“我”在和这些别人交流的过程中，除了要继续自己的寻访任务外，还不得不为自己是个正常人辩护两句。事实上，别人对于“我”寻访存在奥秘的阻碍，就表现在对“我”的看法之中。若不是有了别人的指指点点，“我”也不会怀疑自己是否正常，也就不必急于证明自我了。这说明“我”这个观察者的自我认同行为，其实在很多时候都来自于对别人异样看法的回应，如此“我”也就活在了别人的目光之中。

可不就是这样吗？比照史铁生的现实生活，当他残疾之后，一开始不也是为了别人而努力去生活？为证明自己意志坚强、残而不废，甚至有时是为了迎合那个时代特有的主流价值，史铁生一度都被迫要以人格表演的形式去面对别人。这当然是白昼魔法的威力使然：在无数个吵闹的白昼里，史铁生只能强颜欢笑。但当黑夜来临，在别人缺席的时刻，他那颗在白昼里饱受虚伪、矫饰和瞒骗的心魂，才得以摇身一变，在自由坦荡中突破了别人的目光。同样，也只有在这样的一种状态下，史铁生才可以无须坚强，亦不必乐观，他所能做的，就是任凭黑夜里的心魂，向着永恒之在的深处随意漂流。

（三）

然而，让心魂在静谧的黑夜里自由漂流，却并不意味着史铁生就一定会通达存在的本真之境。这是因为存在的奥秘实在是过于繁杂，如果仅仅是依靠黑夜里的精神探询，那么即便是再坚持不懈，也未必就一定能获得灵魂的解放。史铁生对此自然是心知肚明，否则他也就不会在心魂漫游的旅途中，时刻提醒着自己过程哲学的重要。事实上，作为一名书写灵魂内部风景的艺术家，史铁生似乎更倾向于记录自己那颗孤单行魂的沿途体验，这比起以思想体系去解释世界的哲学家来，他的心魂漫游就更像是一场无答之问或无果之行。

1995 年，一部好莱坞电影《阿甘正传》开始在中国掀起了观影狂潮。作为电影爱好者的史铁生自然不会放过这个机会。《阿甘正传》改编自美国作家温斯顿·格卢姆于 1986 年出版的同名小说，讲述了一个先天智障的小镇男孩阿甘自强不息的励志故事。电影上映后，不仅获得了 1995 年的六项奥斯卡大奖，而且还激励了包括史铁生在内的无数小人物。因为这部电影让他们深知，只要梦想不死，奇迹就在。

影片中有一个场景意味深长，那就是当恋人离开了阿甘之后，爱情幻灭的阿甘便开始了漫无目的的长跑。作为一名智障者，阿甘根本不会考虑自己的跑步方向，也不会顾及旅途的终点。他只是莫名其妙地就开始跑步，风雨无阻、一往无前。直到有一天，阿甘才发现自己竟然有了众多的追随者。不知是从阿甘身上看到了命运的召唤，还是期待着天启的降临，总之大家一个劲儿地都跟着阿甘跑，既不询问原因，也不考虑终点，一传十，十传百，以至于在阿甘的身后，形成了一支蔚为大观的长跑队伍。这当中显然有不少爱看热闹的好事者，但相信大多数追随者都是因为将自己人生得救的希望寄托在了阿甘身上，才会这般死心塌地地全力去追随他。然而，当阿甘横贯了北美大陆之后，突然在某个瞬间就毫无来由地停下了脚步。对他而言，长跑或许只是为了稀释内心的痛苦，又或许只是为了感受生命的旅程，他从未想过自己会成为一些人的救世主。于是结束长跑，丢下一群愕然失落的追随者，阿甘又踏上了人生的另一段旅程。

阿甘的长跑，与史铁生的心魂漫游何其相似！两者都没有明确的目标与方向，也不祈求信众的追随与理解，他们都只是凭着直觉去追随命运感召的生命长跑者。然而，世人因钦慕其高洁的人格与存在的勇气，故而常欲将自己的人生所求托付给这些所谓的“先知者”。但他们哪里会想到，不论是阿甘还是史铁生，都从未将自己当成是众生的天命教导员。

史铁生以为，阿甘的逃跑哲学实在很妙，这就像自己的文学创作一样，与其向中心追，莫如往边缘逃。实际情况也确乎如此，自从跨入文坛之后，史铁生就一直是位远离中心的逃跑者——那些启蒙岁月里的生命哲思，世俗年代中的神性书写，哪一样不标志着史铁生对中心的逃离？但这种逃离却绝非意味着缺乏勇气，恰恰相反，逃离本身便是勇气的证明。因为逃离中心正是史铁生独立思想的产物。当大多数作家都还沉溺在启蒙的幻象之中时，史铁生便看到了人的有限，而对有限的接纳与对命运的臣服，又让史铁生在一个物欲横流的年代，将自己的生命迷途奉献给了上帝。 这当然是要有莫大的存在勇气的，因为当一个人决心侍奉神恩之时，也就意味着他只甘心做上帝的仆人，并从此不再成为任何一个别人的附庸，由此也就达到了真正意义上的人格独立。 更为重要的是，因为信仰的缘故，史铁生一直笃信迷乱的心魂漫游终有归途——虽然此刻的他还不明确归途何在，但只要本于内心，无所畏惧地在黑夜中前行，那么存在的本真之境一定会经由上帝的殷切嘱托而自我现身。 从这个角度说，史铁生心魂漫游的无答之问或无果之行，正是有了对归途的坚定信念，才不至于沦为一场踌躇不前的思想迷路。 但坚信归途，又不等于说一定要到达终点，心魂漫游的意义，只存在于对归途的靠近之中。 而史铁生对于归途的这种向往和体验方式，既是其心魂在辽阔之境的漫游产物，也是其过程哲学的思想结果。

1995 年，史铁生写下了散文《无答之问或无果之行》。 在文章里，史铁生不仅忠实地记录了自己在心魂漫游时的体验与认知，而且也对佛法所言的灭“我执”等问题做出了深刻反思。 这是一篇具有强烈思辨色彩的散文作品。 从表面上看，史铁生是想从自己的认识出发，为业已世俗化了的佛法正本清源。 但细究之下，他其实又是在借佛法说明心魂漫游的存在价值，故而这部作品便充满了史铁生某种夫子自辩的对话意味。 譬如他说，现今的佛法早已被人们的功利之心所异化，笃信佛法以求得利益早已是现代信徒们公开的秘密了。 佛法的异化更可怕之处，是强调对“我执”的彻底取消——正所谓心识一动，心浪就起。 即便是善念这样的心识，也会形成心的迷障，似乎“唯善恶不思才能风息浪止，那才可谓佛行”[1]。如是之闻，当然会令执持于心魂漫游的史铁生迷惑不已。

他认为，佛法讲终极关怀，但“终极关怀主要不是对来路的探察，而是对去路的询问，虽然来路必要关心，来路的探察于去路的询问是有助的”[2]。问题就在于，如果佛法要人善恶不思，那么人又该如何询问去路呢？对史铁生而言，即便心魂漫游永远只是一个无答之问或无果之行，但它有问的意识和行的姿态，如果佛法要人心浪不起、善恶不思，那么心魂的漫游岂不就变成了一具了无生气的行尸走肉？坚持灭“我执”的人认为，心识一动，心浪即起，于是便犯了“我执”之戒。为灭“我执”、息心浪，人理当“道法自然”。但问题是，人不就在自然之中吗?“人的生成以及心识的生成，莫非不是那浑然大道之所为？莫非不是‘无为无不为’的自然之造化？去除心识，风息浪止，是法自然还是反自然，真是值得考虑。”[3]基于这一认识，史铁生推崇真正的佛法，从不要人空无一物，因为“佛的伟大，恰在于他面对这差别与矛盾以及由之而生的人间苦难，苦心孤诣沉思默想；在于他了悟之后并不放弃这个人间，依然心系众生，执着而艰难地行愿；在于有一人未度他便不能安枕的博爱胸怀。若善念一动也违佛法，佛的传经布道又算什么？若是他期待弟子们一念不动，佛法又如何传至今天？佛的光辉，当不在大雄宝殿之上，而在他苦苦地修与行的过程之中。佛的轻看佛法，绝非价值虚无，而是暗示了理论的局限。佛法的去除‘我执’，也并非是取消

---

① 史铁生:《无答之问或无果之行》,《北京文学》,1995 年第 7 期。
② 史铁生:《无答之问或无果之行》,《北京文学》,1995 年第 7 期。
③ 史铁生:《无答之问或无果之行》,《北京文学》,1995 年第 7 期。

理想，而是强调存在的多维与拯救的无限”[①]。从这个角度说，真正的佛法重视差别与多元，其空无观中仍期待着人内心的修行，亦即史铁生意义上的心魂的漫游。

在漫游的途中，心魂没有终点，这是因为，“大千世界生生不息，矛盾不休，运动不止，困苦永在，前路无限，何处可以留住？哪里能是终点？没有”[②]。故而心魂就永在途中，若是一心指望着到达，便是史铁生所说的另一种“我执”，即对终点（成佛、正果、无苦而极乐）的执迷。既然如此，那干脆就不要取消“心识”和“执着”吧，如此一来，彼岸也就不与此岸分离，“彼岸可以进入，但彼岸又不可能到达，是否就是说：彼岸又不是一个名词，而是动词？我想是的。彼岸、普度、宏愿、拯救，都是动词，都是永无止境的过程。而过程，意味着差别、矛盾、运动和困苦的永远相伴，意味了普度的不可能完成”[③]。但佛法的要义就在于，理想只有在追求的途中才会成真，永在也只有在靠近的途中才能现身。人若因修行之苦而断绝爱愿，那么就一切都无法改变，“回过头来人间如故”[④]。基于这一思想，史铁生便无比珍视那永动的漫游与爱愿。唯其在路上，唯其在动中，理想、爱情、佛法就都成了修行的同义动词，也由此可以在叩问去路的途中成全自我。就此而言，史铁生遁入黑夜，让心魂如得大自在般的这种随意漫游，本身就反映了他重视自我修行的人本主义的宗教精神。

---

① 史铁生:《无答之问或无果之行》,《北京文学》,1995年第7期。

② 史铁生:《无答之问或无果之行》,《北京文学》,1995年第7期。

③ 史铁生:《无答之问或无果之行》,《北京文学》,1995年第7期。

④ 史铁生:《无答之问或无果之行》,《北京文学》,1995年第7期。

二、百感交集的旅程

（一）

在史铁生的生命旅程中，1996、1997 这两年似乎具有一种特别的意味：因为在这段时间里，最能代表史铁生创作实绩的长篇小说《务虚笔记》出版，他也首次走出了国门，但不幸的是，一直深爱着他的父亲却在 1996 年辞世。 中国人总说祸福相依，史铁生对这句话真可谓是感同身受：不论是成就《务虚笔记》的释然，还是感受异国他乡的遥远，抑或是经历失去亲人的苦痛，等等，都让心灵本就敏感的史铁生越发百感交集。 他依然睿智理性，也照旧辩证地去看待着发生在自己身上的好事与坏事，但这样一段起伏不定的人生岁月，让他仍旧有些猝不及防。 如果说 1996 年之前的史铁生虽已饱受苦难的折磨，但他至少还能以一种相对宁静的精神力量去从容应对的话，那么 1996 年及其之后的生活就更加显得动荡不安了。 尤其是当他肾病严重，不得不以透析维持生命时，史铁生就遁入了一个更深的思想黑夜：他对生命意义的探询、对存在本真的向往，以及对此世苦难的理解，较之以往都愈加的深邃复杂。

在史铁生的私人生活中，出国显然是一件大事。 80 年代，随着改革开放的不断深化，走出国门对于普通的中国人来说早已不只是梦想。到 90 年代，出国因席卷神州的全球化浪潮而变得日渐平常，但在史铁生处，出国却依然难如登天。以他的身体状况，别说出国，就算是在国内参加一些文学活动也是困难重重。虽然每次出门都有友人相助，但史铁生秉性要强，不愿过多麻烦别人。于是待在家中，在写作之夜里放飞心魂，就成了很多年以来史铁生介入这个世界的主要方式。不过作为一名知识分子，若是条件允许，谁不想读万卷书、行万里路呢？

机会终于来到。1996年6月，应早年在《今天》杂志撰稿的朋友陈迈平的邀请，史铁生和另外几位中国作家一道，前往瑞典的首都斯德哥尔摩开会。会议由斯德哥尔摩大学主办，名曰“沟通”，用意大约是交流中西文化，参会成员都是国内的著名作家。除史铁生夫妻外，余华、林白、朱文等人皆在受邀之列。据林白回忆，那时因私出国并不容易，因为持有的是私人护照，需要有经济担保，因此林白曾一度打算放弃这次机会。出国前适逢上海作家陈村来京，林白便陪着陈村一起去看望史铁生。这时的史铁生刚换了一辆电动轮椅，见面时兀自在兴高采烈地试车，如同一个孩子拿到了自己的新玩具一样，只见他在屋子里“前进、倒退、绕弯，很是有兴致”①。他甚至邀请林白和陈村也坐上去试试。聊天时，史铁生问林白为何不去瑞典，得知是因为经济担保的问题，他便忍不住做起了参谋。他告诉林白，可以用自我担保的办法，就是借四千美金存在自己的存折上，再让银行开证明即可。临行前，史铁生又打电话给林白，叮嘱她务必多带一双鞋子，因为万一在瑞典鞋子坏了，再买一双可就太贵了。史铁生对朋友的这番古道热肠和耐心细致，着实让林白感动不已。

从中国到瑞典路途遥远，飞行时间差不多有十个小时。待抵达斯德

① 林白:《追忆史铁生》,《永远的史铁生》第141页,华夏出版社,2011年。

哥尔摩后，异国他乡的历史风情和自然景观，瞬间就抓住了史铁生的心。代表团住在一个极具韵味的小旅馆里，小旅馆历史悠久，有着鲜明的建筑风格。仔细参观，其中无处不在的精美摆设和雕塑都让史铁生赞叹不已。参会时，史铁生与当年《今天》杂志的骨干作家芒克、多多、严力等人相谈甚欢。值得一记的是，因史铁生行动不便，代表团里最年轻的作家朱文便负起了照顾他的责任。很多时候，朱文都是背着史铁生在行动。对于年轻人的关照，史铁生尽管表现得落落大方，脸上却总是挂着一丝歉意的笑容。要知道，以《我爱美元》《人民到底需不需要桑拿》等作名动文坛的朱文，自出道之日起就被看作是一位思想激进的叛逆者。他对既有文学秩序的“断裂”，对人物欲本性的张扬，以及对启蒙文化的弑父意识，等等，都让他浑身上下散发着一股草莽英雄的江湖气息。但在史铁生面前，朱文却始终执礼相待，鞍前马后，操劳不已。这大概是因为朱文本就敬佩于史铁生的道德文章，也或者是他从未把史铁生看作是文学之父的缘故吧，总之在朱文心中，照顾史铁生这位忠厚的长者，真是一件再自然不过的事了。谁曾想到，因只倾心于自我的生命际遇和存在问题，史铁生那份不做天命教导员的独立姿态，反倒赢得了叛逆如朱文者等很多青年作家的尊崇，这不能不说是90年代文坛的一段佳话了。

史铁生等人开会的地点在博姆什维克，此地距离斯德哥尔摩大约六十多公里，森林环抱、湖水清澈，美如仙境。在这个童话般的国度里，史铁生也陶然忘忧，快乐得几乎都要忘记自己的病痛了。趁着闲暇时光，史铁生和友人们会去斯德哥尔摩的街上闲逛。斯堪的那维亚半岛的六月依然热不起来，天气阴晴不定，时而阳光明媚，时而细雨霏霏。见同行的林白有些冷，陈希米便把自己的毛衣让给她穿。 在商店里买小纪念品的时候，作家们经常会被店主询问是不是日本人。 在一位原籍上海的瑞典导游先生的带领下，史铁生们还参观了瓦萨沉船博物馆。 博物馆里陈列了一艘三百多年前的战船，据说只下水几十分钟就沉进了海底，原因说来也十分好笑，因为船本已造好，但国王非要再加建一层，同时还要增加若干门火炮，于是乎崭新的战船便头重脚轻，一个翻身就沉入了海底，只能徒留几个世纪后的人们来观赏谈笑了。

到了斯德哥尔摩，中国作家们自然不会放弃去参观瑞典文学院的机会。 在 90 年代，渴望获得诺贝尔文学奖不仅是大多数中国作家的梦想，而且也成了人们确证中国文化软实力的一个集体愿望。 史铁生当然不能免俗，因为有机会见到诺奖评委马悦然先生，因此临出国前他还打算带上自己的作品，但由于本不喜矫饰，史铁生终于还是放弃了这个自我推荐的大好机会。 在参观瑞典文学院时，中国作家们乘坐一辆大轿车前往，众人合力，将史铁生抬上了台阶。 在一间积淀了丰厚历史遗韵的大厅内，马悦然教授向大家介绍了诺贝尔奖的一些知识。 在史铁生的印象中，马悦然温良谦和，说着一口地道的汉语。 讲台是诺贝尔奖作家发表获奖言说的位置，望着福克纳和马尔克斯曾经站立过的地方，一行人无不高山仰止，内心深处充满了崇敬之情。

要说作为一名写作者，史铁生若是从来都没有过诺奖情结显然不太符合事实，但他对于诺奖的看法却委实值得称道。 在后来写下的一则“病隙碎笔”里，史铁生引用陈村的话说，“让中国人心里不平衡的事情有两件，一是世界杯总不能入围，二是诺贝尔文学奖总不能到手，这两件事弄得球迷和文人都有点魔魔道道”[1]。在他看来，文人清高，谁都不承认写作是为了获奖，但对于诺贝尔文学奖却总有一丝潜在的敬意。但认可诺奖和国人能否得奖却是两回事，因为在这世上很难有绝对公正的评奖，“何不实实在在把诺贝尔奖看作是几位瑞典老人对文学——包括中国文学——的关怀和好意？瑞典我去过一次，印象是：离中国真远呀”[2]。看样子，史铁生既不愿故作清高，标榜自己看不上诺贝尔奖，也不愿任性妄为，以为哪个中国作家就能得奖，而是清醒地看到了诺奖所提倡的标准与价值，委实和关注中国现实问题的作家之间仍有相当距离。那句有关瑞典和中国分外遥远的双关语，无疑反映了史铁生在面对名利诱惑时的一颗平常心。

瑞典之行，饮食是个大问题，很多中国作家都吃不惯又冷又硬的西餐，史铁生尤其如此。史铁生爱吃好吃，这在文坛早已不算秘密。后来经济条件略为宽裕时，即使有私人护士代为做饭，史铁生也经常忍不住亲自下厨，做些自己爱吃的菜大快朵颐。对这样一位平时吃惯了涮羊肉、酱肉，以及大白菜的老北京而言，西餐实在让他难以下咽。好在史铁生朋友遍天下，即便是在遥远的瑞典，他也能尝到朋友家亲手所做的红烧肉。据同行的林白回忆，收获美食的史铁生很是开心，他兴高采烈地将红烧肉带回了代表团住地，自己舍不得吃，等大家到齐了，每人分得一小块才开动了起来。[3]或许在别人眼里这算不得什么，但对一个视美食如命的人来说，能与他人分享自己的珍藏，的确称得上是侠肝义胆了。

---

① 史铁生:《病隙碎笔》第84页,陕西师范大学出版社,2002年。

② 史铁生:《病隙碎笔》第85页,陕西师范大学出版社,2002年。

③ 参见林白:《追忆史铁生》,《永远的史铁生》第142页,华夏出版社,2011年。

史铁生说自己从小就是个“怵窝子”，胆小怕事，对于外面的世界总是充满了恐惧。也因为恐惧，他才会对爱和信仰有着极度强烈的向往。在如此遥远的旅途中，史铁生也许已经记不起童年时对于外界的恐惧了，他所收获的，只是那跋涉千山万水、克服重重阻力之后的心灵自由。而旅行中的沿途所见，也和史铁生精神漫游时所体验的灵魂风景一道，共同见证了生命的美丽与辉煌。

（二）

也许是命运的安排，在史铁生的生命旅程中，每当他浑然忘忧、开心喜悦的时候，生活就会冷不丁地给他致命一击。1996 年秋，史铁生从瑞典归来后不久，他的父亲就因心肌梗死猝然离世了。不巧的是，史铁生当时正准备动身前往杭州参加一个文学奖的颁奖活动。奖项是由《东海》文学月刊创办的“三十万东海文学巨奖”，史铁生以短篇小说《老屋小记》获得了金奖。他先委托好友张铁良预订了飞往杭州的机票，但父亲的去世又让史铁生在巨大的悲痛中左右为难。考虑到主办方将准备工作做得很隆重，自己又是金奖得主，若是不能前去，势必会给主办方带来很多不便。权衡再三，史铁生只好强忍着悲痛按期前往杭州。为不耽误父亲的葬礼，他在杭州只待了两天。陪同史铁生的张铁良，主要任务就是睡觉时帮助史铁生翻身。由于双腿肌肉萎缩严重，为防止生褥疮，每隔几个小时史铁生就得翻一次身。“侧卧时两腿之间要垫两个垫子，后背还要垫一两个垫子作为支撑，因为腰部一点力量也没有，很难保持平衡，睡觉时身体周围要摆一圈垫子。”①翻身很是麻烦，别说史铁生了，就连帮忙的张铁良，每次翻完身后都睡意全无。在杭州的这几天，史铁生压根就没办法安然入睡，他的脑海里全是父亲的影子。尽管内心无比悲伤，但史铁生与人交流时仍得故作平静。待活动一结束，他便匆匆赶回了北京。

在料理丧事的那两天时间里，前来帮忙的亲友们来来往往，唯独史铁生无事可做，他只能蜷缩在轮椅内，神色木然，默默地看着别人忙碌。巨大的悲痛仿佛化作了一块巨石，压在史铁生的胸口让他喘不过气来。很多年前，奶奶和母亲故去后，史铁生曾将自己那份无法遏制的思念形诸文字，让无数读者在感知可贵亲情的同时，也看到了史铁生心灵的柔弱。可是时过境迁，待父亲离世之时，史铁生已年过不惑，虽不能说就已勘破了生死大限，但至少他对苦难的降临已能够坦然接受了。和自己相比，父亲虽未直接承受残疾与病患的折磨，但他因此所背负的生活压力无比沉重。最令亲友们敬佩的是，父亲也许未曾思虑过生与死的哲学命题，他却以实实在在的生活苦斗，向命运宣示着人的尊严与不屈！而这份倔强与韧性，怕是只有史铁生才能感同身受。因此在史铁生和父亲之间，除了常人所谓的亲情以外，无疑更多了一份男人之间的肝胆相照与惺惺相惜。父亲既是给予史铁生生命的人，也是一个支撑史铁生专注于心魂漫游的现实依靠。可以想见，当时若无父亲的担当，史铁生和妹妹史岚的人生，还不知要堕入何等的深渊之中。面对这样一个伟大的男人，有限的文字该如何表达？都说四十而不惑，此时的史铁生

① 张铁良:《此生足矣》,《生命——民间记忆史铁生》第236页,中国对外翻译出版有限公司,2012年。

或许是真正理解了父亲的形象，故而才会无以言对、沉默是金。父亲去世后，史铁生未曾有过专门的文字加以纪念，大概就是出于这个原因吧。

料理后事期间，亲友们都在忙前忙后，但每个人都知道史铁生正在强忍着悲痛。楼上的邻居吴老师不忍心，便细声细气地劝解起了史铁生，哪知道这般和风细雨的安慰，竟如压垮骆驼的最后一根稻草一样，终于将史铁生那道即将崩塌的心防完全摧毁。史铁生开始号啕大哭了起来，神色哀戚、声音悲切。这状况吓坏了陈希米和一众亲友，生怕史铁生为此出什么问题。很难想象哭泣时的史铁生，内心究竟在经历着怎样的剧烈变化，是痛惜父亲的离去，还是可怜自己的身世，不得而知。自此之后，那些疼爱他的亲人都已去了天国，留史铁生在这个世上形单影只。虽然还有爱人和妹妹一家人的陪伴，但上一辈亲人的恩情，他从此再无福消受，每念及此，怎不会令人肝肠寸断？

葬礼之后，史铁生和妻子，以及妹妹一家人，将一棵合欢树种在了山上，父亲的骨灰盒与母亲生前的一条白纱巾也合葬于树下。在树前留影纪念时，史铁生目光空洞、若有所思，似乎是在祈望着和亲人们久远之后的重逢……黯然销魂者，唯别而已。尽管每一颗在这世上逡巡的孤单行魂，都只是偶然寄居于某个肉身之所，将来也必定会脱壳而去，但那暂时的居所，不就是因为有了温暖亲情的浸润，才会让孤单的行魂有所慰藉吗？待亲人离世，史铁生又像当年初涉残疾之时，开始变得恓恓惶惶、无路可走。也许表面上的史铁生依旧镇定，但亲人离世的影响，却在他的作品中以伦理叙事的形式，隐然成为一个生命中的不能承受之重。

（三）

在史铁生仅有的两次出国经历中，1996 年的瑞典之行虽然美好，但因为是出席会议的缘故，不仅时间较短，而且也囿于日程的安排，故而此次旅行让史铁生并不尽兴。和很多满怀诗情的文人一样，史铁生也向往远方。虽然早年曾因对远方的盲目憧憬而付出了青春和健康的代价，但年龄和阅历的增长，并不能销蚀史铁生的这份激情与梦想。而孙立哲这位史铁生的终生挚友，自 1983 年考入美国西北大学攻读器官移植免疫博士学位以来，就一直在美国打拼，直至 1991 年方才回国创业。较之当年在延川插队时那位毛头毛脑的赤脚医生，多年的旅美生涯已让孙立哲变得愈发坚毅果敢、雷厉风行。而对于史铁生的病情，孙立哲也是了如指掌，他深知史铁生肾病问题已渐趋严重，早前的造瘘排尿术已不足以应对病情，透析治疗已不可避免。若再不抓紧时机旅行的话，怕是他以后更难踏出国门一步了。

1997 年年初的时候，史铁生的肾病开始加重，不得不在家吃药休养，写作也因此暂停。孙立哲当机立断，决定自费邀请史铁生赴美旅行。是年 6 月，史铁生夫妇和好友柏晓利、霍秀儿、张铁良、王立德，以及孙立哲和他的女儿婕莹等人，由身兼导游和司机的老同学刘瑞虎带领，开始了为期半月的美国之旅。为了便于照顾史铁生，孙立哲等人开了一辆巨大的房车，吃住皆在车上，心随意动、率性而行，真是畅快无比！这无疑是一次令史铁生终生难忘的旅行。不说知己在侧、爱人相随了，即便是壮美秀丽的自然风光和多元共存的文化景观，就已让久居北京的史铁生流连忘返了。

旅程从天使之城洛杉矶开始，这是美国西海岸最大的城市，阳光和煦、天蓝如洗。在太平洋微风的熏染下，一众旅人无不陶然忘忧。作为一名田径爱好者，史铁生怎能放弃去1984年奥运会主会场游玩的机会。他来到加州大学体育场，摇着轮椅转了几圈。在他的心中，必定想起了自己崇拜的偶像——田径巨星卡尔·刘易斯。那位身材健美、步伐矫健的天之骄子，曾无数次让史铁生感受到生命的伟力。正是在这块场地上，刘易斯以其“更高、更快、更强”的奥运精神，成就了体育史上一段不朽的传奇。榜样的力量哪有穷尽？虽然此时史铁生的健康状况已危如累卵，但亲历偶像的传奇舞台，无疑会激起他与命运再战一回的壮志豪情。

离开洛杉矶后，史铁生一行走走停停，历经赌城拉斯维加斯、科罗拉多大峡谷、菲尼克斯、新墨西哥、休斯敦等地，然后北上，穿越达拉斯、孟菲斯、圣路易斯、小石城后直抵芝加哥。沿途风景绝佳，沙漠、峡谷、瀑布与赌城，随便哪个都气势恢宏、景色迷人。大家说说笑笑，既折服于大自然的鬼斧神工，亦感受着异域文明的文化冲击。在拉斯维加斯的赌场里，孙立哲花了十美金，让大家试试轮盘赌，不料最后一码竟赢得了四十倍，于是大家深感兴奋，纷纷上阵大展身手，直至本利全光，才恋恋不舍地告别了赌场。

美中不足的是，由于史铁生的双肾已然罢工，大家只能随时停下来休息，为了照顾史铁生，所有人人尽其用。史铁生躺在大房车后屋的双人床上，陈希米一会儿给史铁生换尿管，一会儿又给他量血压喂药等等，忙得片刻不得闲。霍秀儿也是忙里忙外，给史铁生送食物和水。

柏晓利则在旁陪着聊天，看着眼前这番忙碌的情景，突然灵光乍现，对着史铁生冒出一句：“您这是皇上待遇，这屋整个是个后宫呀！”①大家哈哈大笑，史铁生自是顺坡就驴，说：“咱今天就当一回皇上，现在就封。陈希米是正宫娘娘不用说了。朕封你和霍秀儿为左、右宫内行走，立哲是二德子。”②言毕大家更是爆笑，深以为然。于是乎这等戏称便用了起来，一路上张铁良、王立德也跟着一声一声地叫“皇上”，说煮好了面条，必须先给“皇上”送去！顺带聊起皇室秘闻、规矩礼仪，妙趣横生，大大缓解了旅途的疲劳。

二德子孙立哲许是为了报复“皇上”，便故意拿话调侃史铁生，说如果你年轻时让日本鬼子抓起来，用你这“右行走”美人霍秀儿给你施“美人计”，你招不招？二十多年前，霍秀儿可是清华附中有名的大美女，更是史铁生这些少年心目中的女神。希米在旁，史铁生哪敢造次，只能看着霍秀儿，笑着说：“得得得，您还是先把我杀了吧，我最怕‘美人计’！”③说完瞟着孙立哲，两人心有灵犀、哈哈大笑。虽说二德子总是拿“皇上”开涮，可他身兼御医大任，对于“皇上”的龙体安康自是十分关注。见史铁生挣扎的模样，乐观的孙立哲总是笑嘻嘻地安慰他。甚至会闻闻史铁生的尿，说：“不要紧，味儿挺大，还能排毒。”④但说笑归说笑，其实就连孙立哲自己，也不知史铁生的双肾究竟还能坚持多

① 孙立哲:《想念史铁生》,《生命——民间记忆史铁生》第54页,中国对外翻译出版有限公司,2012年。

② 孙立哲:《想念史铁生》,《生命——民间记忆史铁生》第54页,中国对外翻译出版有限公司,2012年。

③ 孙立哲:《想念史铁生》,《生命——民间记忆史铁生》第54页,中国对外翻译出版有限公司,2012年。

④ 史铁生:《扶轮问路》第8页,人民文学出版社,2010年。

久。

到达芝加哥后，史铁生已经精疲力竭，尿少、头晕等肾功能衰竭的症状也开始出现。所幸刘瑞虎的家就在芝加哥，于是一行人便先到刘瑞虎家休息。这一路走来，风景虽美，饮食却不可口，爱吃的史铁生时常抱怨。不过到了芝加哥的老同学家，史铁生可有口福了。刘瑞虎的母亲是老北京，烧得一手地道的北京菜。为了史铁生，老母亲亲自下厨做饭，还做了一份史铁生爱吃的炒肝。因为思念家乡风味，加上饭菜可口，史铁生胃口大开，一顿吃了不少。不过因身体劳累，史铁生发起了烧，只好卧床休息。出国之前，史铁生曾写信给在美国闯荡的郑光召，约定去看他。虽病体未愈，但史铁生总是惦记着此事。他躺在刘瑞虎家的床上，双手艰难地撑起上身说，去看郑光召吧。大家一商量，于是刘瑞虎就把房车主卧室里的大床进行了改装，从两旁钉上护板，这样不论汽车怎样颠簸，都能保证史铁生不会从床上掉下来。

一行人从芝加哥出发，来到新泽西州的普林斯顿见郑光召。这位史铁生当年敬慕的学长，虽曾以《枫》和《老井》等名作搅动过中国文坛，但自赴美之后，已于国内文坛暌违经年。此时见到史铁生，郑光召自然是喜出望外。很多年以后，当听闻史铁生病故的消息时，郑光召于悲痛之余，说出了一段震撼人心的话语，那就是“铁生的离去，等于我的中国离去”[①]。这是何等的悲凉动人！史铁生之于郑光召，便是中国的全部，这段话里既蕴藉着郑光召痛失故友的忧伤，也暗含着他对史铁生道德人格的推许！遥想当年，郑光召在史铁生家中畅谈理想，后因自

---

① 孙立哲:《想念史铁生》,《生命——民间记忆史铁生》第46页,中国对外翻译出版有限公司,2012年。

已去国离乡，而与故友相忘于江湖，却不料今昔何幸，竟在大洋彼岸再遇铁生，如此跌宕起伏的人生经历和生命体验，怎不令郑光召格外珍惜老朋友的到来？ 为了一尽地主之谊，郑光召不仅热情接待，而且还带着史铁生一行游遍了美东诸城。 令人慨叹的是，当郑光召这个依旧健壮的“大块儿”，推着史铁生的轮椅，一起漫步于华盛顿的国会山和普林斯顿的古战场时，必定会在聆听教堂钟声的同时，回想起恰同学少年时的风华正茂！ 只可惜韶华易逝、光阴易老，一眨眼间，两人都已华发平添、青春不在了，更何况病患缠身的史铁生，此时已逐渐步入了生命的尾声！

在郑光召的陪同下，史铁生还游览了纽约和华盛顿等地。 到达纽约时适逢美国国庆日，到处都是热闹的景象，晚上更是有万众期待的焰火表演。 可史铁生此时已经疲累不堪，根本无力出门去看焰火了，但又不好扫别人的兴，于是只能自己在旅馆里休息，让其他人都去体验一下节日的气氛。 虽然因为故友重逢的缘故，这次美国之行显得十分热闹，但在某些时候，史铁生因经历和心境会对生命有着别样的感悟。 譬如在游览普林斯顿大学时，史铁生和陈希米坐在草坪上，看见一个可爱的孩子在捉萤火虫。 孩子那活泼的身影、专注的神情深深吸引了史铁生。 他望着那个孩子，忍不住对陈希米说：“你记着，有一天我死了，那个孩子，你肯定认得出，就是我。”①

在《我与地坛》结尾，史铁生也曾说过：“有一天，在某一处山洼里，势必会跑上来一个欢蹦的孩子，抱着他的玩具。 当然，那不是我。 但是，那不是我吗？ 宇宙以其不息的欲望将一个歌舞炼为永恒。 这欲

① 陈希米:《今天我们在这里聚会》,《湖南文学》,2011 年第 4 期。

望有怎样一个人间的姓名，大可忽略不计。”[①]是啊，在远隔重洋的土地上，一个追逐着萤火虫的孩子，为什么不可以是来世的史铁生呢？ 因为他深信，当躯壳毁坏、行旅终止之时，那颗栖居于史铁生之处的永恒行魂也必将凤凰涅槃、浴火重生！

三、人生如戏

（一）

在出版《务虚笔记》之前，史铁生曾发表过一部中篇小说《关于一部以电影作舞台背景的戏剧之设想》（以下简称《设想》）。 这部作品格局精致、思绪繁杂，常以人物的独白与对话，折射出命运本身的跌宕起伏，堪称是史铁生在《务虚笔记》之前的一部中篇力作。

其实，如果熟悉史铁生的读者必定知道，他对于戏剧和电影历来就情有独钟：不仅自己是一个名副其实的影迷，而且还在写小说散文之余，创作过《死神与少女》《多梦时节》等电影剧本，并因此获得过金鸡奖与保加利亚的瓦尔纳国际红十字会与健康电影节荣誉奖等奖项。 此外，著名电影导演田壮壮也曾将他的小说《没有太阳的角落》改编为电视剧，而陈凯歌则将《命若琴弦》改编成了电影《边走边唱》。 以上种

① 史铁生:《我与地坛》,《记忆与印象》第227页,北京出版社,2004年。

种，都证明史铁生与电影戏剧早就结下了不解之缘。

从某种意义上看，史铁生对电影的痴迷，实际上是促使他走上创作道路的一个重要因素。因为认识了长春电影制片厂的导演柳青，所以史铁生很早就动了写作的念头。在柳青的鼓励下，史铁生尝试着把自己的知青生活写成电影剧本，虽然仍逃不出“文革”模式，但接触电影，给他的小说创作带来了巨大的想象空间。在史铁生的大量作品中，一些具体的叙事场景会借用电影的艺术形式展开，不仅在画面的营造上浓墨重彩，渲染出强烈的视觉效果，而且在众多场景的过渡与转换方面，史铁生也广泛采用了电影叙事的蒙太奇手法，如是也就让他遁入了黑夜的心魂之思愈发自由无疆。但更为重要的是，史铁生之所以迷恋于电影和戏剧，恐怕还在于他对“人生如戏”这句俗语的深切感触。从青春飞扬到病患缠身、从白昼张狂到黑夜迷茫，史铁生的人生之旅，不就是一出百转千回、波澜壮阔的宏伟戏剧吗？至于那些因人存在的有限而未能实现的梦想、欲望与想象，虽然看似虚无缥缈，但史铁生对此类精神现象的思考，不也构成了他生命的一部分？因此可以说，人生如戏，既指史铁生命运的变幻无常和大起大落，也包容了他以思想触摸生命之可能的那些心魂夜行。因为忠实于自己的内心，史铁生才会以戏剧的目光去看待人生，于是原本属于戏剧里的人性冲突与存在困境，以及由此所造成的命运的悖谬等等，就都在史铁生的眼里成了人生常态。

然而，人生如戏，说起来固然只是一句世情谚语，但在纷繁芜杂的人生舞台上，参与此剧的演员们却心情各异，怀抱亦自不同——有人将它当成了一出喜剧，于是欲望伸张、追名逐利；有人将它视为一出悲剧，因此就顾影自怜、无语凝噎；也有人将它理解成一出闹剧，索性便放浪形骸、洒脱不羁；更有人将它视为荒诞剧，明知命运虚无，却能端庄整肃、屏气凝神，在每一个人生的片段里都卖力演出，不为那谢幕时分的精彩，只为这表演仪式的神圣。譬如史铁生，从初入残疾到奋起抗争，再到遁入黑夜，他凭借心魂的漫游，怎会洞见不了人生作为一出荒诞剧的存在本质？因其荒诞，故而史铁生才能以中国加缪的英雄姿态与之抗争；因其抗争，所以他才会将表演本身当作了对抗虚无的武器——与其去讨论命运的荒诞，倒不如在过程中揭示生命的记忆与印象。于是史铁生对人格表演的推崇，就不再是囿于世故人情而给自己戴上的一副虚伪的道德假面，反倒是心中那份欲为荒诞人生找个说法的冲动，不断推动着史铁生对于人存在问题的持续勘察。从这个角度看，史铁生寻找荒诞根由、表演存在本相的戏剧人生，永远都朝向了对荒诞的超越和对永生的追求——《设想》正是这样一部表现了荒诞人生与存在表演等思想命题的戏剧化小说。

作品取名为“关于一部以电影作舞台背景的戏剧之设想”，语义丰富、内容驳杂，不仅点明了人生如戏的小说主旨，而且还直观呈现了作品的结构形式。具体来说，这一命名方式之所以匠心独运，盖因史铁生有以下几点考虑：

其一是以“设想”为主语，确保了作品在文体属性上的小说品格。虽然戏剧也是作者对于人生和命运的一种设想方式，但唯有小说，才能在艺术虚构的叙事情境中，彰显出作家对于人物的关怀意识。更具体地说，尽管这部作品在情节中融入了大量的电影和戏剧元素，但“设想”的语义所指，却依旧是史铁生在写作之夜里的心魂漫游，因此作品的思想主题、情节设置和人物塑造等等，就都属于典型的史铁生式的散文体小说。而“小说”这一作品元文体形式的确立，则将史铁生对人生故事的讲述和对命运问题的思索，都纳入了他以自我存在经验为依据的对于人生的“小说”传统之中。所谓“小说”人生，其意正在于用一种微观具体的“小说”方式去对待存在本身。因其“小”，故而史铁生“说”起人生故事与命运悖论来，就显得分外贴切和润物无声。相形之下，虽然也有很多中国作家叙述过类似的故事，但由于艺术理念的守旧和生命体验的匮乏，所以导致太多的作品都变成了一种“大说”——举目所及，不论是十七年文学的政治历史视角，还是新时期文学的启蒙诉求，等等，哪一个不是以时代思潮为蓝本的宏大叙事？这种“大说”人生的艺术方式，无疑难见作家真正本己的存在经验。因此可以说，史铁生对设想主语地位的设置，本身就是其小说创作中“‘小说’人生”这一艺术传统的反映。其二是以“戏剧”做定语，则在揭示人生如戏的小说主旨外，还将故事的发生、发展、高潮和结尾等环节，都赋予了戏剧独有的结构形式，由此也就将小说对人生的日常叙事，瞬间扭转为一系列张力十足的戏剧冲突。史铁生的聪明之处也在于此，戏剧因其舞台表演的需要，时常需要采用艺术夸张的形式，观众也极少以现实生活为标尺去苛求其真实性，故而以戏剧代小说，就能为史铁生表现小说主题带来更大的艺术自由。其三是“以电影作舞台背景”的定语限制。作为一部以戏剧形式呈现故事情节的小说创作，《设想》特别设置了戏剧独有的舞台与舞台背景这两个叙事空间。前者地点固定、面积有限，是主人公最为重要的活动场所，也以此喻示了人存在的有限。事实上，舞台地理环境的逼仄隔绝，正是人在现实生活中缚手缚脚、蝇营狗苟的生存状态的真实反映。除此之外，人还有数不尽的欲望、梦想与灵魂，小小的人生舞台怎能局限住心魂的自由？ 因此用电影为舞台背景，就能以其怪诞陆离、变幻莫测的光影形象，表征出人在现实局限下仍心魂不死的无限之梦想——这便是人生而有限，但却对无限有着永恒向往的命运之写照。从这个角度看，《设想》的题名不仅揭示了作品的结构形式，而且也反映了史铁生以电影、戏剧和小说等多重文体去探讨人生命运的创作用心。

（二）

在作品的“前言”部分，史铁生以主人公酗酒者 A 的一段话做引，直接阐明了自己的写作设想，那就是将 A 设置为唯一真正意义上的剧中人，间或会有一位白发黑衣的老人负责搬运道具。 舞台以电影做背景，可根据剧情需要放映相关情节——主要是一些 A 的记忆与印象、欲望与梦想等等，同时也可容纳大量的其他人物的存在。 奇妙的是，A 不可接触电影里的人物，但电影里的人物却能按剧情要求走出那个流光溢彩、如梦如幻的光影世界，直接站在舞台上进行表演。 按照这样的设想，作品里就有了两个世界：一是舞台以及用舞台所象征的 A 的现实世界；二是电影以及用电影所代表的 A 的“幻影、梦境与消息”的精神世界。 但这两个世界的关系却并非一成不变，有时也会根据作家的创作意图而随机转换。

例如为避免对现实和精神这两个世界进行二元分立的简单比较，史铁生就将作品中电影和戏剧所象征的对照关系做了复杂化处理。 虽然从整体上看，戏剧代表现实人生，而电影则象征精神诉求，但这两个喻指的喻义，却往往取决于 A 在舞台上的一些行为方式。 比如当他在忏悔往事时，电影就会放映一些A早年的生活事件，此时舞台是现实世界，而电影则是记录A记忆与印象的精神世界；但当A在舞台上无地彷徨、深陷存在的痛苦之境时，电影里所放映的那些日常生活场景就又代表了一个世俗的现实社会，而相对的，舞台则在充满生机的电影映衬下，变成了一个囚禁A的精神牢笼。于是电影与戏剧，彼此对照、互为转化，在方寸之间，承载了浩瀚无垠的宇宙与人生。正是通过这种以小见大、见微知著的艺术形式，史铁生方才展开了自己纳须弥于芥子的存在之问。

“夜梦”一节，A以心魂漫游的方式，走进了舞台背景中的光影世界。那安静的胡同、花的海洋，以及喧嚣的大街，等等，都象征了A所急欲融入的一个外部世界。但任凭A如何寻寻觅觅，电影里的每一个人都毫无表情，只是漠然地注视着A。镜头以A的视角次第展开，待场景切换至街道时，竟然出现了一个赤身裸体的男人，他慌不择路，试图找个地方遮羞，但这一切都是徒劳——他几乎是毫无防备地陷入了别人的注视之中。那隐藏在窗之内、门之后的无数双眼睛，还有嗡嗡议论的私语之声，皆让这个可怜的家伙抱头鼠窜。当镜头推近，A才赫然发现，那个裸体之人就是他自己——瘦骨嶙峋、形态猥琐，不堪入目处即便让正在做梦的A也无地自容。都说梦境是人现实存在的某种投射，如此场景不就是A存在的真实写照吗？他酗酒自残、终生潦倒，只能活在自己的狭小天地里。当他尝试着与外部世界接触时，才发现自己已如此落寞孤独，不仅无法与人沟通，还须得承受他者的歧视。那些躲藏在窗内与门后的目光，不就是史铁生曾在《别人》里所描绘的那些“别人”吗？他们既是沉默的大多数，也是无声的作恶者。因其沉默，故而形象模糊、身份隐匿，但以一个抽象的集体性概念，成为史铁生笔下大多数主人公的异己之在；因其无声，所以也可假“别人”之名，以伦理歧视的目光去抹杀另一些别人的本真之在。就像A在梦中所经历的那样，若不是他对别人心怀恐惧，又怎会在歧视的目光下感觉羞耻难堪？可以说若无现实中“别人”的压力，A断然不会日有所思夜有所梦地去承受这裸体之辱。由是观之，别人即地狱，A这位孤独者，正是以心魂漫游的方式，遭遇了其生命旅程中的一个存在主义式命题。

作为一位思想者，存在主义对于史铁生的影响可谓是人尽皆知。曾有一回在接受访谈时，史铁生承认自己很喜欢存在主义，感觉这一哲学思想与自己的生存经验之间有着某种天然的契合。譬如孤独，不正是史铁生很多作品的一个表现对象吗？存在主义对人生虚无的勘察和对人孤独本性的确认，常与史铁生的日常经验相重叠，故而以A的梦境展示其孤独本性，借A的呓语说出“每个人都是孤零零地在舞台上演戏”的话语，就能将史铁生的存在之思导向更为深邃的哲学之境。[①] 再比如荒诞，电影所代表的梦境与A所在的现实彼此隔绝，A无法走入电影银幕，只能凭借梦境之类的心魂漫游去得偿所愿，但他始终不能和电影里的人物进行交流，因此在作为舞台背景的电影和舞台之间，就有了一个无法跨越的鸿沟，这当然是一个表现人与人之间互相孤立，以至于根本无法实现沟通的寓言结构。

更为荒诞的是，电影银幕里的人物能走上舞台。在“白日梦游”一节中，一群十三四岁的小女孩登台跳舞，A想和她们交流，却发现女孩子们就好像听不见他说话一样，待伸手触碰，小女孩们又四散逃逸，直接舞进了作为背景的电影银幕中。这一场景不仅再次象征了人与人之间

① 参见史铁生:《关于一部以电影作舞台背景的戏剧之设想》,《钟山》,1996年第4期。

的彼此隔绝，而且也通过虚拟电影和现实舞台的交流互动，再一次印证了现实与梦境之间的某种同构关系：在很多时候，当A在舞台上发表内心独白时，电影银幕里所放映的相关画面，实际上串联起了A的过去与现在。如果再加上七天之后A已死去的事实，则更难让读者分得清楚哪些是现实，哪些是梦境了。从这个角度看，人生不仅如戏，更可如梦。在虚拟与现实之间，A恍兮惚兮，不仅难测自己所处的地理与精神空间，而且就连时间概念也渐趋模糊。这种时空感的错乱，既是作为酗酒者A的心理状况的真实反映，也是他混乱无序的存在状况的生动写照。

值得注意的是，虽然A的存在感觉如此不堪，但这并不意味着他就如同行尸走肉一般，毫无自己的生命体验与情感认同。作品中有很多个章节，都是A大段的内心独白。比如“在家”一节，几乎全都是A的意识流动。从他的胡言乱语中，读者分明可见A对恋人杨花儿的思念，以及他对美好生活的无限向往。尽管因为痛彻骨髓的存在体验，A对生活充满了绝望之感，但爱情，以及因为爱情所展开的对杨花儿的寻找，却在一定程度上成全了A的生命价值。对A而言，心魂其实并未因现实的窘迫而完全窒息，它虽囚居于A那座近乎荒废的肉身之所，但仍能于艰难困苦中踽踽独行，由是也就让《设想》这部纷繁凌乱的意识流小说，暗自拥有了一个自足的叙事逻辑：从“前言”开始，史铁生就依据自己的生命体验和存在主义，以现象描写的方式，揭示出了A的异化之境。A那污秽可悲的现实生活、逃避孤独的心魂漫游，以及在此过程中所遭遇的歧视、压迫与不公等等，都让他在客观上陷入了一个异化之境；而作为一个人本主义的存在主义者，史铁生又绝不会止于对人异化境地的描写，他像所有深具关怀意识的现代派作家一样，在致力于现象描写的同时还试图揭示主人公A的自救之途。循此逻辑，史铁生在《设想》的大部分章节里，都将A塑造成了一个类西西弗斯式的人物。由此所展开的存在自救，也就构成了这部小说最为核心的叙事过程。那么，当史铁生在揭示了A的异化之境后，他又是如何塑造其“类西西弗斯”形象，进而展开人物的自救之途的呢？

众所周知，在《西西弗斯的神话》里，加缪曾描绘了一个明知结局虚无，但仍能以重复劳作的无畏勇气去对抗这宿命之旅的荒诞英雄。而史铁生的很多作品，比如《命若琴弦》《我之舞》《毒药》等，也塑造了一系列西西弗斯式的人物形象。他们持之以恒、锲而不舍，在悬置命运目的的前提下敢于抗争宿命。隐含其间的英雄气概，虽在荒诞的命运面前稍显渺小，但不能否认史铁生对人之主体性力量的推崇。不过随着90年代史铁生从启蒙哲学向神性写作的思想转变，这种昂扬向上的荒诞英雄也已被一些类西西弗斯式的人物形象所取代。比较而言，这一类人物仍深知命运的虚无和抗争的徒劳，但他们又不再相信自己的主体性力量，故而才会在活出意义的过程哲学中，逐渐变得意志消沉、无地彷徨。附着其间的精神气质和价值诉求，较之西西弗斯式的荒诞英雄显然更符合日常生活的真实。换言之，在命运的伟力面前，这些类西西弗斯式的人物同样不甘宿命，也仍旧在设法抗争，但其内心深处，却比之前的荒诞英雄来得更为绝望。说到底，这种精神气质的变化正是史铁生参透命运本质、试图呈现自我生命迷途的自然反映。

对读者而言，或许这类人物形象已不再符合社会通行的价值标准，但他们在生命迷途中的软弱与无助、孤苦和哀告等等，却更因其日常的真实属性而变得愈发动人。毫无疑义，A就是这样一位类西西弗斯式的人物：他身处异化之境，绝望孤独而又渴望沟通，但最终却发现外部世界竟是如此的残酷，除了给他带来歧视与伤害之外别无他物，于是A借酒浇愁、意志消沉，唯有依靠对恋人杨花儿的寻找，才能在泥泞遍地的异化之境中，艰难地去寻求一条通往本真之在的拯救之途。

从A所处的舞台环境，以及他的内心独白来看，这位酗酒者无疑是一位人生舞台上的表演者。但他的表演方式，较之史铁生此前作品中的那些西西弗斯形象显然又有所不同。要而言之，史铁生所塑造的西西弗斯式的荒诞英雄，大都擅长以自欺的方式去求得人在抗争过程中的心安。譬如选择遗忘，通过遗忘命运的虚无结局，进而以悬置结果、不问去路的方式埋首现在，这是许多荒诞英雄的处世哲学。而这种强制性遗忘命运本质的生存方式，虽说是一种意识到了自欺前提下的自欺行为，但久而久之，也势必会遗忘过程哲学里抗争行为自身的荒诞本质。比如荒诞英雄原本是以悬置命运结局的前提，去展开自己的抗争行为的，如是他们就不必对自己的抗争行为产生深刻的价值质疑，但遗忘命运结局的后果，却极有可能让抗争行为本身也沦为一个致人异化的帮凶——当英雄和斗士们在抗争行为中怡然自得之时，也就是他们深陷异化之境的无可自拔之日。从这个角度看，荒诞英雄在明知自欺前提下的自欺行为，固然可被视为一种人格表演，但这种表演却以其强大的过程意识而忽略了清醒的自我审视。

相较之下，由于A从主观上意识到了自己存在的异化状态，同时他也在寻找杨花儿的过程中，不断遭遇了一系列足以让自己从沉沦中觉醒的事件，故而不论他的存在状况如何绝望痛苦，都掩盖不了他主体意识的理性认知——正是基于对自己存在状况的清醒认识，A才会竭尽全力地去探询人生的自由之路，如是也就成了一个深具存在勇气，且以人格表演的方式去追寻本真之在的生存艺术家。

（三）

A的觉醒之路，首先起步于他对自我异化境地的深切体察和理性认知。从“夜梦”“在家”，直到“在小公园”和“白日梦游”等章节，A不仅亲身体验到了无法与人沟通的孤独，而且也以独白的形式抒发了他对自我异化之境的感知。那些痛苦的呓语、纠结的神情，以及焦灼的寻找，等等，既是A体味存在之苦的明证，亦是他发现自我异化的过程。但这时的A，还仅仅停留在对存在问题的自我体验之中，是他先天的孤独感受和后天的酗酒恶习，导致了他与周围环境的格格不入。说起来，A的这种存在体验虽然十分强烈，但由于是他主观的内心感受，因此那些萦绕于A周围的异己力量到底有多么强大还不得而知。直至外力的介入，A才真正明白了孤独和痛苦此类存在体验，实为荒诞人生的本质之所在。而这个强大的外部力量，就是法。

奥地利小说家卡夫卡曾著有名篇《审判》一书。书中的主人公K某日莫名其妙地遭人逮捕，又莫名其妙地遭遇审判。他试图奋起反击，向着那个模棱两可的法庭以及荒谬绝伦的审判进发。然而审判只是个形式，K到底是有罪还是无辜都已不重要，重要的是审判一旦开始，K就会被认定有罪，根本不可能得到赦免。但天真的K却不认命，他四处求人，在法庭上为自己勇敢地辩护。然而这一切都是徒劳，K既不知道自己的罪，也不知道被何人所告，他只能控诉法庭以及法庭所代表的那个至高无上的权力意志。小说结尾时，可怜的K被刽子手带到采石场，像条狗一样被处死了。

卡夫卡的这部杰作意蕴深长，其中对法所隐喻的命运之谜，以及对K思考自己是否有罪而表现出来的自由意志等问题，均进行了深入描绘。从整体上看，K其实就是一个西西弗斯式的荒诞英雄。由于不理解法，亦即命运的神秘与荒诞，同时也坚信自己的无罪，他才会孤身一人，独力挑战起了腐朽荒谬的司法体系。在此过程中，K后来的自审之路固然深刻，但给读者留下更深印象的，恐怕仍是他奋力抗争的荒诞英雄形象。

相比之下，A虽然也遭遇了法的权力意志，但他却不是K。如前所述，作为一个类西西弗斯式的人物，A由于洞见了人生的荒诞和存在的痛苦，故而意志消沉、精神萎靡，虽然他从行动上仍以寻找恋人为生命意义，但其内心深处，却始终处在一种无地彷徨的两难之中：一方面，他深知如果沉湎于异化之境，那么人生就会失去希望，因此他必须以人格表演的方式行动起来；但另一方面，他也明白对杨花儿的寻找，就如同他与外界的沟通那样如隔天堑，因此在人格表演的求生过程中，A便始终对自己的行为方式心存疑虑，如是就以一种怀疑主义的精神气质，将自己与西西弗斯式的荒诞英雄区别了开来。A的这种类西西弗斯形象，尤其体现在他对法的态度上。

"在派出所"一节，生动记叙了A与法的遭遇过程。由于喝醉了酒，A被控破坏公共设施和骚扰他人而被带进了派出所。饶有深意的是，由于派出所只存在于作为背景的电影银幕上，而A却置身于舞台之中，因此两者之间的交流对话就显得悬念重重。譬如当他在接受银幕里的警察质询时，恐怕就连A自己也没有意识到，他已经打破了虚拟和现实之间的界限，开始与外界展开了交流。吊诡之处即在于，为什么当A费尽心机地想和电影里的其他人物进行交流时总是无法成功，而一旦他触犯了法，就会实现与他人交流的愿望呢？这只能说法所代表的权力意志实在是过于强大，它不仅能从现实层面限制人的人身自由，而且还能从精神层面控制人。A和警察之间的对话，正是以沟通现实和精神世界的方式，印证了法的无所不能。更令人可叹的是法的权力意志和它所象征的命运本身——尽管平日里法对A的存在之殇漠不关心、不闻不问，但等到A触犯了法，它便会适时而出，变本加厉地向A施加更为强大的异己力量。从这个角度看，小说里的法就如同卡夫卡笔下的城堡一样无法走进，但若是得罪它，法会即刻现身。由此可见法这一抽象的概念，其实质正如卡夫卡意义上的城堡一样，“你来它就接待你”。不过与城堡作为一个存在奥秘的象征物不同，城堡可以做到“你走它就让你走”，而史铁生笔下的法却绝对让你有去无回。

面对警察咄咄逼人的质询，A心生惶恐、战战兢兢，他不像K那样，敢于发扬自己的无畏精神，去对抗法所象征的命运，他只能以犬儒的姿态，试图与法达成妥协。这便是类西西弗斯式人物的性格特征。在申辩无果后，A“忽然浑身一激灵，酒醒了一大半”[①]，他意识到了与法对抗的后果只有死路一条，于是乎这位高明的生存艺术家，便在法的代表——一位老警察的面前，开始了精彩绝伦的人格表演。他的演出方式，就是滔滔不绝的大发宏论，从不由分说地接过老警察的话头开始，交代身世、抚今追昔，借着父母都是演员的事实，抒发了一大通关于表

① 史铁生:《关于一部以电影作舞台背景的戏剧之设想》,《钟山》,1996年第4期。

演艺术的奇思妙想。他所说的那些酒后之言看似啰唆，但无一不是言外有意、内容丰赡。比如他讽刺自己的父亲有浓厚的领袖情结，因无法实现，所以才会在舞台上通过表演去“满足自己的帝王梦”①。而在台下，却将自己伪装成一个小人物。父亲这种台上本色、台下演戏的人格表演方式，一经A的揭露便显得意味深长——从表面上看，A似乎只是为了说明自己童年生活的不幸，主要是拜父亲这种专横跋扈的领袖情结所赐，但除却这种弗洛伊德弑父式的精神分析之外，A仍发表了不少关于人格表演问题的真知灼见。

在他看来，虽然每一个人都是人生舞台上孤独的表演者，但有的人动机绝非为了生存那般简单，比如说为了满足自身的欲望，人才会以人格表演的方式，通过假扮（幻想）为他者的形象去实现自我的心理代偿，如是表演就变成了自欺意义上的沉沦——这与利用人格表演去抗争荒诞命运的生存艺术显然是两码事。前者以A的父亲为代表，后者则就是A的表演方式。两者的区别就在于，A的父亲因为被欲望蒙蔽了理性，所以分不清舞台和生活的界限，因而也就丧失了摆脱异化境地的存在契机。因为人唯有认识自己，方才有可能洞察自己的异化境地，并因此实现救赎的可能；而A的好处就在于，不论他体验到了怎样深入骨髓的存在之殇，他都没有放弃对自己存在理由的寻找，他针砭时弊、揭露人性，不就是以将自己和他者进行区分的方式，寻求着自己的生命意义？

你看A在警察面前先是恐慌，继而镇定，再之后大发宏论，通过讽刺和揭露父亲的自欺人格，进而彰显自己的人格表演，这不就是一种勘

① 史铁生:《关于一部以电影作舞台背景的戏剧之设想》,《钟山》,1996年第4期。

破欲望本能之后的自我认识吗？ 如此也就证明在A的身上，始终存在着一种以自我认识为己任的人格表演。 它不同于父亲那种以满足内心欲望为目标的普通意义上的人格表演，而是一种以表演去认识自己，进而在与荒诞命运的抗争中去活出意义来的艺术化生存。 较之西西弗斯式的荒诞英雄，尽管A犹犹豫豫、瞻前顾后，但他秉承怀疑主义精神的人格表演方式，却成了史铁生奉献自己生命迷途的一个绝佳寓言。 在这场反抗异化、追求本真的生存表演中，A就像一个行为艺术家，他酗酒、唠叨，甚至是有些神经质。 但如果明白了A的艺术家本质之后，就不难理解他为何会对酒情有独钟，原来酒是一个批判的武器，是扫除心防、敞亮灵魂的催化剂，喝酒固然给A带来了不少的人生悲剧，但也让他在癫狂迷乱中发扬砥砺了昂扬进取的酒神精神。 你看他不惧流言、知难而进时，凭借的不就是酒这一神奇的道具吗？

当A在派出所里胡言乱语了一通之后，他是不是就侥幸摆脱了法的控制和惩罚了呢？ 事实上，尽管A顺利地离开了派出所，但他在这个法的王国里，却深切地感受到了隐含于法之后的那个更大的权力意志。“在动物园”一节中，A絮絮叨叨地追忆往事，他觉得在这个世上，只有自己和杨花儿之间没有演戏，因为“爱就是不演戏”①，就是彼此之间的完全敞开。 A的这番感慨，固然有怀念恋人的因素，但对爱即意味着敞开，对爱情不存在演戏的论说，却仍是他对于法所代表的权力意志的回应。 更具体地说，自从他离开了派出所之后，几乎绝大多数独白都与他在派出所里所讨论的表演话题有关，可以说法表面上让A离开了派出所所象征的权力场域，但A之后的言行，却始终活在法的权力阴影之

---

① 史铁生:《关于一部以电影作舞台背景的戏剧之设想》,《钟山》,1996年第4期。

下——法已经在向A展示自身无上威权的同时，牢牢掌控住了A的思想活动。

当然，作为一名生存的表演艺术家，A绝对不会屈服于法的威权，但他也不会像荒诞英雄那样敢于直面压迫，他只能讲求策略，一方面唯唯诺诺，谨守着法的规范与要求，另一方面却皮里阳秋、阳奉阴违，以晦涩却不失力量的独白，宣示着自己对于异化之境的誓死不屈。比如他基于存在论对爱情所进行的那番考量，实际上就暗含了一条以爱情对抗异己力量的自救之途。因为说到底，法就是人类那荒诞绝伦的命运本身，而只有爱情，才能让人在心魂的相遇中，以卸下虚伪的人格面具的方式，敞开乃至照亮黑暗的存在深渊。

小说叙述至此，A的觉醒之路也就渐趋明朗了：他从体验孤独出发，在经历了法的全力压迫后，终于明白了对爱情的寻找，以及在此过程中认识自我的旅程，皆是人冲破异化之境、通往本真之在的自救之途。于是A自打走出派出所之后，就逐渐地具有了一种度己救人的慈悲心肠。你看他与小男孩B的相遇，不就是在认定自己回到了幼年的同时，深刻领悟到了自我心灵的成长之路？A发现小男孩B，原来就是过去的自己，于是在与B的对话中，A通过回忆的方式，一一讲述了B未来的人生道路。从B身上，A看到了自己生命的来路。

与之相对照的，则是A对杨花儿的寻找。当在剧场内看到了舞台上弹琴的杨花儿时，A百感交集，忍不住发出了打破隔膜、连接心魂的情感诉求，此即为他的生命去处。这时的A，在明了了自己的生命过程后，显然已超越了对个人命运和爱情生活的执念，转而站在了一个更高的人本主义立场，试图唤起他者的觉醒。他在音乐会现场的那些独白，不就是一个大慈大悲的仁者所发出的价值呼吁吗？ 从视他人即地狱的隔阂，到“我不入地狱谁入地狱”的勇气，A 终于成为一个世人皆醉我独醒的先行者。 更为重要的是，如果说《设想》这部小说是以高度戏剧化的艺术形式，描绘了人物追求自我认识和本真之在的心路历程的话，那么稍晚一段时间出版的长篇小说《务虚笔记》，就是史铁生致力于人存在问题的生命哲学的一部集大成之作。

第九章

一、存在之思

（一）

1997年，史铁生出版了他的首部长篇小说《务虚笔记》。这部小说之于史铁生的意义，就好比《白鹿原》之于陈忠实、《废都》之于贾平凹、《活着》之于余华，以及《马桥词典》之于韩少功。虽然史铁生的文名早已蜚声中外，但直至这部作品问世以后，人们才真正理解了史铁生在中国文坛上的特殊价值。如有学者就认为他不仅在创作上取得了突出成绩，而且还在思想方式和艺术追求上深刻改变了中国当代小说的历史格局。基于这一判断，可以说史铁生称得上是一位兼具了文学和文学史双重价值的优秀作家。

在描述80年代文学的发展流变时，当代文学史家们曾因难以把握史铁生创作的流派属性，故而在建构文学谱系、划分文学潮流的历史叙述中，总是习惯将史铁生单列出来。尽管没有任何一位文学史家敢于忽视史铁生杰出的文学成就，但这种单列的做法，却大大弱化了史铁生的文学史价值。一般而言，在文学史上总有那么一些作家，尽管个人的创作实绩并不突出，但因其创作对新的文学潮流的开掘，所以总是在文学史上占据了一个醒目的位置——远如尝试白话诗、“但开风气不为师”的胡适之，近有实验先锋小说、主张“怎么写”比“写什么”更为重要的马原，等等，都属于文学史价值远超其文学价值的典型案例。相比之下，史铁生这位在创作实绩上早已获得公认的大作家，却因其思想理路的独异和文学观念的特别，反倒无法获得应有的文学史评价，这不能不说是当代文学研究者们理应注意的一个问题。好在随着《务虚笔记》的出版，关于史铁生文学史价值的种种意见分歧，终于算是尘埃落定了。

毫无疑义，若论起《务虚笔记》这部作品的重要性，即便是放在90年代这一长篇小说的鼎盛时期里也极为突出。如果稍加留意的话，就会发现在中国当代文学史上，曾有两个时段是属于长篇小说的黄金年代：一个是50年代中后期到60年代前期，十七年文学中简称为“三红一创、青山保林”的长篇名作基本上都出版于这一时期①；再有就是90年代了，陈忠实的《白鹿原》、贾平凹的《废都》、莫言的《丰乳肥臀》、张承志的《心灵史》、王安忆的《长恨歌》、阿来的《尘埃落定》、韩少功的《马桥词典》、余华的《活着》和《许三观卖血记》等，哪一部不是

① “三红”是《红岩》《红日》《红旗谱》，“一创”是《创业史》，而“青山保林”则是《青春之歌》《山乡巨变》《保卫延安》《林海雪原》。在这当中，除了《保卫延安》出版于50年代前期之外，其余的作品皆在50年代中后期到60年代前期出版。

引起过热烈反响、思想性和艺术性均有口皆碑的长篇名作？ 与之相比，史铁生的《务虚笔记》究竟有何特殊的文学史价值，以至于我们说它的出版，不仅奠定了史铁生小说大家的文坛地位，而且还深刻改变了当代小说的历史格局？ 尽管这一问题十分复杂，但整体来看仍是有迹可循。要而言之，由于史铁生在《务虚笔记》中将叙述对象由人的存在问题转向了“存在”本身，故而其人物设置、故事铺排以及艺术想象等环节，都开创了一种新的文学范式。 而蕴藉其中的作家的宗教意识，以及由此所生成的神性写作，也同样改变了当代小说以启蒙叙事为主旨的创作潮流。 为阐明这一问题，须从《务虚笔记》和同时代其他优秀长篇小说的对比谈起。

在中国当代小说的叙事话语中，揭示人的存在状况、反映人的命运沉浮，以及勘察人的生命价值，历来都是当代文学中“人学”传统的基本内容。 尤其是自 80 年代中期以来，在经历了人道主义和现代主义等文学运动的不断洗礼之后，中国当代作家们已然告别了以反映论和机械唯物论为哲学依据的、在“文革”文学中被异化了的“现实主义”，转而以描写人情人性、关注人的现实及精神生活为契机，将新时期以来的当代文学重新纳入了“人学”的伟大传统。 不过值得注意的是，虽然在此过程中，当代作家大都致力于勘察人物的异化境地和存在价值，但其思想理路，却仍在整体性的“人学”传统下各有所长：其一是秉承五四启蒙文学传统的一些当代作家，如张承志、陈忠实、莫言和阿来等人，不仅在创作中高张起了人文主义这一五四启蒙思想变体的价值旗号，而且还在叙事进程中，寄寓了极为深重的家国情怀。 那份以思想启蒙为主旨、以实现现代民族国家梦想为目标的宏大叙事，尽管一度受到了世俗化写作的巨大冲击，但仍在90年代的文学语境中傲然矗立，成了彼时长篇小说创作中一个极为重要的思想潮流；其二是受现代主义文学传统影响的一批作家，如余华、韩少功、王安忆和残雪等人，不仅坚信人的存在问题实乃文学最为根本的表现对象，而且也在创作中深入描画了社会历史、伦理道德以及意识形态等各种压迫人存在的异己力量。通过对这些造成人异化的历史根由的追问与批判，上述诸家大都体现了一种以叙事去关怀人物存在价值的现代意识。比较之下，前者心怀天下、立意高远，而后者则体察人性、细致入微，两者皆在“人学”传统的思想范畴内，书写了国人在现代化历史进程中的心灵裂变。

严格说起来，史铁生的大部分小说创作都可归入后者：他对人存在异化现象的考察、对异化根源的反思，以及对人自救之途的描绘，等等，皆是其人道主义关怀意识的体现；但另一方面，史铁生所行的存在之思却又十分特别，他不仅和其他作家一道，致力于描写人的存在困境问题，而且还在这种人本主义的价值立场之上，凭借着独具个性的宗教意识，叩询了神秘而又普遍的存在本身。换句话说，史铁生的小说创作，尤其是以《务虚笔记》为代表，其书写对象已不再局限于人的存在困境问题，而是以人的存在为契机，试图触碰和把握存在之本身。如此一来，就使得史铁生这种类型的小说创作，在一定程度上超越了当代作家无时或忘的“问题意识”，转而在一个更为普遍和宽泛的哲学意义上，寄托了史铁生那颗孤独心魂的黑夜漫游。那么，像《务虚笔记》这种超越具体“问题意识”，继而致力于勘察存在本身的作品究竟有何价值？

众所周知，中国作家历来就有心怀天下的英雄情结，不论其思想诉求是否能够得到普罗大众的积极回应，都改变不了他们致力于启迪民智的创作初衷。这当然首先是由知识分子的文化传统和阶层身份所决定的，前者是“修齐治平”等传统儒家思想的当代再现，而后者则是全球化时代公共知识分子的一个普遍选择。基于这样一种强烈的使命意识，当代作家对于现实社会的观察，较之以前的颂歌时代便多了无数批判锋芒：从历史传统与家国格局，到国民性格和日常伦理，举目所及之处，无不暗潮涌动、危机四伏，由是就构成了当代作家眼中的种种“中国问题”。而遵循这一问题意识所展开的文学创作，自然也就离不了感时忧国的历史批判——那些批判国民劣根性和呼唤社会正义的启蒙呼声，毫无疑问地构成了新时期文学的思想主潮。

在这当中，中国作家的运思向度大致有二：其一是从社会历史批判维度所展开的去政治化进程，即将“文革”为代表的极“左”意识形态视为压迫人现实存在的最大的异己力量，并致力于通过新历史主义的多元化叙事去重构历史真实，这一点尤其体现在莫言、陈忠实和张承志等人的创作之中。像《丰乳肥臀》基于生命感性对抗战历史的颠覆性重写、《白鹿原》凭借家族故事对权力博弈的伦理式重述，以及《心灵史》依靠宗教思想对历史现实的精神化改写，等等，都足以揭示上述诸家念兹在兹的问题意识。在此过程中，尽管莫言、陈忠实和张承志等人，早已不再简单地立足于社会历史原因去揭示中国问题，但其批判锋芒却总是离不开文化传统、国民性格以及政治权力等现实话题。从这一点来说，中国作家去政治化的启蒙叙事，实际上是以人存在的异化为切入点，继而将叙事重心指向了深重忧患的家国问题——蕴藉其间的，恰是一曲启蒙与救亡双重变奏的慷慨悲歌。

其二则是作家以生命体验为依据的对于人存在异化问题的关注。这方面的代表人物，如余华、韩少功和林白等等，虽和前述诸家一样具有家国情怀，但在揭示人的异化现象、批判异化根由的历史叙述之外，却更倾向于哲学层面的精神救赎。这一点无疑与现代主义文学的深度模式有关。作为现代主义文学的一个突出标志，深度模式意指作家主观的拯救意识，他们一方面发现人的异化及其异化根由，另一方面也努力以宗教精神、道德伦理去度化世人，由是也就构成了一种异化与拯救的创作模式。像《活着》对存在问题的祛魅和对生命本相的呈现，《马桥词典》对语言中心主义权力话语的揭示，以及《一个人的战争》对男权社会意识形态的抗争，等等，哪一个不是将叙述重心转向了对人物本真之在的不懈追寻？这当然是受西方现代主义文学影响的结果。虽然上述诸家的存在之思方法各异、情怀不同，但在表现人的异化、欲以叙事的力量去实现精神救赎等方面却往往异曲同工。由是观之，在家国梦想与存在之思这两种当代作家的运思方向内，不论是从追问人的异化入手去追逐现代民族国家梦想，还是从异化问题着眼于人的精神救赎，都已将人的存在问题当成了一个创作母题。

（二）

相较之下，史铁生的小说创作显然更倾向于后一种思想方式。虽然家国情怀在他笔下也有迹可循，但基于个人痛苦的存在经验和丰富的人生哲思，史铁生却主动疏离了那种启蒙式的创作理路。这一疏离，或者说对启蒙文学主潮的背反，其实早在80年代就已出现。关于这一问题前文已多有论及，此不赘述。但必须指出的是，直到创作《务虚笔记》的时候，史铁生才真正明确了自己的创作观念，那就是对生命迷途的呈现。按他的说法，当我们在自己的时空之维“坐井观天，自以为是地观察呀，实验呀，猜想呀，思辨呀”，却不知“作家绝不要相信自己是天命的教导员，作家应该贡献自己的迷途”①。所谓的天命教导员，不就是那些以师者姿态，高踞于庸众之上的启蒙者吗？虽说这些教导员也有悲天悯人的慈悲心肠，但过于鲜明和强势的价值诉求，却令其创作大多沦为了一种自说自话式的启蒙霸权。殊不知人生来有限，在强大且神秘的命运面前本就一无所知，比起那种动辄便坚信某一理想的非理性盲从，人对于生命的迷惘与茫然才更合乎实际。就此而言，史铁生欲在《务虚笔记》里贡献自己的生命迷途，不就是应和了那奥妙的存在之本身吗？从这部作品开始，史铁生不仅告别了启蒙文学，而且还在体验自身有限性的过程中，践行了一种与文学的现代主义者有所不同的存在之思。而这一思想分野，就表现在史铁生对存在问题的认识之中。

作为一部实验性小说，《务虚笔记》的特别，首先是其书写对象的复杂。虽然以存在为主题的小说创作在新时期以来已屡见不鲜，但将写作范畴从对人物存在状况的描绘，直接提升到对存在本身的思想勘察，《务虚笔记》可谓是开风气之先。这种类型的小说不完全以故事情节、人物形象或审美韵味取胜，而是通过思想主体的想象之舞，在自由心魂的黑夜漂流中，引领读者逐步靠近了那至大无外的神秘之在，此即为昆德拉意义上的“现代小说”。

捷克作家米兰·昆德拉在其名作《小说的艺术》中，称“小说不研

---

① 史铁生:《病隙碎笔》第15页,陕西师范大学出版社,2002年。

究现实，而是研究存在。存在并不是已经发生的，存在是人的可能的场所，是一切人可以成为的，一切人所能够的。小说家发现人们这种或那种可能，画出‘存在的图’”①。这段话含义深远、意蕴复杂，称小说不研究现实，只关乎存在，即意味着小说已日渐剥离了其反映论色彩，成了人类探询存在奥秘的一种艺术手段。在昆德拉看来，随着科学技术的迅猛发展，现代社会的一个突出病灶即为对存在的遗忘。而小说家的责任与使命，就是通过勘察那些未知的神秘之在，以勾画存在之图的方式，唤起人们对存在的观照。那么，何谓存在？现代小说家对人存在困境的描绘，又如何与勘察存在本身的思想方式相关联？以上种种，皆是理解《务虚笔记》的关键之所在。

作为一个哲学概念，存在就是不以人的主观意志为转移的实在，它包括物质的和意识的两个方面，人文学科探讨的主要对象即为意识的存在。但意识的存在本身又十分复杂，它既指人的感觉之在，也包括人的想象之在。前者是人作为意识主体对客观实在的印象与体验，而后者则是人作为想象主体对未明世界的主观想象。问题就在于，人对存在的想象因其无法验证故而不能证伪，于是想象出来的存在和感觉到的实在，从本质上来说都只是触及了存在本身的某一部分。由于人的想象方式总会依据于某些现实因素——想象经常是现实的某种投射，因此想象之在其实因人而异，那些想象力异常卓越的思想者，往往会在显明的存在之外，触碰到人们习焉不察的神秘之在。换句话说，哲学家对于存在的厘定和评说，也许不一定能够穷尽存在的基本面貌，反倒是那些艺术家，当然也包括小说家，却能凭借直觉与想象，触及更为深广的存在之域。

---

① 米兰·昆德拉:《小说的艺术》第42页,孟湄译,北京三联书店,1992年。

由是观之，存在乍看起来似乎是一切物质现象和精神现象的总和，但这一论述，却是以人为认知主体的存在语义，除此之外，存在这一概念还逸出了人本身的认知能力。这当然是由人的有限性所决定的。

从降临人间的那一刻起，人就注定了生而有限。在神秘的命运和浩瀚的苍穹面前，人即便是相信自己的心灵比宇宙更加辽阔，也改变不了自身的认知能力其实非常有限的残酷事实。因此，人对于存在问题不仅不可能予以详尽解释，而且在很多时候还根本无法触及存在本身。基于这一现实，以一种开放的、包容的认知心态和修辞学的研究视野去描述存在，便成了一些思想家常用的解释策略。比如在海德格尔处，存在这一概念既是自明的，也是晦涩的。因其常以实在的形式出现，故而存在可以自明。但更多时候，存在又无比晦涩，因为任何一个存在之物都是“天、地、神、人”的“集合”。[①] 比如某一存在之物，看上去已然在场，但其内涵与意蕴却包含在无尽的不在场的东西之中，此即为欲理解其在，必先察其不在。唯有结合在场与不在场的所有因素，此一存在之物方有可能被加以理解。这就是昆德拉所说的“存在并不是已经发生的，存在是人的可能的场所，是一切人可以成为的，一切人所能够的”[②]。换言之，存在既指人的存在，也指那些表面上与人无关，但却影响了人的存在的复杂场域。

与此同时，存在因其在场性往往寄寓于不在场之中，故而存在是一个广泛综合的概念，它常常被遮蔽，也根本无法穷尽。从这个角度看，存在实际上就是史铁生经常所说的“上帝”。它并非人格神，但却有着

① 参见海德格尔:《演讲与论文集》,孙周兴译,北京三联书店,2011年。

② 米兰·昆德拉:《小说的艺术》第42页,孟湄译,北京三联书店,1992年。

无与伦比的意志与力量，它既关切人的存在，能够预设并安排人的命运，它也自在无碍，故而万物轮回、生生不息。人于此中，或是受上帝的安慰垂怜，或是被安排得隐匿无踪，唯有在这种进退之间，方能感受到自我存在之于宇宙苍穹，实属沧海之一粟耳！

但问题在于，致力于以小说艺术去关怀人存在困境的现代小说家们，虽然深谙存在的深不可测，但有时仍会受工具理性的影响，汲汲营营于人的异化和拯救问题。殊不知这等看似现代的文学观念，最终却造成了昆德拉所说的对于存在的遗忘。因为人的存在，只是构成了存在本身的某一个环节。设若小说家眼里只有人的存在困境与拯救意图的话，那么他就看不到与人的存在相关的“天地神”等物。由于存在是一个复杂的综合体，因此现代小说家这种只见树木、不见森林的存在之思，除了能够发现文化传统、意识形态和道德伦理这些客观实在的异己力量之外，恐怕再也无能为力于更深层次的思想追问。这就意味着如果仅仅局限于人道主义和存在主义之类的“人学”传统的话，那么对存在本身的勘察就势必会走向幻灭与枯竭——毕竟“人学”与狭隘的人类中心主义之间往往只有着一线之隔。

从这个角度看，《务虚笔记》之所以特别，盖因史铁生在异化与拯救等存在主义的创作主题之外，还以心魂漫游和想象之舞触碰到了那些不在场的神秘之在。而这种聚齐“天地神人”、在场与不在场的存在之思，正是一种超越了人本主义和存在主义等“人学”传统的神性写作：一方面，它延续了现代主义文学关注人异化问题的思想传统；另一方面，它又以跳出人类中心主义的阔大视界，重新捡拾起了被遗忘的存在之思。

其实，上述问题还可从一个更为简要的角度去加以理解。如果从小说史的发展流变来看，史铁生的《务虚笔记》实际上拓宽了新时期以来以存在之思为突出标志的现代主义小说。他对存在本身的思想勘察，并不排斥传统意义上现代主义文学的深度模式。唯一不同的是，因其不愿再做启蒙意义上的“天命教导员”，故而当史铁生在揭示出人的异化现象和存在困境之后，就不再致力于用某种绝对的主义或价值去救赎世人，而是以此为契机，凭借自由心魂的随意漫游，在想象之舞中不断向着神秘的存在本身挺进。如是一来，他就将当代小说中审视人存在困境的创作主题，由“人”延展为“天地神人”这四个更为广袤的思想语境。在这当中，人依然是史铁生关注的重点对象，但天、地、神这些看似不在场的存在场域，却无限拓宽了史铁生的思想空间。

那么，具体到作品中，“天、地、神、人”究竟所指为何？四者之间，又有着怎样的思想关联？

（三）

在《务虚笔记》中，“天”首先是一个空间概念，它是相对于“地”这一现实世界而存在的精神空间。作为一种意识化了的实在形式，“天”不仅承载了史铁生及其笔下人物的精神活动，而且也为他们自由不羁的心魂漫游确立了方向。须知在现实社会中，由于人必得经受物质和精神的重重挤压，故而很难有暇去直面一些与自我存在相关的形上问题。不过“天”却能将人从庸碌琐碎的现实生活中提升出来，为孤独行魂的自在漫游，提供了一个含混博大的精神空间。从这一点来看，《务虚笔记》里那些深陷情爱困局的红男绿女，也只有在遁入“天”所包容的精神漫游时，曾经困扰过他们的人生感怀和生命体验，才能逐步脱离局促逼仄的现实牢笼，进而在心魂的夜行中，成为他们体察自我存在的精神依据。在此过程中，“天”聚合了人的现实认知和精神向往，因而成为“人之所以成人”的一个存在要素。与此同时，作为一个存在场域，“天”不仅为史铁生及其笔下人物的心魂漫游提供了场所，而且还为其指明了方向。说到底，“天”就是栖居于史铁生处的那颗孤独心魂，在来到史铁生这一人形之器之前的存在之所。

按史铁生对于生命轮回的理解，心魂早于史铁生这个人形之器生成之前就已存在，在未到史铁生之前，它历经波折、辗转徘徊，曾于不经意间偶然栖居于别人，直至来到了史铁生，才和这个叫作史铁生的人形之器一起，共同经历了一段荣辱与共的人生旅程。可是，尽管史铁生用躯壳为自由的心魂铸就了居所，也曾为了它的觉醒而开辟蛮荒，但让心魂栖居的结果，却难免少不了一些囚禁和管辖。比如史铁生的欲望和本能，哪一样不会遮蔽心魂的自由？所谓久在樊笼中，能不忆自然——这颗曾千辛万苦来到史铁生的自由心魂，终会萌发出挣脱束缚、回归本真的存在呼告。“天”所喻示的存在之家，也就此成为史铁生心魂漫游的一个终极所向。可不是吗？作品里那些人物的心魂之思，无一不是史铁生在写作之夜里的心魂的舞蹈，“天”所喻示的精神空间也因此成了让心魂得以荡漾漂流的舞台。而在这个舞台上，心魂的漫游便是向来处的返回。就此而言，《务虚笔记》里那些感人肺腑的爱情故事，其实都是“天”所喻示的存在之所对于心魂的召唤。

在面对如此复杂的一个存在场域时，史铁生时常会用“混沌”和

“黑夜”等意象去指代“天”。“混沌”不难理解，它其实是史铁生对于“天”这一神秘场域的体验性描述，意指存在的未明和可能的敞亮——虽然难以言说，但人却能感受到“天”的存在。就像作品里医生F对诗人L所说的那样：“你的诗是从哪儿来的呢？你的大脑是根据什么写出了一行行诗文呢？你必于写作之先就看见了一团混沌，你必于写作之中追寻那一团混沌，你必于写作之后发现你离那一团混沌还是非常遥远。那一团激动着你去写作的混沌，就是你的灵魂所在，有可能那就是世界全部消息错综无序的编织。”①凡事必有来处，混沌即为灵魂之所在，也是万物之起始、来路之源头和去处之终点，它虽模糊不明，但却能激发起生命的全部能量。从这个角度看，作为一种探询存在奥秘的艺术手段，写作必将以澄明和敞亮这团混沌为方向，也必将体验到“天”的不可接近。在此过程中，史铁生向“天”而行，以面向心灵的叫魂术，发出了一系列直面存在本身的执着天问。而从认识现实生活的磨难开始，历经心魂的漫游与存在的勘察，史铁生最终以天问的形式，在超越现代主义存在之思的基础上，触碰了至大无外的存在之本身，由是也就构成了《务虚笔记》里一个最为基本的思想逻辑。

除此之外，史铁生还习惯用“黑夜”这一时间概念去指代“天”。其实，以时间描述空间，本身就意味着空间的不可确定与难以捉摸。既然“天”是心魂的起始，是漫游的归途，那么它的存在，就理应与客观实在一样，具有可感可知的体量与形状。但在史铁生处，“天”作为一个存在场域，只存在于心魂的体验与感知之中，它是人可能的居所，所以无法用体量和形状这等物理概念去描述一个隐晦的空间，于是史铁生

① 史铁生：《务虚笔记》第191页，人民文学出版社，2007年。

使用了黑夜的意象。因为相对于白昼，黑夜难以捉摸、微妙莫测，它能让人秉有期待，在一团混沌中带来存在的消息。因此以黑夜指代天，就能消除那些阻隔人心、闭塞耳目的白昼魔法。

当黑夜来临、心魂上路，“天”所喻示的存在本身便会以接纳的姿态显现，虽然它仍旧难以澄明和敞亮，但却如同微曦的晨光一般，召唤起了心魂的漫游。从这个角度说，尽管“天”只是一个抽象的精神空间，但它却是存在本身所散发出来的氤氲之气。也正是因其混沌难辨的黑夜属性，“天”才能以壮丽神秘的存在图景，召唤起人的返乡之念。这当然是人挣脱有限、向往无限的生命本能使然。可以想见，当栖居于史铁生处的那颗孤单心魂义无反顾地踏上返乡之途时，又怎会在黑夜的行旅中歧路彷徨！

但心魂挣脱人形之器的夜行，必得有一个起始才能成立。而这一起始，就是史铁生在《务虚笔记》里所喻示的“地”。与“天”相比，“地”的含义相对确定，它既是作品中人物的生活世界，也是锤炼心魂、促其远行的客观实在。作为一个地理环境的总称，“地”在《务虚笔记》中承载起了人物的现实生活，它不仅具体表现为小说故事得以发生的一系列场所，如房子和葵林，等等，而且也构成了一个影响、制约和促成人之为人的存在场域。前者不难理解，因为史铁生笔下的那些人物就生活在现实之中，虽说在很多时候，生活里的柴米油盐也会与爱情一道，搅动起他们心中的喜怒和哀乐，但这种鸡毛蒜皮的凡尘琐事，却能够让他们时刻感知到自我生命的存在。因为在某些时刻，人们觉察了自己的异化之境后，便会在怅惘消沉或奋起反抗中，不经意地遗忘了这样一个事实，即被异化了的现实其实也是一种存在。若认识不到这一点，那么人就无法承领苦难的馈赠，别说情思必会枯竭、爱欲也会凋敝，就连那漫长的黑夜行旅也将无处起程。基于对现实的这样一种理解，所以史铁生在《务虚笔记》这部半自叙传性质的作品中，讲述了很多取材于自己现实人生的生命故事，这也就意味着他在写作之夜里的心魂漫游，其哲思遐想无一不与自己的残疾经验和苦难记忆有关。

作为一种精神活动，史铁生的这些经验与记忆原本十分抽象，但因了一些具体可见的地理空间，缥缈的精神却能变成具体可感的存在。比如地坛、寺庙和老屋，等等，这些对史铁生而言有着特殊意味的建筑，无一不成了他展开心魂之思的物质基础。譬如在《务虚笔记》里，史铁生总会大量书写到那些和他的存在体验有着密切关联的地理空间，并与经验、记忆等构成了一种相对固定的对应关系——诸如地坛之于残疾、寺庙之于信仰、钟声之于召唤，等等，哪一个不是在文学地理学的意义上，让“地”成了令“人之成人”的一个存在场域？

其实，不只是史铁生，包括他塑造出来的绝大多数人物，也都深切感受到了“地”对存在的聚合力量。《务虚笔记》里的众多人物，作为在日常生活中随处可见的普通人，既要应对精神生活的繁复，也要负担现实生活的沉重。就像那个时常会对现实生活产生疑问的F医生，纵使他体察到了存在的召唤，不也得为事业忧心操劳吗？在此过程中，人的辛劳奔波，反倒会激发起他们对于自我存在状况的反躬自省。从这个角度看，“地”所喻示的存在场域，其实塑造和定型了这些人物在现实生活中一个最为基本的存在状况。

更为重要的是，这种塑造与定型，尽管造成了人物的异化，但若无压迫怎来抗争？如果没有“地”这一存在场域的存在，《务虚笔记》就会变成一部纯粹的精神寓言，所有的哲思遐想与心魂漫游，都将成为无本之木、无源之水。因为小说里的每一个人物，唯有基于那些现实存在的痛苦经验，才会在绝望和愤懑中展开自己的心魂夜行。比如若无爱情的惨痛，O、F、N 等人怎会从中看到自己生命的由来与去处？因此“地”实际上是人回归“天”的精神策源地，也是史铁生和笔下人物展开“天问”时的问题意识之所在。换言之，若无现实存在的诱发，人怎会毫无来由地踏上一段艰难险阻的精神之旅？又怎会在混沌黑暗的行旅中时时回首，不断以现实的存在经验调校着自己心魂的方向？如果说摆脱异化、走向本真，是人对自我存在的一种完成的话，那么“地”在其中就发挥了一个助推的作用，它与“天”的召唤一起，共同以存在场域的形式，筑就了《务虚笔记》里各色人物对自我存在的完成。

然而，有了“天”的召唤和“地”的推动，人就一定能实现对自我存在的完成吗？答案显然是否定的。这是因为人生来有限，不仅肉身易腐、思想易变，而且更因为人的认知能力极其卑微，所以个体的渺小，势必会影响到心魂的漫游。事实上，在《务虚笔记》中，心魂的夜行若不想偏离航道，往往只能寄托于神的恩典。那么，“神”是什么呢？

如前所述，史铁生经常讲到的神并非释迦牟尼或耶稣基督这样的人格神，而是存在的总和、宇宙的根本，神不可现身，他是天地人的总和，是高于存在本身的绝对意志，因此神只存在于人的呼告和承领之中。这并不是说，神要依靠人才存在，而是说只有人凭借爱愿发出的呼告，才能让神以赐福的形式现身。而作为人之所以成人的一个必备要素，“神”也因此成了《务虚笔记》里一个潜在的书写对象。

在史铁生笔下，经常会出现“神”这个词。与之有着相同含义的词汇还包括“上帝”“宇宙大结构”“自然之神”“一切存在之全”“神秘未知事物”以及“生命存在的大背景”，等等。其实，史铁生所说的神并不是那么玄奥难解，尽管他用了不同的称谓指代神，但从根本上说，神就是存在之奥秘、宇宙之本身的别称。因为世界虽说无比复杂神秘，但万事万物的运转却生生不息，只要各安天命，一切的存在都能安之若素。这喻示着在那片巨大迷茫的混沌里，必定隐含着某种奇妙繁复的绝对意志和神秘力量，其存在已远远超出了人的理解和认知能力。因此可以说，史铁生所谓的神，就是宇宙万物、存在本身这一切奥妙的未知事物。与“天”所指代的心魂的家园相比，神包容一切、大象无形。因其这种存在特质，故而人只有心怀爱愿、虔诚祷告，才能在心魂漫游的夜行中，偶然窥见那神性的光芒。从这个意义上说，“天”只是一个相对于“地”的存在场域，它召唤起了人心魂的漫游，但“神”却是所有存在的总和，他的神秘难言，点亮了人的精神所向——因为有了神，人才会时时心怀敬畏、忠于信仰，如是也就贯彻了对自我存在的完成。

综上所述，《务虚笔记》其实贯彻了史铁生在直面存在本身时的某种思想逻辑：即在“地”的锤炼与推动下，“人”必会萌发出一种摆脱异化生活的存在信念，继而也会以心魂漫游的方式向“天”前行。在此途中，人若想完成自我，只能凭借爱愿的呼告和“神”恩的祈祷，才能在聚集了“天、地、神、人”的存在场域中，践行一番那“人之所以成人”的存在初衷。具体到作品中，这一思想逻辑就体现为史铁生对自我心魂之路的敞开，以及对作为精神路标的人物的生命故事的叙写。

二、心魂之路

(一)

作为一部以勘察存在本身为主题的“现代”小说,《务虚笔记》主要以“我”这一叙述者(有时也是史铁生本人)的心魂漫游为线索,讲述了“我”在写作之夜里所遭遇的种种灵魂风景:不论是残疾人C、诗人L、医生F,还是画家Z和流放者WR等,都是“我”这一行魂曾经路过的肉身之所。沿途所见,那些错综复杂的爱恨情仇与幽微难测的世相人心,无不冲击和改变着“我”曾有的生命记忆。尽管这些纷繁扰攘的存在景观难以言传,但却全都是“我”印象的一部分。尤其是当写作之夜从隐约朦胧转向深邃迷离时,那些印象更会因为“我”日益深广的存在之思与生命体验,从而变得愈发丰富与驳杂起来,其结果不仅是以印象的累积和编织雕铸了“我”,并且还让C、L、F、Z等人物,也逐步走上了完成自我存在的成长之路。

史铁生将这部小说称为“心魂自传”,意在表明作品所记叙的人与事并非客观真实,而是心魂夜行时所发生于精神世界里的种种意识与印象。他说:“我经常,甚至每时每刻,都像一个临终时清醒的老人,发现一切昨天都在眼前消逝了,很多很多记忆都逃出了大脑,但它们变成印象却全都住进了我的心灵。而且住进心灵的,并不比逃出大脑的少,因为它们在那儿编织雕铸成了另一个无边无际的世界，而那才是我的真世界。记忆已经黯然失色，而印象是我鲜活的生命。”①相对于以再现历史真实为意图的个人记忆，印象则是心魂夜行里的思绪与洞见、感受和体验，它不仅激发了“我”尘封已久的历史记忆，而且还以重组的方式，标识出了生命存在的无限可能。如果说记忆会因大脑的复杂而虚假，那么印象就会因心灵的博大而真实。因此可以说，《务虚笔记》这部史铁生的“心魂自传”，实际上是作家对其心魂漫游之路的一种记录与想象：它不光记录了生命的“曾经怎样”，也想象了生命的“可能怎样”。在这种记录与想象中，史铁生通过对自我存在的完成，直面了神秘莫测的存在之本身。

为表现自我心魂与无数肉身之所的相遇故事，证明人与人之间对于存在本身的共同渴慕，史铁生有意改变了小说塑造人物和营构情节的叙事方法，如是也就让习惯了阅读传统小说的读者一时间有些无所适从。譬如以字母为人物命名，重叠他们的人生经历，就能达到作家混同人物生命历程，进而将存在之思普遍化和哲理化的创作意图。事实上，小说人物不仅以字母指代，而且C、Z、L、F、O、N、WR等人物，作为史铁生心魂曾经的栖居之所，也无不构成了作家生命印象的一部分——就连那个叙述者“我”也是如此，“我是我的印象的一部分，而我的全部印象才是我……他们的相互交织、重叠、混淆，才是我的全部，才是我的心魂之所在，才使此一心魂的存在成为可能。此一心魂，倘不经由诸多他者，便永远只是‘空穴来风’。唯当我与他者发生关系——对他们的理解、诉说、揣测、希望、梦想……我的心路才由之形成。我经由他们，

① 史铁生:《务虚笔记》第291页,人民文学出版社,2007年。

正如我经由城市、村庄、旷野、山河，物是我的生理的岁月，人是我心魂的年轮”[①]。换言之，C、Z、L、F、O、N、WR 等人物就是史铁生心魂之旅的生命路标，但这些路标并非如地理学意义上的标识那样有着明确的空间秩序，而是经常混淆和叠加在一起，这就好比一座标有“东、西、南、北”的指示牌一样，虽有文字却并不各自指向对应之处，反倒是相互交织，标识出了我们可能的所在。在这样看似随机的精神地标的指引下，史铁生每经过一处，都会在纷繁的思绪中，通过讲述这些人物的生命故事，一点一滴地拼凑起各种不同的印象，并最终在印象汇聚之处，雕铸了自我存在的完成。由此可见，若想弄明白史铁生为何将这部作品视为自己的自叙传，就有必要以作为路标的人物的生命故事为媒介，去追索一番他那段惊心动魄的心魂漫游。

从作品的标题来看，“务虚笔记”中的“务虚”一语，首先道破了小说的核心即在于精神的务虚。这也反映了史铁生一个基本的文学观念，那就是文学实为“务虚”之器，是“大脑对心灵的巡查、搜捕和捉拿归案”。[②] 所谓虚者，既指相对于物质世界的精神活动，也指“天、地、神、人”共聚的存在之本身。而“笔记”则以文体之名，喻示了史铁生不惜以牺牲情节，甚至是叙事本身为代价的形式诉求——即便是这部作品被人诟病为不像小说，史铁生也要记录其心魂漫游的沿途风景。周国平说：“史铁生可能是中国当代最具有自发的哲学气质的小说家。身处人生的困境，他一直在发问，问生命的意义，问上帝的意图。对终极的发问构成了他与世界的根本关系，也构成了他的写作的发源和方向。他

---

① 史铁生等：《史铁生的日子》第 259 页，凤凰出版社，2011 年。

② 周国平：《读〈务虚笔记〉的笔记》，《天涯》，1999 年第 2 期。

从来是一个务虚者，小说也只是他务虚的一种方式而已。因此，毫不奇怪，在自己的写作之夜，他不可能只是一个编写故事的人，而必定更是一个思考和研究着某些基本问题的人。”①思考人的存在处境，研究存在本身的无穷奥秘，并将自己的执着“天问”寄寓于心魂漫游时所经过的精神路标之上，如是就使得《务虚笔记》变成了一部不以追求故事为宗旨，而只注目于存在本身的“现代”小说。

作品的第一章“写作之夜”，是全书的文眼之所在，它不仅记叙了“我”走上心魂漫游之路的逻辑起点，而且还以一个思想悖论的形式，为人物的生命故事赋予了一种叙事的合法性。

先说前者，“写作之夜”与其说是一个时间概念，倒不如说是一个精神概念，它指的是史铁生处于写作/思想状态时的心态与氛围。正如史铁生所认定的那样，白昼看似明智却迷障重重，因为它会用清晰的规则和严格的秩序，凭借着法律、理性与道德等魔法，束缚了心流的徘徊和游魂的受造，而黑夜却能对此秉有期待，因此史铁生要用另一只眼睛去看这世界。透过这只黑夜之眼，史铁生必会看到存在的万千可能。就像在这一章里，“我”只不过是在一座古园内偶然遇到了一个男孩和女孩，但与他们的对话，却让“我”意识到了自己与他者之间所存在的某种神秘关联。比如对孩子而言，“我”是一个独坐路边读书的男人，在他们未来的某一天，这个落叶飘零的夜晚，这场平淡无奇的相遇，或许会成为他们生命中的某个印象片段。虽然存留于他们印象之中的“我”，实际上与“我”的真实状况并无关联，但有“我”而在的这份印象，却组成了孩子生命的一部分。换言之，“我”变成了某个他者“人

① 周国平:《读〈务虚笔记〉的笔记》,《天涯》,1999年第2期。

之所以成人”的存在因素。其实何止是“我”，那棵柏树的生死、暗黑的夜空，哪一样不以印象的形式，参与到了对孩子日后成长道路的雕铸之中？天、地、神、人，这些聚齐存在本身的存在场域虽难以言传，但它们全都会以印象的形式，悄然渗入了每一个人的成长道路，并以潜移默化的力量，深深塑造人的存在面貌。

反之亦然，对“我”来说，可能以后再也不会遇见这些孩子了，但这次相遇，却让“我”将他们写进了一本书里，于是“我”与他者的“关系”就此形成，或者说他们留给“我”的印象，促使“我”的存在通过写书这件事发生了微妙的改变。更为重要的是，“往事，或者故人，就像那落叶一样，在我生命的秋风里，从黑暗中飘转进明亮，从明亮中逃遁进黑暗”①，如此循环往复、生生不息，于是无数个印象就此形成。如同“我”与孩子们相遇的场景一样，这些印象不仅真实存在，而且还会以无言的力量，雕铸“我”的存在。

毫无疑问，史铁生对于印象和存在之间关系问题的这种思考，正是他展开自己心魂漫游的一个逻辑起点：既然往事或者故人，都只能以印象的方式雕铸自我，那么讲述自己的心魂漫游，就必须起始于“我”对印象的讲述。循此逻辑，史铁生笔下的C、O、F、Z等人物，便陆陆续续地以作家印象的形式粉墨登场了。而“写作之夜”这一章，也因此为史铁生的心魂漫游设立了一个明确的逻辑起点。

再说后者。一般而言，作家在创作中选择什么样的艺术形式，往往取决于他的主观创作意图。尤其是对于有着自觉文体意识的作家来说，适当的艺术形式不仅可以契合其思想意志，而且还有助于凭借形式的力

---

① 史铁生:《务虚笔记》第7页,人民文学出版社,2007年。

量，发现那些隐藏于精神暗区里的潜意识世界。饶有意味的是，由于史铁生在《务虚笔记》中致力于对自己心魂之途的记录和想象，故而印象这种各类存在要素的表现形式，就成了他笔下一个主要的书写对象。兼之印象本身是缥缈不定且亦真亦幻的，因此碎片化、意象化的笔记体就显得最为适合。

出于一种自觉的文体意识，史铁生在“写作之夜”这一章里，不仅提出了一些重要的思想命题，而且还就小说叙事的合法性问题展开了讨论。他的方法，就是通过叙述印象与存在之关系，力求印证笔记体叙事的某种必要性价值。比如在该章的结尾处，史铁生推论出了一个思想悖论:“我是我的印象的一部分，而我的全部印象才是我。”[①]前半句不难理解，由于“我”的印象是“我”作为认知主体对世界的观察，因此印象必定会包罗万象，“我”是一个什么样的人，仅仅是“我”所有印象中的一个环节，此即为“我是我的印象的一部分”；至于后半句“我的全部印象才是我”，则意味着“我”所感知、体察和想象到的这个世界，亦即“我”的全部印象决定了“我”存在的完成。就此而言，印象与“我”的存在之间，委实有着复杂而又密切的关联。基于此，当史铁生在写作之夜里展开自己的心魂漫游，朝着存在本身的迷茫与混沌进发时，他所凭借的正是对印象这一精神活动的叙写。与此同时，考虑到史铁生对于灵魂不灭和生命轮回的笃信，那么也就不难理解 C、O、F、Z 等人物的生命故事，其实同样是史铁生印象的一部分而已。这就意味着小说中人物身份的重叠、经历的雷同，甚至是处境的相似等那些极易扰乱读者判断的故事情节，就不能以现实逻辑去加以评判，因为这一切都是心魂的

① 史铁生:《务虚笔记》第 8 页,人民文学出版社,2007 年。

印象，都是“我”之所以成为“我”的印象的片段而已。从这个角度看，史铁生以笔记体的叙事方法讲述人物的生命故事，其实就是对所有印象的一种集合：因为只有集齐了心魂在途经这些肉身之所时的故事，以及“我”对这些故事的全部印象，“天、地、神、人”等诸般促使人之成人的存在要素，才会以印象的形式悄然现身，而歧路频频、尘嚣危惧的心魂之路也才能豁然敞亮。

那么，史铁生究竟是如何通过讲述人物的生命故事，进而以印象的集合去敞亮自己的心魂之路的呢？

（二）

作为一部以探讨心灵世界为主旨的自叙传小说，《务虚笔记》以“写作之夜”为起点，标识出了印象与存在之关系，继而又以“残疾”和“爱情”为关键词，切入了小说人物的生命故事。虽然在第二章“残疾与爱情”中，史铁生重点记叙了残疾人C的爱情际遇，但如果考虑到“残疾”也包括人的精神残疾的话，那么这一关键词就指涉了所有的小说人物。由于每一位人物都曾遭遇过现实生活的压迫，因此在他们身上，都或多或少地存留着某种精神的残疾，此即为存在的一种未完成状态。而唯有通过爱情，这些人物的心魂之路，或曰成长之途才能渐次显明。从这个角度说，史铁生实际上是以书写人物爱情际遇的方式，在阐发自我印象的过程中，讲述了人对自我存在的完成。

虽然小说的创作主旨较为明确，但人物的身份和经历却时常出现混淆的现象，由此就大大增加了读者理解作品的难度。在史铁生笔下，几乎绝大多数人物都拥有着相似的爱情经历，像医生 F 与女导演 N、画家 Z 或 WR 与教师 O、诗人 L 与 T、Z 同母异父的弟弟 HJ 与 T 等等，他们从相识、相恋到分离，其爱情轨迹都无比雷同！甚至就连这些人物的身份也变幻不定，比如有时 Z 就是 WR，T 就是 O 或 N，而 L 就是 HJ，C 则是这些男性中的任意一个，等等。这种你中有我、我中有你的人物设定，导致了作家在讲述同样的一段爱情关系时，有时竟会出现不同的男女主角。凡此种种，皆让习惯了按现实逻辑去理解作品故事的读者深感费解。与此同时，一些极具象征意味的创作意象，比如那座漂亮的楼房、葵林土屋、南方老家和白色鸟等，也反复出现在这些恋人的相遇与分离之中。由此带来的阅读后果，就是让读者难以把握人物的关系网络及情节演变。

不过有趣的是，防备读者以现实逻辑去猜谜，其实正是史铁生的创作意图之所在。如前所述，由于史铁生将小说里的人物大多视为自我心魂的寄居地，而这些人物的经历又全都是作家印象的一部分，再加上印象又总是相互交叉和彼此重叠的，因此人物身份及爱情生活的混淆和雷同，实际上就反映了寄居于史铁生处的那颗孤单行魂的所有印象。与之相对，史铁生也只有用一种近乎混沌的叙事方式，才能去捕捉这种印象的集合。

在谈到以字母为人物命名的问题时，史铁生说："姓名让我感到特别别扭，好像一个姓名马上就把人物给限制起来了。姓名的几个字太有限制性了，比如说叫一个娇滴滴的名字会是什么样，叫一个古板的名字又是什么样，就是说这种束缚已经相当于文字本身的魔力了，或者叫'霸权'。我试图打消这种'霸权'。这是一个根本的考虑。于是我用字母代替人物姓名。”[①]换言之，史铁生以字母为人物命名，实际上暗含了他普遍化和哲理化人物生命故事的主观意图。 对此他是说得再明白不过了:“我不能塑造他们，我是被他们塑造的，但我并不是他们的相拥，我是他们的混淆，他们混淆而成为——我。 在我之中，他们相互随机地连接、重叠、混淆，之间没有清晰的界限。 ……我不认为只有我身临其境的事情才是我的经历(很多身临其境的事情早已烟消云散了如同从未发生)，我相信想象、希望、思考和迷惑也都是我的经历。 梦也是一种经历，而且效果相同。 常听有人说‘那次经历就像是一场梦’，那为什么不能说‘那场梦就像是一次经历’呢?”[②]小说里的男女主人公们，无一不是“我”的梦境或印象，既然梦也是一场经历，那么何不妨以记录梦境的形式，将这些印象用写实的笔法表现出来呢? 就此而言，“务虚笔记”务的是精神之虚，但在集合印象之时，却又要以务实的方式去讲述人物的爱情经历。 如此虚虚实实、亦真亦幻，不就是史铁生对于这个世界，以及存在本身的一种直觉感受吗?

在明白了《务虚笔记》其实就是一部关于印象的小说之后，读者也就不必执持于人物的关系网络和情节发展了。 因为作为史铁生心魂的寄居地，那些男人和女人既能反映作家的心魂之路，也能凭借彼此之间感人肺腑的爱情故事，不断叩询着存在本身的深邃奥秘。 从这个角度看，作品里的爱情故事，始终是史铁生表达其创作主题的一个路径与方法。基于这一认识，也可以说《务虚笔记》里纷繁芜杂的爱情故事，其实只关乎一个男人和一个女人：在史铁生的写作之夜里，这个男人一会儿是

---

① 史铁生:《私人大事排行榜》,《花城》,1997 年第 1 期。

② 史铁生:《务虚笔记》第 290—291 页,人民文学出版社,2007 年。

F，一会儿是 L，一会儿又是 Z……同样，女人就是 N、O、T 等中的任意一个。 考虑到史铁生普遍化和哲理化小说主题的创作意图，那么就能理解这一男一女便是全人类的代表，是数十亿人中一个最为基本的单元结构，因此发生在他们之间的爱情故事，也就构成了人类所有活动的起始。 这意味着史铁生实际上是以一种还原的叙事方法，将纷纭繁杂的人世百态，简化为一男一女之间的爱情故事。

作为一个超越了政治、经济、军事等社会活动之上的人的存在之源泉，爱情因为“性”具有了一种无中生有的创造能力，它也因此成了史铁生所有存在之思的一个元叙事。 这说明史铁生对爱情和性的关注，正是以叙事还原的方式，直面了存在的原初与起始。 更为重要的是，对深受基督教思想影响的史铁生来说，这一男一女其实就是《圣经》故事里亚当和夏娃的化身，他不仅在《务虚笔记》里就已经开始讨论了爱情中的原罪问题，而且还在后来的长篇小说《我的丁一之旅》中，更是以续写《务虚笔记》的姿态，重述了亚当和夏娃的伊甸盟约。

既然《务虚笔记》只写了一个男人和女人的故事，那么其情节结构也就变得易于理解了。 在第一章“写作之夜”里，“我”曾经遇到过一个小男孩和一个小女孩，虽然这两个孩子未必就是童年时代的 F、N、L、T 等人，但“我”和他们之间的对话，却构成了作品中一个最为基本的叙事模式——纵观整部作品，作为叙事者的“我”一方面讲述着其他人物的爱情故事，另一方面也会随时参与到和男女主人公的对话之中。 尽管讨论的内容千变万化，但关于爱情以及生命的“曾经怎样”和“可能怎样”，却始终是一个核心话题。 而这一切，都肇始于写作之夜里“我”和孩子们之间的对话。 故事正是从这里开始。

如果按照时间顺序梳理情节的话，那么这个故事的走向便大致如此：在某一个下午，九岁的男孩(可能是L、F、Z或任意一个男孩)走进了一座漂亮的房子，去拜访一个小女孩（可能是N、O、T或任意一个女孩）。这是一座有着很多扇门的大房子，每扇门都喻示了一种未来的可能性。从男孩走进这座房子开始，故事便从线性发展变成一个立体交叉的多元结构，比如那个小男孩如果是Z，他就记住了房子里的羽毛和色彩，如果是诗人L，他就记住了歌声，而如果是“我”，那么“我”的内心就会因为被排斥而充满了恐惧。每一种关于房子的印象都雕铸了一段爱情故事，而每一段爱情都是史铁生心魂漫游的场域。在描画多场爱情故事的过程中，史铁生借助人物的情感体验和生命哲思，一再表达着对于存在本身的细腻把握。虽然在大多数时候，这种对存在本身的把握都属于一场“无答之问或无果之行”，但以爱情故事，以及由此所生成的各种存在之思去把握存在本身，却大致能够反映出作家的心魂之路。在此过程中，小说里的大多数爱情都有着类似的发展模式，从男孩对女孩的寻找与暗恋开始，经过无数次现实生活的磨难，继而萌发出关于爱情、命运以及人生价值等天问式的存在之思，并最终以爱情悲剧的形式，让人物深刻体悟了处于神性维度之中的存在本身的不可勘破。隐含其间的种种哲思冥想，也包括那些诗意的抒情等，无不反映了人对存在本身的渴慕。

除了这一存在主题之外，史铁生在描写爱情故事的过程中，也通过这一相似的开放性情节结构，反复书写了现实生活中的许多存在悖论。比如男孩和女孩从情窦初开走向热恋与分离，其间不仅逐渐产生了差别，而且也互相形成了伤害。前者是双方阶级身份、家庭环境以及个人禀赋的差别，而后者则是意识形态、道德伦理，乃至自然人性对人的伤害。随着男孩和女孩的长大，这原本属于一对恋人的故事便愈发变得扑朔迷离了起来。而史铁生也通过讲述不同恋人的遭遇，为这些爱情故事赋予了更为深广的意味与内涵。

（三）

按照史铁生的叙述逻辑，如果说第一章“写作之夜”喻示了印象与存在的对应关系，第二章“残疾与爱情”揭晓了他心魂漫游的切入点，第三章“死亡与序幕”通过女教师 O 之死昭告了爱情的悲剧本质的话，那么小说第四章“童年之门”就布局了作品中几乎所有爱情故事的开端。

在这一章里，叙述者“我”抑或画家 Z，在九岁的时候走进了那座有着很多扇门的美丽楼房。如同卡夫卡笔下的城堡一样，“我”或 Z 走进这座楼房原本是为了寻找一个小女孩（在后面的情节里，这个女孩以 N 或 T 的形象示人），但迷宫般的房屋甬道，以及四面八方的门，却让“我”或 Z 感受到了一种“城堡”式的存在体验。

譬如 Z，当他第一眼看见那根大鸟的羽毛时，便在印象的冲击下呆若木鸡，“仿佛聆听神谕的信徒，仿佛一切都被那羽毛的存在湮灭了，一切都黯然失色无足轻重，唯那羽毛的丝丝缕缕在优美而高贵地轻舒漫卷挥洒飘扬”[①]。这种印象长久地伫立在 Z 的脑海之中，以至于他仿佛感受到了自己的命定之途。而在以后的绘画生涯中，Z 也不断地以羽毛为

① 史铁生:《务虚笔记》第 38—39 页,人民文学出版社,2007 年。

题材，在生命的印象与艺术的想象中，不断地回首乃至遥望着自己的前世今生。毫无疑问，这就是印象对于Z存在的一种“雕铸”。以对羽毛的印象为契机，史铁生在不同的章节里穿插记叙了Z的人生故事。从他的家族历史到童年记忆，再到他与O之间的虐恋，以及O对Z的背叛和自杀等，都喻示了Z的心魂之途。很显然，Z的心魂之途就是一个凭借印象去和现实做抗争的过程。在这一过程中，Z凭借艺术家的直觉与天赋，主动疏离了包括意识形态在内的各种外在压力，他在“文革”期间特立独行的表现，以及对自己家族历史的观察和体验等，都说明作为艺术家的Z，自打见到那根洁白美丽的羽毛之后，便注定走上了一条先知先觉的人生道路。这种先知先觉，并不是说Z就洞见了自己存在的异化，以及领悟到了那个集齐了“天、地、神、人”诸要素的存在本身，而是说他的自我认识，包括对妻子O和叔叔等人的生命故事的理解，都直觉般地超越了世俗偏见，从而成了一个率先走出异化之境、放逐自我心魂于黑夜漫游的先行者。相较之下，医生F的觉醒之路似乎就没那么神秘，反倒是因其心路历程的某种逻辑性发展，因而更具有了一种代表性。

F医生的心魂之路，始于他看见当年恋人——女导演N的一幅电影海报。在此之前，F就是一个活在套子里的人。因为备受生活的磨难，F平日里除了医学，对任何事情都提不起兴趣。虽然女教师O的死，以及和诗人L的交往，比如对性的话题的讨论，都曾触发了F的存在之问，但他对那些玄而又玄的问题，似乎也只是局限于和L的讨论而已。他的存在状况，就是“从不把黑夜的梦带进白天，不是不把，是不能”[1]。将白昼和黑夜区分得如此清楚，足以证明F是一个理性意识极强的人。纵使他在黑夜里无数次地梦见了N，或者因为爱情的磨难，一遍又一遍地审视着自己的过去与现在，但他从不敢违抗白昼的秩序。而且，这种遵命哲学，还是以一种自我克制的“不能”的方式来进行的。“不能”即是F理性意识对自己的告诫，他时时控制着黑夜里心魂的漫游，在白昼的魔法中，F只能以自欺的人格表演，把自己装扮成一个好丈夫和好医生。

但这种自欺的存在状况却如空中楼阁一般脆弱，当他突然看到N的电影海报时，一件从未发生过的事发生了，F终于在白天出现了黑夜徘徊的状况。于是他毅然决然地离家，在寻找N的过程中想象着相遇时的可能情景。值得注意的是，关于这段情节，史铁生是以戏剧的形式加以表现的。通过F对生命可能怎样的猜想，史铁生一再阐述了人物对于命运的“编导者”，亦即造物主、神或上帝旨意的揣度。

在史铁生看来，上帝之所以要在人与人之间制造差别和距离，无非就是为了增加人世间的戏剧性：“上帝从来是喜欢玩花样儿的，这是生命的要点，是生活全部魅力之根据。”根据这一上帝属性，史铁生通过F和N的故事，描绘了人物在爱情关系中的心魂漫游，而对无数种命运可能性的思考，则最终都回到了F对诗人L的追问之中。他问L：“你的诗是从哪儿来的呢？你的大脑是根据什么写出了一行行的诗文的呢？你必于写作之先就看见了一团混沌，你必于写作之后发现你离那一团混沌还是非常遥远。那一团激动着你去写作的混沌，就是你的灵魂所

① 史铁生：《务虚笔记》第65页，人民文学出版社，2007年。

在……”①毫无疑问，F 是小说里除了 Z 之外最具存在智慧的人物，他不仅突破了世俗意义上的爱情关系，而且还在动人心魄的旷世绝恋中，体察到了存在本身的神秘。从某种角度看，F 对 N 的寻找，就是亚当寻找夏娃这一圣经故事的重新演绎。对 F 来说，当他从自欺的存在状态中觉醒之后，生命的意义便全系于对夏娃的寻找。而在此过程中，他依靠着对爱情、命运以及自我的审视，最终体察到了存在本身的绝对与不可靠近。

相较之下，诗人 L 的心魂之路则显得更有戏剧性。他几乎是从一个世俗意义上的好色之徒，逐步转变成了最具神性气质的个人的。而这一心魂之路的起始，仍然来自于他对异化之境的抗争。

L 生性风流、浪漫不羁，经常打着诗人的头衔和各种女人交往，乍看上去就像是一个欲望的奴隶。但这种随波逐流的自欺之在，却随着他对性和爱情等问题的思考而渐趋结束。L 开始写一部长诗，写“古老的梦想和悠久的希望”②。在写作过程中，他就像是一个命运的使徒，不断地通过写作与遐想，传递着所有人物的生命感受。而性与爱情，也在他笔下凝聚成了勘察存在本身的一种手段。当他感慨现实无情、命运诡异时，竟忍不住无声痛哭：“为什么人不能这样？从什么时候，和为了什么，人离开了这伊甸乐园。”③可以想见，在经历了现实生活的磨难之后，L 不仅勘破了人被上帝放逐的命运，而且也洞察了人遗忘伊甸盟约之后的巨大痛苦。他心怀爱愿，试图以性和爱情发出对神的呼告——

---

① 史铁生:《务虚笔记》第 191 页,人民文学出版社,2007 年。

② 史铁生:《务虚笔记》第 364 页,人民文学出版社,2007 年。

③ 史铁生:《务虚笔记》第 377 页,人民文学出版社,2007 年。

“以至床上这两匹走出了乐园的动物，要逃离心魂，逃离历史，逃进没有过去和未来的现在。要把那条蛇的礼物呕吐出来。在交媾的迷狂和忘却中，把那果子还给上帝，回到荒莽的乐园去。”①

与史铁生对悖论的发现一样，L的这种呼告其实也可作如是解：其一是要男女在性的狂欢中遗忘原罪，欲以还给上帝禁果的方式去寻求自我救赎，通过癫狂和迷醉，世间男女皆可在人生的舞台上凭借人格表演去实现灵魂的得救，此即为一种艺术化的生存表演；但另一方面，这又何尝不是L在心魂之路上急欲重返伊甸乐园的祷告呢？他意识到，性是把握存在之本身的一种手段，只有极端的或曰戏剧化的存在表演，人才有可能在无声的行为艺术中，践行那重返伊甸乐园的生命爱愿。说到这里，其实L的心魂之路也就昭然若揭了。尽管他和F、C、Z等人一样，都饱受了爱情的折磨，但从中看出上帝的试炼，进而忆起神圣的伊甸盟约，却不能不说是触摸到了存在本身的神性之维。从这个角度看，L显然和Z一样，分别以宗教和艺术的形式，在爱情关系中踏上了追寻存在本真的心魂之路。

与Z、F、L等以字母命名的人物不同，史铁生在小说里还写到了Z的叔叔的故事。这几乎是作品中唯一一个不以字母命名的人物了，叔叔的故事较之其他人物也因而显得更为具体。尤其是在“葵林故事”这两章内，史铁生几乎以写实的笔法，讲述了叔叔和恋人之间的爱情。和其他人物的爱情故事相比，叔叔的这段际遇堪称残酷，因为葵林里和他相爱的那个女人，除了得承受思念恋人的情感煎熬外，还要背负起叛徒的骂名。事实上，Z的叔叔与葵林女人之间的爱情，都曾出现在F与N、

① 史铁生:《务虚笔记》第384页，人民文学出版社，2007年。

C 与 X 等人的故事中，所不同的是，史铁生这次是以化虚为实的笔法，重新讲述了对“叛徒”这一称谓的体察。乍看上去，史铁生似乎具化了他对存在问题的追问，转而以一个特别的思想方向，探讨了爱情关系里的忠诚与背叛，以及革命历史中的政治立场等问题。然而，如果明白葵林里的女人只是为了救母亲和妹妹而殃及池鱼，以至于她已为“叛徒”身份付出了屈辱生活的代价的话，那么就不难理解史铁生所讲述的葵林故事，实际上仍然是他对人物心魂之路的记录和想象。

在讲述葵林女人的悲惨遭遇后，史铁生给出了他对叛徒问题的答案，即要对他人宽容，不能仅凭道德主义就去欺压所谓的叛徒，因为“同样的命运可能会落在任何人头上”①。如果说在其他的爱情故事中，史铁生多以人物的对话和叙述者的旁白等形式，自由探讨了爱情与命运、印象与存在之类的小说主题的话，那么“葵林故事”就以写实的方式，细致入微地刻画了身处爱情关系之中的男女双方，是如何抵抗着来自现实世界的权力压迫的。当女人将自己所有的屈辱和苦难，以一个个字的形式写在葵林树叶上时，追寻字符意义的人，就会赫然发现这些字符竟能排列出很多种组合方式，而每一种组合都能传递出女人不同的心声。由此可见，相比于对道德主义的反拨和对女人叛徒命运的同情，史铁生似乎更在意她心魂之路的可能。因为那些树叶上字符的每一种组合方式，都暗示了女人心魂之路的一种方向。说到底，史铁生具化作品中爱情故事的用意，除了欲借此展开一些问题的思想探讨之外，还以导演人生命运的上帝视角，累积与叠加了生命的“可能怎样”，正是因为有了这些可能，女人才有可能摆脱命运的磨难，进而在一种生命想象

① 周国平:《读〈务虚笔记〉的笔记》,《天涯》,1999 年第 2 期。

中，步入对本真存在的回归之旅中。

史铁生的这种关怀意识，不就是立足于神性维度的一种爱愿呼告吗？ 他对女人心魂之路的期待，对Z的叔叔忠诚于爱情的礼赞，其实都包含了作家以神性书写拯救人物精神苦旅的创作意图。 就此而言，《务虚笔记》除了以捕捉人物印象和描绘爱情际遇的方式去勘察存在本身之外，也蕴含着史铁生一以贯之的人道主义立场。

三、想象之舞

（一）

在“葵林故事”中，史铁生通过组合葵林树叶上的那些神秘字符，不仅想象了葵林女人在身处人生逆境时的内心感受，而且也呈现了一个人“可能怎样”的生命旅途。 虽然后来的情节并未依此完全展开，但史铁生以想象的方式去切入人物处境，进而描画其心魂之路的可能，却大大激起了读者对于存在本身的勘察欲望。 这恐怕是史铁生在创作《务虚笔记》时，除了追求小说叙事美学的艺术感染力之外一个更为重要的创作初衷吧。 由此可见，在厘定了史铁生及其人物的存在之思与心魂之路后，我们仍需把握作品中想象之舞的具体内容。

一般而言，作家在叙述某个故事，特别是那些参照了自我经历的生命故事时，总是乐于在回忆中加入一些想象的成分，如是就能突出“虚构”这一自叙传小说的文学品格。但在史铁生处，由于其创作初衷并不局限于对自我经历的回忆，而是通过印象指向对存在本身的描画与勘察，故而作家的主观想象就占据了一个远比记忆更为重要的位置。基于这一点，讨论史铁生作品中的想象问题，就不止于是对其小说美学的一种艺术分析，更是想借此进一步澄明史铁生对于存在问题的思考及把握。那么，想象与印象有何不同？而想象之舞又所指为何？

作为《务虚笔记》里的一个关键词，印象指的是作家、叙事者及小说人物对于存在的感知与体验。只有当各种纷繁芜杂的印象实现叠加与聚合之后，它才能促成人走上追寻存在本身的心魂之路，因此印象就是关乎存在问题的一个思想基础和逻辑前提。而想象则更进一步，它在作品里特指一种以印象为基础的存在想象。虽然印象时常会本于天赋而成于直觉，但印象有时并不能直接提供存在本身的神秘消息。比如当Z走进房子的时候，那根美丽洁白的羽毛在给他带来震撼的生命体验的同时，一个鲜明深刻的印象也就此形成。但Z这个孩子，除了以仓皇失措去应对这印象的巨大冲击外，几乎无法理解羽毛所蕴含的存在消息。于是当印象既成却又暧昧不明时，想象便会悄然出场。体现在Z身上，这一想象就包括了他在后来的绘画生涯里对于羽毛的艺术表现，以及“我”和O等人对Z的揣度、猜测和预感等。毫无疑问，不管Z是出于印象冲击而形成的被动想象，还是其他人出于理解或爱情所生成的对于Z的主动想象，都收纳、聚集乃至开拓了Z的存在消息。在此过程中，想象不仅显明了羽毛对于Z所暗含的深刻喻义，而且还通过揭示他喜欢画羽毛的创作冲动，多方位地讲述了其可能的心魂之路。从这个角度看，想象其实就是对印象的确认与拓宽，以及对存在的把握和勘察。通过想象，Z既强化了他看见羽毛时所获得的人生印象，而且也开创了他多维度的生命可能。譬如当Z被想象成WR时，他的心魂之路就会愈发宽广，对于存在本身的把握和勘察也会更加深邃。就此而言，不论Z是作为一个想象主体还是想象客体，想象都能以确认和拓宽印象的方式，聚集了与Z有关的存在消息，由是便能让Z在黑夜的心魂漫游中，仰望那至高无上的存在本身。

既然想象之于印象是如此重要，那么史铁生在揭示人物心魂之路的同时，也就在想象的书写方面竭尽所能。如果仅从修辞美学来看，由于作家的想象方式极其丰富善变，故而独白、比喻、拟人、通感、寓言、戏仿等各种艺术手段都尽入笔端，于是作家的思想方式也就看上去更像是一场精神的舞蹈。值得注意的是，史铁生这种奇崛秀美、丰盈博大和张弛有度的想象之舞，不仅奠定了《务虚笔记》全作的美学基调，而且还反映了作家一种“以轻化重”的思想诉求——想象之舞的形式力量也正蕴藉于此。

以轻化重，是指史铁生以“轻”的叙事软化和消解了中国当代文学的不可承受之重。譬如贯穿于当代文学传统内的苦难叙事和暴力叙事，就一度以启蒙文学的面目，在表达历史批判和揭示精神误区的同时，令当代文学沾染上了一种或嬉笑怒骂、或涕泪飘零的沉重之病。举目所及，欲望泛滥的人性解放、形而下学的价值诉求，无不令存在本身这一现代小说的叙述主题隐而不彰。直至90年代，有部分中国作家，如余华等人在探讨小说叙事的节奏问题时，才意识到轻盈、柔软和虚无等思想及叙事方式，竟有着抚慰创伤、重塑精神的价值功能。与世俗化写作中放逐思想诉求、沉溺于感官之乐的“轻”之叙事不同，90年代纯文学领域内的轻，指的是用虚无化内心的方式，在卸下历史重担的同时，拯救人日益焦灼而撕裂的内心。因此从本质上说，这种轻之叙事，其实质仍然传达了90年代中国作家对于启蒙文学与世俗化写作的双重反思。不过较之其他人，史铁生的“轻”更接近于神性写作里人对上帝的仰望。虽然肉身沉重，但人若能在内心虚化现实的苦难，那么执拗的精神之旅、暗夜的心魂漂流，仍可为自己的迷途指明方向。在这一过程中，敬畏上帝是虚化自我、凌空高蹈的关键。因为按史铁生的说法，上帝就是存在本身，故而朝向上帝的心魂之路，就一定会蕴藏于仰望的姿态和想象的无穷之中。须知上帝或存在本身不可认知而只能感受，因此想象实际上就是人仰望上帝时的一种认知方式。与理性的认识论不同，当人面对存在本身时，只有凭借心魂的黑夜漂流，人才能通过想象对印象的聚集与创造，发出重返伊甸乐园的爱愿呼告。换言之，若无想象的助力，人仅凭印象本身恐怕还难以揣度“天、地、神、人”各存在场域所带来的隐秘消息。有鉴于此，可以说在史铁生笔下，想象不仅是对存在的勘察，更是对既往文学不可承受之重的超越。

（二）

若以想象的主体类型及思想方式而论，那么《务虚笔记》里实际上包含了两种想象之舞：其一是作家和叙述者的存在想象。想象主体站在一个宏观的叙事角度，或以独白形式抒发存在之思，或以对话形式介入人物心魂，种种奇思妙想，皆洋溢着想象主体猜解存在之谜的哲学追问。其二是人物的存在想象。较之前者，这一类想象主体大多执着于自我的人生经历和爱情体验，通过思念（想象）恋人和揣度未来等方式，在抵御现实磨难的过程中憧憬着生命的伊甸乐园。这当然是饱受异化之苦的人物对于存在本真的一种渴慕心理。与前者抽象的哲学视角不同，这一想象主体并不直接介入形而上学的存在之问，而是基于自己的生命体验和爱情经历，逐步从现实走向了想象、从白昼走向了黑夜，它也因此可被视为小说人物的一种精神自救。从这个角度看，小说人物的存在想象其实以一些具体的印象为主，在此基础上的想象产物，被史铁生或叙述者再度以想象的方式加以凝聚和转化，最终就形成了一系列关乎存在本身的终极性命题。由此可见，尽管想象是一种极具创造力的精神活动，但这两类想象之舞也因了史铁生的思想方式，从而在叙事逻辑上构成了一种铺垫与张扬的关系。

首先来看看人物的存在想象。毫无疑问，由于存在本身是神秘与绝对的，因此对那些被爱情问题困扰着的人物来说，渴慕本真之在、探索存在之谜这类人生的终极性命题，起初并不与自己的现实世界发生关系。也许F医生是个例外，但他对混沌的存在本身的著名追问，其实仍然与他对恋人N的百般思念有关。直至爱情幻灭、残疾显豁，这些人物才会在踏上心魂之路的同时，展开自己的想象之舞。尽管心魂的漫游形式多样、意蕴驳杂，像印象的集合与记忆的重构，信念的表达和欲望的诉求等，都足以承载起自由心魂的黑夜漂流，但哪一种形式都比不上梦想这一想象的方式。史铁生说："人之为人，要紧的一条是想象力！想象力的丰盈还是凋敝，奔流还是枯滞，辽阔还是拘泥！而这想象力的横空出世、无中生有，说到底是一个'情'字的驱动。"①在"白杨树"一

① 史铁生:《我的丁一之旅》第17页,人民文学出版社,2006年。

节中，医生F正是凭借着对爱情的梦想，从几近僵化的现实生活中闯进了一个动荡不安的夏天，而他的存在状况也在这一过程中发生了改变。

事情的起因是F在偶然间得到了N的消息，那本黑皮小书《Love Story》以及N的电影海报，都让F在记忆与印象中，回想起了与N在一起时的林林总总。虽然那段令人铭心刻骨的爱情已逝去多年，但N存在的消息却依然勾起了F的炽烈思念。相比于那些沉浸在爱情里的人，F自从与N分手后，就一直像是个背负着原罪的亚当，只能在远离了伊甸乐园的滚滚红尘里挣扎求生。不过世事无常，即便是隔着千山万水，N的存在消息也会悄悄袭来，兼之F根本上就是心魂未死、梦想犹在，故而当那些存在消息以某些具象的形式突然出现时，F便立即领会了命运的安排。他为了追逐内心的那份爱情梦想，毅然决然地离家出走，义无反顾地踏上了寻访恋人N的命定之路。在此过程中，梦想无疑扮演了一个召唤记忆和凝聚印象的角色，有了梦想，F的心魂之路也就有了无数可能。

当F站在小路上张望着N的房间的窗口时，他不禁想起了二十多年前自己也曾如现在这般望眼欲穿，只不过时过境迁，F早已老去，但他通过追忆往事去窥视未来的想象之舞，竟给他带来了戏剧一般的人生体验。他想象与N相遇的可能场景，几乎每一种想象都蕴藉着F的存在之思。比如方案一，N很快出现，F必定会“疯狂地倾诉、号啕、呐喊”①，他将以自己全部的勇敢，去拥抱久违的爱情；又或者如方案二，N如果出现得太晚，那长久的等待和F苟且偷安的秉性，又会耗尽爱的热情，于是相顾无言，所有的思念都将埋在心底——时间成了决定F的

① 史铁生:《务虚笔记》第197页,人民文学出版社,2007年。

梦想究竟能否实现的一个神秘变量。在这当中，自然隐含着时间与想象之间的某种权力博弈——时间不仅规划、制约和限定了人的存在现状，也可能会以其长度，塑造及影响着人的未来。但梦想岂能被时间拘禁？它既是心流的蔓延、魂魄的跃动，也是人克服有限、追逐无限的方法。于是，当自在无碍的想象之舞出场时，强如时间的枷锁也会轰然断裂。说到底，只有想象才能冲破时间的牢笼，继而让F那颗孤独的心魂重新朝向神圣的伊甸乐园。小说中写道，当F开始想象与N相遇时的具体情境时，想象对于时间权力的这种突破也就变得愈发清楚了。F想象了五种情境，从一到四都是可以接受的局面，唯独第五种情境最为可怕——她忽然看见他，于是热情洋溢地打招呼、寒暄，“保持着得当的距离”和必要的礼貌。但这位置和距离“是一条魔谷，是一道鬼墙，是一个丑恶凶残食人魂魄的老妖，它能点石成金、化血为水，把你舍命的珍藏‘唰啦’一下翻转成一场漫不经心的玩笑”①。可以想见，若F的想象真的能够变成现实的话，那么N对他的彬彬有礼，就必是因为时间的魔力——在漫长的时间面前，什么样的情比金坚和海誓山盟，都敌不过时间的水滴石穿，遗忘也会销蚀和溶解掉一切爱情的基石。

F自然不能接受这样的一种相遇情景，于是在自己的想象中，他就主动屏蔽了N的出现——这便是想象对时间的挑战。若是如此，那么阳台上的女人就不是N，F也就始终保持一个眺望的姿态，“静静地远远地久久地眺望，站在夕阳残照中，站在暮鸦归巢的聒噪声中，站在不明真相的漠漠人群中，站到星月高升站到夜风飒飒站到万籁俱寂，在天罗地

① 史铁生:《务虚笔记》第199页,人民文学出版社,2007年。

网的那个结上在怨海情天的一个点上，F，抑或我，我们眺望”①。想象杜绝了最坏的爱情结局，也终结了时间的权力，这便是人物精神自救般的存在想象。然而，F静默无言的眺望并不是想象之舞的结束，它更像是一个开始。因为正是在这样的一种想象基础上，史铁生或叙事者“我”那些事关存在本身的想象之舞便悄然出场了。

在《务虚笔记》中，作家或叙述者“我”关于存在的想象，是基于人物存在想象的基础之上的，它是对想象的一种凝聚和提升。这种凝聚与提升不仅将人物建立在个人经历之上的想象之舞，从一种具象感怀升华到了哲学层面的形上追问，而且还以“想象”想象的方式，贯彻了史铁生触摸与把握存在本身的创作初衷。就此而言，作家或叙述者的想象之舞，实际上起到了一个引导作品超越爱情主题的叙事功能。

比如在描写F和N相遇场景的“白杨树”一节中，叙述者“我”在F眺望N可能的居所时发出了这样的人生感慨：“如果这舞台的灯光照亮过你，当我回来你的影像已经飘离，如果你的影像已经飘进茫茫宇宙，这就叫作：过去。如果我已经回来，如果你已经不在，但我的意识超越光速我以心灵的目光追踪你飘离的影像，这就是：眺望。如果现实已成过去，如果过去永远现实，一个伤痕累累的欲念在没有地点的时间中或在抹杀了时间的地点上，如果追上了一个飘离的影像那就是：梦。”②从表面上看，这段话似乎是F对于爱情关系的理解，但随着想象的发展，“我”和F已经逐渐趋于重叠，因此这段人生感慨就可被理解为“我”对时间的一种感怀。在爱情关系中，时间的权力拉开了人与人之间的距

① 史铁生：《务虚笔记》第200页，人民文学出版社，2007年。
② 史铁生：《务虚笔记》第200页，人民文学出版社，2007年。

离，这是残酷的现实使然，但人依旧保持眺望和心怀梦想，眺望是人对爱情，也就是存在本真的向往姿态，而梦想则促使人将这样的眺望化为行动。于是，不论这个想象主体是“我”还是F，都对以爱情为标志的存在本身充满了渴慕与想象。尽管这样的想象因饱受现实或时间的摧残已然变得伤痕累累，但欲念不死，它必会凭借超越时间权力的灵动，去追寻恋人所代表的那个存在本身。虽说存在是一片混沌，就好似一个“飘离的影像”，但只要欲念不死、心识仍在，那么由此形成的梦想便会支撑人继续前行。这当然是史铁生过程哲学的再现，只不过较之此前对人生此世的牢牢把握，这种过程哲学已经超越了教导人如何去活的功利目的，进而在追寻本真之在的心魂之路上，在把握存在本身的想象之舞中，演绎了史铁生心中那颗孤单的行魂，极度渴望回归伊甸乐园的永世诉求！

综上所述，作为史铁生的一部扛鼎之作，《务虚笔记》不仅以神性写作的面目，深度拓宽了中国当代文学的书写对象和思想方式，而且还在把握存在本身的心魂漫游中，凭借着想象之舞，引领史铁生步入了一个更为广阔的思想境地。

第十章

一、"行"与"路"

(一)

随着长篇小说《务虚笔记》的出版，史铁生在中国文坛的影响力也愈发凸显。 虽说90年代是一个所谓的世俗化时代，读者也更喜欢阅读言情、武侠以及新崛起的网络文学等通俗化读物，但像史铁生这般以思想深邃而著称的纯文学作家，却仍然赢得了不少读者的爱戴与追捧。究其缘由，一方面固然是史铁生杰出的创作实绩所致，但另一方面，阅读市场对于史铁生的商业化误读。 读者对于史铁生的通俗化理解，恐怕也是一个十分重要的原因。

事实上，不论史铁生如何执持于存在本身的玄奥堂皇，读者都更愿意从残疾问题出发，或出于知识崇拜的集体心理，或出于世俗化时代的精神选择，而宁愿将史铁生理解为一个励志型作家。问题并不在于这样的误读方式是否正确，毕竟一千个读者就有一千个哈姆雷特，每个读者都有基于自我的存在经验去误读作家作品的阅读权利，更何况史铁生文学面貌的多元，恰恰印证了其创作意义空间的博大，但将史铁生单纯地理解为身残志坚、乐天知命的类型化作家，却极易将其人其作简化为某种心灵鸡汤。尤其是随着《病隙碎笔》的出版，以及在史铁生获得了首届华语传媒文学大奖之后，这种误读史铁生的趋势竟有愈演愈烈之势。

其实，较之《务虚笔记》，《病隙碎笔》只不过是史铁生以随笔的文体形式，重述了他之前对于存在问题的思考。蕴含其中的人生感怀、命运认知、存在勘察以及神性仰望等话题，无不延续了《务虚笔记》里对“天、地、神、人”等存在要素的深入思考。唯一不同于《务虚笔记》的是，《病隙碎笔》并不是以寓言故事的形式去探讨上述问题的，而是多以直抒胸臆的独白、假想式的对话以及诗性言语，继续着《务虚笔记》里关于存在问题的未竟之思。其实，何止是《病隙碎笔》，就连史铁生的最后一部长篇小说《我的丁一之旅》，也可被视为是对《务虚笔记》的某种思想完成。从这个角度看，不管有些读者是如何从生命斗士或道德英雄的角度去理解史铁生的，都只是反映了世俗社会里某些流行的价值成见。较之作家对于存在本身的勘察与叩询，这种挂一漏万的误读方式难免会遮蔽《病隙碎笔》里的诸多重要命题。

由于长年经受着病痛的折磨，故而史铁生在进行写作和思想时，就比常人要付出更多的努力。而艰苦的精神劳动，也势必会严重影响到他的健康。1997 年下半年，从美国旅游回来后不久，史铁生的肾病就愈发严重了。在此之前，他已罹患慢性肾病多年。随着时间的推移，慢性肾病也终于发展成了可怕的尿毒症。新病源自旧病，史铁生因为双腿残疾的缘故，长期无法直立身躯，于是影响到了正常的排泄功能，久而久之，尿液中的毒素无法及时排出，便严重损伤了他的肾功能。直至双肾坏死，必须以血液透析进行治疗时，恐怕史铁生也难以预料到上帝竟会对他如此残酷。透析起初是每周两次，后因病情加重变为每周三次，费用昂贵。身与心的双重折磨，可以说其痛其苦，较之双腿残疾这件事犹有过之。首先需要解决的便是经济问题，朋友们四处奔走，为史铁生筹措治疗经费，后又向有关方面申请资助，最终通过北京市委宣传部，向东城区、朝阳区、北京残联、北京作协等处募集资金加以解决。

透析治疗始于 1998 年元月，尽管毒素都淤积在血液里，但史铁生依然努力地保持着达观的心情，他对朋友解释说，所谓透析，就是“把全身血都抽外边一罐儿里，洗一遍，弄干净了再搁回去”①。诙谐幽默，说得好像在洗胡萝卜一般。透析的日子无比规律，却又在枯燥中让人倍感无奈。因为毒素作怪，史铁生差不多成天都处在一种昏昏沉沉的精神状态中，尤其是当上午做完透析之后，人更是累得快要虚脱了。麻烦的是，他还不能喝太多水，口渴的时候，只能拿湿毛巾润润嘴唇。睡觉的姿势也十分有限，很多时候都只能坐在床上，怀里抱个被子，勉强趴着休息；又或者是平躺，完全不能侧身。如此生活，真如炼狱一般。每次透析结束后的隔日上午，史铁生趁着大脑还算清醒，就抓紧时间继续写点什么。只不过时间对他来说，却已经愈发变得奢侈了。在接受

① 谢侯之:《高贵的猜想》,《生命——民间记忆史铁生》第 404 页,中国对外翻译出版有限公司,2012 年。

《南方周末》的采访时，史铁生说自己透析之前还能每天上午和下午各工作三个小时，晚上也能看看书，但“现在就是不透析，而且还得是在精神状态比较好的情况下，一天也就是上午能顶多写两个多小时，然后下午多少看一会儿书。如果再多干一点，血压马上就会高起来”①。

《病隙碎笔》就是史铁生在这次重病之中所写下的系列随笔，创作时间从1998年开始做透析时开始，直至2002年完成。其间部分内容先行刊发于《花城》和《天涯》等杂志，后在2002年由陕西师范大学出版社出版了单行本。这部随笔集的名称颇为应景，不说“病中”，而说“病隙”，大概是史铁生觉得对他这个久卧病榻的人来说，透析以外的时间就算得上是一种“健康”了吧。至于称自己的作品为“碎笔”而非“随笔”也是颇有讲究——据史铁生记述，他写一些零碎的想法，“不图发表，只做一种度日的计策”。断断续续，写写停停，“因为写不了长的，就把事情敲碎了写。一边想，一边写，都是比较短的、片段的记忆和印象”②，日积月累，最后竟有二百四十三则“碎笔”。更重要的是，称自己的这部作品是“碎笔”，盖因较之小说和诗歌，随笔的文体尽管足够自由，但它依然深受主题与结构等因素的文体桎梏，而“碎笔”则意味着“我手写我心，体岂能拘牵”。在这样的一种极度自由的艺术形式下，史铁生真可谓是做到了笔随心动。

按他身魂两分、生命轮回的看法，写这本书其实就是他对内心那颗永恒行魂的记录，不仅凝视它在黑夜里的随意漂流，而且也讲述了在心魂的漫游之处，所牵连出来的无数令人费解的存在难题。这种自由散

① 史铁生等:《史铁生的日子》第6页，凤凰出版社，2011年。

② 解玺璋:《轮椅哲人》，《生命——民间记忆史铁生》第346页，中国对外翻译出版有限公司，2012年。

漫、任心逍遥的碎片式写作，虽然很难将史铁生的思想聚于某处，但也正是因其无序与随性，故而才能时常溅出思想的火花。那些漫不经心的感言、似有若无的喟叹，以及拈花一笑的偈语等，无不包蕴了史铁生数十年来的存在之思。细读之下，难免不令人生出“思想有多远，语言就能走多远”的感佩之情。

（二）

《病隙碎笔》之一，写于史铁生开始透析治疗之时。尽管史铁生早已习惯了苦难，但透析的痛苦却仍让他百感交集。于是思考疾病与存在、命运与选择之类的人生命题，便成了这一部分“碎笔”的主要内容。

在作品中，史铁生将自己的身体比作了一架飞机，“要是两条腿（起落架）和两个肾（发动机）一起失灵，这故障不能算小，料必机长会走出来，请大家留些遗言”①。那么这个机长又是谁呢？若换了别的作家，恐怕人人会争说我的命运我做主，但在史铁生处，那颗在苦难中浸润多年的心魂却有着自知之明，它无论如何也不敢妄言自己的存在力量。因为它明白，在神秘莫测的存在面前，人的有限性本身就注定了命运的无法把握。换言之，人做不了自己的机长，只有上帝、命运或曰绝对的存在才可以。毫无疑问，这是史铁生陷入透析的痛苦之后，对于自己的生命迷途的奉献。他当然也曾有过人生的自信，但那份自信早已随着苦难的煎熬而化为乌有。史铁生笃信机长便是上帝，是他设计、安排

---

① 史铁生:《病隙碎笔》第2页,陕西师范大学出版社,2002年。

了无数的“人间戏剧”。既然上帝的旨意无可更改，那么人就只能试着去理解这些人间戏剧的丰富含义了。

按理说，上帝给人以试炼，受苦之人自然免不了要抱怨上帝不公。但在史铁生处，那些苦难却不妨作如是观，即再深的痛苦前面都可以加一个“更”字：“刚坐上轮椅时，我老想，不能直立行走岂非把人的特点搞丢了？便觉天昏地暗。等到又生出褥疮，一连数日只能七扭八歪地躺着，才看见端坐的日子多么晴朗。后来又患‘尿毒症’，经常昏昏然不能思想，就更加怀恋起往日时光。终于醒悟：其实每时每刻我们都是幸运的，因为任何灾难的前面都可能再加一个‘更’字。”①以猜想面对上帝的试炼，庆幸眼下的痛苦并没有更大更深，于是生出了对于上帝、命运以及存在本身的感恩之情，这可绝不是用乐观主义就能加以解释的。史铁生说，国人烧香拜佛，唯愿神有回报，这种功利主义的思想与向贪官行贿有何不同？而人在苦难面前秉承何种心态，其实主要取决于自己的信心。

那么，什么才是真正的信心呢？“约伯的信心是真正的信心。”②在约伯的面前，并无上帝所许下的福乐，但他依然接受了上帝的安排。要人拥有信心，不能因为趋利避害的人之本性而拒绝充满了苦难的整个世界，这恐怕不仅仅是上帝对约伯的期待，更是他对世人展示自己伟大创造的途径。只有明白了这一点，人才能走出抱怨上帝和抗争命运的认识误区。就此而言，史铁生之所以能在苦难面前安之若素，实在是因为他服膺和领悟了上帝的创造与安排。较之那种将自我期许置于神恩之上的

---

① 史铁生:《病隙碎笔》第 4 页，陕西师范大学出版社，2002 年。

② 史铁生:《病隙碎笔》第 5 页，陕西师范大学出版社，2002 年。

启蒙哲学，不能不说史铁生已然体察到了上帝，亦即存在本身作为造物主的超人自性。由是观之，虽然史铁生是一位不折不扣的人本主义者，但他基于人的立场所展开的心魂漫游，却因了沿途风景的神秘莫测，从而获得了一种能够时时超越人本主义的宗教意识。

与此同时，作为艺术家的史铁生，本就不愿像哲学家那样去追求逻辑的自足和体系的完备，他宁愿在幽微复杂的存在体验中，以贴身切己的生命感受去体察困境，于是他也就不会不自量力地向命运进行盲目抗争，而是以承领神恩的思想方式，一再化解了苦难对于人心魂的悄然销蚀。引人注目的是，当史铁生以超越人本主义的宗教立场去反观自己乃至世人的现实生活后，那颗孤独行魂的存在之思与漫游之旅，也就愈发变得高远卓绝了。

这样的一种高远卓绝，指的是史铁生对其过程哲学的某种宗教升华。如果说在之前的《命若琴弦》等作品里，史铁生认定人生的意义全在于“我活”的话，那么等到创作《病隙碎笔》的时候，他就愈发明白了在“过程”中求活，本身并非人的一种主动选择，而是来自于上帝保佑人的希望这一神赐恩典。史铁生说，约伯的信心不是来自于上帝对光荣和福乐的许诺，而是来自于“苦难极处不可以消失的希望呵”①，是上帝保佑了约伯的希望，于是约伯的路就是信者的路。换言之，人主动在虚无的命运中求活，与保持信心以接纳上帝对于希望的保证，实在是两种截然不同的思想方式。前者可谓是具有启蒙主义色彩的人正论，而后者则属于宗教哲学里的神正论思想。在正义论的思想范畴内，人正论系由文化观念、道德伦理以及法律条文等传统力量塑造而成，它以既定的

① 史铁生:《病隙碎笔》第9页,陕西师范大学出版社,2002年。

价值系统为参照，保证了世人的权利与义务。但基督教的神正论却是一种超验的正义论，由于上帝的意志无法触摸和难以验证，他只是用神与人的契约形式缔造了一系列信仰操守，故而神正论就能超越人的世俗关系，在一个新的基点上重塑人的社会身份和自我本质。这种正义不是抽象的且隐藏在心灵中的，而是作为一种实实在在的力量，对现实产生着绝对性的影响。

需要指出的是，史铁生非常喜爱同时代哲学家刘小枫的著作，他的妻子陈希米供职于华夏出版社时，也曾以编辑的身份策划出版过《刘小枫文集》，这些因素都或多或少地影响到了史铁生宗教意识的形成。他显然赞同刘小枫对于人正论和神正论的相关论述，并以此为思想依据，阐述了他对神与人的很多见解。虽然很难说史铁生有什么样的神学思想，但有一点可以明确，那就是他在很多时候都徘徊于人本主义和宗教信仰的思想斗争之中：一方面，史铁生本于坚强达观、昂扬进取的人生哲学，主张人依靠自己的力量去活出意义；但另一方面，他又常常会体察和奉献自己的生命迷途，相信上帝给予了信者希望的庇佑。在这两种思想的碰撞交汇下，尤其是在勘察和体悟了存在本身之后，史铁生也逐步拥有了一种具有神性光辉的存在哲学。具体而言，这一思想就体现在史铁生对“行”与“路”的理解之中。

（三）

在谈论神的时候，史铁生认为有三类神：一类狂妄自大，漏洞百出；一类喜欢恶作剧，用偶然性捉弄人；最后一类则代表了博大的仁慈与绝对的完美。"仁慈在于，只要你往前走，他总是给路。在神的字典里，行与路共用一种解释。"①行就是行动，是对存在的勘察和对上帝的向往，具化到人的现实生活中，则是指对生命意义和价值的寻求。与世俗意义上教人该如何去活的人生哲学不同，在史铁生具有神性光辉的存在哲学中，寻找生命意义和价值的过程，其实就是领悟上帝神恩、体察存在的过程。行的目的是朝向人的本真之在，接纳上帝的殷切嘱托，尤其是承领他对我们希望的保佑。从这个角度说，史铁生在《病隙碎笔》里的"行"，本质上已经有别于《命若弦琴》里盲人说书者对生命意义的寻找。虽然两者都是为了给此世的人生注入存在的力量，但《病隙碎笔》里的"行"，却大大超越了史铁生此前对人生哲学的执着。试看他对上帝的发问、对世人宗教信仰的观察，以及对病中神恩的体悟，哪一样不是超越了人本立场之后的神性思考？就此而言，史铁生在《病隙碎笔》里的行，正是对《务虚笔记》中存在之思的一种延续——因为在他那里，行便是思。

同样，史铁生所说的"路"，并不是具体的人生道路，而是指饱蘸着信仰和希望的心魂之路。它虽然在很多时候都依稀难辨，但其方向却永远朝着存在的神性之维。这样的心魂之路，必起步于人对现实生活的警醒和反思。换言之，若一个人整日里浑浑噩噩、随波逐流，从不正视自我已被异化了的存在处境，那么他也就不会踏上心魂漫游的旅程。而那些好问深思、耽于存在问题的人，才会在体察现实苦难和存在困境的同时，步入这条黑夜里的心魂之路。

对史铁生来说，心魂之路就寄托于他无时无刻不在挂念着的存在之

---

① 史铁生:《病隙碎笔》第 11 页,陕西师范大学出版社,2002 年。

思里。尽管每个人的存在处境都不尽相同，也经常会在现实的苦难里摸爬滚打，但任凭怎样的行不自觉和路未显现，那每一颗孤单的行魂都有着自己的路。也许有的人因苦难深重，被无边的痛苦遮蔽了心魂的前路，但只要他在行，就必有路。这是因为上帝无限仁慈，“只要你往前走，他总是给路”[①]。不信的话，且看史铁生有过多少次的挫折与痛苦。每次跌倒之后，若不是继续前行，他怎能会在不经意间重新发现上帝给的路？残疾限制了奔跑，病痛摧毁了健康，但这一切却都为他打开了心灵之门——若非残疾与病痛，史铁生怎能突破白昼，在黑夜的漫游中心魂得以自由？由此可见，史铁生每一次在绝望之中的行，其实都会有路——这不就是“行与路共用一种解释”的明证吗？因此他才会说神是可以信赖的，“他把行与路作同一种解释，就是他保证了与你同在。路的没有尽头，便是他遥遥总在前面，保佑着希望永不枯竭。他所以不能亲临俗世，在于他要在神界恪尽职守，以展开无限时空与无限的可能”[②]。

不过，神虽然保证了行必有路，但世人却未必能领悟到神的恩典，反倒是时常因个人欲望与现实生活的反差而苦恼不已。设若耽于欲望、流于逐利，就会贪念横生，行一些有悖于良知公义的恶事。但行恶之人也聪明，他们还须盘算一下作恶的代价，于是就有了对灵魂有无的思考。在史铁生看来，“作恶者更倾向于灵魂的无。死即是一切的结束，恶行便告轻松”[③]。这其实是一种变相的怯懦。行恶者表面上无所畏惧，敢于承担死后没有灵魂的虚无，但相信没有灵魂，岂不就是一种对

① 史铁生:《病隙碎笔》第 11 页，陕西师范大学出版社，2002 年。
② 史铁生:《病隙碎笔》第 12 页，陕西师范大学出版社，2002 年。
③ 史铁生:《病隙碎笔》第 25 页，陕西师范大学出版社，2002 年。

自己的作为不敢负责的“潜逃的战栗”[①]吗？ 他们实际上并不像看上去的那样“无知者无畏”。 相反，相信有灵魂的人，则会时时心怀敬畏，因为那是法律之外对人性的监督。 正所谓“头上三尺有神明”，善恶有报，若行善事，人必向着完满而行。 从这个角度看，灵魂的有无，其实直接决定了每个人的行与路。

更要紧的是，善恶标准虽然会不断地被增补和修正，但懂得善恶有别，却是人在苦难现实中前行寻路的重中之重。“怕只怕人的心里不设这样的标准，拆除这样的信守。”[②]于是，从对行与路同义的宗教解释中，史铁生立足于灵魂有无的辩论，就将一个看似抽象的神性之思导向了现实社会的道德伦理问题，并由此表达了他游移于宗教哲学和人本主义之间的价值立场。

在《病隙碎笔》中，史铁生除了讨论神恩、证明神性之外，还在此基础上进一步阐发了他对爱的理解。 众所周知，作为一名将残疾和爱情视为存在密码的思想者，史铁生坚持认为唯有爱愿，才能弥补残缺带来的痛苦。 残缺以及残缺所象征的苦难让人遁入黑夜，继而在心魂的漫游中行之有路。 但唯有爱，才能敞开心魂。 史铁生说：“互相敞开心魂，为爱所独具。 这样的敞开，并不以性别为牵制，所谓推心置腹，所谓知己，所谓同心携手，是同性之间和异性之间都有的期待，是孤独的个人天定的倾向，是纷纭的人间贯穿始终的诱惑。”[③]试想若是一颗孤独的行魂封闭自我，纵使它上下求索，怕也很难体悟到上帝的恩典。 但心魂的

---

① 史铁生:《病隙碎笔》第25页,陕西师范大学出版社,2002年。

② 史铁生:《病隙碎笔》第26页,陕西师范大学出版社,2002年。

③ 史铁生:《病隙碎笔》第44页,陕西师范大学出版社,2002年。

敞开就大不一样了，因为在这样的敞开中，心与心的连接和交融，势必会激发起那份关于伊甸乐园的原始记忆。

难道不是吗？ 人虽说生来孤独，可那是在亚当和夏娃被上帝逐出伊甸乐园之后的事情。 因此心魂的漫游，尽管是朝向了存在本身的未明之境，但心魂仍能感知亚当和夏娃那份令人魂牵梦萦的爱愿。 从这个角度看，用爱去敞开心魂，实际上就是唤起两颗孤单心魂对于伊甸盟约的承诺，也只有在爱所独具的心魂敞开下，人那番前路茫茫的行才真正走对了路。 这就是说，爱不仅可以敞开心魂，抚慰残缺带来的痛苦，而且还能照亮前路，让心魂的漫游在朝向本真之在的旅程中归途可期。

由是观之，史铁生对爱的推崇，无疑包含了他对以伊甸乐园或是天堂为形象代表的存在本身的向往。 在这一过程中，爱既是敞开心魂、召唤记忆的行路手段，也是安身立命、魂归乐土的终极愿念。 事实上，不仅仅是《病隙碎笔》，还有《务虚笔记》以及之后的另一部长篇小说《我的丁一之旅》，都成了史铁生讲述爱这一存在密码的生动注脚。

既然爱在人通往本真存在的心魂之路上如此重要，那么就不得不提到“性”这一爱的表达仪式了。 在史铁生看来，性是爱独具的语言。它意味着极端的遮蔽和极端的敞开，这恰是爱的要求。 极端的遮蔽，来自于世俗社会对于性的道德偏见和法律规范，而极端的敞开，则是性在私密领域内一种显明的存在形式。 以性的敞开去敲碎性的遮蔽，不仅体现了性本身所具有的解放力量，而且还在敲碎性的遮蔽的同时，敞开了那些久被道德偏见、世俗伦理以及情感盲区所蒙蔽了的孤单心魂，如是也就能在鱼水之欢的交融契合中，体察那亚当和夏娃的伊甸盟约。 单从这一点来看，性实在是爱必不可少的内容。

但与此同时，史铁生也警觉地发现，性有时又可以很方便地冒充爱情。且看那些耽溺于性的原始本能之中的红男绿女，即使彼此之间有了性的仪式，却也丝毫做不到心魂的交流——他们的肌肤之亲仍然冲破不了壁垒森严的重重心防。可见性虽然是爱独具的语言，但若是性遗忘了敞开心魂的爱的要求，那么它也就沦为了人的一种兽性本能。由此可见，史铁生对于性的看法，依然是立足于神性之维的人本主义立场：一方面，他从敞开心魂、接纳神恩的宗教维度去看待性，将之视为爱独具的语言；但另一方面，因为性在现实生活中的泛滥之势，又让史铁生不得不祭起道德主义的旗帜，为其筑起了理性的堤岸。

不过较之习见的道学传统，史铁生虽然也谈论性的禁忌与尺度，但他的道德主义却因为汇聚了神性光辉的照耀，故而也就超越了世俗伦理的道德律令。换言之，史铁生以宗教意识对于性或是爱的审视，总能以其行与路同在的思想依据，在神性之维中去接纳仁慈上帝的宏博神恩。

二、“身”与“魂”

（一）

作为一部记录史铁生病中冥想的随笔式写作，《病隙碎笔》并不致力于对某种思想体系的建构，因而其言说主题也就会随着作家的思绪纷飞而随时变化。比如从对“行”与“路”的思考中，史铁生就深切感受到了自己在心魂漫游时所体验到的“身”与“魂”的纠葛。由此引发的存在之思依旧是意境邈远，就算比起他对行与路的猜想和思辨来也不遑多让。

如果说“行”与“路”代表了史铁生对信者之路和神恩庇佑等宗教问题的勘察，为全作的存在之思设立了一个神性标尺的话，那么“身”与“魂”这一话题，就反映了史铁生在个人的生命际遇中实实在在走出来的心魂之路。这条心魂之路自然是朝向了人的本真之在，但在此过程中，身与魂的抵牾、灵与肉的冲突，却深入再现了史铁生心魂之路的艰难曲折。

当史铁生还是个孩子的时候，因为天性敏感、心思细腻，故而难免会生出一种与自我认同相关的意识危机。比如说“我是史铁生”这句话，在别人眼里或许无比平常，但在史铁生处却显得悬念重重：“很小的时候我就觉得这话有点怪，好像我除了是我还可以是别的什么。这感觉一直不能消灭，独处时尤为挥之不去，终于想明白：史铁生是别人眼中的我，我并非全是史铁生。”①这就是说，即便别人将史铁生定义为那个坐在轮椅里写作的中年男人，但他者的身份限定却根本无助于确立史铁生的自我认同，因为就连他自己，也笃信“我是我印象的一部分”。于是，将别人眼里浑然一体的生命个体进行内在的分裂整合，就成了史铁生踏上心魂之路的一个思想原点。从逻辑关系上来说，史铁生并不是出于理性思辨才去进行自我区分的，而是现实生命的苦难，尤其是身与魂的抵牾，导致他深刻地觉察到了人内在的自我分裂。

在史铁生的自我意识中，“我”并非一个实在的主体，而是包蕴了

---

① 史铁生:《病隙碎笔》第58页,陕西师范大学出版社,2002年。

“主我”和“客我”的一种综合性结构。“我”不只存在于身体的构造里，还弥散在身体之外的世界中：“我不光在我的身体之中，我还在这个世界所有的消息里，在所有已知和所有的未知里，在所有的人所有的欲望里。”①“我”既是身体也是灵魂，既是别人所见的形象，也是“我”所有印象的集合。既然“我”是一种结构，那么在史铁生的思想方式中，就会经常出现一些奇异的对话场景：“我”不仅会时常规劝史铁生的人生道路，而且也会在自我反思中，去检讨曾经做出的价值选择。

在“史铁生和我”这类表述中，“我”寄居于名为史铁生的人形之器里，是一颗辗转千回，经历了无数次生命轮回的孤单行魂。但这个叫史铁生的人形之器，却并不是一个情思沉荒的行尸走肉，而是一个有着精神意志的残缺躯壳，虽然他无法行走、疾病缠身，但却能在庇佑“我”这颗心魂的同时，以身体力行的生活实践，不断参与着“我”这颗行魂的黑夜漫游：“就说史铁生吧，这么多年了，他以其残疾的现实可是没少连累我……但又有什么办法？末了儿还得我来说服他，这个吧那个吧，白天黑夜的我可真没少费话，这么着他才算答应活下来，并于某年某月某日忽然对我说他要写作。写了半天，其实就是我没日没夜跟他说的那些个话。当然他也对我说些话，这几十年我们就是这么你一言我一语地说过来的，要不然这日子可真没法过。”②

可见，是史铁生和“我”之间的精神对话与思想交流，才将身与魂的纠葛博弈转化成了一种妥协与合作。从这一点来看，史铁生对身与魂问题的思考，由于集中在“我”这一整体存在的内部区分与思辨中，故

① 史铁生:《务虚笔记》第584页,人民文学出版社,2007年。
② 史铁生:《病隙碎笔》第65—66页,陕西师范大学出版社,2002年。

而他对“我是谁”这类关乎自我认同的问题的思考，就具有了存在论的哲学意义。基于这一事实，就可以说《病隙碎笔》里大量关于身与魂问题的讨论，都与如何安置灵魂、怎样朝向存在有关。

在“我”对史铁生的劝诫中，史铁生是一个怎样的人，其实代表了魂对身的理解：“这一个铁生，最根本的性质我看是两条，一为自卑（怕），二为欲念横生（要）。谁先谁后似不分明，细想，还是要在前面，要而唯恐不得，怕便深重。”①人有欲望本属寻常，但因不得而怕，却给人带来了无尽的烦恼。这恐怕是史铁生所有痛苦的根源吧。更要命的是，“一个欲望横生如史铁生者，适合由命运给他些打击，比如截瘫，比如尿毒症，还有失学、失业、失恋，等等”②。然而，尽管史铁生的命运如此坎坷，但在“我”的眼中，这却未必不是一件好事，因为如果没有命运的这些打击，那么史铁生定会沉迷于欲望，无法自拔，他也会和别人一样看热闹起哄。可命运提前给了他一点颜色，于是这个叫史铁生的人形之器就多了一份内省与反思，也只有这样，他才能听到“我”这颗灵魂的声音——苦难让史铁生直面了自己的灵魂。而在倾听灵魂的声音中，欲望给史铁生带来的痛苦也才会有所缓解。

但与此同时，身对魂的倾听，并不就意味着欲望横生便是坏事，因为“欲望横生也自有其好处，否则各样打击一来，没了活气也是麻烦”③。由是观之，尽管《病隙碎笔》是一部心随笔动的意兴之作，但在局部的问题领域内，却仍可捕捉到史铁生的思想逻辑。

要而言之，在史铁生的身魂之辨中，其逻辑起点是对“我”这一概

---

① 史铁生:《病隙碎笔》第59页,陕西师范大学出版社,2002年。
② 史铁生:《病隙碎笔》第64页,陕西师范大学出版社,2002年。
③ 史铁生:《病隙碎笔》第65页,陕西师范大学出版社,2002年。

念的内在区分，通过阐明主我与客我的分别，史铁生建构起了一系列以“我”和史铁生为主体的对话场景。而在此类场景中，由于身体的欲望和心灵的自卑是烦恼的根源，因此灵魂劝诫身体就变成了一个基本的对话模式。但魂对身的说教，有时会屡屡遭到愚顽如铁生者的反驳，兼之身体又多亏有了欲望，才能承受住命运的折磨，因此在魂与身的关系里，身就并不一定居于魂之下。他有时会凭借自己的欲望和闯劲，给魂提供一些可资借鉴的思想资源。从这个角度看，史铁生对身与魂之间对抗和妥协的关系实在是有着一种辩证的看法。更为可贵的是，为描绘身与魂之间的纠葛博弈，史铁生并不完全局限于精神的思辨，而是通过一系列自己的生命记忆与存在印象，生动阐发了身与魂之间的复杂关系。

（二）

《病隙碎笔》里讲到的身，既是“客我”，也是那个坐在轮椅里的真实的史铁生；而魂，则指史铁生的自我意识，也就是“主我”：“在人的精神结构中，主我代表着理智、理性，客我代表着感情、欲望；主我代表着理想、追求，客我代表着现实、存在；主我是一种有意识的自控力量、主宰力量，它常常给客我以提醒、规劝和引导。”①魂对身的这种劝诫，就体现在史铁生对记忆与印象的叙述里。换言之，写作这一史铁生用来进行心魂漫游的方式，实际上也是一个主我引领客我的过程。与此同时，以身为名的客我，虽然会时常受制于欲望的驱使，陷入怕而不得的烦恼，但他也具有活跃灵魂的作用。当主我在勘察存在本真的心魂漫

---

① 胡山林:《极地之思——史铁生作品解读》第98页，中国对外翻译出版有限公司，2014年。

游中歧路彷徨时，正是莽撞勇敢的身，用自己不断尝试的抗争精神，一再激发起了心魂的复苏。因此可以说，史铁生在讲述主我和客我的区分时，并不耽溺在灵与肉的冲突对立中，而是用一种辩证的看法，深入发掘了身与魂之间的复杂关系。

先来看看身对魂的活跃。在史铁生的记忆与印象里，自打遭遇残疾，客我这一人形之器就再也没完整平顺过，他本身就成了一种限制。史铁生说人可以走向天堂，但不可以走到天堂，是因为这一切都取决于人的有限。而在人的有限中，身体这一客我自然是要冲。所谓心有余而力不足，说的就是人在朝向本真之在的途中，肉身的限制必然会决定了行动的局促。但这是不是就说，身一定会阻碍、限制乃至毁灭心魂的漫游呢？非也非也，因为史铁生说"物质性（譬如肉身）"虽然限制了人的行动，但被限制的心魂本身仍然是一种限制。那些动辄说心魂拯救肉身的人，理应明白限制不能拯救限制，这就好比"瞎子不能指引瞎子"[①]一样。可以想象，如果将心魂回归本真之在的艰难归咎为客我的限制，岂不遮蔽了心魂本身的问题？你别看心魂可以自由想象、随意漫游，但他的自我认知能力仍然十分有限，若无上帝的垂怜与赐福，心魂哪能仅凭自己的力量，就期望到达那光辉的彼岸和伊甸的乐园？更不用说有些愚顽混沌、死不开窍的心魂了，因为他既不会聆听上帝的声音，也无力承领神圣的恩典，于是将心魂的徒劳完全归咎于客我的有限，显然很不公平。

事实上，尽管史铁生在《病隙碎笔》里仍以魂对身的规劝为思想主脉，但身的存在价值，以及他对魂的活跃价值，却依然占有着一个十分

① 史铁生:《病隙碎笔》第66页,陕西师范大学出版社,2002年。

重要的地位。当史铁生回忆起自己的人生经历时，其实就揭示了身对魂的某种引领作用。例如爱情，按说作为上帝设下的一个生命密码，爱情本属于魂的范畴，是心魂、主我这些自我意识的思想属地，但爱情的发生，却来自于身的索求。可不是吗？若无客我那隐秘的欲望、闪躲的目光，以及微妙的言辞，爱情又怎会风风火火地闯入心魂的领域？毫无疑问，是身的欲望与试探，为史铁生的心魂带来了强烈的爱情体验。就此而言，身实在是具有凭感官、情绪以及欲望去唤醒心魂的能力。

然而，尽管身足以唤醒魂，但却要时常承受魂的质询与引导。两者之间的对话与博弈，经常会将世俗的爱情际遇形而上学化。由是便带来了新的问题，如果身与魂不可融洽如一地去实践爱情的话，那么史铁生所遭遇的爱情究竟是幸还是不幸？幸运的一点当然是他最终拥有了爱情，但不幸的是，当爱情来临后，魂对身的规劝却在澄明爱情本身的同时，也一再强化了史铁生怕而不得的烦恼。因为即便是有了爱情，可人想要的东西却依然不会减少，比如两情相悦、举案齐眉、心有灵犀，等等，都是在获得了爱情之后新出现的种种怕而不得——烦恼并不会因为爱情的到来而有所减退。

事实上，当爱情初到时，史铁生表现得既不兴奋也不憧憬，更遑论心灵的满足了。因为从一开始，史铁生便体验到了身与魂的纠葛。虽说是身活跃了魂，但那颗敏感的心魂一旦觉醒，就会目光如炬地洞察一切——正如他“亲手把‘不能进入’写进了他心里”一样。因为心魂明白，当有人歌颂着“生命诚可贵，爱情价更高”的时候，有人却在爱情之外。更可悲的是，在爱情之外并不意味着尚未进入爱情，而是“不能进入，或者不宜进入。‘不能’和‘不宜’并不写在纸上，有时写在脸上，更多的是写在心里。常常是写在别人心里，不过有时也可悲到写进了自己的心里”①。有些弱势群体不能或不宜进入爱情，初看起来好像是世俗社会的一种价值成见，比如否定残疾人的爱情权利等，但细思之下，在那些伦理歧视和道德偏见之外，却也有着心魂对身体、主我对客我的规劝与引导。

就像在史铁生处，当他初遇爱情时，不知是出于自卑，还是出于对人性的提防，心魂从一开始就将“不能进入”爱情写进了史铁生的心里。他会提醒史铁生，残破的人形之器怎能拥有爱情？可身又哪会对魂的劝告俯首帖耳？于是一场辩论和争斗就不可避免了。史铁生幽默地将心魂的理智视为正义，而将身体的欲望喻为鬼胎：“大凡这样的争执，终归是鬼胎战胜大义。”且看那个被世人乃至心魂认为不能进入爱情的史铁生，到头来不也“娶妻无子活得也算惬意”②？可见事实证明，心魂对身体的这番告诫，终归是徒劳无功的了。

那么，问题究竟出在哪里？不是说心魂引领身体、主我照亮客我的吗？为何在爱情问题上，“身”却能在不计后果的爱情实践中，生生否决了“魂”对他不能进入爱情的警告？

（三）

以上疑惑，其实可以归结为史铁生对残疾人的爱情权利的思考。在《病隙碎笔》里，他不仅集中笔力探讨了这一问题，而且还在对爱情的

① 史铁生:《病隙碎笔》第75页,陕西师范大学出版社,2002年。

② 史铁生:《病隙碎笔》第75页,陕西师范大学出版社,2002年。

形而上学理解中，重述了人对神恩的仰望。显而易见，史铁生提出这一问题的初衷并不是为了要表达某种道德批判或伦理质询——毕竟至少在观念的世界里，人生来平等、天赋人权等普世价值，早已成为90年代中国社会的价值共识，而残疾人天然地拥有爱情的权利也无可争议。但史铁生之所以还要特别为残疾人辩护，起因就在于他对残疾与爱情这两个生命密码的理解之上。

在史铁生看来，残疾既能磨损身体这一人形之器，也能囚禁丰富的灵魂。若一个人因为残疾限制而不能随心所欲，那么身与魂也就会随时体味到残缺的痛苦。幸好还有爱情，“爱情属灵，是梦想，是对残缺的补救”①。事实上，残疾并非残疾人所独有，限制、障碍、残缺、阻滞，等等，哪一样不深藏于人的灵魂之中？说到底，残疾就是人的一种存在本质。面对如此的存在险境，人该如何是好呢？一个可行的办法自然就是去体察神恩。可不是吗？残疾之上还有爱情，因为担心世人难以理解这两个生命密码，不忍看世人在残疾的痛苦中歧路彷徨，于是仁慈的上帝便将他神圣荣耀的爱赋予了爱情，爱情也据此成了世人承领上帝神恩的一条命运之途——渴望爱情和实践爱情，便是史铁生心中的行与路。由是观之，残疾人怎会不宜进入爱情？因为“上帝正是要以残疾的人来强调人的残疾，强调人的迷途和危境，强调爱的必须与神圣”②。

在明确了爱作为上帝的神恩，对于人的残疾有着天然的救赎价值之后，史铁生又直面了一个更为根本的问题。他试图弄清楚，残疾人的爱

---

① 史铁生:《病隙碎笔》第65页,陕西师范大学出版社,2002年。
② 史铁生:《病隙碎笔》第72页,陕西师范大学出版社,2002年。

情为何要遭受世人的冷眼？ 究其缘由，盖因世人对于残疾人的性功能始终心怀疑虑。 这也许是残疾人所要承受的一个最公开的质疑和最隐秘的宣判，人们质疑：“他们行吗？”继而宣判：“他们不行。”“这公开和隐秘，不约而同都表现为无言，或苦笑与哀怜，而这正是最坚固的堡垒、最绝望的囚禁！”[①]面对如此歧视，共居于史铁生处的身与魂自然是同仇敌忾，他们坚信“无言的坚壁终归还得靠言语来打破”[②]。 于是，身与魂的诉说，就共同指向了对性的本质的揭示。

性是什么？ 在现实社会中，它当然是爱情的一种形式，但脱离了爱情的性也无处不在。 比如将爱情看作是繁殖的附庸，性本身即是出于繁殖的需要；又或者将性爱视为一种原始的习俗，在道德的禁忌下讳莫如深。 凡此种种，哪一样不是性的现实存在？ 令人感叹的是，尽管文明社会已进步如斯，但很多人对于性的看法却依旧故步自封。 说到底，那些沿袭日久的文化传统和道德伦理等权力话语，才是将性与爱狭隘化和偏执化的罪恶元凶。

既然流俗之见已经遮蔽了性，那么我们该如何去发现性的本源呢？ 史铁生说，性“已经成长为一种语言，已经化身为心灵最重要的表达与祈告了”[③]。 表达爱愿、祈告团圆，性就是爱独具的语言！ 它拒绝心魂的孤独，渴望在黑夜的漫游中与自己的另一半重逢。 这当然是亚当对夏娃的寻找，是人向存在原初性的回归。 因为性作为爱的语言，祈告的不仅仅是遇见夏娃，更是为了实践那神圣的伊甸盟约。 通过性的吸引和寻找，人才能在洗刷原罪的心魂夜行中，努力去践行上帝的温柔嘱托。

---

① 史铁生:《病隙碎笔》第 73 页，陕西师范大学出版社，2002 年。
② 史铁生:《病隙碎笔》第 73 页，陕西师范大学出版社，2002 年。
③ 史铁生:《病隙碎笔》第 74 页，陕西师范大学出版社，2002 年。

既然性是爱独具的语言，是对心灵团圆的祈告，那么残疾人又怎会有性的障碍？对伊甸乐园的向往，是人之为人的一种天然欲望，显然不会受制于生理的残疾。所以史铁生在面对爱与性的问题时，最终发出了一个动人心魂的呼告："你要爱就要像一个痴情的恋人那样去爱，像一个忘死的梦者那样去爱，视他人之疑目如盏盏鬼火，大胆去走你的夜路。你一定能找到你的方式，一定能以你残损的身体表达你美丽的心愿，一定可以为你爱的祈告创造出丰富多彩的乃至独领风流的性语言。"①在这样的呼告中，"史铁生和我"身魂如一、荣辱与共，他们所欲抵抗的敌人，正是那世俗伦理中歧视残疾、嘲弄爱情的无言的坚壁。尽管在残疾人的爱情中，身体的残损依旧可以绽放出美丽的心魂，但他者歧视的目光或怜悯的神态，却于无声处构成了最大的伤害。在他面前，残疾人若是逆来顺受、无声屈从，那么就会遭遇身如牢笼、心似槁木的存在绝境。有鉴于此，史铁生和我，这座残损的人形之器和那颗孤单的永恒行魂，便终会携起手来，共同抗争那无言的坚壁。

更为重要的是，此时的身与魂，因为要去挑战禁锢性爱的伦理歧视和道德禁忌，在他们之间，就不再存有二元对立的冲突关系了，反倒是彼此的契合与融洽，构成了灵与肉、身与魂难得一见的和谐景观。虽然这只是双方因为要面对共同的敌人而达成的暂时的妥协，但从碰撞冲突到和谐共存的关系变化，却依然可见史铁生对身与魂这一问题的基本看法。

综上所述，当史铁生对自我进行了内在的区分之后，身与魂的对立便稳定构成。在此关系中，身基于欲望而进行的索求，时常会遭到魂的

---

① 史铁生：《病隙碎笔》第74页，陕西师范大学出版社，2002年。

规劝与引导。从身的角度来说，追逐欲望既是自己的生命权利，也是人生中无数烦恼的来源。因为人对欲望的追逐永远也赶不上欲望的增长，爱而不得，因不得而怕，遂生自卑、忧心与操劳等万般烦恼。至于魂呢？居于史铁生处的那颗孤单行魂可谓是见多识广，要知道他可是居无定所、辗转千回地才来到史铁生，自然能看穿身所制造出来的这些“人间戏剧”究竟是如何的自寻烦恼。不知是出于同情还是出于义愤，魂开始苦口婆心地规劝、殚精竭虑地引导，无非就是想让身少一点烦恼、多一份安宁。比如身对异性的渴慕，在魂看来，若对方不是夏娃，岂不是白费功夫、徒增烦恼？可身不这么看，他总觉得若不胡搅蛮缠地搅和进爱情关系里，怎能辨别出她不是夏娃？于是魂有魂的规劝、身有身的原则，鸡同鸭讲的结果，就是魂与身之间无休止的辩论、数不尽的冲突——身魂之别、灵肉之争亦于焉而起。但较之世俗社会的伦理歧视和道德禁忌这些“无言的坚壁”，史铁生处的身与魂却在如何定义残疾人的爱情权利面前达成了一致。因为在这一问题的背面，实际上隐含着人如何去对待性和爱的价值立场，是屈从于无言的坚壁，在流俗偏见中放弃爱的权利，继而终止心魂的黑夜漫游，还是奋起抗争，用爱独具的语言去祈告心灵的圆满和伊甸的盟约，委实决定了身与魂的何去何从。就此而言，在无言的坚壁面前身魂合一，无疑反映了史铁生在黑夜的行旅中，试图用爱的祈告和“生命的艺术灵感”①，去唤起人栖居在大地上的诗意之心。

---

① 参见史铁生:《病隙碎笔》第74页,陕西师范大学出版社,2002年。

三、践行爱愿

（一）

1998年元月，史铁生开始了透析治疗，他的身体也愈发虚弱。以前在和朋友聚会时，史铁生总是谈笑风生，给大家带来了无数的欢乐，但如今他已然经不起任何折腾了。就算是聊天，有时也会因为过于兴奋而造成血压的飙升。所以每逢朋友聚会，史铁生都心怀歉意——他似乎成了那个大煞风景的人。可是友朋之道，贵在相知。老友们依然如候鸟一般轮番地前来看望他，有时也会忍不住想在经济上帮点忙，但生性倔强的陈希米，却总是婉言谢绝。曾有一回，希米就拒收了清华附中64-3班同学凑起来的四千元善款。朋友们为此戏称她是“小辣椒”，言语间虽不无调侃，但内心都在为史铁生的透析费用深感忧虑。那时的史铁生病情严重，透析费更是高得令人不知所措。总之是有钱透析，人就能活下去，没钱只好眼睁睁地憋死。可对于夫妻两人来说，即便是再难熬，也要去坚强面对这苦难的生活。史铁生和陈希米，就这样默默地坚守、静静地等待，怀抱着一份听天由命的豁达，耐心地静候着命运的判决。

这个时候的史铁生，尽管早已成了闻名全国的大作家，但他的身份依然是“病残知青”，民政部门也只是按政策给他提供了一些微薄的帮助。据说透析治疗的费用每年至少都要二十五万元以上，仅靠夫妻俩的收入和民政部门的补贴显然是捉襟见肘。直至2006年，陈村写信给中国作协书记金炳华，呼吁作协吸纳史铁生为“专业作家”时，史铁生身为北京作协合同制作家的身份才广为人知。有人形象地比喻，说合同制作家类似于临时雇佣关系，经济收入不稳定不说，而且还没有医疗保障。陈村为史铁生讨要专业作家身份的事件，虽未经过史铁生夫妇的授权，但依然引起了很多人的关心。比如莫言就在写给陈村的信中说：“非常好，陈村兄。你说出了我完全赞同但疏忽了的话。铁生兄几乎可以说是纯文学的象征，也是我等的榜样，国家如果只养一个作家，那也应该是他。”①

在透析成了一种日常生活后，只要身体条件允许，史铁生都会在上午9点多的时候，摇着轮椅去往院子的西面看书。正对着他的，是一棵静静矗立的玉兰树。虽然无从得知史铁生的内心活动，但阅读带来的情感和思想体验，以及疲倦时凝视着白玉兰的那份安宁与祥和，都或多或少能让他暂且遗忘了现实的残酷。而到了冬天，史铁生就会把轮椅摇到院外的墙根下晒太阳。至于夏天时节，总有一些幼儿园的孩子来院子里玩耍，不时会有邻居过来打个招呼……对饱受透析之苦的史铁生来说，这样难得的闲暇时光，简直就像是天堂一般美妙。

1999年，史铁生再次因下肢静脉血栓而住院。较之此前的附睾炎等疾病，这次病情更为凶险，几乎发展到了要截肢的地步。和往常一样，史铁生在友谊医院的神经科得到了医务工作者们的精心照顾。通过溶栓治疗，尿激酶被不断地加入静脉点滴中，史铁生那双一度已经发硬

① 莫言致陈村的信，参见《“专业作家”：水准还是福利》，《中国青年报》，2006年12月4日。

的下肢，终于随着血液循环的打通而逐渐变暖变软了。不过，他的下肢虽然保住了，但身体的很多地方都出了问题。比如因常年卧床，他的腰椎疾病就越发严重了，而这一切都影响了史铁生的生活。

当然，生活总是一个苦乐交织的过程。虽然透析治疗几乎耗尽了史铁生的全部精力，但写作《病隙碎笔》、参与一些力所能及的活动，却依然是史铁生热爱生命的明证，他那颗睿智的灵魂也因此显得格外丰厚而博大。2001 年 1 月 4 日，是史铁生五十岁的生日。老友陈村专程从上海来到北京，本是为了和史铁生做个谈话，用于《收获》的专栏《好说歹说》，但适逢日期特殊，因此几个老朋友当晚就去了一个叫作孔乙己的饭店吃饭。同桌的人不仅有陈徒手，还有电影界的姜文等。大家见面自然少不了寒暄。不过有意思的是，开席后大家简短地向史铁生道了一声生日祝贺后，便开始大吃了起来。在老友心照不宣的默契中，史铁生就这样平平无奇地迎来了自己的天命之年。席间的史铁生依然是笑呵呵的，抽几支烟，喝两杯酒，说几句话。看得出来，他几乎是在小心翼翼地使用着自己之前所攒下的精力。身体的病痛，让史铁生的行事作风也越来越沉静内敛。

不过，这样的沉静内敛也有例外的时候。大概在生日过了两个月之后，也就是 2001 年的 3 月 20 日，史铁生有幸亲眼见到了自己的偶像——美国田径巨星卡尔·刘易斯。那份激动的心情几乎难以用语言形容，因为在史铁生为数不多的奢望中，总算是有一件梦想成真的事了。

多年以前，史铁生就曾写过一篇散文《我的梦想》，表达了自己对这位世界超级田径巨星的敬佩之情。文章还特别写到了在刘易斯失利之后，史铁生内心那无尽的痛苦。他说："刘易斯当时那茫然若失的目光就像个可怜的孩子，让我一阵阵的心疼。”但随着刘易斯在之后的跳远比赛中获胜，史铁生又继续写道：“命定的局限尽可永在，不屈的挑战却不可须臾或缺。”①这哪里是在写刘易斯，分明就是史铁生的夫子自道。恐怕在他心里，刘易斯早已不再是一个偶像，而更像是一个理想化了的自我形象的心理投射。从刘易斯无与伦比的天赋、健美灵动的身躯，以及那永不言败的斗志中，史铁生无疑窥见了作为生命个体的人的完美形象。他写刘易斯的这篇散文，后来经由我国体坛名将李彤的介绍，得以被刘易斯本人所倾听。此外，史铁生还请人把他的三卷本文集带到美国，送给了刘易斯，并表达了想要见面的愿望。

很难想象刘易斯的感受，毕竟作为一个万众瞩目的超级明星，他早已见惯了粉丝的疯狂之举。但在遥远的东方，一位双腿残疾的作者，却用他那深邃唯美的笔调，书写出了人类对于体育精神的真切理解，这自然会给刘易斯留下了极其深刻的印象，否则他也不会想见见这位异国他乡的知音了。

机会终于来到。2001 年 3 月，刘易斯代表耐克公司来到中国，参加一个体育产业研讨会。经朋友安排，史铁生终于见到了自己的偶像。见面那天，史铁生提前来到了北京的中国大饭店。也许是内心激动的缘故吧，平日里病恹恹的史铁生气色和精神都显得很不错。守候在现场的媒体记者一拥而上，对着史铁生拍个不停。待刘易斯出现时，史铁生立刻就摇着轮椅迎上前去。高大健美的刘易斯俯下身，笑容满面地和史铁生握手。两人聊起了体育和文学，史铁生还当面赞美了刘易斯在赛场上的风采，他说：“跑得快的运动员有很多，但像你一样跑得美和飘逸的

---

① 史铁生:《我的梦想》,《中国残疾人》,1989 年第 1 期。

人，没有。”[①]从残酷激烈的竞技体育中发现美，自然是史铁生观察这个世界的独特视角。而刘易斯似乎也能理解史铁生的感受，他将一个嵌着自己签名照片的精致镜框，以及一双定做的蓝色耐克跑鞋，亲手送给了史铁生。这双跑鞋非比寻常，它是刘易斯常穿的款式和尺码，而且鞋帮上还有刘易斯用金色油彩笔签下的名字。这样的礼物自然弥足珍贵。史铁生把它端放在书房中，常常会忍不住向来访的朋友炫耀一下。那份洋洋得意的神情，让人常常会感叹他的易于满足。或许这就是真实的史铁生吧，一个虽然饱经磨难，但内心依然纯真的老男孩。

（二）

对很多作家而言，疾病之于文学，似乎一直都有着某种难言的迷魅力量。文坛上那些受疾病困扰的作家，要么在艺术创作上表现出痴狂迷醉的病理特征，要么在思想意识中形成了一种病态的价值取向。总之在中外文学史上，因疾病孕育而成的大作家真可谓是不胜枚举。人的确是一种奇怪的生物，当疾病刚刚来临时，大多是呼天抢地痛不欲生，待到习惯了以后，又会暗自生出一种消费疾病的念头。且看那些以苦难叙事著称的中国作家，哪一个潜意识里不以展示病痛和炫耀苦难为荣？

不过这一定律似乎在史铁生身上却完全失效，他没有对待疾病的这种犬儒主义态度。虽然也写到过透析的痛苦，但史铁生笔锋所及，却总是能超越一己悲欢，在更为深广的神性之维去重申苦难的价值。五十岁

---

① 解玺璋:《轮椅哲人》,《生命——民间记忆史铁生》第 350 页,中国对外翻译出版有限公司,2012 年。

之前，尽管史铁生也书写疾病的痛苦和精神的折磨，但他对过程哲学的张扬奋进、对人生宿命的理性认知等，却总能让人感受到一种明净平和的醇厚力量。这大概是因为他参透了苦难的本质即为上帝的恩宠吧，所以才不会去怨天尤人，而是努力在心魂的漫游中，去承领那神旨的感召。到了五十岁之后，史铁生对于天命的理解显然又变得更为深入和敏锐了。这一点尤其体现在《病隙碎笔》之六当中。

若以影响而论，《之六》可能是《病隙碎笔》中最为引人瞩目的华彩篇章。究其缘由，固然是因为史铁生凭借此作获得了首届老舍散文奖的一等奖，但更重要的一点，却是因为史铁生在这一部分以承前的姿态，收束了那些形而上学之思的结果。这种收束，就具体表现为他对此前较为散乱的思想碎片的积淀与整合。比如爱愿问题，在《病隙碎笔》的第一至第五部分中，史铁生都曾探讨过爱愿的内涵、功能与价值等较为抽象的思想问题，等到了第六部分的时候，他又以一种内在的思想逻辑，将与爱愿有关的形而上学的精神思辨，积淀为一种对爱愿实践性问题的勘察。打个不是很恰当的比方，如果将史铁生比作一位厨师的话，那么前期的食材准备工作，至此就转化为一场思想的盛宴。在这当中，爱愿如何践行显然是一个核心问题。

换个角度来看，由于《病隙碎笔》本身就是一部思想的絮语，故而在写作过程中，史铁生起初并未有意识地去设置一种思想逻辑，但到了写作第六部分的时候，作品内在的叙述肌理却越发变得有迹可循。可以这样理解，由于前五部“碎笔”主要讨论了“行”与“路”、“身”与“魂”等话题，并在呼唤爱愿、承领神恩的基础上证明了神性的存在，因此《之六》就将此前一些形而上学的价值观念，试图细化到人具体的存在处境中去加以考察和验证，比如爱愿。在史铁生看来，爱愿作为人内心的一种价值抉择，是建立在爱这一生命密码的基础之上的。换言之，若想领悟上帝设下的生命密码，就必得有宏博高尚的爱愿之心，如是才能凭此爱愿去克服残缺，进而在行与路的探求、身与魂的斗争中去朝向本真之途。有鉴于此，爱愿如何付诸实践，也就成了史铁生在《病隙碎笔》之六中一个最为主要的书写内容。

在这一部分的开篇处，史铁生首先提出了一个与爱愿有关的伦理学问题，即："当他人的贫困与你的相对富足并存之时，你的爱愿是否踏虚蹈空？甚至，你的提倡算不算是一种虚伪？"①比如说我心存爱愿，手里也有些余钱，可我在提倡爱愿的时候，并不打算把财产全都捐献出去，那么这样的爱愿是否还能真正践行？毫无疑问，史铁生对于爱愿问题的伦理学追问，主要针对的就是世俗社会的一种道德偏见。因为在现实生活中，我们总能听到这样的一种声音，即宣扬爱愿、提倡助人的前提，理应是舍己为人。若不舍已，似乎就不能助人。在这样的道德要求下，似乎所有的义举都必须以损伤行善者的利益为前提，否则侈谈爱愿就是虚伪。

但这难道不是一种道德苛求吗？爱愿的本义与践行，莫非必须以道德的律令为先导，才能去破解那生命的迷津？基于这一疑问，史铁生深刻洞见了一个尼采式的伦理悖论：一方面，道德是法律之外维系与平衡世相人心的宝贵资源，无它则人间必会沦为丛林世界；但另一方面，就像尼采所说的那样，道德又是弱者的道德。在很多时候，道德其实都只不过是弱者控制强者的一种手段。就像史铁生所举的那个例子一样，极

① 史铁生:《病隙碎笔》第206页,陕西师范大学出版社,2002年。

端的人道主义者要求行善者弘扬爱愿，就必须舍己为人，如此便以道德之名绑架了行善者的爱愿践行。更可怕的是，假如行善者遵从弱者的道德，真的要舍己为人的话，那么就会在不经意间掉入一个危险的伦理陷阱。这个伦理陷阱就是史铁生所说的平均主义。比如舍己为人，不就是要行善者向受助者看齐？对那些以道德律令苛求爱愿的人来说，所谓有道德的爱愿，就是要行善者在均贫富的旗号下，在反“损不足以奉有余”的借口中，实现与受助者之间所谓的平等。但这不就是平均主义的社会乌托邦吗？在这样的道德绑架下，行善者与受助者的均齐，实在是混淆了平等与平均这两个截然不同的概念。

史铁生说：“平均主义的后果料必一大半中国人都还记得：平均绝难平均到全面富裕，只可能平均到一致的贫穷——就像赛跑，不可能大家跑得一样快，但可以让大家跑得一样慢。”[①]更可怕的是，平均主义还要以牺牲自由为代价。道理明摆着，“既不能平均到全面富裕，便只好把那些不听话的削头去足都码码齐，即便是码成一致的贫穷也在所不惜”[②]。这就是说，平均主义必然伴随着强制，同时还会以平等的名义迷惑世人。史铁生对此当然保持了足够的警惕，他区分平等与平均之间的差别，发现平均导致专制的隐秘逻辑，其实就是想说明爱愿的践行，实际上经常会因为人性的复杂而出现偏差。比如说行善者虽然心怀爱愿，但如果屈从于弱者的道德绑架之下，就会令爱愿蒙尘、善行作恶。这样的结果恐怕是心怀爱愿者也始料未及的吧。

---

① 史铁生:《病隙碎笔》第210页,陕西师范大学出版社,2002年。

② 史铁生:《病隙碎笔》第210页,陕西师范大学出版社,2002年。

（三）

从对爱愿践行的伦理追问开始，通过对道德偏见的勘察，发现平均主义的伦理陷阱，进而探讨人性对爱愿的影响，由是就开辟了史铁生的一个新的思想路径。在这当中，史铁生的思想方式，其实就是对爱愿践行所展开的一种现象观察，他所有的思辨与推演，都首先限定在人义论的范畴之内展开。由于爱愿必须付诸实践，那内在的宏博善念才能泽被世人，但实践的过程又总是会受制于人性的复杂，因此史铁生在人义论范畴内探讨爱愿，便具有了借爱愿践行去反观人性的思想价值。更为重要的是，通过对爱愿践行现实状况的考察，史铁生进一步阐明了神的不可替代。

在他看来，“惟人是不可替代神的，否则人性有恃无恐，其残缺与丑陋难免胡作非为”①。只有神才可以施行强制，给定世界的设定，比如人性的不完美，永在的差别和困苦，等等，都是由神的旨意所给定的，而这一切都是上帝向约伯的启示：“你休想篡改这个给定，你必须接受它。就连耶稣，就连佛祖，也不能篡改它。不能篡改它，而是在它之中来行那宏博的爱愿。”②

由此可见，爱愿的践行，并不能基于人义论的道德视角去妄加评判，因为它是神的旨意和安排，唯有在神的监督下践行爱愿，人类那含混驳杂的天性才有可能焕发出神性之光——爱愿也因此成了神对人不完

① 史铁生:《病隙碎笔》第210页,陕西师范大学出版社,2002年。
② 史铁生:《病隙碎笔》第210页,陕西师范大学出版社,2002年。

美的天性的补救，它因而是人类通达神性之境的一种途径与证明。因此可以说，爱愿即为信仰：人必须懂得，神之所以会给定一个不完美的世界，盖因有了这种残缺，他才会为爱愿的践行创造出充足的条件，否则完美之下，爱愿又有何存在的必要呢？毕竟爱愿就是人类追求完美世界的一个基本推动力。若是能领悟到神的这一恩典，人便能在践行爱愿中去克服天性的不足，因此信奉爱愿的践行，也就是信奉神意、承领神恩的信仰之途。而《病隙碎笔》之六也由此成了真正意义上的神性写作——这是因为史铁生不论如何勘察爱愿的践行，都能在复杂的人性中发现神的旨意与恩典，并进而将爱愿践行这一原本属于道德范畴的行善问题，提升到了追求信仰的神性之维。如此思想方式，怎能不激发起世人对于存在本身的渴慕和对上帝神恩的向往？

值得注意的是，在证明了爱愿本身的神性价值后，爱愿究竟依靠什么去践行却依然是个问题：一方面，就算人懂得了爱愿其实是神的安排，但爱愿的神性价值除了能够感召人们朝向信仰之途外，并不能保证爱愿本身的现实践行；另一方面，由于史铁生已经证明了唯道德论的危险，因此爱愿也就不能凭借人们的道德自觉去付诸实践了。如此一来，看上去人们要是想践行爱愿，便只能去寻求新的现实依靠了。而在史铁生看来，这一新的现实依靠就是法律。

在《病隙碎笔》之六中，有一个很重要的思想命题，即为法律和爱愿的关系问题。虽然史铁生明确地提出了法律保障爱愿的观点，但新的问题也会随之而来。因为他不是早就深切地体会到了法对人存在的遮蔽吗？① 那么为什么史铁生一方面批判法律对于存在的遮蔽与束缚，另一

---

① 参见本书第八章第三节的相关内容。

方面又格外强调法律对爱愿践行的保障呢？ 他说法律可以“弥补人性的残缺，监视和管束人性的丑陋”①，而且还坚持认为是爱愿催生了法律，这与他之前对法的看法难道不矛盾吗？

事实上，史铁生所说的法有两个概念。 如果说他在《兄弟》《设想》等作中对法律的反思与批判，是基于法对存在的遮蔽的话，那么这里的法指的就是具体的规章制度，它既是会遗忘人存在困境的冰冷的国家机器，也是法在完善过程中的存在常态。 至于《病隙碎笔》之六里所说的法，则更多地指向了一种以公平公正为原则的法理精神。 法的初衷本就是出自人的爱愿，并受神的监督，只不过由于人天性复杂，有时就难免会制订出很多与法律精神背道而驰的法律条文。 在现实社会中，这种结果违背初衷的悖论现象当然十分常见，否则，人类社会怎会在追求法律完善的道路上永不停歇？

史铁生说，法律的缘起，与人的尴尬能力大有关系。 在面对贫富不均的社会现实时，一个人若只是愤怒，那他就比尴尬还不如。 因为“尴尬是一种可贵的能力。 因为反躬自问是一切爱愿和思想的初萌”②。 比如面对不公，有的人只会愤怒埋怨，有的人却能感受到处境的尴尬，即不满于现实但又为自己的无能为力而感到尴尬。 如果是后一种情形，那么就不要逃避，“莫如由着它日日夜夜惊扰你的良知，质问你的信仰，激活你的思想；进退维谷之日正可能是别有洞天之时”③。 于是尴尬警醒良知、召唤变革，进而推动着人去改变不公。 就此而言，尴尬显然是一种十分可贵的能力。

① 史铁生:《病隙碎笔》第 212 页，陕西师范大学出版社，2002 年。
② 史铁生:《病隙碎笔》第 213 页，陕西师范大学出版社，2002 年。
③ 史铁生:《病隙碎笔》第 213 页，陕西师范大学出版社，2002 年。

当人心怀爱愿，在陷入尴尬并谋求变革时，法律便应运而生了——“法律，正就是爱愿于尴尬之后的一项思想成果。而且肯定，法律的每一次完善，都是爱愿几经尴尬之后的别开生面。”[①]其实，作为人的一种心理感受，尴尬正是人对自我存在困境的一种体察。这和软弱、恐惧、忧心等传统伦理眼中的“负面”情绪一样，都能在正视现实与理想的巨大反差中，去促进宏博爱愿的悄然践行。

在明确了法律对爱愿践行的保障之后，史铁生继续深入追问了一些相关的问题。比如法律虽然追求公正，但它并“不担保结果”，于是当“朱门酒肉臭，路有冻死骨”的事情发生时，法律该怎么办？史铁生说，苦难的发生并不是法律的结果，而是“法律或规则的起因”。出于对爱愿的践行，所以法律才会担负起化解苦难的责任。说到底，它其实是人类社会依据神命对于天赋人权的要求去践行爱愿的。因为神说：“人生而平等（不是平均）。生，乃人之首要的平等权利。”[②]基于这一不可违背的神的旨意，法律才会在面对苦难时，尽最大能力地去完善自己——毕竟“倘有穷到活不下去的人，必是法律或规则出了问题”[③]。

说到这里，史铁生的思想意图也呼之欲出：他肯定法律对爱愿践行的保障，其目的就是想说明神命难违。因为神命规定了人有生的权利，于是爱愿便要补救残缺，保障存在的完整。在此过程中，法律作为爱愿践行的保障，必然要以通过自我纠错和不断完善的方式，去应和那神的恩典！比如说，就算是一个懒人穷得活不下去，法律也该秉于爱愿，

---

① 史铁生:《病隙碎笔》第213页,陕西师范大学出版社,2002年。
② 史铁生:《病隙碎笔》第214页,陕西师范大学出版社,2002年。
③ 史铁生:《病隙碎笔》第214页,陕西师范大学出版社,2002年。

“白白送给他衣食住所”[1]。因为神绝不会背弃任何人，即便那个人早已背弃了神约与爱愿，但他依然能蒙受至大无外的光辉神恩。

由是观之，史铁生对爱愿践行的勘察，实际上包含了他多重的思想意图：其一自然是一种悲天悯人的人道主义诉求。这世上本就苦难深重，若是没有了爱愿的践行，那么人的残缺就更是无从弥补了。从这个角度看，史铁生丰厚博大的人道思想与济世情怀，委实具有一种可贵的现实意义。其二是神性价值的呼吁。我们说《病隙碎笔》是一部证明了神性的作品，其意正在暗指史铁生凭借神性写作，升华了包括法律在内的一系列的世俗价值。比如我们常以为法律是维护统治阶级的国家机器，但史铁生却以神命难违的天启，揭示了法律秉于爱愿和忠于神意的内在属性，从而将爱愿本身的存在价值进一步显明了出来。从这个角度看，《病隙碎笔》之六，无疑是一部在价值立场上与《务虚笔记》保持了高度一致的随笔作品。

① 史铁生:《病隙碎笔》第217页,陕西师范大学出版社,2002年。

第十一章

一、“我”在丁一

（一）

过了天命之年后，史铁生的健康状况依旧不容乐观，疾病正在一点一点地吞噬着他的身体。但这样的苦难同时也是一种恩赐，因为丰饶的苦难，必会结出思想的果实。2005年，继《务虚笔记》与《病隙碎笔》后，史铁生又出版了他的第二部、同时也是最后一部长篇小说《我的丁一之旅》。以上三部作品影响深远、备受好评，史铁生的名望也因此如日中天：他不仅屡获文坛大奖，而且还在读者的心目中，成为当代文坛一面高贵的精神旗帜。受90年代以来世俗化浪潮的严重冲击，中国文学曾一度被污名化。人文精神的缺失、功利主义的盛行，都让纯文学陷入了深深的低谷。所幸还有史铁生，若不是他扶轮问路，在深邃迷离的精神世界内执着探询，并因此发出了直面存在的天启之音的话，那么当代文学的历史地位恐怕还将直线坠落下去。

说起来也很耐人寻味，在中国文坛上总有那么一些作家，竭尽全力地想去做老百姓们的天命教导员，但因其思想的贫瘠和言说的姿态，时常会陷入无人喝彩的尴尬境地。相比之下，史铁生这位只想记录自己心魂漫游的写作者，却能在囚禁着残缺身体的小小轮椅上，凭借着对人生况味的体验和对存在奥秘的勘察，赢得了无数读者的心灵共鸣。个中缘由其实也不难理解，因为生活在一个信念缺失、精神浮躁的现实社会里，人们或多或少都会感觉到一些厌烦与倦怠——比如厌烦那追名逐利、蝇营狗苟的随波逐流，倦怠于欲望肆虐、沉迷声色的人云亦云，等等，所以渴慕一股思想清流，直面自我的存在处境，就成了很多人的一种潜意识心理。毫无疑问，人们盼望的这股思想清流，一定是能让人感觉到生命的博大与精神的振奋的，而史铁生恰恰是这为数不多的思想者之一。从这个角度看，史铁生的存在，可以说是一个世俗化时代里的空谷足音，他在中国文坛乃至社会范围内的声誉日隆也就不足为奇了。

2001 年 12 月，中国作家协会在北京召开了第六次全国代表大会。会上选举中国作协主席，史铁生所获票数，居然与文坛前辈巴金相差无几。此事再次证明了一点，那就是史铁生这位轮椅中的哲人，无论其作品还是人格魅力，都深受同行们的赞扬与推崇。2002 年，史铁生在他五十二岁的时候，又获得了一个备受关注的文学大奖——首届华语传媒文学大奖“终身成就奖”。颁奖典礼在广州举行。史铁生因为贫血极容易缺氧，有时甚至会觉得连气都喘不过来，可为了参加典礼，更重要的是为了不辜负同行们的美意，他坚持坐飞机到广州参加活动，并在上飞机的前一天，又特地去做了一次透析。

当颁奖典礼开始后，人们将史铁生连人带车抬上了舞台。他的出场自然是引起了人们的热烈反响。在密集而持久的掌声中，史铁生坐在舞台中央，稍感局促。虽说见惯了很多大场面，但那些掌声所代表的敬意与尊崇，仍旧让史铁生有些受宠若惊。实际上这样的经验对他来说并不陌生，因为每当他在写作之夜里奉献出自己的生命迷途时，就会引发读者的强烈共鸣，人们也因此会更加崇敬他，但对习惯了身处边缘的史铁生来说，同行和读者的厚爱却总像是上天额外的恩赐，常常令他感慨不已。

颁奖典礼的主持人是著名作家马原，正是他宣读了那份后来被广为人知的授奖辞:“史铁生是当代中国最令人敬佩的作家之一。他的写作与他的生命完全同构在了一起，在自己的‘写作之夜’，史铁生用残缺的身体，说出了最为健全而丰满的思想。他体验到的是生命的苦难，表达的却是存在的明朗和快乐，他睿智的言辞，照亮的反而是我们日益幽暗的内心。”相信在场的每一个人，都会认同这样的高度评价。时隔数年以后，当另一位著名作家贾平凹也获得了同一奖项时，他在致辞的开篇便提到了史铁生，并称因为能和他并列而感到惶恐。这显然不是贾平凹的谦抑之词，反倒可被视为是同代作家们对于史铁生的一种由衷敬意。

对史铁生来说，同行的肯定和推崇意义重大，他不顾病体，拼着老命去参加各种文学活动，其实多少都是怀着一些感激之情的。2005 年 4 月，第三届华语文学传媒大奖颁奖典礼在广州举办。这次得奖的作家有史铁生的好友林白，主办方征求林白的意见，问她希望由谁来颁奖，林白不假思索地说那当然是史铁生了，于是主办方出面邀请史铁生。但没想到这次差点酿成大祸。就在颁奖的前一天晚上，史铁生突然发烧，半夜去看了急诊。为了不让林白失望，史铁生第二天依然坚持去参加颁奖活动。林白紧张愧疚，深深为史铁生的病况感到担忧，史铁生却反过来安慰林白，说只是感冒发烧而已。但其实史铁生这次看急诊，是因为血液里钾的含量过高，高钾会引起细胞破裂和肌肉收缩，严重时就会导致心脏骤停。因此可以说，史铁生是冒着生命危险去给林白颁奖的。知道实情后，林白连忙抱了一捧百合花赶到水锥子去看望史铁生。那时在她的眼里，想必老史就是那个莫言所说的佛心似海的活菩萨了。

（二）

进入新世纪以后，似乎是为了因应中心消散、潮流隐匿的时代氛围，当代作家不仅在创作理念和价值立场方面异见迭出，而且也对早年那种同声相求、彼此呼应的流派意识愈发疏离——除了底层写作和网络文学等有限的几个文学潮流外，21 世纪的中国文坛较之以往，尤其是 80 年代的启蒙岁月和 90 年代的世俗化阶段，似乎更是缺少了一种整体性的文学思潮的统领，而当代文学也因此进入了一个真正的个人化写作时代。

身处在这样的一种文学环境内，史铁生依旧“抱残守缺”，他一如既往地不愿做天命的教导员，而是始终注目于自己的内心，凝视着那颗孤单行魂的黑夜漫游。只是这一次，从亚当之所辗转而来的永恒行魂，却在来到了一个名为丁一的人形之器后，遭遇了比《务虚笔记》里的那些人物更为复杂的存在难题。

从史铁生个人的创作历史来看，由于他自踏入文坛起，就将书写自我的心魂漫游视为写作的根本方向，因此在《我的丁一之旅》（以下简称《丁一》）这部长篇小说中，他仍然沿袭了此前创作中常见的心魂之思和想象之舞：举凡人对存在现状的体验、对存在本身的勘察，以及在此过程中心魂漫游所发生的身魂抵牾，等等，皆成了《丁一》的书写对象。值得注意的是，虽然这部作品在思想主题上仍属于此前创作的未竟之思，但它并不是简单重复《务虚笔记》里的存在命题，而是在解答《务虚笔记》等作中已多次涉及的“我是谁”“我从哪里来”以及“要到哪里去”等终极性的精神命题的同时，发现了人更为深邃复杂的存在景观。

与人物庞杂、线索繁多的《务虚笔记》相比，《丁一》的故事情节和叙事结构相对单一。标题取名为《我的丁一之旅》，亦即说明小说有两位主人公——“我”和丁一。但事实上，这却是一个两位一体的人物形象，“我”和丁一只不过分别代表了一个人的灵魂与肉体。更有意思的是，作家在叙述过程中，还会经常以“史铁生”的名义，介入这两位人物的灵肉冲突中去，于是也就经常出现人物三位一体的复杂情况。那么，小说中的“我”究竟是谁？丁一和史铁生这两个人物，又和“我”有着怎样的关系？更进一步说，这三个在作品中明明是分而述之的人物，又怎会构成一种三位一体的结构形式？

其实，史铁生对小说人物的设置安排，仍取决于他的灵肉二元论和生命轮回说：前者将人具化为灵魂与肉体这两个部分，于是灵与肉的冲突和妥协就成了一个人生命中内在的、固有的存在景观；而生命轮回说则强调心魂不死，虽然肉体可朽、意志可灭，但那颗居于人形之器或曰肉身之所的灵魂却能得到永生。不论是从肉身被迫迁移，还是主动遗弃，心魂都有着自在的漫游之旅。在作品中，“我”就是这颗孤单的永恒行魂；至于丁一，则是“我”偶然到过的人形之器——“所谓‘丁一’，即可入乡随俗认作我一度的姓名，亦可溯本求源，理解为我所经历的一段时期，经过的一处地域，经受的一种磨难抑或承受的一次负担。这么说吧，在我漫长或无尽的旅行中，到过的生命数不胜数，曾有一回是在丁一。”①

按说“我”作为一颗永恒的行魂，曾去过那么多的人形之器，真正做到了阅人无数，见识之广自是无与伦比，但“我”为何独独会对丁一之所念念不忘？以至于远在史铁生之际，“我”仍然要“张望时间之浩瀚，魂梦周游，常仿佛又处丁一”②？说到底，丁一之所比起别的人形之器，究竟有哪些特殊之处？否则“我”怎不去叙写王二之行或张三之途？可以猜想的是，这一切都是因为丁一异于常人，才能让“我”在百转千回的心魂漫游中驻足守望、恋恋不舍。但这又似乎不全系于情感，难道“我”不对王二或张三处有所思念吗？毕竟他们都是“我”曾到过的生命，都曾接纳和安置了这颗孤单的灵魂，但“我”为什么唯独忘不了丁一？在这当中，丁一必定以他的生命实践和存在勘察，触动了“我”这颗早已见惯生死、无视离别的永恒行魂。从这个角度看，丁一对于生命和存在等问题的认识，显然并不比“我”这颗看似洞察了存在

① 史铁生:《我的丁一之旅》第1页,人民文学出版社,2006年。

② 史铁生:《我的丁一之旅》第1页,人民文学出版社,2006年。

奥秘的心魂逊色多少。

但作品中的那个“史铁生”呢？“我”在丁一之所，跟写作之夜里的史铁生又有什么关系？ 事实上，虽然作品中这个叫史铁生的人物，仅仅是“我”目前栖居的肉身之所，但若无他为“我”提供庇佑的话，“我”还怎能在史铁生处张望丁一？ 问题就在于，如果“我”在史铁生处活得好好的，既无衣食之忧也无精神之虑，那“我”干吗还要费尽心思地去怀念丁一？ 怀念丁一，本身就说明了“我”在史铁生处遇到了无法解决的难题，于是借助丁一曾有的生命实践，去化解“我”在史铁生处的存在危局，就构成了这部作品一个十分重要的主题。

与此同时，小说里那个叫史铁生的人物，不仅因其个人的存在困境，屡屡促成了“我”的灵魂出窍（张望丁一），而且还为“我”的漫游之旅提供了一个可堪和丁一之所相比较的存在维度。 在怀念丁一、追忆往昔的叙事进程中，作品通过史铁生、“我”和丁一之间的对话辩难，存在的要义，或者说人该如何去活之类的哲学命题才有了着落——毕竟“我”所到的每一处人形之器，都曾在“我”这颗心魂的规劝和引导下，尝试了成功或是失败的人生之旅。 更重要的是，也只有将那些最具价值的生命实验参照比对，“我”才能越来越清楚生命与存在的奥秘。从这一点来看，史铁生并不仅仅是作为一位叙述者参与“我”和丁一之间的灵肉冲突的，他更渴望丁一的生命实践，以及“我”的价值指引能够为自己的现实生活提供参照。 因此可以说，《丁一》仍是一部史铁生基于个人生命体验之上的存在之问，蕴藉其中的心魂之思与想象之舞，既延续又拓宽了《务虚笔记》里那些深邃繁杂的思想主题。

(三)

在明确了“我”、丁一和史铁生三者的关系之后，小说的故事情节也就变得易于理解了。作为一颗行魂，“我”的旅途起点十分明确，那就是象征了存在原初和生命开端的伊甸乐园。与《务虚笔记》里那些来路不明、去向未知的各色人物相比，“我”知道自己从何而来这一点显然十分重要，因为它不仅塑造了“我”自觉的理性意识，而且还对“我”后来的丁一之旅意义非凡：当“我”辗转千回，在经历了无数个人形之器后偶然栖居于丁一时，“我”并未因为丁一天性中的愚顽莽撞而迷失方向，尽管他总是以惊世骇俗的戏剧实验去探索生命的诸多可能，有时也会因耽于肉欲而迷失自我，但“我”始终能不忘初心，总是秉有对伊甸乐园的怀念和向往，如是才能在和丁一共同生活的岁月里，不断地实践着自己作为一颗行魂所具有的对于肉身的引领作用。

在此过程中，丁一的生命实践也曾动摇过“我”的一些思想认识，但从整体上看，因为“我”深知“我”的来路必是归途，故而“我”对丁一的规劝和引导，就始终是朝着寻找夏娃、践行伊甸盟约的方向去的。因此可以说，“我”来自伊甸乐园，并且一度栖居于亚当之所的生命事实，依然推动作品故事情节不断向前发展的一个基本动力。那么，“我”究竟是怎样离开了伊甸的乐园，继而撞进了丁一的世界的？

在作品开篇的“引文与回想”一节中，史铁生首先交代了“我”的由来。和所有的生命一样，“我”来自于那至大无外的太初世界：“太初，上帝创造宇宙，大地混沌，没有秩序。怒涛澎湃的海洋被黑暗笼罩着。上帝的灵运行在水面上。……后来，上帝用地上的尘土造人。把生命的气吹进他的鼻孔，他就有了生命。”“归根结底我来自那里。生命，无不源于那时。”[①]由此可见，“我”是一缕受造的游魂，是生命的缘起，是存在的开端。在有了生命之后，上帝为“我”又造了一个合适的伴侣，并应允给我们福乐，让我们在伊甸的乐园里相依为命。这说明上帝的福音早在存在之初就已许下，只是后来沧海桑田、世易时移，世人在蝇营狗苟和怨天尤人中，已然遗忘了这最初的神恩。有鉴于此，“我”后来对丁一进行苦口婆心的劝说和引导，也就暗含了承领神恩和仰望上帝的价值立场。从这个角度说，“我”在丁一，实际上一直都肩负着传达神谕的伟大使命。

话说回来，当“我”得蒙神恩，和夏娃居于伊甸乐园之时，正是混沌初开、生命觉醒的美妙时刻。那园子里的平安喜乐，导致“我”和夏娃全然不知未来的分离。直到蛇出现以后，这样的生活才宣告结束。在蛇的诱惑下，“我”与夏娃初尝禁果，始知羞耻、继明善恶。上帝说，人若是能知羞耻辨善恶了，那么就会吃生命树的果子而永远活下去。于是上帝便把“我”和夏娃逐出了伊甸园。这时的我们，就分别以亚当和夏娃之名，“承诺了相互寻找”[②]。而“我”的心魂漫游也自此开始——为了践行这神圣的伊甸盟约，“我”以心流的形式生生相继，四处轮回。在此旅途中，“我”不仅苦寻着夏娃那缥缈的芳踪，更要极目张望她可能的居所。于是“在这漫长或无尽的旅途中”，“我”偶然来到了丁一。[③]

---

① 史铁生:《我的丁一之旅》第2页,人民文学出版社,2006年。

② 史铁生:《我的丁一之旅》第3页,人民文学出版社,2006年。

③ 参见史铁生:《我的丁一之旅》第3页,人民文学出版社,2006年。

值得注意的是，“我”和夏娃的分别，始于两片无花果叶对身体的遮蔽。这其实是一个复杂的隐喻，既意味着存在本身的隐匿，也标志着人性的堕落。因为在此之前，我们赤裸相对、坦荡无邪；但从此之后，存在的敞开也就转向了危险的遮蔽。无花果叶遮蔽的是什么呢？不只是性这一爱独具的语言，更是人对自由的向往。有了遮蔽，心魂便会隔绝，有了隔绝，就会相互歧视、仇恨和争斗，于是等级、权力、压迫和反抗便纷至沓来，从此人事相争、天无宁日。

等真正来到了丁一之所，“我”还得多一份愿念，那就是期待丁一尽快从懵懂无知的存在状态中醒来，只有等到他脱离混沌，有了自觉的理性意识和明确的价值观念后，“我”才能施展所长，监督和指引着丁一去完成寻找夏娃的任务，因为这正是“我”此行的一个重要目标。但对丁一而言，他并不理解爱情的本质就是寻找夏娃，于是“我”就得花很多时间去思考爱情问题。因此可以说，“我”和丁一之间的分歧，毋宁可被视为魂与身在思考和实践爱情时所产生的矛盾冲突。不过，正是由于有了寻找夏娃的这点念想，“我”才心生爱愿，于是一生二，二生三，三生无限，由寻找夏娃开始的这份爱愿，最终便点燃、照亮乃至澄明了丁一的人生旅程。

然而，事情的经过远非“我”所愿。因为丁一作为一个人形之器，他也有着属于自己的欲念和想法，再加上他性格莽撞、喜欢闯祸，因此对“我”来说，劝导丁一，让他明白寻找夏娃实乃人生之目标，就变成一件勉为其难的事情。比如这小子打小就好色，看见漂亮的姑娘就跟丢了魂似的。虽然“我”在丁一追求异性的过程中，也曾提醒过他对方并非夏娃，但欲念横生的丁一可管不了这么多。他一次次地付出感情、受到伤害，继而又被欲念牵着鼻子走。 说到底，丁一压根就没听进去“我”苦口婆心的劝导，因为对他来说，夏娃实在是一个虚无缥缈的影子，无论她居于何处，都抵不上眼前这些女孩的诱惑。

问题就在于，既然丁一如此的冥顽不灵，“我”为何还要在芸芸众器中对他青眼有加？ 虽说“我”是偶然来到了丁一，但此丁若是不堪调教，“我”大可拍拍屁股走人，何至于不厌其烦甚至是死乞白赖地要求他听从“我”的劝告？ 而这一切问题的答案，便全在于丁一特殊的禀赋和经历了。

二、丁一之旅

（一）

初到人间，丁一便禀赋已成。 他首先是一个天生的情种，用史铁生的话来说，这叫作“色欲天成”。 你看他其年尚幼，“童稚的双眸忽忽闪闪竟已在异性群中摸索、搜寻，瞧瞧这个，望望那个，似早有计议”。再长大些，此丁更是天性暴露，比如不愿洗澡时，母亲就喊来一个小姐姐共浴，小小的丁一“立刻心花怒放”。 若是换了男童，便“立即号啕，大呼上当”①。 那光景不由得让人想起贾宝玉。 而这样的一个天生情种，也是“我”之所以看中丁一的一个重要原因。 因为自打与夏娃分

① 史铁生:《我的丁一之旅》第24—25页,人民文学出版社,2006年。

离后，为了那相互寻找的承诺，“我”就非得筑居于一个情思敏感、心灵丰富的人形之器不可——否则，若是“我”误入歧途、所托非人，那么就会因人形之器的爱欲凋敝和情思沉荒，而耽误了寻找夏娃的漫游之旅。好在丁一多情善思、天性敏感，正好符合了“我”对人形之器的祈盼。

若说起来，“我”作为一颗行魂，可不是每次都能找到一个好的居所的。比如有几回“我”就误打误撞，进驻了猿体鱼身，从此便不幸尝尽了无情之苦。这些牲畜或攀缘吃睡，或随波逐流，除了让人心魂不宁外，实在是难以托付“我”寻找夏娃、回归伊甸的心魂漫游。至于人形之器可就大不相同了，因为在奥妙的生命造化之外，他还有游戏、娱乐、思想和审美，等等，真可谓是无所不能，故而也就是“上帝独一无二的造物”①。更何况在人形的芸芸众器中，丁一尤为特别。他不光是个情种，而且还诚实，虽然行事有些鲁莽愚顽，但与“我”之间却互不欺瞒。

较之天生有情，这一点同样重要。因为自从“我”离开伊甸乐园的那一刻起，就注定要陷入无花果叶所喻示的遮蔽之中。那深不可测、无穷无尽的遮蔽，阻碍的可不只是“我”对夏娃的张望，更影响了“我”和丁一对上帝神恩的仰望。在这样的一种状况下，如果身这一人形之器对“我”还要欺瞒哄骗的话，那“我”可真不知该如何去摆脱这被遮蔽的存在之困局了。比如在有的时候，身会打着寻找夏娃的旗号，暗地里干一番耻于明言的龌龊之事。可以想见，若是“我”不明就里，又怎能去实践自己引身向善的存在价值？因此选择一个诚实的人形之器，显然

① 史铁生：《我的丁一之旅》第5页，人民文学出版社，2006年。

和情思活泛同样重要。

当“我”来到丁一之后，史铁生所要做的一个重要工作，就是记录此丁那兜兜转转、起起伏伏的人生之旅。从一个天生情种对于异性的本能渴慕，到任凭欲望驱使展开的盲目追求，再到忿于世俗伦理、挑战道德偏见的爱情实验，直至明了了寻找夏娃的人生目标，丁一的人生之旅才在“我”这颗行魂的深度介入下，从蒙昧走进了自觉，从混乱趋向了明晰。这当然是一个成长小说的故事模式。只是和主人公童年受辱、少年远游和成年追梦的既有套路不同，史铁生在讲述丁一的成长故事时，特意将叙事重心放到了他对遮蔽的感受和反抗之上。

你看丁一初到人间，原本混沌懵懂，但无数次亲身经历的人生教训，尤其是那丰富的爱情体验，都让他逐渐感受到被遮蔽的痛苦。直至以戏剧实验的形式去反抗遮蔽，丁一方才走上了一条精神觉醒的成长之路。就此而言，《丁一》这部作品的成长故事，主要就是侧重于人物对自我存在的体察和对本真之在的向往。而在此过程中所发生的种种爱情故事，尤其成了丁一为实践寻找夏娃这一人生理想所必须经历的精神通道。在这当中，丁一如何体察到遮蔽的权力和被遮蔽的痛苦，实为他走向精神觉醒的一个分水岭。

其实，无处不在的遮蔽就始于童年。曾有一回，年幼的丁一光着屁股便走出了家门。他打量着这个新奇的世界，心里充满了说不出的愿念，那大概就是灵魂的本能吧，它必要在诱人的世界里给丁一安插上某种祈盼，可能是祈盼玩具，也可能是祈盼小姐妹，总之懵懂的丁一就这样走入了“陌生并似深藏奥秘的世界”。但他忽然听到了有个声音，那个声音柔声地笑话他：“看他呀，光着屁股站在街上！”继而有人肆无忌惮地拨弄他那“小小的萌芽”。幼年的丁一羞愧难当，他急急忙忙地用两手“将那萌芽悄然遮住”①。也就在这个时候，栖居于丁一之所的“我”蓦然想起了亚当和夏娃——丁一不就是亚当的轮回吗？或者更准确地说，当丁一感受到羞愧，体察到遮蔽的必须时，那也就是“我”意识到自己和丁一其实是两位一体的觉醒时刻。在此之前，“我”只是例行公事地等待着丁一从混沌中醒来，但此时此刻，“我”却从丁一遮蔽自己的本能举动中，忆起了亚当和夏娃，还有那“无遮无蔽”的伊甸乐园！

可千万别小看丁一遮挡自己的举动，因为这就是一个人生命启程的仪式。史铁生说，亚当和夏娃的标记是如此明显，为何又要遮蔽？这是因为当他们接受上帝的惩罚，被逐出伊甸乐园的同时，也承领了上帝的神恩：“不同，构筑起差别；遮蔽，呼唤着寻找；禁忌，隐喻了敞开；这样你们才可能成就一条魂牵梦动的道路。”②这就是说，当亚当和夏娃接受惩罚时，那遮蔽和原罪既带来了不绝如缕的苦难，也捎去了生命的万千消息：因为有了罪孽，人才会以赎罪的虔诚去面对生活；同样，有了遮蔽和禁忌，也就有了寻找的行为和敞开的愿念。而这一切，不就是生命的意义之所在吗？基于这一存在的现实，史铁生说遮蔽的仪式不容轻看：“蛇的泄密既已无可挽回，唯此严厉的惩罚与温柔的嘱托可以补救天地之豪情，续写生命之奥义。”③由此可见，遮蔽既是惩罚也是福气，它一方面让人陷入了存在的困境，但另一方面又给生命带来了意义。只是能否理解这上帝的恩典，就全看人的努力与造化了。

---

① 史铁生:《我的丁一之旅》第22页,人民文学出版社,2006年。
② 史铁生:《我的丁一之旅》第23页,人民文学出版社,2006年。
③ 史铁生:《我的丁一之旅》第23页,人民文学出版社,2006年。

(二)

丁一的人生之旅，其实是从遮蔽“萌芽”的那一刻真正展开的。当然，以他的年龄和阅历，恐怕还暂时体会不到这遮蔽同时也是神恩的道理，他所能感受到的，只有遮蔽的权力与危害。小的时候，虽然丁一从遮蔽身体中已经看到了心魂所受的限制，但这还不算完，等到长大，他还得面对各种残酷的“人间真相”的冲击——比如由阶级身份问题所导致的“我们”“你们”和“他们”之间的区别，就让丁一明白了在一个宏大的阶级名号下，原本性情各异、禀赋有别的群众，是如何被人以群分、物以类聚的。待等级既成，公义自是荡然无存。丁一对此百般不解，他的愤懑和无奈，无疑也反映了作家对于人性和政治问题的深入思考。

不过更有意味的是，在讲述了“人间真相”揭晓的遮蔽的危害后，丁一面对世上那些限制心魂自由的囚牢，并不像《务虚笔记》里的 Z 一般激烈决绝。Z 和丁一同样遭遇过类似的困境，但他因此走进了愤恨和征服他人的欲望。在愤怒的情绪中，在征服他人的欲望中，Z 似乎并未解除那些遮蔽了自己心魂的异己力量，反倒是在绝望抗争的道路上，完全被一幕幕屈辱的历史所控制——他身上那坚强不屈的“精神”，最终也摧毁了自己的情思与智慧，从而疏离、抗拒乃至遗忘了存在的本义。比如想象，在 Z 的心目中，做任何事都是为了征服与控制，至于生活的别样可能，包括那些经由想象所构筑起来的敞开的审美的生活空间，都已在他的现实人生中付之阙如。这是何等的悲哀！Z 早年因为阶级斗争选择了独立思考和顽强抗争，本是为了谋求生命的多重可能，但那份和阶级斗争相比换汤不换药的“抗争”精神，却让他离存在的本真越来越远。当Z奋起反抗，心中只剩下了仇恨时，其实他也就放弃了一个人成就美好生活的基本权利。从这一点上说，Z的抗争不仅徒劳，而且还充满了悲剧色彩。须知那丰富辽阔、变动不居的想象，可是人之为人的先决条件呀！

但你看丁一，他却与Z“大不一样”。同样是从以阶级为名的人群中走出，Z走得果敢决绝、目不斜视，丁一却走得拖泥带水、步步回头。这倒不是因为丁一还心存幻想，以为能回到“我们”的怀抱，而是由于那人群中还有漂亮的女生让他恋恋不舍，像穿着一身旧军装，“束腰耸胸”“短发齐耳”“丽质非凡”的秦娥①，对于丁一而言简直就是天仙下凡，他怎舍得像Z那样说走就走呢？于是这个天生的情种，满眼看到的都是美，满脑想到的都是情！与情和美相比，阶级名号与阶级身份在丁一眼中又何足道哉！不过这些东西在Z那里却是兹事体大，你不是因为“我”的成分问题不把“我”算进“我们”吗？那好，“我”便自绝于人民，独来独往，再也不想看见那些忽略了他和轻蔑着他的人了，除非有一天他可以居高临下地接受他们的仰望。所以Z是强者，而丁一只是个情种。

强者之强，在于敢挑战宿命，意志非凡且不计后果。但Z的抗争之途却以丧失想象、遗忘本真的异化为代价，仅凭这一点就可断言，强者在上帝的眼里无非是外强中干、不自量力的代名词而已。那么，作为情种的丁一，在走出人群后又当如何自处呢？对他来说，这似乎根本就不

① 参见史铁生:《我的丁一之旅》第43页,人民文学出版社,2006年。

是问题，因为那些遮蔽虽然令人恐惧，但心中有情，爱愿便在。有了爱愿，人还怎么会畏惧自己生命的迷途？于是当Z不可阻挡地走向愤恨之时，丁一会独处静思，一边惦记着漂亮的女孩，一边对着“我”这颗行魂发出穷根究底的天问：“大家本来都是好好的，为什么就会那样？”①是啊，人原本生而平等，但因为后天的种种遮蔽，却逐渐让等级显现、压迫剧增。在这样风声鹤唳、人人自危的关系中，爱愿还如何能够付诸实践？因为践行爱愿的环境已变得如此可怖，所以丁一才会对现实产生深深的疑虑，因此这其实是一种本于爱愿而产生的追问，当中自然是包含了丁一那幼稚却不失本真的价值诉求。

更为重要的是，因为心怀爱愿，所以丁一对于漂亮女孩的留恋，即便是还没进入寻找夏娃的阶段，都能同样在渴望爱情和憧憬未来的想象中，让自己的人生旅途多了无数可能。比如相对于Z的愤怒的目光，“丁一的情眸却是眺望得更为宽广，更为辽阔，更为痴迷或更为深重”②。两人之间的差别就在于，Z永远走不出自我的牢笼，他反抗歧视、抗争宿命，为的只是重获别人的认可，因此他早就陷入了狭隘偏激的“我执”之境；而丁一却不同，因为心怀爱愿，所以他向往着“她们”，继而不再“依恋着自己的一部分”③，于是这种对她们的想象与遥望，就会变成一种向往他者的存在态度。而寻找夏娃、承领神恩，不就是要人像亚伯拉罕那样，懂得了舍己，才能真正在向往他者的目光中，重新忆起那神圣的伊甸盟约吗？尽管丁一在此时还尚未领悟到这些道理，甚至还不知道“我”的那些规劝究竟意义何在，但向往他者的姿

① 史铁生:《我的丁一之旅》第50页,人民文学出版社,2006年。

② 史铁生:《我的丁一之旅》第51页,人民文学出版社,2006年。

③ 史铁生:《我的丁一之旅》第51页,人民文学出版社,2006年。

态，再加上丁一先天多情的禀赋，无疑能让他理解和接受心魂的引领。而从讲述Z的抗争，直到肯定丁一的爱愿，史铁生的心魂之路也越来越从人本主义走向了神性之维。

（三）

当丁一感受到了遮蔽的痛苦后，接下来他要做的事情，就是如何去抵抗和解除这种遮蔽。毫无疑问，作为一个天生的情种，丁一只会在他的爱情实践中去期待存在的敞开。而在最初的时候，丁一还没有从存在论的高度认识到遮蔽的危险，他以为爱情的受挫，只不过就是因为遮蔽限制了心魂，所以才会让自己和那些漂亮的姑娘擦肩而过。因此反抗遮蔽，就是丁一本于风流天性做出的一种自然选择。但即便如此，由于心中有情、爱愿蓬勃，故而丁一以沟通恋人心灵为目标的反抗遮蔽，也就具有了一种实践论意义上的存在价值。在此过程中，“我”这颗筑居于丁一之所的永恒心魂，一直都在发挥着劝诫和引导的作用。比如或以音乐作喻，启发丁一正确地看待死，又或拿欲望做话题，希望丁一能够分辨出欲望与爱情的区别。

对丁一来说，爱与死似乎已然成了他的宿命。因为不幸身患绝症，丁一不得不在风华正茂的年龄就要去面对死亡的阴影，又因为天生情种，丁一总是在不同的女性之间左右逢源。“我”跟丁一说，死并不可怕，你看那音乐从未停止，但音符已然过去，若丁一是音符，“我”便是音乐。音乐不死，唯有音符会凭空消逝。等到了生命终结，永远的行魂也要远离丁一时，“生命将分作两路：一路灰飞烟灭，一路与我同行”①。灰飞烟灭的不过是身体，而与“我”同行的则是爱愿。比如丁一那蓬蓬勃勃、无法遏制的欲望，若是皈依了爱愿，就会有了永恒的路途。这是何故？因为，“只有爱愿可以引导永远的寻觅（而无情无义不过是一缕自行封断的消息）”②。说得更具体一点，若是丁一能将自己对于异性的渴慕，从动物般的生命本能升华为爱愿的祈盼的话，那么他内在的精神和欲望，就会以爱愿的名义和“我”这颗行魂一起得到永生。那么，欲望本能又该当如何升华为爱愿呢？

其实，欲望的升华全系于那寻找夏娃的信仰。比如“我”自从在伊甸乐园和夏娃分离之后，就一刻也没有放弃对夏娃的寻找，因为“我”坚信夏娃就藏在“别人”之中，“我”所遇见的那些女性，都有可能是夏娃的居所。正是因为秉承了这一信仰，“我”的爱愿才能推动“我”辗转千回，在无数个人形之器里寻寻觅觅，张望夏娃那渺远的芳踪。同样，也正是因为有了这样的张望，爱愿也就让“我”的生命在寻找中有了价值——所谓的生命意义便于焉而起！既然如此，丁一何不效仿“我”的漫游之路，去摆脱那爱与死的纠缠？

为警醒丁一，不让他耽溺在欲望的本能里遗忘夏娃，“我”特地向丁一提出了三点警告：“第一，惟当你找到夏娃，你才能认出她不是别人，而此前她与别人毫无二致。第二，你不能靠展示上帝赋予你的信物去昭告她，不能滥用那独具的语言来试探她——就譬如，人是不可以试探神的！”“第三，丁一你听着：最终我们又必须靠这信物，靠这独具的语

① 史铁生:《我的丁一之旅》第68页,人民文学出版社,2006年。

② 史铁生:《我的丁一之旅》第68页,人民文学出版社,2006年。

言，来认定那伊甸的盟约！”[①]在这三点警告中，第一条明白无误，即夏娃必须依靠寻找才能发现，否则若只有渴慕的念想而无具体的行动的话，那么就压根分辨不出夏娃的居所。第二条紧承前规，告诫丁一在寻找夏娃的行动中，千万不可妄用“性”这一独具的语言。因为那“话儿”是爱的语言，是上帝的恩赐。若是拿来试探夏娃的居所，就会以滥用信物的罪名亵渎神恩。第三条则更为关键，因为只有凭借性这一信物，丁一和“我”才有望寻找到夏娃。

毫无疑问，这三点警告既是“我”对丁一任性妄为的劝诫，也隐含了灵魂对于人形之器（肉身）的某种宗教启示。缘何如此？盖因在“我”的丁一之旅中出现了世人皆要面对的身魂抵牾现象：“我”作为一个永恒的行魂，深知存在之意义全系于寻找夏娃，然而生性风流的丁一却只顾在欲望的驱使下鲁莽行事，因此“丁一看上了某一美轮美奂之身，而我却发现，其实那里面并无夏娃”[②]。“我”与丁一的这种貌合神离即为身魂抵牾。在史铁生看来，这种现象其实是人类存在的一种普遍境遇：自从被上帝赶出了伊甸园之后，我们每一位孤单的生命个体便成了“别人”，这种无处不在的“别人”，隔离、遮蔽和阻挠着“我”对夏娃的寻找。由于夏娃在被“我”找到之前“与别人毫无二致”，偏偏丁一这个人形之器又只爱那美轮美奂之身，因此身与魂的抵牾便在所难免。有鉴于此，“我”才会以魂的名义向身（丁一）告诫，告诫此丁可不要在欲壑难填中遗忘了“我”为何而来的生之意义。与此同时，寻找夏娃更不能滥用“性”这一上帝赋予的特殊信物，它只是牵引“我”寻

---

① 史铁生:《我的丁一之旅》第84页,人民文学出版社,2006年。
② 史铁生:《我的丁一之旅》第85页,人民文学出版社,2006年。

觅夏娃的“独具的语言”，因为伊甸的盟约，恰恰就存在于亚当和夏娃的两性相吸之中。由此可见，只有明白了“我”提出的这三点警告，丁一才能在“春风浩荡”的生命本能中，在流光溢彩的琳琅美器中，时刻牢记那神圣的伊甸盟约。

既然“我”已做出了警示，同时也尽力实践着自己的监督与引领之责，那么丁一对于夏娃的寻找就理当一帆风顺了吧？但事实上，这一过程仍然无比艰难。这是因为丁一虽然允诺了对夏娃的寻找，但那潜藏的生命本能和原始欲望，却让他屡屡行差踏错。甚至有时候，即便丁一已经明确知道了对方并非夏娃，却也要揣着明白装糊涂，将错就错，陷入肉欲的诱惑里欲罢不能。于是，丁一时不时地就会因为遗忘了伊甸的盟约而遭到“我”的指责。

这当然不能全怪丁一，此丁有一优点，那就是对“我”十分诚实，从不找借口去掩饰自己的小算盘。若是被“我”骂急了，丁一还会豪气顿生，脖子一横说：“我丁一就是丁一，丁一就这条件，哥儿们你瞧着办吧！”[①]是啊是啊，既然“我”选择了丁一，就不该过分苛求他。于是，默许丁一适度地去放纵自我，“我”不再像个道德家似的凭空指责，也就渐渐成了“我”和丁一之间的某种默契。更有意思的是，随着“我”和丁一这种不打不相识的交情日渐深厚，不再缚手缚脚的丁一反倒在抵抗遮蔽的道路上越走越远，并最终以戏剧形式所展开的心魂实验，触及生命意义、存在本真以及上帝神恩等一系列的思想命题。

① 史铁生:《我的丁一之旅》第20页,人民文学出版社,2006年。

三、空墙之夜

（一）

在丁一的人生旅途中，承受遮蔽、体验隔绝似乎一直是他难以承受的生命之痛。举凡政治、法律、道德、伦理等一系列强大的异己力量，都要在丁一之所耀武扬威一番。别的不说，单看道德伦理的歧视就够丁一无地彷徨了：年幼时因为光着身子遭人耻笑，长大后又因追求女性而背负过流氓的骂名，所有这些经历无不让丁一心情郁结、倍感压抑。其实，早在排演《空墙之夜》、以戏剧的名义去反抗遮蔽之前，丁一在“我”这颗行魂的启发和引领下，就已体察了遮蔽的无处不在。

在他看来，遮蔽并不是针对某人的偶发事件，而是人存在现状的一个基本遭遇。比如衣与墙这两样极为普通的东西，谁都离不开它的保护，但谁也逃不了它的遮蔽。衣遮蔽了裸体，墙阻隔了空间。在衣的包裹和墙的庇佑下，人们自欺欺人地以为这样就安全了，殊不知正是这最日常的物件，才最深地压抑了人对自由的向往。往深了看，衣与墙保护的是人的隐私，是“对别人之耳目的抵挡，对他人之心的防范”①。有了衣与墙，遮蔽也就成了一种常态。更可怕的是，人们其实很难弄清楚，到底是先有了衣与墙对裸体的遮蔽，继而才将遮蔽推而广之呢？还

① 史铁生:《我的丁一之旅》第89页,人民文学出版社,2006年。

是人心深处本就渴望遮蔽，于是才有了衣与墙？ 事实上，自亚当和夏娃在伊甸乐园用那两片无花果叶作遮挡起，衣与墙也就应运而生了——说起来正是人的羞耻之心方才造就了衣与墙。 由此可见，当人们在指责那些所谓的异己力量时，可千万别忘记了人是基于自己的要求和行动，才将最初的无花果叶变成现在的衣与墙的。 要是这么说的话，那么人心看起来本就渴望着遮蔽。

但这不就是罪吗？ 上帝不是早已做出了判决？ 亚当和夏娃不就是因为对遮蔽的渴望，方才被上帝逐出了伊甸乐园？ 因此可以说，人对遮蔽的渴望，实在是引发人心隔绝的罪魁祸首。 衣与墙，只不过不幸做了替罪羊而已。 不信你瞧，当一男一女在四顾无人处野合时，无衣无墙不也可以“偷欢”吗？ 由此可见衣与墙并非关键，关键的或者说“必需的只是遮蔽”①。

既然遮蔽源自人心，而且已然成了人类的一种集体无意识，那么抵抗遮蔽、破除阻隔，进而在别人的遮蔽中去寻找夏娃，岂不是就变成一件无比困难的任务吗？ 可这还不算完，史铁生进一步说，就算是去除了衣与墙，遮蔽仍然难以消除。 比如“裸体之衣”。 在法国思想家罗兰·巴特看来，裸体有时也能为衣。 且看那一丝不挂的裸舞者，不就是以舞蹈或艺术之名，遮蔽了她的赤裸吗？“她以独具的姿态而为舞者，以特立的心情而行其艺术，从而脱俗，从而非凡，不再是光着屁股。 因为剧场这独具的形式，因有舞台、灯光、布景、道具所强调的规则，故令观众忘乎寻常，进入审美，自然而然或不得不承认了她舞者的身份，承认其‘裸体之衣’。”若是有的观众不承认这规则，以为她还光着屁股，那就

① 史铁生:《我的丁一之旅》第 89 页,人民文学出版社,2006 年。

是违背了规则，裸露出了自己的邪念，于是并非舞者，而是你自己“赤裸无衣”[①]！同样，要是步入一个天体浴场，人人都一丝不挂，唯独你衣冠楚楚，那么真计较起来，穿衣之人才是无视规则的搅局者，是浴场中不折不扣的异己之在。

叙述至此，史铁生关于遮蔽的思想已十分明显了，那就是：“问题不在于你穿或没穿，而在于你是否像别人一样穿或没穿，在于你能否服从规则，遵守公约，能否从众，以及能否藏进别人。”[②]又是别人！那无明确所指又无处不在的别人，其实既是制定规则，将人类遮蔽自己的集体无意识进行合法化处理的一个庞大群体，也是阻挠心魂自由、隐藏夏娃的罪恶元凶。因为要满足遮蔽的愿望，于是别人制定法律规范和道德伦理，甚至是要用暴力去强迫他人对遮蔽的遵从。在这种局面下，只有藏进别人才会平安。所以从伊甸乐园里被迁徙流放的夏娃，就一定会躲在某个别人之中。令人焦虑的是，为了安全，夏娃也同样会人云亦云，至少在外观、神态、谈吐、行动中都会表现得与别人一样，如是自会大大增加“我”和丁一寻找的难度。面对困难，“我”这颗心魂真可谓是忧心忡忡：“墙为何物？衣自何来？夏娃呀，咱怎会落到这步田地？怎会如此地害怕了赤裸，如此地相互躲藏？”[③]

所幸还有丁一！与“我”这颗充满智慧和人生阅历的行魂相比，丁一只不过是一个愚顽憨直的天生情种，他虽然明白寻找夏娃才是人生正途，但寻花问柳、浪荡洒脱的日子却同样令人留恋，因此丁一不大可能像“我”那样，从哲学和神学的角度去理解遮蔽问题。对他来说，只要

① 史铁生:《我的丁一之旅》第89—91页,人民文学出版社,2006年。

② 史铁生:《我的丁一之旅》第90页,人民文学出版社,2006年。

③ 史铁生:《我的丁一之旅》第91页,人民文学出版社,2006年。

是有什么东西隔绝了自己与恋人之间的心魂交流，那么这些障碍就都成了亟须拆解的衣与墙。换句话说，姑且不论丁一的目的是否符合“我”的价值观，但至少从反抗遮蔽的角度看，丁一与“我”绝对算得上是同仇敌忾。而且他的方式也不像“我”，“我”除了用议论、抒情和思辨去发现遮蔽与人性的关联外，就似乎再也拿不出什么行之有效的办法了。可丁一却大不相同，因为他从骨子里便是一个诗人和梦想家。他热爱戏剧、擅于表演，渴望在心魂的黑夜漫游中，冲破那遮蔽的重重阻隔。而这种反抗的方式，其关键之处即在于想象。

当遮蔽演变为包装，人性堕落为虚伪，丁一与“我”，就有了反抗遮蔽的渴望。但反抗遮蔽的道路既阻且长，人性的复杂常常会让这种反抗无疾而终。于是丢掉简单的价值吁求，凭借奇崛瑰丽的想象去达成目标，就成了丁一与“我”的主要选择。事实上，也只有在想象中，丁一与“我”才能穿透所有衣与墙的阻隔，想象那锦衣玉服或衣衫褴褛内的蓬勃肉体，召唤那拘谨之身或浪荡之躯内的鲜活心魂。在此过程中，想象不仅可以照亮那一切被遮蔽的事物，而且还必将把人带出循规蹈矩、亦步亦趋的僵死生活，并由此走向心灵的自由。出于这样的一种爱愿，丁一终于写下了剧本《空墙之夜》。

（二）

《空墙之夜》的诞生，源于丁一对现实爱情的不满。由于在和异性交往的过程中，他感受到了太多的遮蔽，故而才会心生爱愿，希望通过解除遮蔽去实现心魂的敞开。日有所思于是夜有所梦，丁一乱梦纷纭，梦见了一个无墙之夜：梦中的“我”漫步街道，踽踽独行，举目所及触手可见，皆是城市里那绵延不绝的墙。待到月出云雾、叶影斑驳时，围墙又倏忽不见。放眼望去，人们在空墙透壁下好像什么也没有察觉，个个安之若素、自行其是，于是“我”就看遍了芸芸众生的世相百态。正在漫无目的间，一个悠然沐浴的女子映入了“我”的眼帘，她神态平和、举止优雅，莫非这就是夏娃？当“我”心猿意马、魂不守舍之际，那女子却因邮递员的到访而赶紧穿衣，等她开门时，已经衣冠楚楚，成了一个躲进别人身体里的夏娃！

梦醒后的丁一怔忡不已，也许他还没意识到这个梦的寓言。他只知道，在梦里，在戏剧中，他竟然从芸芸众器中望见了夏娃。于是丁一把这梦讲给了自己的女友秦娥听，秦娥立刻建议丁一“搞戏剧”，她说：“戏剧其实就是梦啊！”[①]有了梦想就会有戏剧，而有了戏剧就能冲出现实，戏剧扩展现实、敞开心魂，终将会带来遮蔽的解除和心灵的自由！既然如此，为什么不去写一部剧本，演一出戏剧呢？在秦娥的鼓励下，丁一如神灵附体般文思泉涌，于是《空墙之夜》也就应运而生了。

按丁一的构思，剧本首先要从人物的漫游开始。这种漫游起初并非心魂的徜徉，而是肉身的流浪。空有躯壳的“我”应该是饱受了遮蔽之苦，否则就不会如行尸走肉般六神无主。在无魂的漫游中，“我”面对着一堵堵墙的阻隔，竭尽所能地想象着墙后所发生的一切。然而，正所谓知难行易，即使“我”能想象到墙后的人们的生活，但要想走进他们却难如登天。通常所说的“我们的世界”“同在一片蓝天下”，等等，实在是些无稽之谈，因为每个人所走的路都不相同，“有些曲曲折折偶尔相

---

① 史铁生:《我的丁一之旅》第215页,人民文学出版社,2006年。

交，有些纠纠缠缠若即若离，有些南辕北辙老死不相往来”[①]。看上去“我”离隔壁很近，但事实上却远如天涯。在这里，丁一其实是将墙所代表的遮蔽具体到人与人之间的理解问题，并由此引申出人的存在现状即为隔膜。这种隔膜有时有形，有时又无形。比如墙可以拆掉，但人心之间的距离并不会因此而有所拉近。丁一设想用一处无墙的民居或住宅楼为舞台，里面的居民“对墙的消失一无觉察”，但“空墙之壁”却无处不在！[②]你看那些居民，虽然觉察不到墙的消失，但心里有墙便处处遮蔽，这一点从他们的神情举止上就能反映出来：神情自若者是因为自感处在墙的保护之下，所以心安理得；而神情骤变者则是因为意识到要越墙而出的话，就得穿戴整齐、笑脸迎人。这近乎虚伪的人格表演，怎能不印证空墙之壁的如影随形？

戏剧的精妙，可不全在于剧本里的想象，演员的表演才是灵魂。为将《空墙之夜》里反抗遮蔽、祈求自由的主题表达出来，丁一动员秦娥和他一起出演。曾经设想过的居民楼或住宅不切实际，于是舞台就用一间搬空的客厅，地面漆成红、蓝、白三块区域，不同颜色的连接处即是墙。白色区域是观众席，也代表着街道，实际上只有吕萨这一位观众。她虽在剧情之外，但仍在戏剧之中，因为按丁一的设想，观众就是表演者的想象资源，或者更确切地说，吕萨是作为一名潜在的表演者而存在的。

演出开始了：“秦娥表演一个丁一所向往的女子，丁一则扮作秦娥所

---

① 史铁生:《我的丁一之旅》第293—294页,人民文学出版社,2006年。

② 参见史铁生:《我的丁一之旅》第295页,人民文学出版社,2006年。

期待的某一男人。”[①]他们的任务，就是要让因遮蔽而来的眺望、窥视和寻找消失。由于无处不在的遮蔽，男人和女人之间曾一度以上述方式想走近对方，但无壁之墙的存在，却让这种走近，永远都只能固化为一种眺望的姿态，于是丁一要变，他要让男人和女人成为彼此的梦境，让距离消失在梦中，让遮蔽消隐于想象。

剧中的男女隔墙而坐，近在咫尺却远在天涯。当夜晚来临时，男人的想象穿透墙壁，墙已形同虚设。男人穿过空墙走向女人，在爱抚中悄然化解了横亘在两人之间的一切遮蔽。这当然只是空墙之夜里的梦，但梦中的丁一和秦娥，却能在倾诉衷肠时让彼此的爱愿逐渐显明。比如他们从多年以前的相遇，谈到远在伊甸的那个最初的家园，而曾经走过的亚当和夏娃之所，也就在这样一场充满记忆与想象的对话中愈发清晰了起来。于是乎“夜风欷歔如歌，月光曼妙如舞”，在这空墙之夜，梦中的情侣终于践行了那互相寻找的伊甸盟约：“我，就是你终生的秘悟；你，便是我永久的凭据……”[②]

可是，遮蔽人心的阻碍都消除了吗？空墙之夜没有了墙，不还有衣吗？衣即是墙，若不脱去衣服，遮蔽怎能彻底消除？面对这一问题，丁一和秦娥又大胆提出了一个新的理论，那就是相对于“裸体之衣”的“着衣之裸”。只要心魂敞开，衣也阻挡不了心魂的相遇。但丁一和秦娥的这番高论却没能说服吕萨，因为按照这一逻辑，那墙也无须拆除呀，只要心魂敞开，墙不也和衣一样都可忽略不计？但另一方面，衣与墙若真的可有可无，那为什么人根本无法承受它们所带来的阻隔与遮

---

① 史铁生:《我的丁一之旅》第324页,人民文学出版社,2006年。

② 史铁生:《我的丁一之旅》第329页,人民文学出版社,2006年。

蔽？ 这么说来，丁一和秦娥的理论听上去就更像是一种诡辩了。 好在还有吕萨，她虽是观众，却洞察了一切。 她隐隐觉得，这个空墙之夜之所以有点名不副实，盖因自己并未介入戏剧。 全都是因为有个旁观者，所以“黑夜不能深沉，戏剧不能扩展，约定的平安依旧遭受着现实的威胁”[①]。

（三）

既然黑夜需要深沉、戏剧需要扩展，因此仅凭丁一和秦娥这两个人的表演就显然有些捉襟见肘了，好在还有一位悟性绝佳的吕萨。 作为一名旁观者，吕萨敏锐地洞见了丁一的思想意图，她深知如果自己不介入剧情的话，那么即使是“着衣之裸”也仍然只是“不裸之衣”。 于是在和丁一进行了深入的交流之后，吕萨便毅然决然地加入了《空墙之夜》的演出。

在这“三个人的戏剧”中，表演者对于自由和爱这一戏剧主题虽然都有着深入的理解，但大幕开启之际却总是有些畏缩不前。 比如三个人分别占据了舞台上的红、蓝、白三色地，偶尔会进行一些无关痛痒的问答，气氛也因此变得紧张。 而时断时续的对话与沉默，让丁一、秦娥和吕萨格外小心，谁也不敢率先越雷池半步，于是那森严的墙壁就依然故我，遮身的衣物便仍旧隔膜。 很显然，这种尴尬的场景和时间的延宕绝非丁一所愿，但他又能做些什么呢？ 须知吕萨的加入虽系自愿，但丁一难道就没有一点觊觎吕萨之美色的私心吗？ 事实上，正因为吕萨是秦汉

---

① 史铁生:《我的丁一之旅》第 330 页,人民文学出版社,2006 年。

的女友，而丁一和秦娥又是一对，所以吕萨的加入就多少有了一丝伦理学意义上的禁忌意味——毕竟在之后的表演中，脱去衣物才是冲破遮蔽的最后武器，因此可以说，吕萨以其特殊身份加入戏剧表演中来，本身就为人物的存在带来了新的遮蔽。

但伦理禁忌不也是戏剧所欲拆除的衣与墙吗？ 在真正的空墙之夜，最需要的就是人物敢于追求自由的勇气。 相较之下，吕萨在这一点上真可谓是举足轻重。 当“脱”的指令下达时，三人犹豫忐忑、磨磨蹭蹭，只有吕萨率先站了出来。 当她“英勇地走进月光”里，袒露出自己健美的躯体时，丁一和秦娥也深受感召，于是在无墙之壁的环绕下，在赤裸躯体的袒露中，三个人内在的心魂开始昂扬荡漾，黑夜的宣言也倏然降临：“我们就是那万古不息的行魂，在这不尽的行途中相互寻找着的——亚当与夏娃！”[①]就此而言，吕萨实在是一位有着自觉表演意识的存在艺术家，若不是她勇于垂范，这三人怎能在空墙之夜里真正进入自由之境？

在戏剧独有的自由之境中，爱的自由是一切自由之根本。 由于小说在叙事走向上完全遵循了亚当寻找夏娃的情节模式，因此爱情就成了主人公丁一最为关注的问题。 在他看来，爱情所受的遮蔽重重叠叠、难以敞开，其中既有道德伦理的价值规范，也有法律条文的行为制约，那种只限于一对一和异性之间的世俗爱情，完全遮蔽了爱的自由。 于是丁一便试图通过戏剧去追求这爱的自由，他对于奇迹和梦想的坚持，对于爱情的激进实验，无一不蕴藉了他对存在本真的向往和对伊甸盟约的践行。 虽然其出发点有时也难免会系于欲望，但爱的自由实验，却是亚当

---

① 史铁生:《我的丁一之旅》第338页,人民文学出版社,2006年。

从“别人”处去辨认夏娃的唯一途径。可以设想，人若是屈从于道德伦理和法律条文的局限，还怎能放飞心魂，让自己在黑夜的漫游中去寻觅那夏娃缥缈的芳踪？就此而言，丁一的戏剧实验看似惊世骇俗和有悖常理，但它却有助于人以爱的自由的方式，去实现存在的本真与自由。

不过耐人寻味的是，尽管丁一的戏剧实验很有意义，但这一切却都不是现实。更具体地说，无论梦境还是戏剧，都是丁一因现实无力承载梦想而制造出来的移情之地。因此当戏剧结束，遮蔽依然存在，夏娃仍旧难寻。由于女儿上学需要一个合法的身份，再加上秦娥自己也想要过一种正常的生活，因此她最终选择了退出。对于秦娥向现实的妥协和退让，丁一自然是激烈反对，但他对秦娥的要求，不也违背了自己倡导的尊重和自由原则吗？因此当理想破灭、戏剧落幕之时，丁一才发现自己的一切抗争都终归徒劳，他也在旧病复发中离开了人世。

小说结尾的时候，随着丁一的离世，“我”这颗孤单的行魂也脱壳而去：“如同水在沙中嘶喊，或风自魂中吹拂，虚无缥缈间那一点心识——不死如我。轻轻地飘摇，浮游，浪动，轻轻地漫展或玄想。”[①]毫无疑问，这是“我”回归苍茫之水、空冥之在的别离时刻，当戏剧表演已经落幕，当存在本真已经澄明，“我”也完成了自己在丁一之所的神圣使命，那就是心魂对身体的引领，爱愿对欲望的征服。回想初到丁一之时，那丁浑浑噩噩、无所适从，待到和这个世界告别之时，他已上下求索、勇敢践行了一番生命的要义。因此可以说，虽然丁一的人生之旅因其理想的不可实现而深具悲剧意味，但谁能说这样明知不可为而为之的存在勇气，就不是人类承领神恩、表达爱愿的一种生命形式呢？

---

① 史铁生:《我的丁一之旅》第427页,人民文学出版社,2006年。

综上所述，《我的丁一之旅》其实是一部有关人物精神觉醒的成长小说。在“我”这颗孤单行魂的引导下，丁一从一个生性风流的天生情种，逐渐成长为一个存在的艺术家。他试图以戏剧和梦想去触碰本真之在，进而以践行爱愿的方式重返伊甸乐园。虽说这一切艺术行为看上去多少都有些脱离现实，但丁一的戏剧实验，以及他本人的生命轨迹，却依然有着警醒人心的存在价值。

四、让“死”活下去

（一）

对很多人来说，2010年12月30日，只不过是日常生活中的普通一瞬，但在史铁生处，这一天却因死神的来临，从而成了一个意义非凡的节日——因为史铁生说过，死亡其实是另一个节日的开始。确乎如此，如果回想起史铁生在他大半辈子里应对死亡的过程，人们就绝难否认那生命轮回、心识不死的坚强信念，实际上不仅成了他慰藉自己存在危机的精神依据，而且还以其面向未知的伟大猜想，无限延展了生命的厚度与长度。若是回想起六十年前那颗永恒行魂初到史铁生的情景，恐怕没有多少人会料到这一回的灵魂之旅，竟会在磕磕绊绊、且战且退中走出如此辉煌的存在景观。不过话说回来，虽然灵魂不死、精神永在，但史铁生这座饱经患难的人形之器的毁坏，却仍然会让那些热爱他的读者悲痛不已——2010 年 12 月 30 日这一天，也因为史铁生的离去而变成一个值得铭记的日子。

其实，就在史铁生离世的四天前，也就是 12 月 26 日，几个清华附中的发小就集中在史铁生家，给他提前庆祝了生日。事后回想起来，这次不同寻常的生日聚会，竟似有着某种提前告别的意味。当日下午 6 点，陈冲、张铁良、庞沄和马迅四位老友一起去探望史铁生，一进家门，史铁生便调侃道："你们又向活体告别来啦？！"①为了这次聚会，陈希米精心准备了可口的菜肴，史铁生则卧床养精蓄锐了很久。开席后老友们天南海北地神侃，尤其是史铁生谈玄说鬼，似乎预知了死亡的即将到来。就在这次聚会的四天之后，史铁生突发脑溢血，并于第二天离开了人世……

30 日上午 9 点的时候，同住一个小区的邻居王耀平给史铁生发短信，说要过来看望他，史铁生愉快地答应了。两人见面后聊了一个多小时，快到 11 点的时候，史铁生便像往常一样准备去医院做透析，王耀平就此告辞，离开之际史铁生看上去也一切如常。透析快结束时，妹妹史岚赶到医院来接史铁生，途中还买了几个包子，但史铁生没有一点胃口，只是无精打采地躺在透析室的床上。史岚坐在床边，兄妹俩有一句没一句地闲聊。这时史铁生感到头疼，看看时间，离透析结束还有几分钟，但因为实在是过于难受，只好提前结束了治疗。在回家的路上，史岚和司机搭话，史铁生却一声不吭，待到家之后便发现情况不妙了。此时陈希米还没回来，史岚问了问尚算清醒的史铁生的意见，立刻叫来了

① 庞沄:《最后的聚会》,《生命——民间记忆史铁生》第 264 页,中国对外翻译出版有限公司,2012 年。

120 急救车送往朝阳医院。 此时的史铁生依旧坚强，他硬撑着告诉妹妹，如果到医院后自己已经神志不清，应该如何向医生介绍自己的病情。 到了晚上 6 点左右，史铁生脸色苍白，开始进入了昏迷状态。

而此时尚在回家途中的陈希米还不知道发生了什么，她骑着一辆电动车，在寒风呼啸、冰冷彻骨的路上艰难前行。 当亲眼看见一辆 120 急救车从身边经过时，陈希米还寻思谁家这么不幸，在这样的鬼天气出事。 孰料一语成谶，待她一进入小区，便看到了那辆救护车正停在自家门口。 这时的史铁生已经被抬上了车，陈希米赶忙凑过去，问史铁生想要说什么，虽然已经陷入昏迷，但史铁生仍口齿清楚地说“我没事”。

120 急救车将史铁生送到了朝阳医院，经过医生的仔细检查，史铁生被诊断为“突发脑溢血”。 得知消息的各路亲朋好友开始忙碌了起来。 远在美国的孙立哲力主马上做开颅手术，尽一切可能挽救史铁生的生命。 但陈希米根据史铁生的病情，在极度痛苦的情况下毅然决然地做出了放弃治疗的决定。 孙立哲虽然也很清楚陈希米的决定，但就是无法从感情上接受史铁生即将不在的事实。 他群发了一条求救短信给所有的插队旧友：“我的终生挚友著名作家史铁生，因急性脑硬膜下出血现在朝阳医院抢救室，目前大约有 50 毫升积血、中线移位、昏迷，随时可能发生脑疝。 看来需要紧急钻孔（或微穿刺等）引流减压或许尚有一线希望。 我现在在美国，希望你们即刻关注。 不胜感谢！ 立哲拜托！”① 短信发出后，国内脑外科顶级权威凌峰教授立刻赶到了朝阳医院。 经过检查，凌峰无奈地宣布史铁生已经失去了手术的必要。

① 何东:《弦断之夜》,《生命——民间记忆史铁生》第 61 页，中国对外翻译出版有限公司，2012 年。

按照史铁生的意愿，死后要进行遗体捐献。而朝阳医院并不具备这样的条件，于是史铁生又被转送到了宣武医院。在宣武医院，陈希米完成了一系列的捐献手续。到凌晨两点时，由于宣武医院也不具备器官移植资质和手术设备条件，因此史铁生又需要转院。在此期间，谁都知道这样的奔波对于病危的史铁生来说无异于一场折磨，但出于对史铁生意愿的尊重，人们还是强忍着心中的巨大悲痛，将史铁生转到了武警总医院。

12 月 31 日凌晨 3 点 46 分，史铁生因突发性脑溢血在北京武警总医院逝世。史铁生生前认为“最拿得出手”的两张角膜并没有得到采用，除此之外，所有能用的器官都实现了捐献，即使是他认为功能比较弱的肝脏，也与天津的一位受赠者配型成功。大约九个小时后，肝脏移植手术成功。而史铁生的腰椎则被切开，用于医学研究。随着器官捐献的完成，史铁生的生命也以另一种形式在“别人”那里得到了延续。

（二）

当史铁生离世的消息传开后，不论是官方的作协组织，还是民间的文学团体，都自发地开展了很多悼念活动。在这当中，尽管有很多著名作家都发表了对史铁生的高度评价，但若是以知人论世的贴切性而言，则无疑要首推陈希米的力作《让“死”活下去》了。该书是希米为悼念亡夫而推出的随笔著作，因其思想的宏博和情感的丰赡，庶几可被视为是一部感人肺腑的“恋人絮语”。拙文《恋人絮语或一个解构主义的文本——评陈希米的〈让‘死’活下去〉》曾以陈希米的这部作品为对象，讨论了这位史铁生的夏娃，究竟是怎样叙述了史铁生的离去与永在。为使读者更进一步了解这本书，兹将拙文摘录如下：

“作为一位思想者，史铁生倾其一生，都在叩询生命与死亡这一‘熟而又熟却又万古难灭的问题’。对他而言，死虽然‘是一件不必急于求成的事’，但‘未知死，焉知生’的生命欲求，却让史铁生在他的‘写作之夜’里，一遍又一遍地追问着‘向死而生’的价值困惑。他几乎从不讳言自己的精神痛苦和信仰危机，不仅在写作中记述着存在的残缺与苦难，而且也通过考量生命价值的思想方式，向世人呈现了自我灵魂的无尽迷途：从1983年的《我的遥远的清平湾》到1997年的《务虚笔记》，再到2006年的《我的丁一之旅》，史铁生的生死之辩几乎贯穿了他全部的创作历程。然而，这一用写作去提前经历死亡的生活方式，却终于在2010年的岁末戛然而止。史铁生的离世，不仅终止了当代文学中最摄人心魄的神性写作，而且也令世人对他灵魂之旅的关注，从此愈发显得歧路频频。所幸还有陈希米这位睿智的女性——作为史铁生的妻子，陈希米接续了史铁生生前最为基本的思想理路，她在直面死亡的切己创痛中，将那些熔铸了万种柔情的理性思辨汇聚笔端，从而完成了《让‘死’活下去》这样一部可堪回味的动人之作。

“与那些感念故人、追忆往昔的散文创作不同，陈希米在《让‘死’活下去》这部作品中，并不执持于对夫妻之间生活琐事的深情追忆。她的方式，就是用空诸依傍式的自由文体，以释放心魂之思的方式去展开想象之舞。而通过触摸那些隐约迷离的生命印痕，打捞似有若无的记忆碎片，陈希米最终让这部作品超越了怀人散文的狭小格局，召唤并构筑起了她与史铁生共有的一段生命历史。尽管这一写法在形式上散乱不羁，但因其固执于对在世生命的纹理描画和对死亡命题的不懈探询，故而才能恰切表达作者在丈夫离世之后的生之迷惘与思之绵延：由感怀亡夫到生死迷乱，再至死中求活的写作历程，恰恰铺陈了陈希米在直面命运悲剧之后的思想轨迹。有鉴于此，若能阐明陈希米在这部作品中与亡夫之间跨越时空的精神对话，当能明了一个人的生命印痕究竟如何沉潜于另外一人的生活世界，以及这部作品对于理解史铁生又有着怎样的借鉴价值。

“从表面上看，《让‘死’活下去》仅仅是陈希米献给亡夫的一部‘恋人絮语’：那些低沉婉转的喁喁情话，悲恸欲绝的生命祈求，以及直面死亡的内心呼号，莫不印证着陈希米对于史铁生的怀念之情。不过值得注意的是，陈希米对于自我情绪的抒发与叙写，尽管起步于史铁生独有的生命哲学，但随着这些情绪的理性升华，却在一定程度上解构了史铁生的生死之辩。那么，在这部恋人絮语或一个解构主义者的文本中，陈希米究竟是如何凭借着自己的理性思辨，在升华心中爱欲与温情的迷茫时刻，试图走出史铁生的生命哲学？

“如果仅以这部作品的题目而论，让‘死’活下去显然是一个有悖于史铁生生死观的逆反式命题。因为在史铁生那里，‘我死了’其实是一件不可能的事，‘此言若非畅想，就一定是气话，现实中绝没有这回事。’至于‘你死了’也不确切，相较之下，唯有‘他死了’才真实存在。对于史铁生而言，‘我’其实就是一个永恒的行魂，它辗转千回，徜徉于数不尽的人形之器中，史铁生于‘我’，只不过是永恒灵魂的暂驻地。在经历了无数的生命轮回后，‘我’只是偶然地栖居于史铁生之中。如此，史铁生之死只不过意味着一具人形之器的毁灭，而‘我’这一行魂则会永恒轮回。

“但在陈希米那里，这一理论却一无用处。由于无法接受丈夫离去的事实，陈希米在作品的开篇之处，即以内心绵延不绝的伤痛，诉说着史铁生死亡哲学对于她生存处境的无用。可以这样理解，设若‘我死了’这一命题真如史铁生所言并不可能，那么对陈希米而言，让‘死’活下去就成了一个解构史铁生死亡哲学的逆反式命题——因为对她来说，即便史铁生‘在无限的那边，对我又有什么意义？！一切都是骗人，死，就是绝望’。在这个意义上，让‘死’活下去就是一个确认了死亡存在之前提的主动式命题，同时也是陈希米反抗死亡和绝望的生命宣言。但死亡果真就如此简单？史铁生那里的死之不可能，到了陈希米处就不过是一个确认了死亡事实之后的励志呼号？事实上，唯有深入追随陈希米在这部作品中的叙述逻辑，那段有关生死问题的思想路径才有可能会自我现身。

“一般而言，散文作家并不刻意追求叙述逻辑的自足。盖因散文之文体，往往是作者心灵独语与意识流动的自然呈现，故而高明的散文作家在写至意气风发时，常常会无视叙述逻辑的统一与完整——正所谓笔随心动，他们追求的恰是如羚羊挂角般的无迹可求。但陈希米却并非一个严格意义上的散文家，她甚至称不上是一位作家。在她那里，写作过程极少受到文体和叙述意识的羁绊，她的写作，既不圆融潇洒，也不空灵跳脱，有的只是凝滞粘连与磕磕绊绊。那种面对死亡时的既战且退和伺机而动，无不映射着陈希米的情绪与思想变化。甚至可以说，正是作者细腻纷繁的情绪流动，方才引发和建构了这部作品的叙事逻辑。而隐含其后的理性思辨，则又以恋人絮语的文本形式，解构了那些由史铁生曾经诉说过的，而陈希米也原本以为可以依恃的生死之辩。这一叙述逻辑在形式上属于一种渐进的结构方式，首先由感怀亡夫写起，在经历史铁生之死的过程中，在是否接受‘永失吾爱’的残酷事实前，陈希米的叙述也坠入了自我生命的存在深渊，但作者强大的理性力量，终致其展开了一段置之死地而后生的叙述突围，那份死中求活的生存勇气，也渐次揭晓了让‘死’活下去的思想真义。换言之，由感怀亡夫到生死迷乱，再至死中求活的情绪变化和生命体验，既牵引、组织和澄明了陈希米的精神之旅，也在无形中构成了这部作品的叙述逻辑。

“作品开篇感怀亡夫的叙述部分，是陈希米在史铁生离去之后的情绪写照。按照史铁生生前的嘱托，陈希米在丈夫病发之后放弃了开颅手术，让史铁生得以用有尊严的方式告别世界。这一选择，与其说是陈希米对丈夫的尊重，倒不如说是一种深切的理解。因为她知道，对于以写作为在世方式的史铁生而言，倘若不能继续栖居于自己的写作之夜，那么生死之别又有何意义？陈希米用这样的叙述开篇，无疑向世人描画出了自己作为史铁生妻子的在世方式：‘在我的生命里，只要还以你为坐标，只要还以史铁生作为我的你，史铁生就还在，饱满地在。’陈希米这样的一个‘我’，早已习惯了将自己的全部生命托付给史铁生那样的一个‘你’。如是，则陈希米在丈夫离世之后，就必须去面对史铁生不在的生命事实。然而对于刚刚经历了丧夫之痛的陈希米来说，这一过程却如此残酷，因为‘死，谈也谈不出，想也想不出。想念死人，是世界上最最残忍的’。而更为残忍的是，当陈希米以史铁生妻子的在世方式，妄图以史铁生的思想为坐标，维系自己继续活下去的理由时，却不得不面对这样一个更为严酷的事实，即当死亡真正降临时，史铁生有关生死的种种追问对陈希米这样一个‘我’

的在世状况却没有丝毫用处，‘从此我就将一个人，一个人决定一切，一个人做一切。你即使看见听见，也绝不说一个字。你死了，就是决定永远袖手旁观’。从此以后，陈希米这样一个孤独的在世生命，就必须去面对一种无‘你’的、单极的生命形态。因为‘没有你，就没有我，我因为有你才能命名，否则我是谁？鲁滨孙岛上不需要我这个词。我的存在和显现要靠你，反过来对你也一样’。这一对‘我’与‘你’关系的思辨，其实仍然肇始于史铁生的生命哲学。

“在史铁生的最后一部长篇小说《我的丁一之旅》中，作家讲述了一个身魂分离的故事。他试图以宗教哲学的神性维度，揭示‘我’这一生命个体的在世意义。在他看来，‘我’其实就是上帝的仆人亚当，在无法抵御蛇的诱惑下偷吃了禁果，从此便与夏娃天各一方，而‘我’的生命意义，也因此全系于对夏娃芳踪的苦苦寻觅——唯有和夏娃这样的一个‘你’的重逢，‘我’才有可能实践那生命原初的伊甸盟约。因为这一盟约，是上帝对世人的殷切嘱托，只有实践了这一盟约，人才能以承领上帝恩泽的形式圆满自我。对于深受基督教思想影响的史铁生来说，寻找夏娃就是生命个体追求自我认识，活出人生意义的终极事件——这也解释了为什么在史铁生笔下，爱情总是沐浴着神性光辉的原因之所在。在这个意义上说，史铁生其实通过亚当寻找夏娃的故事，解答了‘我’为何而来以及往何处去的人生命题。

“不过这一命题的先决条件，却是必须要有‘你’的存在，设若‘你’死了，那么‘我’还要因何而活？就此而言，陈希米在丈夫离世之后的痛苦，实则蕴含了两个层面的在世创痛：其一是世俗意义上的人鬼殊途，其二则是对‘你’死了之后‘我’如何在世的认知惶惑。雪上加霜的是，陈希米原本以为在接受了丈夫之死的生命事实之后，可以借助史铁生的生死之辩去苦中求活，但史铁生对‘我’在之前提，也就是‘你’必须存在的预设，却因了自己的离世，从而变成了一个安慰妻子痛楚的善意谎言。从这里开始，陈希米那些即使在梦中也要寻觅丈夫踪影的恋人絮语，就幻化成了一种‘我不相信’的痛苦解构，因为当她面临最切己的丈夫之死时，在经历了上穷碧落下黄泉的苦苦寻觅之后，终于明白了一件事——‘死，只能遭遇，不能被理解’。如果事实如此，那么史铁生有关生死问题的毕生探询，岂不就成了一个为自己和爱人寻求生之意义的弥天大谎？实际上，陈希米这一釜底抽薪式的否定，恰恰是对史铁生生命哲学的一次深入解构。”

（三）

“当陈希米对史铁生的生命哲学进行追问时，其中业已蕴含了自己的思想倾向：其一是对史铁生生命哲学之思想悖论的体悟；其二是确认自我身份，走出亡夫生命哲学的一种思想突围。就前者而言，陈希米对于史铁生生命哲学的思想解构，实际上是对史铁生生之艰难的深入理解。在史铁生的生命历程中，常常会遭遇命运的捉弄，摆在他面前的，经常是一些互为矛盾的对立物，譬如残疾与体育，苦难与爱情，等等。死亡也是如此，一方面它是不可言说之物，因为它‘只能被遭遇，不能被理解’，另一方面却是史铁生对于这一不可说之神秘的永恒言说。似乎唯有生死之辩，才是史铁生面对人生的一种在世方式，但他也会因此沦为一个自己曾经批评过的‘天命教导员’的角色——不论他的生死之辩是否仅仅面向着自我之在。

“最为重要的是，陈希米对史铁生生命哲学中思想悖论的揭示，本质上并不属于一种思想式的理论辩难，而是她对艰难的自我处境的一种情感诉说。史铁生之死，其实就是‘你’与‘我’之间的彻底诀别：作为史铁生的‘你’，一旦离开了这个世界，那么作为陈希米的‘我’，就会失去‘我’与‘你’共同构筑而成的生命形态。与其停留在‘你’所编织的死亡并不存在的理论幻象里，倒不如舍弃那些面对死亡时的种种理解，勇敢接受‘你死了’的客观事实。这一过程尽管漫长而痛苦，但唯有如此，陈希米才能走出那种绵延不绝的彻骨伤痛。从这个角度说，陈希米对死亡问题的重新认识，以及对史铁生善意谎言的哀婉怨怼，都不过是一个弱女子在永失吾爱后对于亡夫的恋人絮语。只是穿插其间的思想绵延，却让世人进一步明了了史铁生的精神之旅是何等艰难：死亡越是难以让人理解，那么它就越发牵引着世人的目光，尤其是对于史铁生这样一位总是处在死亡边缘的病弱者而言，理解死亡就成为他证明此在的一种特殊形式。说到底，史铁生的思想悖论，不过是再次印证了人生存的两难。而陈希米对此问题的解构，也从另一个侧面表达了她对于丈夫生之艰难的切身体察。

“但有一点值得注意，陈希米对史铁生生死之辩的情感抗拒，主要是出于对史铁生妻子这一身份的逃离。因为爱人，陈希米才会在追随丈夫的思想轨迹中寻求到了生之意义。可如今斯人已逝，作为身处于无‘你’的、单极的生命形态的陈希米，又将如何寻找继续生活的理由？如果活在爱人为自己构建的理论幻象里不能够解决现世的苦痛，那么在否定和解构它之后，是否就果真能够带来生命的安宁？事实上，解构的一个问题即在于有破无立。当陈希米发出痛苦决绝的质疑呼号时，她也深知这一否定的徒劳。因为离开了丈夫用善意谎言所编织的来生之念想，陈希米仍然也不知如何自处。

“好在悲伤的情绪终将沉淀，在度过了生离死别最初的痛苦之后，陈希米也不得不去适应没有史铁生的生活，既然过去那个以丈夫为坐标的生活世界如今已然坍塌，那么如何活下去就成了陈希米必须面对的一个根本问题。她的方式，就是从解构丈夫的生命哲学入手，在走出人妻角色、实现自我认同的过程中，活出自己的生命意义。而作品的叙述进程，也因此逐步走出了感念亡夫和生死迷乱的叙述框架，进而以思想突围的姿态去死中求活——让‘死’活下去这一命题也因此具有了双重含义：它既是陈希米抗拒史铁生已死这一事实的情感明证，也是她自己试图走出史铁生的精神世界，活出自我价值的某种思想突围。但这一过程却异常艰难，因为每当陈希米尝试着活出自我时，那些缠绵悱恻却又深沉彻骨的爱之依恋，就会不断地提醒她那个已经作为了‘他’的史铁生仍然无处不在！而在这样的一种生活情境下，陈希米的解构立场和叙述突围便总是回撤到了那最原初也最动人的恋人絮语。

“在感念史铁生离世的痛苦中，陈希米希冀能够走出丈夫为她和自己所编织的善意谎言，这显然是人性中一种最为常见的情感本能。对她而言，走出史铁生，即意味着借丈夫离世的死亡事件，重新活出生命的意义。但这种‘我活’，不就是史铁生在《命若琴弦》里早已预告的生之方式吗？人既然不能把握生命的结局，就只能以‘我活’的形式去创造意义。也许正是因为史铁生的这种先见之明，又或是受到走出史铁生之死的本能驱使，陈希米开始重新审视着自己的人妻角色。在此过程中，她不知所措的一点，恰在于‘我不知道我是因为有了爱人才爱（那爱人爱的）那真理，还是爱真理才认出了（爱那真理的）那个爱人？！’前者揭示了陈希米作为史铁生妻子的‘你’之角色，而后者则标识了她作为一个独立生命个体的‘我’之身份。这一自我身份的迷茫，真实反映了陈希米欲在丈夫所构筑的意义世界中突围而出的自我认同。但她的‘我活’方式，那些沉湎于尼采、卡夫卡以及施特劳斯之中的死中求活，还不是一座由丈夫和自己亲手搭建的精神圣殿？即便是她在屡屡抗拒史铁生的生死之辩时，那些生之惶惑与死之忧心，又有哪一件不是史铁生亲身经历过的思想事件？凡此种种，皆让陈希米意识到了这样的一个生命事实，即真正的人生理应存在于‘我——你’关系中，因为‘凡称述你的人都不以事物为对象。……诵出你之时，事物、对象皆不复存在。你无待无限’。对于史铁生这样的一个‘你’，陈希米根本无从逃避，因为她以‘我活’方式所展开的思想突围，最终都会收束于自己对于史铁生的无限怀念。

“这一痛彻骨髓的情感体验，最终令陈希米的思想突围回到了作品的叙述起点——从感念亡夫到生死迷乱，再到死中求活，陈希米依然无法解决史铁生离世之后‘你’那一极的缺失，因此她才会发布这样的爱情宣言：为了继续活下去，‘我要有一个形式。我要想你。我必须自己走完这一世剩下的路，我得有一个坐标，有一种语言，否则我会迷路’。这个坐标和语言，就是以‘我想你’为生命意义的永恒爱情。也正是从这里开始，陈希米在作品中的所有叙述，都是对史铁生这样的一个‘你’的称述。这些称述，使得作品在文本形式上也终于从情感抗拒的解构立场，复归到了那深沉凄婉的恋人絮语。更为重要的是，作品中这一叙述的循环，不仅标志着陈希米向史铁生精神世界的回归，而且也以爱情的名义确证了史铁生的永生。

“在《我的丁一之旅》中，史铁生借助人物对伊甸盟约的神圣实践，将原本在世俗意义上的爱情赋予了另外一番含义：因为人生命的意义就是听从上帝的嘱托去实践那伊甸盟约，故而‘我’与‘你’之间的爱情关系，也就因此构成了世人领悟和体察上帝神恩的独有方式，同时也是‘我活’所能达到的至高境界。正是从这一神性维度的认知方式出发，史铁生才会说人若有情，便不再是一个情思沉荒和爱欲凋敝的无魂之器，他才会在重返乐土（伊甸园）的愿念驱使下，以渴望和夏娃重逢的方式实践自己的生命价值。在此过程中，爱情中的性更是上帝赐予人类的一种恩泽——因为上帝垂怜于亚当的苦苦寻觅，所以才会用这个特殊的信物，指引‘我’如何在孤单的行旅中与夏娃相遇。就此而言，爱情几乎成了史铁生在此世求活，同时也是领悟彼岸世界的一个根本方式。

“那么，陈希米对史铁生的爱之称述，难道不就是以‘我想你’的恋人絮语重新去印证了亡夫的精神之旅的吗？与此同时，因为那份挥之不去的爱恋，陈希米的‘我活’之途，也就永远停驻在了对于史铁生这样的一个‘你’的倾情称述之中。这样的一种恋人絮语，如何不能让史铁生这样的一个‘你’成为‘无待无限’的永在？从这个角度说，陈希米最终用自己的情感体验与哲理思辨，在动人心魄的叙述中，实现了让‘死’活下去的生命诉求。”①

而史铁生之所尽管已经毁弃，但他的灵魂却在夏娃的思念中得到了成全与永生！

---

① 叶立文:《恋人絮语或一个解构主义的文本——评陈希米的〈让“死”活下去〉》,《当代作家评论》,2014年第4期。

致谢

本书的出版，得到了国家社科基金项目的资助，武汉大学资深教授於可训先生、著名小说家晓苏先生不吝赐序，我的学生，也是本书的责任编辑张娟女士审读全稿，提出了很多宝贵的建议，武汉大学文学院古籍所肖毅教授为本书题写书名，在此一并致谢！

叶立文